Helga Lüdtke
Der Bubikopf
Männlicher Blick – weiblicher Eigen-Sinn

Helga Lüdtke

Der Bubikopf

Männlicher Blick – weiblicher Eigen-Sinn

WALLSTEIN VERLAG

Für Alf,
von Anfang an.

INHALT

Haare

Für Helga

Lange Haare, kurze Haare, Haare.
Frauenhaare.
Meine Haare.
Braune Haare, rote Haare, schwarze Haare.
Identität. Kraft. Unabhängigkeit.

Beherrschung. Herrschaft. Männliche.
Besitzen. Verlangen. Missbrauchen.
Abschneiden. Freiheit.
Ich brauche Dein Verlangen nicht.
Haare als Zeichen der Unterwerfung.
Der Erniedrigung.

Eine Szene: ein Lover (mein Lover), der Frauen ansieht. Ihre Haare.
Lange Haare. Nach hinten geworfene Haare.
Das, was Männer nicht haben.
Auch mit langen Haaren nicht haben.
Leichter Schwung des Kopfes, zur Seite gelegt.
Aus dem Gesicht gestrichen.
Lächelnde Haare.

Glatze.
Männliche.
Fehlen der Haare.
Der Männlichkeit.
Kurze, sehr kurze Haare, auf Frauenköpfen.
Einlass in Männlichkeit.
Man(n) geht gerader.
Man(n) legt den Kopf nicht mehr zur Seite.
Man(n) lächelt anders, verführt anders.

Körperlichkeit.
Beim Sex.
Haare auf dem Körper des anderen, Frauenhaare.
Haare, in denen man(n) herumwuscheln kann.
Haare, in die man(n) sich verfängt, in denen man seinen Kopf vergraben kann.

Haare, in die man(n) sich flüchten, sich verstecken kann.
Haare, in denen man(n) seine Männlichkeit vergessen, wieder Kind werden kann.

Mein Körper gehört mir.
Ich mache mit ihm, was ich will.
Meine Haare schneide ich ab. Gerade, kurz, ohne Zögern.
Ein Friseur, der sich weigert.
Ein Professor, der schockiert ist: »Willst Du etwas beweisen?«
Männer, die es »schade« finden;
Frauen, die sich freuen: »Superschön siehst Du aus!«
Wenn ich den Kopf schüttele, bin ich leicht.
Im Winter brauche ich einen Hut.
Einen großen Hut,
einen männlichen Hut.
Ich spüre die Haare nicht mehr auf meinem Rücken,
wie sie mich streicheln,
wenn ich nackt bin.
Mich wärmen, wenn mein Körper frostig ist.
Ich kann mich im Kreis drehen ohne dass sie mir ins Gesicht fallen.
Schneller, immer schneller.
Bis mir schwindelig wird,
Und ich lachend auf mein Bett falle.
Ich gewinne 15 Minuten am Morgen.
Jeden Morgen: Haare waschen, ein wenig Wachs, fertig.

Ich kaufe mir große Ohrringe und zupfe mir die Augenbrauen.
Ein wenig Fraulichkeit muss sein!
Ich schminke mich weniger.
Als bräuchte ich es nicht mehr.
Ich verbringe weniger Zeit vor dem Spiegel.
Ich verbringe weniger Zeit, die ausgefallenen Haare aufzusaugen und aus der Dusche zu klauben.

Dann: Frauen, die lange Haare haben.
Schöne Haare.
Haare, die wippen,
Haare, die schwingen,
Haare, die man kämmen kann.

Das Wachsen der Haare.
Ein Jahr, hundert Gesichter.
Manche, die mir nicht gefallen.
Lange Haare im Dutt.
Hochgesteckt – sonst nerven sie zu sehr.
Haare öffnen.
Haare, die auf den Rücken fallen.
Haare, die mich streicheln.

Fraulichkeit.
Angenommene.
Gewollte.
Willkommene.
Für mich, nicht für die Anderen.
Wann kommt der Moment, an dem ich wieder zur Schere greife?

Wechselnde Haare, wechselnde Bilder.
Wechselnde Sexualität.
Sex mit Männern, Sex mit Frauen.
Mann sein. Frau sein.
Wählen wer ich bin,
wann,
mit wem.

Ich.
Mein Körper.
Mein Begehren.
Erkunden.
Entdecken.
Keine Endgültigkeit.
Immer wieder neu.

Oktober 2014
Alo

EINLEITUNG

»Nach Berlin kommt man von Osten, um eine Stellung zu finden, um Musik zu machen, um zu filmen und um zu malen, Theater zu spielen, zu schreiben, Regie zu führen, zu bildhauern, um Autos zu verkaufen, Bilder, Grundstücke, Terrains, Teppiche, Antiquitäten, um Läden aufzumachen, Schuhläden, Kleiderläden, Parfümläden, um zu darben und zu studieren«, schrieb Gabriele Tergit, Kolumnistin der *Berliner Zeitung*.[1] Sie kannte nicht nur ihre Stadt in ihren widersprüchlichen Facetten und Ungleichzeitigkeiten, sondern wusste durch ihre Arbeit als Gerichtsreporterin und zeitweilige Sozialarbeiterin etwas von der Welt außerhalb der Künstler, der Berühmtheiten, der Erfolgreichen – von der Lebenssituation der wenig privilegierten Leute am Rande der Gesellschaft, auch der Gescheiterten.

Die *Goldenen Zwanziger Jahre*, wie die Jahre zwischen 1924 und 1929 (*Roaring Twenties* in England, *Années Folles* in Frankreich) ziemlich plakativ und oberflächlich umschrieben werden, erweckten bei vielen Zeitgenossinnen und Zeitgenossen ein Gefühl des persönlichen Aufbruchs, der Hoffnung auf positive Veränderungen oder gar die Illusion unbegrenzter Möglichkeiten nach den bitteren, entbehrungsreichen Kriegsjahren. Und tatsächlich schufen sich die Menschen, besonders die in der Großstadt, neue Erlebnis- und Lebensräume: experimentelle Kunst und Bilderwelten, avantgardistische Bauhaus-Architektur, elegante, zum Schauen und Konsumieren verlockende Warenhäuser, attraktive Unterhaltungsangebote wie Tanzböden, Varietés, Kabaretts, Vergnügungsparks und Rummelplätze, dazu Kinos in immer größerer Zahl. Aus Amerika kamen der überaus beliebte Charleston und der Jazz nach Europa und begeisterten die tanzwütigen Großstädter. Die strikt voneinander abgegrenzten sozialen Milieus begannen sich einander zu nähern. Die Geschlechterrollen ordneten sich neu,[2] lesbische Frauen lebten ihre Sexualität und trafen sich in Frauenbars oder zu Transvestitenshows.[3]

1 Tergit, *Käsebier erobert den Kurfürstendamm*, S. 75. – Gabriele Tergit (1894-1982) arbeitete als Schriftstellerin, Gerichtsreporterin und Journalistin in Berlin. Als Jüdin verfolgt, lebte sie ab 1933 im Exil (Prag, Tel Aviv, London). Der Roman *Käsebier* zählt zu ihren wichtigsten Werken. – Zu Tergit: Ujima, Gabriele Tergit and Berlin.

2 Vgl. dazu Huebner (Hg.), *Die Frau von Morgen wie wir sie wünschen.*

3 Unzählige literarische Texte, Beobachtungen, Glossen und Kolumnen vermitteln ein lebendiges Bild dieser »komprimierten«, unvergleichlichen Jahre und ihres besonderen Zeitgeists. Eine Geschichte »von unten« mit bildreichen Einblicken in »die vielfältigen Formen des Alltags der sozial-differenzierten Bevölkerung in Stadt und Land« zeigen S. Jacobeit, W. Jacobeit, *Illustrierte Alltags- und Sozialgeschichte Deutschlands, 1900–1945*.

Anders als Paris, London oder Rom galt Berlin allerdings nicht als elegante Metropole. Mancherorts zeigte sie sich eher schmutzig, ärmlich und wenig ansehnlich. Aber die rasant wachsende Stadt entwickelte nach Ende des Ersten Weltkrieges eine ungeahnte Dynamik, die alle Lebensbereiche erfasste. Die Stadt pulsierte, ihre Atemlosigkeit war allerorten zu spüren.[4] Und diese Atemlosigkeit wirkte sich auf das individuelle Lebenstempo aus. »Sehr wenige [Schupos] begreifen, daß ein Mädchen mit ganz wenig PS viel schneller vorwärts kommen will als alle Jungen mit Mercedes oder 8-Zylinder-Bugattis«, hatte Ruth Landshoff, selbst ein *girl driver*, in einer Glosse über den Berliner Autoverkehr betont.[5] Dieses »Vorwärts-kommen-Wollen« galt im übertragenen Sinne vielen jungen Mädchen und »Neuen Frauen« geradezu als Lebenseinstellung.

Berlin wurde auch jungen Frauen aus der Provinz und aus dem Ausland zu einem Versprechen, zu einem Sehnsuchtsort. Sie strömten in die vergleichsweise liberale, gesellschaftlich offene Hauptstadt, um die Enge der traditionsverhafteten Familie und verordneten Geschlechterrollen hinter sich zu lassen, um Neues auszuprobieren, um sich Arbeit zu suchen, nun ausgestattet mit dem Recht zu wählen und zu studieren, ja, und auch, um sich zu amüsieren. Doch längst nicht immer erfüllten sich die Hoffnungen, auch weil die meisten der alten, patriarchalisch geprägten Realitäten weitgehend noch wirkten, in denen Werte, Normen und Verhaltensmuster von Vätern und Männern geprägt, kontrolliert und repräsentiert wurden.[6] Das galt in der Arbeitswelt, in der Familie wie auch im gesellschaftlichen Leben.

Was im urbanen Raum, im Straßenbild, in Cafés, Kinos und Theatern, beim Sport und in der Freizeit jedoch unübersehbar ins Auge fiel, war die selbstbewusste Präsenz von Frauen aller sozialen Milieus. Das war neu! Sie genossen es, allein oder in Gruppen flanierend unterwegs zu sein, beim abendlichen Schaufensterbummel die glitzernde Warenwelt und die Lichtreklame aufzusaugen, dem Reiz der Vergnügungen nachzugehen, auch ohne Begleitung eines Mannes. Als Büroangestellte, Telefonistin oder Verkäuferin verdienten sie ihr (weniges) eigenes Geld, das sie nach ihren eigenen Vorstellungen ausgeben konnten. Lippenstift und Gesichtskosmetik, modische Kleidung und kurzer Haarschnitt, aber auch ein gewisses Maß an demokratisch gedeuteter Teilhabe an Luxus,

4 Vgl. den legendären experimentellen Dokumentarfilm *Berlin – die Sinfonie der Großstadt* (Regie Walter Ruttmann). 1927. Der Film macht die Dynamik, die Hektik und das Tempo Berlins zum Thema, unterstrichen durch kurze Bildschnitte und die Originalmusik von Edmund Meisel.

5 Ruth Landshoff, Das Mädchen mit wenig PS. *Die Dame* 55 (1927/28), 4, S. 12 f. – Ruth Landshoff (1904-1966) entstammte dem jüdischen Bürgertum. Sie schrieb bis 1933 Feuilletons und Gedichte für *Die Dame* und *Tempo* und nach ihrer Emigration (Paris, New York) Romane.

6 Vgl. dazu Hillmann, *Wörterbuch der Soziologie*.

Mobilität und den modernen Errungenschaften gehörten zu den Verlockungen und Sehnsüchten, zum Alltag dieser Frauen.

Neugegründete Magazine mit experimenteller Fotografie und vereinzelt farbiger Reklame, Beilagen der Tagespresse, Radio und (Hollywood-)Filme trugen darüber hinaus die (Bilder-)Welt der Waren und Moden weit in die Gesellschaft hinein, wo sie sich schließlich in Konsum umsetzte. Einen »normabweichenden Lebensstil« konnten sich allerdings nur Frauen aus (groß-)bürgerlichen oder Künstlerkreisen mit entsprechenden finanziellen Mitteln leisten, nur sie nahmen in vollem Umfang am »uneingeschränkten Konsum der neuesten Mode sowie an Kultur, Unterhaltung und Freizeit« teil.[7] Denn nicht nur Glamour, aufregende Kleider und glitzernde Warenwelt bestimmten das Leben in der urbanen Welt. In einer Zeit großer Veränderungen mit ihren scheinbaren – erhofften, erkämpften und nicht selten unerfüllten – Möglichkeiten für die vielen waren hohe Arbeitslosigkeit, unmenschliche Wohnbedingungen und geringer Lohn, der kaum zum Überleben reichte, die Realität.

Ein Mode-Ereignis traf diese Großstadtwelt um 1920 unvorhergesehen und mit überraschender Intensität: ein revolutionärer Kurzhaarschnitt aus Paris, der *Coupe à la Garçonne*, zu Deutsch der Bubikopf. Er sorgte für allgemeines Aufsehen, wirkte auf viele wie ein Schock und entwickelte sich in den folgenden Jahren zur Ikone der Weimarer Zeit.

Der neue Haarschnitt löste eine jahrelange erregte Debatte aus und wurde zum Symbol der kulturellen Moderne. Kulturkonservative unterschiedlicher Couleur wendeten sich vehement gegen den Bubikopf, wobei die Argumentation unterschiedlich ausfiel. Vertreter der Kirchen verkündeten von der Kanzel, das kurz geschnittene Haar des Bubikopfs sei »wider Gottes Gebot«, der NSDAP galt er als »undeutsch« und die national gesinnten Turnvereine verboten ihren weiblichen Mitgliedern den Bubikopf unter dem Motto »arisch ist der Zopf, jüdisch ist der Bubikopf«. Manchen Arbeitgebern war er »zu modern«, Väter, Ehemänner und selbst Friseure empfanden ihn als »unweiblich«. Das lange Haar, als Teil des weiblichen Körpers, wurde, wie auch andere Beispiele in der Geschichte zeigen, zum »politisch umkämpften Ort«.[8] Deutlich wird an der Debatte um den Bubikopf, dass das Haar und seine unterschiedlichen Zuschreibungen nicht nur in kulturellen Zusammenhängen zu sehen sind – wie umstritten diese auch waren –, sondern auch in politischen und sozialen Kontexten.

7 *LeMo – Lebendiges Museum Online* (Deutsches Historisches Museum, Berlin). https://www.dhm.de/lemo/kapitel/weimarer-republik/alltagsleben/neue-frau.html (letzter Zugriff 11/2020).

8 Barbara Duden, Medizinhistorikerin und Geschlechterforscherin, hat sich in zahlreichen Publikationen mit der Geschichte des Frauenkörpers befasst, u. a. *Der Frauenleib als öffentlicher Ort.*

Aber nicht nur zwischen den Geschlechtern zeigten sich kontroverse Einstellungen, Unverständnis, Verbote im Spannungsfeld von Tradition und Modernität, sondern auch zwischen den Generationen und Gesellschaftssegmenten. Mütter und Töchter gerieten in erbitterte Auseinandersetzungen, die »elegante Dame« der Oberschicht reklamierte den extravaganten Haarschnitt für sich, die Akademikerin mit Dutt mokierte sich über das moderne *Girl* und wertete dessen Fokussierung auf den Bubikopf als Verrat. »Als wir auf die Universität kamen, war es eine große Seligkeit und wir hatten Ehrgeize und wollten was leisten und hatten unsern großen Stolz. [...] Wir wollten einen neuen Frauentyp. [...] Und jetzt ist das Resultat, daß die kleinen Mädchen von sechzehn in meiner Sprechstunde sitzen und ich schon froh bin, wenn sie nicht krank sind, und der Kopf ist nur noch zur Frisur da.«[9] Das Bild der »Neuen Frau« aber reduzierte sich nicht auf das *Girl*, die modebewusste und vergnügungssüchtige junge Frau, sondern schloss die in vielen Belangen konservative, moralisierende Frauenrechtlerin ein, die mit großem Einsatz neue Möglichkeiten für das weibliche Geschlecht erkämpft hatte, dem Bubikopf aber eher skeptisch bis ablehnend gegenüberstand.

Junge Frauen trafen gleichwohl ihre persönlichen, eigensinnigen Entscheidungen, manche mit klarem Blick auf mögliche Konsequenzen, die das Abschneiden der langen Haare, zumal ohne männliche »Erlaubnis«, haben würde. Oder sie entschieden, sich dem Modetrend (vorerst) nicht anzuschließen. Frauen befreiten sich von Zumutungen anderer und erkämpften sich in der patriarchalisch geprägten Welt Freiräume, auch die Freiheit, kurz geschnittenes Haar zu tragen. Ich verweise hier auf das Eigen-Sinn-Konzept, wie es Alf Lüdtke vertrat: »Eigen-Sinn kann mit Widerstand Beziehungen haben oder in Relation mit ihm geraten. Der Eigen-Sinn ist aber das, was sich auf die eigene Person bezieht: Annahmen, Gedanken, Verhaltensweisen, Praktiken, Handlungen und Unterlassungen, in deren Zentrum das jeweilige Ich, das Selbst steht.« Und: »Eigensinniges Verhalten richtet sich danach, was der Einzelne für richtig und wichtig hält. Es folgt nicht der Vorschrift von oben oder von außen oder der Erwartung anderer.«[10] »Das alltagsgeschichtliche Konzept ›Eigen-Sinn‹ lässt sich«, so Thomas Lindenberger, »in seiner ursprünglichen Bestimmung gerade nicht auf das eine oder das andere reduzieren, und diese Uneindeutigkeit ist Teil seiner ›Botschaft‹.«[11]

Der »Bubenkopf«, wie er zunächst genannt wurde, tauchte in Modezeichnungen und auf Schwarz-Weiß-Fotos der populären Journale in den ersten Jahren nach 1920 nur vereinzelt, geradezu zögerlich auf, und wenn, dann zumeist

9 Tergit, *Käsebier*, S. 99 f.
10 Lüdtke, *»Eigen-Sinn« und Alltagsgeschichte.*
11 Lindenberger, Eigen-Sinn, Herrschaft und kein Widerstand. Docupedia-Zeitgeschichte, 02.09.2014.

in seiner gemäßigten Ausprägung, onduliert, gelockt, gewellt, nicht wirklich kurz oder gar glatt und streng nach hinten gekämmt und im Nacken ausrasiert. Allein am Strand und beim Sport, so legen die zeitgenössischen Modeberichte nahe, schien die moderne Frau Gefallen am Bubikopf zu finden.

Anfangs wurde er vor allem in Verbindung mit den sogenannten »Damen der Gesellschaft« medial ins Bild gesetzt, mit bekannten Theater- und Filmschauspielerinnen (Asta Nielsen als eine Vorreiterin), Modedesignerinnen (Coco Chanel), Sängerinnen, Tänzerinnen (Valeska Gert), erfolgreichen Sportlerinnen oder Künstlerinnen (Renée Sintinis, Lotte Laserstein). Ihnen billigte man am ehesten eine gewisse Extravaganz zu, wertete diese sogar als chic, als erotisch. Und so fanden auf solchem »veröffentlichten« Weg die neuen Frisuren einerseits Nachahmerinnen in beträchtlicher Zahl wie verhaltene Zustimmung bei den Kritikern.[12] Anderseits galt der Kurzhaarschnitt manchen bürgerlichen Zeitgenossinnen und Zeitgenossen, wie auch das Schminken, als Signum für Prostituierte, Lesben und andere gesellschaftlich wenig akzeptierte Frauen; entsprechend negativ war sein Image.

Nicht die Bubikopf-Frisur an sich brachte die Gemüter derart auf, sondern das damit verbundene Bild der androgynen Frau mit einer schlanken, gradlinigen Silhouette und männlich konnotierten Kleidungsstücken. Dieses elementar andere Weiblichkeitsbild im Vergleich zum traditionellen der Vorkriegszeit schien die bisher geltenden Geschlechtergrenzen herauszufordern oder ließ sie zumindest unscharf werden. Die Degradierung der Frau zum sexuellen Objekt, lief, wenn auch nicht ausschließlich, so doch nicht unwesentlich über die Haare und wertete Bubikopf-Trägerinnen als Frauen moralisch ab. Es ergibt sich so ein starkes Spannungsfeld zwischen einem degradierenden männlichen Blick und weiblicher Provokation, von Selbstbewusstsein und Selbstwahrnehmung.

Kommentare in den Mode- und Unterhaltungsmagazinen der Zeit (u.a. *Die Dame, Elegante Welt, Uhu)* stimmten anfangs mit der Einschätzung der meisten Berliner Friseure überein, wonach dem Bubikopf kein längerer Erfolg beschieden sein werde. In der viel gelesenen, auflagenstarken *Berliner Illustrirten Zeitung* (Ullstein Verlag) überwogen zu dieser »Ausgeburt an Mode« neben unfreundlicher Kritik Häme und Spott. Überhaupt ist der Grad der medialen Empörung und Erregung über die neue Frisur bemerkenswert. Ein regelrech-

12 Sehr beliebt war in den einschlägigen Mode- und Unterhaltungsmagazinen das Porträtieren von Bühnenkünstlerinnen in einer »Vor- und Danach-Frisur«, so z.B. »Erna Morena mit einer hochgesteckten Frisur… und mit einer modernen Bubikopffrisur«: Der siegreiche Bubikopf, *Uhu* 1 (1924/25), 12, S. 89-92, S. 89. Um 1930 finden sich entsprechende Darstellungen mit umgekehrtem Verlauf: Bubikopf – zurück zum Haarknoten. Vgl. zum »Rückverwandlungs-Stereotyp«: Bertschik, *Mode und Moderne*, das Kap. *Vom Bubikopf zum Gretchenzopf?*, S. 276.

ter Furor hatte eingesetzt, und vor allem solche Geschichten fanden anfangs dort ihren Platz, in denen es um Ablehnung, Verbote und Bestrafungen durch den Vater ging, den Verlust des Arbeitsplatzes auf Grund einer Kündigung, um drastische Gerichtsurteile oder angebliche gesundheitliche Schädigungen (Schuppenbildung, Schädigung der Kopfhaut). Selbst von Scheidungen auf Wunsch des Ehemannes konnte man lesen.

Im übergeordneten Thema Mode spielte die Kleidermode mit der markanten schmalen Silhouette, zu der der Kurzhaarschnitt unmittelbar beitrug, in den maßgeblichen Modemagazinen der Zeit insgesamt eine deutlich größere Rolle als die Frisurenmode. Umso mehr überrascht, mit welcher Rasanz sich der Bubikopf, insbesondere in den Großstädten und ganz besonders in Berlin, tatsächlich durchsetzte, und zwar durch alle sozialen Schichten hindurch und durchaus nicht nur bei den ganz jungen Frauen. Dieser Aspekt rechtfertigt es, den Bubikopf als revolutionäre Haarfrisur zu bezeichnen. Auch wenn Handwerksqualität und Motivation der meisten Berliner Friseure in Sachen Bubikopf objektiv so manchen Wunsch offenließen, hielt das Scharen von jungen Damen nicht davon ab, sich die Haare kurz schneiden zu lassen oder notfalls selbst Hand anzulegen. Das Massenphänomen Bubikopf, das im Großstadtalltag unübersehbar wurde, blieb jedoch eines, das sei hier betont, das von enormen individuellen Unterschieden bezüglich der Motive und Praktiken weiblicher Selbstdarstellung bestimmt war.

In der Provinz und ganz besonders in den agrarisch geprägten Regionen Deutschlands spielte die Bubikopf-Mode – anders als in der Metropole Berlin – allenfalls eine marginale Rolle. Haarschneider waren fast ausschließlich mit dem Schneiden von Männerhaar und dem Rasieren von Bärten beschäftigt und sahen sich weder in der Lage noch fanden sie sich bereit, einen Bubikopf zu schneiden. Das änderte sich erst Anfang der 1930er Jahre, als junge Frauen auch in den Dörfern Bubiköpfe einforderten, an Stelle der Zöpfe und Knoten. »Es war ja unehrenhaft, bei Tag zum Frisör zu gehen. ›Damen‹ [Damenbedienung] gabs ja überhaupt keine, ich meine, Frauen wurden damals [1928] überhaupt nicht bedient. Und das war ja dann [1932/33] auch so, daß mer hier in Masse die Bubiköpfe geschnitte habe. Es gab ja doch bis dahin fast keine Bubiköpfe.«[13]

Unübersehbar und zunehmend war das kurze Haar in seinen ungezählten Variationen seit Anfang der 1920er Jahre präsent, und zwar nicht nur auf den Straßen Berlins, sondern, in den großen Städten, weltweit: *The modern girl around the world.*[14] Die expandierenden, international operierenden Kosme-

13 Ein Gespräch mit Frisörmeister Gottlieb Müller aus Wehrheim über das Bart- und Haareschneiden auf dem Land. In: *Rasiermesser, Kamm und Schere*, S. 27-59, S. 27f., S. 40.

14 Vgl. Weinbaum et al. (Hg.), *The Modern Girl Around the World*. – Zum Aspekt, »daß die Mode der kurz geschnittenen Haare bei den Frauen eine Art internationale Leidenschaft geworden« sei (Emile Long), vgl. Chadwick (Hg.), *The Modern Woman Revisited*.

tikkonzerne, vornehmlich aus Westeuropa und den USA, sorgten in der ausländischen Modepresse dafür, dass ihre Produkte in Verbindung mit dem Bild des geschminkten, gebobbten *modern girl* werbend in den Blick gerieten.[15] Das erwies sich als außerordentlich erfolgreich und prägte die weibliche Jugend – ob in Moskau, Shanghai, Wien, Seoul, Mexico City, New York, London oder Tokio. Ein farbiger Holzschnitt (siehe Abbildung 38, S. 171) zeigt den avantgardistischen Kurzhaarschnitt, mit dem japanische Frauen, *modan gāru* (abgekürzt *moga*), in den 1920er Jahren der Mode und dem Lebensstil des Westens (Europa, USA) folgten. Diese *moga* waren Japans Entsprechung zu den amerikanischen *flappers*, Indiens *kallege ladki*, Deutschlands *Neuen Frauen*, Frankreichs *garçonnes*, Chinas *modeng xiaojie* oder Mexikos *pelonas*.

Der Bubikopf galt zahlreichen großstädtischen Frauen der Zwischenkriegszeit als untrügliches und stolz getragenes Symbol von Modernität und Emanzipation – und rangierte in dieser Bedeutung weit vor dem Auto, der Zigarette und dem Charleston-Kleid. Kennzeichen von Modernität und Modernisierung, so Carol A. Stabile, liegen mit Blick auf »Frauen in Bewegung« und der Überwindung patriarchalischer Strukturen im Prozesshaften, Uneinheitlichen, Ungleichzeitigen und Lückenhaften. Und in diesem Sinne handelte es sich um ein umfassendes, langfristiges globales Konzept.[16]

Mode im weitesten Sinne spielte im Alltag junger Frauen der 1920er Jahre eine maßgebliche Rolle. Modern wollten viele von ihnen sein, sich äußerlich und im Verhalten von der Generation ihrer Mütter absetzen, die noch deutlich in den Traditionen der wilhelminischen Kultur verankert waren. Sie wollten ihre erkämpften Freiheiten und Möglichkeiten nutzen und genießen. Auch wenn Paris die internationale Modehauptstadt blieb, so boten die zahlreichen Berliner Damenkonfektionsbetriebe um den Hausvogteiplatz in Berlin-Mitte – mehrheitlich in jüdischen Händen – alles, was nötig war: vom Luxussegment bis zur Massenware, die es in durchschnittlicher Güte und zu erschwinglichem Preis gab.[17]

Die *Girls* in Deutschland und die amerikanischen *flapper* wollten aber nicht einfach nur modern, sondern anerkannt und, vor allem anderen, unter ihresgleichen beliebt sein, besonders auch unter jungen Männern. In seiner berühmten Kurzgeschichte *Bernice Bobs Her Hair* hat der 1920 noch unbekannte F. Scott Fitzgerald dies thematisiert.[18] Er und Zelda Fitzgerald haben das *Jazz Age*,

15 Dazu auch Peiss, *Hope in a Jar.*

16 Vgl. Stabile, Modern Girls in a Global World. Einl. zu: Freedman et al. (Hg.), *Modern Girls on the Go,* S. XI-XIV, S. XIII.

17 Die Fachzeitschrift *Der Konfektionär* zählte 1927 mehr als 800 Betriebe der Damenoberbekleidung in der Hauptstadt, mit Zentrum der Branche am Hausvogteiplatz.

18 F. Scott Fitzgerald (1896-1940) erzählt von der absoluten Langweilerin Bernice – als *society girl* ein hoffnungsloser Fall. Ihre Kusine Marjorie möchte das ändern. Bernice kün-

und mit ihm die modernen jungen Mädchen, literarisch in unvergleichlicher Weise porträtiert und lebendig werden lassen. »The ideal flapper«, so schrieb Zelda Fitzgerald, »is someone who is seen by and in a crowd, but is intimate with no one [...], an artist in her particular field, the art of being – being young, being lovely, being an object.« Selbstinszenierung und Selbstdarstellung seien das, was den *flapper* auszeichne.[19] Diese Zuschreibungen trafen auch für das deutsche *Girl* zu.

Mode sei, wenn auch stumme, »Kommunikation im öffentlichen Raum«. Noch bevor ein Wort gesprochen sei, wüssten wir die modischen Zeichen zu lesen und zu deuten. Nach dieser Begriffs-Zuschreibung aus dem Jahr 2017[20] ist Mode in erster Linie ein Signal, ein Medium des Ausdrucks, das gesendet und empfangen wird.

Die italienische Soziologin Elena Esposito sieht Mode als »unentwirrbares Knäuel von (faszinierenden) Paradoxien«. Mode zeichne sich gerade durch ihre Oberflächlichkeit aus und lasse sich deshalb mit Inhalten der unterschiedlichsten Art füllen. Und weil Mode »grundlos« übernommen werde – und sich auf diese Weise verbreite –, könne sie sich jeder Zeit in alle Richtungen, mit allen nur erdenklichen Rückgriffen und Bezügen, verändern. Demnach gefalle uns Mode nicht, weil sie schön, nützlich oder interessant sei, sondern weil sie uns überrasche und weil sie (gerade) »in« sei. Sehr wohl kalkulierten wir dabei ein, dass sie auch schnell wieder »out« ist.[21] »Wenn die Mode funktioniert«, so fährt Esposito fort, »werden ihre Inhalte eingängig und zum allgemeinen Bezugspunkt«[22] – und dann habe die Mode plötzlich großen gesellschaftlichen Einfluss. Mode, so sei ergänzt, bleibt dabei nicht das Terrain einzelner weniger, sondern zeigt sich in den vielen, die bereit sind, sich von ihr überraschen zu lassen und auch andere mit ihr zu überraschen, Aufmerksamkeit auf sich zu ziehen – in immer neuen Spielarten. Die Mode der vielen jedoch unterscheidet sich immer auch von der Mode der wenigen, die auf ihre Distinktion achten (müssen).

digt daraufhin an, sich im Beisein der *Boys* die Haare abzuschneiden und avanciert zum großen Erfolg. Aber der *Bob* wird zum Desaster, so unattraktiv, dass ihr Freund (zuvor der von Marjorie) sich von ihr abwendet. Lange Geschichte, kurzes Ende: Bernice verlässt bei Nacht die Stadt, nicht ohne zuvor Marjorie als Strafe für deren Verrat im Schlaf die langen Zöpfe abgeschnitten zu haben und sie ihrem Verflossenen auf die Veranda geworfen zu haben. F. Scott Fitzgerald, *Bernice Bobs Her Hair*, zuerst im Mai 1920 in der *Saturday Evening Post* erschienen, danach in Fitzgeralds Sammlung *Flappers and Philosophers*.

19 Zelda Sayre Fitzgerald, Eulogy on the Flapper, S. 391; What Became of the Flappers?, S. 398.

20 Editorial *F.A.Z. Quarterly*, 03, 2017, S. 5.

21 Esposito, *Die Frivolität des Engagements*, S. 83. Ausführlich dazu Dies., *Die Verbindlichkeit des Vorübergehenden*.

22 Esposito, *Die Frivolität des Engagements*, S. 84.

Manche von Espositos Zuschreibungen mögen auf den ersten Blick punktgenau auf die Mode der Kurzhaarfrisuren der 1920er Jahre zutreffen: das Potential der Emanzipation, die massenhafte Übernahme, das Aussenden von Signalen, die re-aktive Bewertung durch andere, als Zustimmung oder Ablehnung. Die relative Dauerhaftigkeit des Bubikopfs über viele Jahre (und bis heute)[23] spricht jedoch dagegen, ihn als typische, genauer: als kurzlebige Modeerscheinung zu sehen. Marie von Bunsen wendete sich bereits 1920 explizit gegen die Vereinnahmung des Bubikopfs als reine Modeerscheinung. Vielmehr sei die Situation von Frauen in der Zwischenkriegszeit von einem neuen Lebensgefühl, von Emanzipation und Aufbruch geprägt.[24] Und hierfür war der Bubikopf vielfach ein Symbol. Auch von einer »grundlosen Übernahme« (Esposito) kann mit Bezug auf den Bubikopf nicht gesprochen werden, denn dazu war der Widerstand, gegen den es sich auf Seiten der Frauen durchzusetzen galt, zu groß. Der Bob zeigte sich gleichwohl doppeldeutig: Für viele war er eine vorübergehende modische Frisur, eine »Spielerei«, vielleicht eine Art Maskerade. Für andere bedeutete er ein markantes Zeichen der Selbstbestimmtheit, verbunden mit einer geschlechterspezifischen Ernsthaftigkeit.

Der anfängliche Glanz des Bubikopfs, seine Neuheit und Attraktivität, aber auch die Ablehnung und der erbitterte Widerstand gegen ihn verloren sich im Laufe der 1920er Jahre zunehmend, ausgenommen die Jahre 1926/27, als der radikale *Herrenschnitt* für mutige Frauen kurzzeitig noch einmal für hitzige Diskussionen sorgte. Davon abgesehen wurde der Bubikopf vielfältiger, allgegenwärtig, alltagstauglich. Er erwies sich als praktisch, zweckmäßig, sparte Zeit und Geld, denn er eignete sich auch zum Selberfrisieren, einschließlich des Schneidens. Zum Ende des Jahrzehnts, um 1929, noch bevor die Nationalsozialisten eine »weibliche«, eine »deutsche Frisur« propagierten, wurden die Haare wieder länger. Wellen und Locken prägten fortan die Damenfrisuren.

* * *

Im Zentrum steht der Bubikopf mit seiner Bild- und Zeichenhaftigkeit sowie den vielfältigen (Be-)Deutungszusammenhängen wie auch seinen Wurzeln und Nachwirkungen, seiner Entwicklung mit seinen stetigen Veränderungen. Zugleich, aber nicht ausschließlich, ist der Bubikopf als Chiffre der Moderne zu sehen. Die vorliegende Arbeit definiert sich als interdisziplinärer Beitrag zur

23 Der Bubikopf/Bob in seinen unterschiedlichen Ausprägungen gehört heute zu den Klassikern unter den Damenfrisuren, wenn auch mit veränderten Zuschreibungen. Nach Meinung junger Frauen tragen ihn vor allem Lesben, ältere Frauen oder Frauen in Krisensituationen.

24 Marie von Bunsen, Kriegszeit und Mode. *Die Dame*, 1920 (Febr.), S. 97f.

Geschlechter- wie zur Kulturgeschichte, zur Sozial- und Alltagsgeschichte der Weimarer Republik. Sie folgt der Idee von »Geschichte als Collage« statt eines Narrativs, so wie es William Kentridge vorschlägt: »The test is really to find an approach that is not an analytic dissection of a historical moment, but which doesn't avoid the questions of history. Can one find the truth in the fragmented and incomplete? Can one think about history as collage, rather than as narrative?«[25] Dies bildet sich auch in der Verschiedenartigkeit der hier versammelten Stimmen und Bilder ab. Sie spiegeln den Alltag von Frauen der Weimarer Jahre und zeigen die unterschiedlichen (Be-)Wertungen und Handlungsweisen der Geschlechter bezogen auf den Bubikopf, die als Ausdruck von je unterschiedlicher politischer und kultureller Einstellung zu verstehen sind. Der alltagsgeschichtliche Ansatz dieser Arbeit vermag das zu unterstreichen. Es seien die Inkongruenzen und Widersprüchlichkeiten, die Verletzlichkeiten und Subjektivitäten des menschlichen Daseins, so die Historikerin Elissa Mailänder, die etwas fundamental Wichtiges über einen bestimmten Ort und eine bestimmte Zeit, über Individuen und ihre sozialen Praktiken aussagen.[26] Diese Interdependenzen werden vor dem Hintergrund der kulturellen, wirtschaftlichen, sozialen und gesellschaftlichen Verhältnisse, speziell der 1920er Jahre in Berlin, erörtert.

Betrachtet man die Literatur zur *Neuen Frau*, so wird klar, dass das Image der *Neuen Frau* der Weimarer Jahre nicht länger überhöht oder mystifiziert werden darf, das heißt, es gilt Stilisierungen, Stereotypisierungen und Generalisierungen entgegenzuarbeiten. Bemerkenswert viele Historikerinnen, Literatur-, Kunst- und Filmwissenschaftlerinnen, auch aus den USA und England, haben sich mit Einzelporträts damals populärer und einflussreicher Frauen (Schriftstellerinnen, Sportlerinnen, Malerinnen, Fotografinnen, Modejournalistinnen, Tänzerinnen) der Weimarer Jahre befasst sowie mit Analysen zu einzelnen Themenfeldern wie Mode, Film, Kabarett, Fotografie oder Malerei, Literatur und Journalismus.[27] Sie zeigen jedoch vor allem die Lebenswelt (groß-)bürgerlicher Frauen, weniger die der sozial und wirtschaftlich Unterprivilegierten. In der vorliegenden Arbeit werden die sogenannten »kleinen Ladenmädchen« und Fabrikarbeiterinnen einbezogen.

In der enorm schnell wachsenden, weltoffenen deutschen Metropole war die Nachfrage an Mode- und Kunstorientierung wie auch das Bedürfnis nach Unterhaltung stark gewachsen. Hier hatte sich die Mode- und Bekleidungsin-

25 William Kentridge, südafrikanischer Künstler, in seinem Statement zu *The Head & the Load* (Ruhrtriennale 2018).

26 Elissa Mailänder, *Every Person's Land. The Craft of Alltagsgeschichte.* Roundtable German Studies Association (GSA): Reflections on the Meaning of Everyday Life. Commemorating the Work of Alf Luedtke (1943-2019), Oct. 4, 2019.

27 Das zeigt eine Fülle von Arbeiten, international besetzten Konferenzen und Ausstellungen zum Thema *Neue Frau*, wie sie in den letzten dreißig Jahren zu verzeichnen gewesen sind.

dustrie schon vor dem Ersten Weltkrieg etabliert und zentralisiert wie auch die Vergnügungs- und Unterhaltungsindustrie der Weimarer Jahre einschließlich der Medien – Zeitungs- und Magazin-Redaktionen, Radioanstalten, Filmgesellschaften. Entsprechend vielfältig erwies sich für diesen Ort das verfügbare Text- und Bildmaterial zu Gesellschaft, Kultur und Mode der Weimarer Jahre, das die Grundlage für diese Studie bildet.

Als unschätzbare Fundgrube erwies sich die *Deutsche Allgemeine Friseur-Zeitung* (*DAFZ*). Dem Zentralorgan für das Friseur- und Perückenmacher-Gewerbe war zu entnehmen, in welcher Weise sich Friseure in Berlin, aber auch in Paris mit der sie überraschenden Modewelle des Bubikopfs / *Coupe à la Garçonne* auseinandergesetzt und auf sie eingelassen haben. Die *DAFZ* gab auch Aufschluss über den Einstellungswandel der Friseure während der 1920er Jahre zur Kurzhaarmode, über die unerlässlich zu erlernenden neuen Handwerkstechniken sowie die Ausbildungserfordernisse. Sie sind dort anschaulich dokumentiert. Die *DAFZ* beleuchtet die Alltagspraxis im Herren-, seltener im Damensalon. Dazu gehörte der Umgang mit Kundinnen und ihren Wünschen, Anleitungen zu Schnitttechniken und das professionelle Handwerkszeug.

Die Frage, wer wann und wo den Bubikopf »erfunden« hat oder durch wen er zuerst bekannt und daraufhin berühmt wurde, wird in diesem Buch nicht dezidiert gestellt – zu viele Ereignisse können hier herangezogen werden, zu viele »Erfinder« rühmten sich der Tat. Mythen oder Erfindungen wie die folgende gibt es zahlreiche: »Wie manches andere große Kunstwerk, so ist auch die Bubifrisur das Produkt einer spontanen Eingebung bei Gelegenheit eines alltäglichen Vorganges, der mit der Sache selbst nichts zu tun hat. Wie ihm die Inspiration kam, die Bubifrisur zu schaffen, das hat Herr [Henri] Labarde selbst sehr anregend erzählt, und man wird überrascht sein, zu hören, daß seine geniale Schöpfung sage und schreibe schon vierzehn Jahre alt ist und im Jahre 1910 zum ersten Mal ›kreiert‹ wurde.«[28] Oder: »Die Bubifrisur ist im Grunde genommen eine bolschewistische Tracht, die uns gleich nach dem Kriege durch die aus Rußland kommenden Einwanderer beschert und von den Pariser Kollegen verfeinert wurde.«[29] An anderer Stelle wurde vermutet, dass junge Frauen nach den extremen Mangeljahren während des Ersten Weltkriegs das Bedürfnis hatten, sich wieder mit ihrem Selbst, mit ihrer Schönheit zu beschäftigen. Auch wenn solchen Spuren im Einzelnen nicht nachgegangen wird, so ist es mir wichtig, einerseits »das kurze Jahrzehnt« der Verbreitung der Bubikopf-Mode mit seinen Vorläufern zu betrachten, d.h. seine historischen Wurzeln aufzude-

28 R.D., Der Bubikopf und sein Erfinder. *DAFZ* 40 (1924), 17, S. 396.
29 Willy Ring, Bubenkopf-Haarschnitte. *DAFZ* 40 (1924), 11, S. 255.

cken (*Tituskopf*[30]) und andererseits seine »Nachfolger« in den 1960er Jahren in den Blick zu nehmen (Vidal Sassoon).

Der Bubikopf war ein unmittelbarer Wirtschaftsfaktor für das Friseurhandwerk, die Haarkosmetikindustrie, die Zulieferer von Haarkämmen und -klemmen sowie für die Ausstattung der Salons und Privathaushalte mit Scheren und Haarschneideapparaten. Für manche Betriebe hatte der Bubikopf-Boom einen Aufschwung bedeutet, für andere hatte er wirtschaftliche Einbußen oder gar den Niedergang zur Folge. Als vorrangiges Modeelement stärkte der Bubikopf darüber hinaus indirekt die Kosmetikindustrie, die Hutfabrikation und die Herstellung von Art-Déco-Modeschmuck.

Wie es das kurze Frauenhaar mit seinen Zuschreibungen in all dem Für-und-Wider als Sujet in die Welt der Unterhaltung geschafft hat, zeigen Kabarett- wie Schlagertexte und Stücke für das Boulevardtheater. Welches Potential in Sachen Humor/Karikatur/Satire in ihm steckte, wird etwa an den populären Scherzpostkarten zur »modernen Loreley« sichtbar: Der Inbegriff weiblicher Schönheit und traditioneller Weiblichkeit, die berühmte Sirene vom Rhein, schneidet sich eigenhändig ihr langes Haar ab und wirft es den schmachtenden Schiffern als Zopf vor die Füße. Die Bildpostkarten vermitteln ein komplexes Bild männlichen Begehrens und weiblicher Abwehr.

In Briefen, Tagebüchern, Interviews und (Auto-)Biographien spiegelt sich das Ereignis »Bubikopf« als merkenswerte Facette der Familien- oder der eigenen Geschichte. Die Erinnerungen verweisen auf die Bedeutung, die ein solcher Schritt für die Frau und die Familie unter Umständen bedeutete, sodass diese gar in das Familiengedächtnis »eingespeist« wurde. Der Bubikopf steht für mehr als eine Modefrisur der Zwanziger Jahre, er fungiert als Code dafür, wie Frauen sich selbst sahen und von der Außenwelt gesehen werden wollten: als Synonym für eine »Frau im Aufbruch«, einen neuen Typ von Weiblichkeit, der sich in Erscheinung, Aussehen, Lebensweise und Lebensperspektive manifestierte. Dabei soll es hier nicht allein um die selbstbestimmt erworbene Kurzhaarfrisur gehen, die Befreiung und individuelle Schönheit versprach, sondern auch um das gewalttätige Gegenstück: das Abschneiden von langem Frauenhaar, das Schneiden, Scheren und Abrasieren – sowohl zur Verwertung als auch zum Zwecke der Strafe, Demütigung, Entehrung und Entpersönlichung. Berichte und Erinnerungen aus dem Ruhrkampf 1923, aus den von den Nationalsozialisten okkupierten Ländern Frankreich und Dänemark oder aus dem Frauenkonzentrationslager Ravensbrück belegen solche traumatischen Erfahrungen der Lagerinsassinnen. Hier

30 Historische Verbindungslinien ergeben sich zur *Coiffure à la Titus* zur Zeit der Französischen Revolution.

sind es besonders die Zeichnungen weiblicher Häftlinge und Überlebender des KZ Ravensbrück, die, mehr als es Texte vermögen, »sprechen«.

Unterschiedlichste zeitgenössische Stimmen unterstreichen die Vielschichtigkeit, Nichteindeutigkeit und Komplexität der Thematik, die mit dem Bubikopf verbunden ist. Heterogene Textsorten – Analysen, zeitgenössische Berichte und Glossen in Zeitungen, Friseurzeitschriften, Modejournalen und Magazinen, Werbetexte, Essays, Romane, Erinnerungen, Gedichte, Songtexte, Witze – verdeutlichen die widerstreitenden Anschauungen und teilweise konträren Blickwinkel. Einseitige Bilder werden so durch Differenzierungen ergänzt. Auf diese Weise wird versucht, näher an die historischen Realitäten heranzukommen und individuelle Verhaltenspraktiken zu eruieren. Die mitunter so ungleichen zeitgenössischen Einschätzungen über den Bubikopf illustrieren auch den Übergang von der Bubikopf-Debatte zur konservativ angehauchten Mode-Debatte um 1929. Deutlich werden hier Tempo und Ausmaß der Veränderungen des Phänomens Bubikopf.

Eine besonders relevante Anschaulichkeit bietet das heterogene Bildmaterial, das das Ab-Bild und Selbst-Bild, den modernen Habitus der Frau, außerdem die Wahrnehmung und die Bewertung des Bubikopfes zeigt. Private, Atelier- und künstlerische (Mode-)Fotografien, darunter (Selbst-)Porträts, zeigen Verbindungen des Bubikopfs zur Mode und zur Kunstinterpretation des Individuums auf. Modezeichnungen und Schnittanweisungen dienen als Quellen für die handwerkliche Seite des akkurat geschnittenen Bubikopfs. Werbeanzeigen, Filmplakate, Notenblattcover und Cartoons belegen die engen Zusammenhänge zwischen Haarmode, Wirtschaftsinteressen und Popularkunst. »Sich ein Bild machen« war ein zentrales Thema in Fotografie und Porträtmalerei der Neuen Sachlichkeit.[31] (Mode-)Fotografinnen und Malerinnen der Weimarer Republik haben sich intensiv dem Bild und Selbstbild der »Neuen Frau« gewidmet. Anita Rée, zum Beispiel, zeigt die Fotografin Hildegard Heise (1897-1979) selbstbewusst, den Betrachter nahezu provozierend ins Auge fassend (siehe Abbildung 39, S. 171).

Ein umfangreicher Fundus an experimentellen Schwarz-Weiß-Fotografien, Skizzen, Zeichnungen und gemalten (Selbst-)Porträts zeigt diese Faszination. Manche Beispiele haben den Weg in dieses Buch gefunden. Das kurz geschnittene Haar erscheint dabei nicht selten in Verbindung mit nackter Haut, zeigt Linien der weiblichen Nackenpartie. So tritt die markante Silhouette des Haar-

31 Dazu insbesondere Meyer-Büser (Hg.), *Bubikopf und Gretchenzopf*; Schönfeld (Hg.), *Practicing Modernity*. Vgl. auch Pfeiffer (Hg.), *Glanz und Elend in der Weimarer Republik*. – Die im Aufbau befindliche Web-Datenbank AWARE der Vereinigung *Archives of Women Artists, Research and Exhibitions* sammelt Informationen einschließlich Bildmaterial und Literatur über Künstlerinnen des 20. Jahrhunderts (Texte in Französisch und Englisch), http://www.awarewomenartists.com (letzter Zugriff 11/2020).

schnitts deutlich hervor. Diese wird oftmals in Verbindung mit einem Spiegel ins Bild gesetzt, zum »Bespiegeln« des Selbst.[32] Kaum ein Lächeln findet sich in den Gesichtern der Porträtierten. Ihre Blicke oszillieren zwischen nachdenklich, skeptisch, herausfordernd, selbstsicher. Nicht zuletzt haben in den Bildern künstlerische Interpretationen des Bubikopfes ihren Ausdruck gefunden.[33] Es war die androgyn-maskuline Frau, die als diejenige gezeigt wurde, die Modernität, Wandel und Zukunftsversprechen symbolisiert. Die Konturen sind scharfkantig (sowohl in Bezug auf die Frisur als auch auf die Kleidung), in gewisser Weise »hart«, und haben mit der lieblichen Schönheit eines ELIDA-Girls aus der Werbung[34] nichts gemein. Als Akt oder Halb-Akt zeigt sie sich nicht nur dem männlichen Betrachter (und Künstler) als anziehende und erotisierende weibliche Erscheinung neuen Typs.

Als Quellenreservoir und nachhaltige Inspiration erwiesen sich auch (Kunst-)Ausstellungen zur Weimarer Republik. Hier entdeckte ich manche Künstlerin, deren Arbeiten und nicht einmal deren Namen mir zuvor bekannt waren. Einige dieser Frauen wurden wegen ihrer jüdischen Herkunft in Konzentrationslagern ermordet, andere mussten emigrieren, wieder andere wurden an der Fortführung ihrer künstlerischen Arbeit gehindert. Als Beispiel sei hier die Malerin Lotte Laserstein (1898-1993) aufgeführt, deren Bilder 2018/19 im Frankfurter Städel und in der Berlinischen Galerie in einer Einzelausstellung zu sehen waren. Der unermessliche Verlust an weiblicher Kreativität während der 1920er und 1930er Jahre durch das NS-Regime ist bedrückend. *Das verborgene Museum* in Berlin holt verdienstvollerweise manche dieser vergessenen weiblichen Kunstschaffenden wieder ans Licht.[35]

32 Dazu Breuer, Knorpp (Hg.), *Gespiegeltes Ich.*

33 Vgl. das Werk der Malerinnen Jeanne Mammen, Lotte Laserstein, Grete Jürgens, Dörte Clara Wolff (Dodo), Elfriede Lohse-Wächtler, Tamara de Lempicka, Ida Kerkovius und vieler anderer sowie der (Mode-)Fotografinnen Lotte Jacobi, Yva (Elsa Neuländer-Simon), Marianne Brandt, Marianne Breslauer, Madame d'Ora (Dora Kallmus), Claude Cahun, Anneliese Kretschmer oder Frieda Riess. Nicht weniger von Bedeutung sind in diesem Zusammenhang u. a. Karl Hofer, Rudolf Schlichter, Max Beckmann, Otto Dix, George Grosz, Christian Schad, Karl Hubbuch oder Willy Jaeckel (Malerei) und die Fotografen August Sander oder UMBO (Otto Maximilian Umbehr).

34 Hanns Ferdinand Josef Kropff (1882-1963) kreierte für die Leipziger Kosmetikfirma ELIDA AG eine Werbefigur, das ELIDA Girl: blond, halblanger Bubikopf, nicht übertrieben geschminkt – die geradezu perfekte Normalität einer jungen Frau.

35 DAS VERBORGENE MUSEUM, gegründet 1986 in Berlin, präsentiert Ausstellungen von Künstlerinnen aller Gattungen: Malerinnen, Fotografinnen, Bildhauerinnen und Architektinnen, bislang vorwiegend der um die Wende vom 19. zum 20. Jahrhundert geborenen Generation. Nicht selten ist die Präsentation der Werke die erste Würdigung in Deutschland nach dem Zweiten Weltkrieg. http://www.dasverborgenemuseum.de/das-museum (letzter Zugriff 11/2020).

»DIE SCHERE IN DIE HAARE FÜHREN« – BERLINER UND PARISER FRISEURE UND DIE HERAUSFORDERUNG »BUBIKOPF«

Der Oberfriseur des Staatstheaters in Berlin, Franz Zimmermann, begrüßte Anfang der 1920er Jahre überschwänglich die neueste Damenmode der kurzen Haare, die in Paris schon so viele begeisterte Anhängerinnen gefunden hatte. Noch throne zwar, in üppiger Pracht, im Nacken der Knoten, aber auch der könne über Nacht stürzen, »denn am Kurfürstendamm und auf der Tauentzienpromenade tauchen ständig mehr und mehr entzückende Backfische und elegante Damen mit dieser Frisur auf und nicht zuletzt auf der Bühne und im Film«. Seinen Kollegen, den Damenfriseuren, riet er deshalb dringend, die neue Frisur auszubauen, denn sie zwinge Frauen dazu, zum Friseur zu gehen und schaffe somit dringend notwendige Verdienstmöglichkeiten. Er räumte aber sogleich ein, dass es Überwindung kosten werde, »die Schere in die Haare zu führen, wo sonst nur das Ondulationseisen [Brennschere] seine Arbeit verrichtete«.[36]

Entschieden ablehnend beurteilte Franz Daniger[37] die neue Haarmode. Für die Folgezeit sah er die ökonomische Situation des deutschen Friseurhandwerks ausgesprochen pessimistisch. Er ging davon aus, dass zwar »einige kapriziöse exzentrische Damen für diese Mode schwärmen«, die Mehrzahl der Frauen es aber wohl vorziehen werde, »sich nicht von ihrem Stolz, ihrer schönsten Zierde, zu trennen«. Daniger begründete seine Abneigung gegenüber dem Bubikopf damit, dass Friseure ihr Einkommen nicht damit bestreiten sollten, Frauen ihr langes Haar abzuschneiden, das markanteste Symbol ihrer Weiblichkeit, zumal angesichts einer sicherlich schnell vorübergehenden Modewelle. Er betrachtete den Bubikopf als ästhetischen wie ethischen Frevel, und bezogen auf das Friseurgewerbe fand er, dass es »sicherlich ein Unglück für unseren Beruf [wäre], wenn die meisten Damen auf die Idee kämen, sich das Haar kurz schneiden zu lassen«.[38]

36 Franz Zimmermann, Die neueste Mode. *DAFZ* 37 (1921), 23, S. 55.

37 Daniger leitete eine Privat-Damenfrisierschule in Berlin. Er war auch für den redaktionellen Teil der *Deutschen Allgemeinen Friseur-Zeitung* verantwortlich und schrieb regelmäßig Beiträge in Sachen kurzes Frauenhaar.

38 Franz Daniger, Zur Mode. *DAFZ* 37 (1921), 4, S. 127. – Allgemein zur Geschichte des Friseurhandwerks in Deutschland: Kornher, *Virtuose Haargestaltung.* Für Frankreich: Zdatny, *Fashion, Work, and Politics in Modern France.*

Gerade war sein Buch *Die Kunst des Damenfrisierens* in dritter Auflage erschienen.[39] Darin erklärte er das Handwerk der kunstvollen Hochfrisuren, wie sie bis dahin die modebewusste Damenwelt trugen.

Neben der Privat-Damenfrisierschule besaß Daniger auch das *Spezial-Haus für Haarersatz* in der Jerusalemer Straße in Berlin-Mitte, wo »in naturgetreuer Ausführung« Perücken, Zöpfe, gewellte Teile und fertige Knoten (Chignons) hergestellt wurden.[40] Friseur und Perückenmacher waren zu dieser Zeit noch ein und derselbe Beruf. Für dieses Haarersatz-Geschäft, bis dahin das Haupteinkommen der Friseure, fürchteten er und seine Kollegen erhebliche Umsatzeinbußen, wenn sich die Kurzhaarmode durchsetzen würde. Und in der Tat gab es bereits zu Beginn der 1920er Jahre einen spürbaren Rückgang an den aufwändig herzustellenden und daher teuren Haarteilen und Perücken aus Echthaar. Zierkämme und -spangen, die ebenfalls zum Kerngeschäft der Frisiersalons gehörten, waren nun weit weniger gefragt. Auch setzten neue Vertriebsformen den Friseuren zu. Bisher hatten ausschließlich die Friseure Parfümerie- und Toilettenartikel sowie den Kopfputz verkauft. Nun drängten zunehmend Warenhäuser in dieses Segment.

Die Annahme, dass sich der Bubikopf, im Gegensatz zu Paris und anderen europäischen Metropolen, in Deutschland, bei »deutschen Frauen«, nicht durchsetzen würde, war eine eklatante, folgenreiche Fehleinschätzung. Die ambivalente, zögerlich-abwehrende Haltung gegenüber der Mode der kurzen Haare hatte ganz unterschiedliche Gründe. Die *DAFZ* spiegelte die Einschätzungen vor allem der Berliner Friseure: ihre anfängliche Ablehnung, ihr Festhalten an alten Haartraditionen in Kombination mit konkreten Vorschlägen von Gegenmaßnahmen und Alternativen zur Kurzhaarfrisur.

Es gab jedoch Kollegen, die den Bubikopf, aus Überzeugung oder aus geschäftlichem Kalkül, in ihren Friseursalons umsetzten und dafür sorgten, dass die neuen, ungewohnten Schnitttechniken mit dem dafür benötigten Arbeitsgerät den Berufskollegen vorgestellt wurden. Ausgesprochen langsam und erst sehr spät fand das entsprechende handwerkliche Know-how Eingang in die Ausbildung von Friseurgehilfen. Aber nur so, befanden die Befürworter, könne die Mode der kurzen Haare und in der Folge die Friseurbesuche endlich zu einem wirtschaftlichen Aufschwung ihres Handwerks führen, der unter »der jetzigen schweren und ernsten Zeit so bitter notwendig ist«.[41]

39 Daniger, *Die Kunst des Damenfrisierens*. 3. Aufl. 1920.

40 Die *DAFZ* enthielt Anfang der 1920er Jahre zahlreiche Annoncen verschiedener Firmen, die mit Haarschmuck (Kämmen und Spangen aus Horn und Schildpatt, Haarnadeln) sowie mit Haararbeiten (Perücken, Haarunterlagen, Chignons [Haarknoten], Postiches [Haarteilen], Naturhaarzöpfen und Haarflechterei) auf dem Markt vertreten waren.

41 Franz Zimmermann, Die neueste Mode. *DAFZ* 37 (1921), 23, S. 55.

Abb. 1 Modische Damenfrisur aus dem Jahr 1919

Abb. 2 Lya De Putti (1897–1931), ca. 1925. Ungarische Tänzerin und Schauspielerin, vor allem in deutschen Filmen

Erst zum Ende der 1920er Jahre führte dies zur Anerkennung und Ausformung des modischen Kurzhaarschnittes innerhalb der Kollegenschaft, zu einem Zeitpunkt, als die gesellschaftliche Debatte um den Bubikopf ihren Höhepunkt längst überschritten und quasi »alle Welt« an ihn gewöhnt war oder ihn sich zu eigen gemacht hatte.

»Wahre Künstler der Coiffüre« – die Modewelt schaut auf Paris

Paris galt lange vor der Jahrhundertwende als das internationale Modezentrum, auch wenn Berliner und Wiener Modehäuser französische Designer und Modesalons mit Entwürfen und Ideen durchaus inspirierten und bereicherten. Während des Ersten Weltkrieges wie auch später, zu Zeiten der auch modemäßig nationalsozialistischen Abschottungsbemühungen ab 1933, wurde versucht, diese engen Verbindungen staatlicherseits zu reglementieren. Doch gleich im ersten Kriegswinter 1914/15 hatte sich gezeigt, dass derartige Bemühungen weitgehend ins Leere liefen, denn es gab nur eine Mode – und die war international. Allenfalls entwickelten sich lokale Varianten. Erfolgreicher waren dagegen die Versuche, eine jeweils nationale Modewirtschaft auf- und auszubauen – vor allem, was Entwürfe und Fertigung betraf –, und diese dann vornehmlich unter Verwendung von im Lande hergestellten Stoffen und Materialien.[42]

In der Auseinandersetzung um die Bubikopf-Frisuren in der *DAFZ* spielten die Berichte der ausländischen, vor allem der Pariser Kollegen eine besondere Rolle. Es war den Beteiligten in Berlin klar, dass, wie in der Kleidermode auch, die Haarmode vor allem von der französischen Hauptstadt aus ihren Weg nahm und sich somit die kommenden Trends der jahreszeitlichen Moden in Berlin am sichersten vorhersehen ließen. Die Pariser Coiffeure, insbesondere Emile Long,[43] Generalsekretär des *Instituts des Coiffeurs des Dames de France* und Schützling des legendären »Meisters« Marcel Grateau, hielten in ihren Modeberichten den Berliner Damenfriseuren den Spiegel vor. Sie schwärmten von ihren Erfolgen und drückten ihr Unverständnis darüber aus, dass in Deutschland die Möglichkeiten, die im Bubikopf steckten, kaum aufgenommen wurden.

Die führende Modistin des Staatstheaters Berlin, die ständig in Paris, London und Wien unterwegs war, um die neuesten Modetrends zu erkunden, berichtete in einem Gespräch mit dem Oberfriseur Zimmermann begeistert von ihrem Pariser Friseurerlebnis:

42 Vgl. Mode als nationale Aufgabe, S. 48.

43 Emile Long hatte bereits vor dem Ersten Weltkrieg in der *DAFZ* seine Haarmode-Berichte veröffentlicht, u. a.: »Der moderne Friseur soll vor allem Posticheur sein«, *DAFZ* 28 (1912), 18, S. 775. Vgl. auch Zdatny (Hg.), *Hairstyles and Fashion.*

> »Für euch Friseure gibt es eine Sensation! [...] Zwei Pariser Friseure haben Weltruf im Bubenkopfschneiden erlangt. Aus London, Amerika usw., auch aus Deutschland, kommen die Damen und lassen sich hier die Haare schneiden. [...] Die guten Damenfriseure [in Berlin] wissen wohl mit dem Onduliereisen umzugehen, aber vom Damenhaar-Fassonschneiden – keinen Dunst. Ich habe natürlich durch den Spiegel zugeschaut, wie man mir meine Haare abgeschnitten hat. Der Künstler hebt sie hoch, teilt die Hinterhaare zwei Finger breit ab, und schneidet und rasiert den Nacken aus. Dann teilt er partienweise, vom Nacken beginnend, die Haare ab und schneidet sie gleich in Fasson, nach oben immer länger werdend und an den Seiten die halbe Wange bedeckt lassend. [...] Natürlich muß diese Neuheit aus Paris kommen! Wir Deutsche sind nun mal zu schwerfällig. Ich sage Ihnen, die beiden Friseure machen ein glänzendes Geschäft. Das Haarschneiden kostet 8 Fr. und die abgeschnittenen Haare bleiben Eigentum der Künstler.«[44]

Franz Zimmermann, der Anfang 1921 für Tilla Durieux für das Stück *Marquis von Keith* eine rote Kurzhaar-Perücke angefertigt und damit beim Publikum wie auch in der Presse großes Aufsehen erregt hatte, legte seinen Berliner Kollegen die »Bubenkopffrisur« dringend ans Herz. In der Modekommission der Friseure hatte man aber nur gelacht – »sie wäre wohl eine Frisur für verlauste Russinnen, nicht aber für eine Dame.«[45]

Unter der Rubrik »Moderne Frisuren« verhehlte Emile Long indes nicht, dass auch in Paris die Traditionalisten unter den Friseuren vom kurzen Haarschnitt zunächst nicht angetan gewesen waren. Er selbst polemisierte nicht gegen die *cheveaux courts*, sondern behandelte den *Garçonne* (französisches Äquivalent zum Bubikopf) einfach als eine unter vielen anderen Frisuren. Er würde ohnehin nur von den »eleganten Damen« getragen, wie auf dem »Victory Balls« nach dem Waffenstillstand von 1918 zu sehen gewesen sei. Der Kurzhaarschnitt war also vor 1920 auch in Paris noch eine Randerscheinung.

Trotz der wachsenden Nachfrage nach Kurzhaarschnitten taten auch die führenden Haarkünstler der französischen Hauptstadt anfangs ihr Möglichstes, um dem Abschneiden der Haare entgegenzuwirken. Die Kampagne gegen den *Garçonne* wurde vom Magazin *Coiffure de Paris* angeführt, dessen Verleger Eugène Schueller war, Gründer der Firma L'Oréal.[46] Ende 1920 annoncierte sein

44 Franz Zimmermann, Die neueste Mode. *DAFZ* 40 (1924), 11, S. 254.

45 Ebd.

46 Eugène Schueller (1881-1957) entwickelte 1907 eine synthetische, gesundheitlich angeblich unbedenkliche Haarfärbetinktur (teinture).

Magazin, jede neue Idee, die »jedwede Spur dieser schändlichen Mode zu tilgen vermag«, mit 5.000 Francs zu honorieren (siehe Abbildung 40, S. 172).[47]

Die Selbstbestimmtheit der Modefrauen ließ den Friseuren jedoch keine Wahl und zwang die Pariser Friseure, sich auf die neuen Erfordernisse einzustellen. Im August 1923 ergriffen, so Emile Long, »dreiviertel der eleganten Mondänen unsere Scheren vor unseren Augen, schnitten sich ihr Haar ab und sagten zu uns: ›Nun fahren Sie bitte selbst fort, das Werk zu vollenden‹.« Daraufhin hätten es die Friseure aufgegeben, »eine so mächtige Bewegung zu unterdrücken. Im Gegenteil.«[48]

In ihrer Einstellung und Vorgehensweise unterschieden sich die Pariser Friseure von ihren deutschen Kollegen. Nachdem die Mitglieder des Pariser Modeausschusses realisiert hatten, dass die kurzen Haare international ihre Anhängerinnen gefunden hatten und dass es sich als unmöglich erweisen würde, eine solche Bewegung aufzuhalten, beschlossen sie rasch, die Situation zu akzeptieren und empfahlen ihren Kollegen, Nutzen daraus zu ziehen. In erster Linie galt es, Haarschnitt und Frisuren zu optimieren. 400 und sogar 500 Frcs. kosteten das Haarschneiden und die dazugehörige Frisur, deren »künstlerische Wirkung wirklich alle Bewunderung verdient«.[49]

Im *Institut des Coiffeurs des Dames de France*, in dem sich die einflussreichsten Coiffeure versammelten, wurde nun daran gearbeitet, die Kurzhaarfrisuren der nächsten Saison gezielt zu lancieren, vor allem solche, die am einträglichsten zu werden versprachen. Das misslang insofern, als sich der allgemeine Frisurengeschmack nach je eigener Logik entwickelte, wenn man denn überhaupt eine Logik darin entdecken mochte. Das hatte bereits Jahre zuvor die Mode des *marcel*[50] gezeigt. Anfangs abgelehnt, wurde sie in einer nicht gekannten Weise populär und zu einem erstaunlichen wirtschaftlichen Erfolg.[51]

Deutsche Damenfriseure und das kurze Frauenhaar

Deutsche Friseure befanden sich in einem grundsätzlichen Dilemma beziehungsweise drehten sich unaufhaltsam im Kreis. Ökonomisch hatten die meis-

47 Zdatny, French Hairstyles, S. 236.

48 E[mile] Long, Pariser Moden. *DAFZ* 40 (1924), S. 119, S. 121.

49 E[mile] Long, Langes, schweres und kurzgeschnittenes Haar. *DAFZ* 41 (1925), 21, S. 675.

50 1872 hatte Marcel Grateau (1852-1936) damit begonnen, mittels einer von ihm entwickelten Brennschere (Onduliereisen) Perücken und Haare in Wellen zu legen. Die Ondulation (*marcelling, marcel waving*) fand auch in Deutschland viele Anhänger, sowohl unter den Friseuren als auch unter modebewussten Frauen. Vgl. auch Long, *Traité complet et illustré de l'ondulation artificielle des cheveux.* (dt.: *Die Ondulation*).

51 Zdatny, French Hairstyles, S. 232.

ten nach dem Ersten Weltkrieg und während der Inflation von 1923 sehr zu kämpfen. Sie suchten händeringend nach verlässlichen Verdienstmöglichkeiten für ihr Gewerbe. Die hätten ihnen, wie das Pariser Beispiel zeigte, durchaus offengestanden, denn mit der enormen Nachfrage und dem massenhaften Aufkommen des Bubikopfes hatten sich überraschend ganz neue Einkommenschancen eröffnet – wenn denn die Voraussetzungen dafür geschaffen worden wären. Dem standen aber einerseits die Unentschlossenheit, sich auf Neues einzulassen, sowie eine ethisch-moralisch begründete Abneigung dieser Mode gegenüber entgegen. Hinzu kamen das auf viele Jahre fehlende Know-how der erforderlichen Schnitttechnik, die stark verzögerte Aufnahme des Bubikopf-Schneidens in die Lehrlingsausbildung sowie der eklatante Mangel an Damenfriseuren allgemein, selbst in einer Großstadt wie Berlin.

Adolf Weickert, Lehrer des Damenfrisierens und unablässiger Mahner für mehr Geschäftssinn und Lernbereitschaft, prangerte immer wieder den fehlenden Sinn für Haarmode an und machte nicht nur in der *DAFZ*, sondern auch in zahlreichen anderen Publikationen[52] fortwährend Vorschläge für die Umsetzung von Kundinnenwünschen – auch noch, als sich die Mode des kurzen Haares im Alltagsleben der Großstädte gar nicht mehr übersehen ließ. Unverhohlen bemängelte er die handwerklichen Leistungen seiner Kollegen, die den immer häufiger geäußerten Wünschen der Damen gar nicht nachzukommen vermochten, oder, »wenn sie diese Aufgabe trotz ihrer Unkenntnis übernahmen, das Haar fürchterlich verschnitten und sich und das Gewerbe auf diese Weise schädigten«. Und: »Vielleicht, daß der Anblick des kurzen Frauenhaares manchem auch jetzt noch so merkwürdig und widersinnig erscheint, daß eben dieser Widerwillen sie noch immer zurückhält, sich mit derartigen ›kuriosen‹ Dingen abzugeben.« Besonders treffe dies für kleinere Städte zu, in denen die neue Mode erst viel später ankam als in den »Zentren der Lebewelt, wo man mit gespannter Neugierde jede Neuheit auf diesem Gebiete erwartet und zum großen Teil von der Kleidsamkeit und dem jugendlichen Charakter dieser Frisur entzückt ist«.[53]

Hermann Vöste, Berliner Friseur mit eigenem Salon, unterstrich, wie günstig sich die Einführung der kurzen Haarmode in wirtschaftlicher Beziehung auswirke durch neue Kundinnen und erheblich häufigere Friseurbesuche. Allerdings sollte das Haar nicht zu kurz geschnitten werden, sonst komme die Kundin womöglich die nächsten sechs Monate nicht in den Salon. Außerdem könne ein höherer Preis verlangt werden, wenn Wasserwellen, Kopfwässer etc.

52 Weickert, *Kurzschnitt und Haarersatz*; *Der korrekte Haarschnitt*; *Die individuelle Damenfrisur* sowie weitere Veröffentlichungen (zu Wasserwellen, Pflege der Haarfarbe, Föhn- und Heißluftwelle, Ondulation, Postichesarbeiten).

53 A[dolf] Weickert, Der Schnitt des Bubenkopfes. *DAFZ* 41 (1925), 16, S. 512.

zur Anwendung kämen. Das führe zu »erhöhtem Bedienungspreis« und »gesteigertem Warenabsatz«.[54] Davon machten die Pariser Friseure regen Gebrauch und konnten so ihr Einkommen erheblich steigern.

»So-tun-als-ob«-Frisuren

Es erstaunt im Rückblick, mit welcher Intensität und argumentativer Raffinesse Friseure ihre Vorbehalte im Fach- und Innungsblatt des Friseurhandwerks begründeten und folglich in der Praxis die neue Mode des kurzen Haares, den Bubikopf, zu ignorieren versuchten. Leidenschaftslos und ausgesprochen defensiv verweigerten sie sich, handwerklich und finanziell vielversprechendes Neuland zu betreten, auch wenn ihnen zunehmend klar werden musste, dass es in naher Zukunft kein Zurück zur traditionellen Haarlänge geben würde. Frauen würden vermutlich nicht mehr auf eine bequeme, schnell herzustellende Frisur verzichten wollen. »Die Zeit der Gretchen- und Dreher-Frisuren ist wohl endlich vorüber, die Zeit, wo es der Stolz der Frauen war, ihre Haare zu gigantischen Gebäuden am Kopfe aufzutürmen.«[55]

Die Hoffnung, diese »eigenartige Laune der Mode« des Bubikopfes würde sich schnell überleben, ließ die Berliner Friseure zunächst »doppelgleisig« fahren. Einerseits konnten und wollten sie sich nicht komplett der neuen Mode verweigern; dazu war der Druck seitens der Kundinnen zu stark. Andererseits wollten sie aber auch nicht auf ihr Haarteil-Geschäft und die einträgliche Wasserwelle sowie das Ondulieren verzichten. Sie nutzen dabei die Unsicherheit mancher Frauen, die sich der Optik der Kurzhaarfrisur zwar nicht verschließen wollten, sich also modebewusst gaben, die jedoch (noch) nicht bereit waren, ihr langes Haar zu opfern. Auch in Paris wurde diese zögerliche Haltung beobachtet. Dort hatte man jedoch flexibel und pragmatisch reagiert: »[...] jetzt ist man bemüht, künstlerische Schnittarten und Frisuren zu schaffen, und ebenso reizende, kleine, diesen Frisuren ähnliche Perücken für diejenigen Damen, die sich noch immer nicht entschließen können, ihr Haar abzuschneiden.«[56]

Hatte ein Mädchen oder eine junge Frau aber entschieden, ihr langes Haar abschneiden zu lassen und sich mit diesem Wunsch auch in der Familie durchgesetzt, kam es nicht selten vor, dass dieser Schritt schnell bereut wurde. Naturgemäß ließ er sich nicht sofort rückgängig machen. Unzählige Berichte, literarische Umsetzungen, Persiflagen, Kabarettstücke und nicht zuletzt Selbst-

54 Hermann Vöste, Die gegenwärtige Wirtschaftslage und das kurze Haar. *DAFZ* 43 (1926), 16, S. 428.

55 Wie behandle ich meinen Bubikopf in der Uebergangszeit zum langen Haar? *Die Dame* 53 (1926), 8.

56 E[mile] Long, Pariser Moden, *DAFZ* 40 (1924), S. 119.

Ironisierungen thematisierten dieses »Soll ich? Soll ich nicht?«.[57] »Einen Bubenkopf möchten sie alle haben, nur fehlt es bei den meisten entweder an Mut oder an der nötigen Erlaubnis. Auch für die Damen mit langem Haar muß gesorgt werden, falls sie nicht schon selbst dafür sorgen, daß, wenn sie einen Hut tragen, es wenigstens so aussieht, als hätten sie einen Bubenkopf«, so ein Friseur aus Berlin-Schöneberg, der das Problem durchaus erkannt hatte.[58]

Und so war es nur konsequent und vorausschauend, dass sich das Friseurhandwerk auf diese Situationen mit einer gewissen Vorsorge an Frisurenvorschlägen für den Übergang vorbereitete, wenn also die Haare wieder wachsen sollten. Weickert schrieb dazu in seiner Schritt-für-Schritt-Anleitung für moderne Damenfrisuren im Kapitel »Langhaarfrisuren«: »Wir machen zunächst mit einer der modernen Form angenäherten Langhaarfrisur bekannt, die besonders denjenigen Damen gelegen kommt, die noch keinen Kurzschnitt besitzen und deswegen nicht besonders auffallen möchten.« Danach stellte er einen langhaarähnlichen Kurzschnitt vor, eine Frisur, mit der längeres Haar vorgetäuscht werden sollte.[59]

Auch kam manche »Dame der Gesellschaft« zu der Überzeugung, dass es für die Abendgarderobe einer variablen Frisur bedürfe: für den Tag der Kurzhaarschnitt, für den Ausgeh- oder Opernabend eine Frisur, die durch das Repertoire an Chignons (Haarknoten), Postiches (Haarteile) oder Perücken sowie Haarschmuck in jeglicher Ausführung ergänzt und verändert werden konnte. Bei Ferdinand Müller, Autor des Standard-Lehrbuchs der Zeit für angehende Friseure, heißt es dazu: »So bequem und verlockend die Bubifrisur der Dame auch für den Modus des Tages ist, so geht es doch nicht gut an, mit ihr in Grande-Gala-Toilette auf einem Ball oder Festbankett zu erscheinen.«[60] Für diejenigen, die sich, aus unterschiedlichen Gründen, nicht zum Bubikopf hatten durchringen konnten, aber trotzdem nicht als »hinter der Zeit« gesehen werden wollten, oder diejenigen, die ihrem langen Haar nachtrauerten und es wieder wachsen ließen, gab es vielerlei Angebote an »So-tun-als-ob«-Frisuren, die langes Haar kurz erscheinen ließen oder umgekehrt.

57 Anita [Daniel], Monika läßt sich die Haare wachsen. Tagebuchblätter. *Die Dame* 58 (1930/1931), 4, S. 20f., S. 46.

58 Oswald Dirschka, Der halblange Bubikopf und seine Imitation. *DAFZ* 42 (1926), 5, S. 137.

59 Weickert (um 1930), *Die individuelle Damenfrisur*, S. 36.

60 Müller, *Der moderne Friseur und Haarformer in Wort und Bild.* (3. Aufl.), S. 478. – Müller (1852-1915) war Leiter einer von ihm errichteten Haarfabrik, dann Mitarbeiter in der *DAFZ*. 1903 gründete er die *Ferd. Müllersche Frisierfachschule* in Berlin. 1913 erschien sein Lehrbuch *Das moderne Friseurgewerbe in Wort und Bild.* Es erlebte als *Der moderne Friseur und Haarformer* bis 1934 insgesamt sechs Auflagen.

Federleichte Bubikopf-Kopien als Perücke sollten das Haar so lange bedecken, bis es ungefähr 10 cm lang war und so am Nacken eine kleine Rolle oder ein Lockentuff aus eigenem Haar angebracht werden konnte. »Vielfache Variationen von Chignons geben den beruhigenden Beweis, daß es für den Uebergang […] für die Frauen keine Sorge sein wird, unsichtbare Behelfe für die Wandlung eines Bubikopfes in einen ›Mädikopf‹ zu beschaffen.« In Amerika kehre man bereits zu weiblicheren Frisuren zurück, woraufhin die amerikanische Industrie gleich enorme Quantitäten von Haarersatzteilen in Europa bestellt habe. Die ›Bubikopfdämmerung‹ sei nahe.[61]

Die angebliche »Bubikopfdämmerung« ersparte den Friseuren – aus ihrer Sicht – vorerst das Erlernen und Erproben der ausgefeilten Technik des Schneidens, die ein glatter Bubikopf mit ausrasiertem Nacken erforderte. Und so hielten sie an Löckchen und Wellen fest, die die Kurzhaarfrisuren verschönern sollten.

Auch Franz Daniger, anfangs vehementer Gegner des Bubikopfes, lenkte ein. Man erkenne bereits, »daß man der so überhandnehmenden Mode der kurzen Haare vielleicht schon wieder überdrüssig zu werden beginnt, indem durch irgendeinen Kopfputz versucht wird, das Haar zu kaschieren, d.h. den Eindruck erwecken möchte als sei es lang«.[62] Für diese Fälle, dem Bestreben also, kurzes Haar zu vertuschen, machte er immer neue Vorschläge, gab »Winke und Hilfsmittel«, wie frau sich frisurenmäßig behelfen konnte, denn der Übergang vom kurzen zum langen Haar war nicht leicht zu überwinden.[63]

Einschlägige Schönheits- und Frisuren-Ratgeber empfahlen dringend, sich in Sachen Bubikopf-Schneiden nur erstklassigen Friseuren anzuvertrauen.[64] Aber das erwies sich nicht selten als schwierig. Die Frage, ob ein Herrenfriseur überhaupt in der Lage sei, einen vorschriftsmäßigen Bubikopf zu schneiden, wurde in der *DAFZ* heftig diskutiert und meist negativ beschieden. Die Berliner Friseurbetriebe seien in der Regel auf männliche Kunden ausgerichtet. Zudem herrsche ein Mangel an guten Damenfriseurgehilfen, weil sich die meisten Lehrlinge dem Herrenfach zuwendeten. Außerdem gebe es kaum geeignete Ausbildungsstätten für Damenfriseure und Friseurinnen.

Werbend in eigener Sache verwies das Fachblatt auf die »vorzügliche Schule bei dem bekannten Kollegen Adolf Weickert, wo man alles erlernen kann, was für einen guten Damenfriseur notwendig ist«, unter anderem »das Buben-

61 Ebd.

62 Franz Daniger, Moderner Kopfputz für die Bubifrisur. *DAFZ* 40 (1924), 11, S. 253.

63 Franz Daniger, Verschiedene Hilfsmittel, um kurzes Haar täuschend als langes erscheinen zu lassen. *DAFZ* 40 (1924), 12, S. 281 f., S. 281.

64 U.a. Pessl, *Der Bubikopf und seine Pflege*; Story, *Wie ziehe ich mich gut an?* 5. Aufl., S. 141 f.

kopf schneiden«.[65] Weickert hatte sich in praxisorientierten Präsentationen zum »korrekten Haarschnitt« zu Wort gemeldet,[66] allerdings erst zu einer Zeit, als ein »weiblicherer Stil«, das heißt ein längerer, gewellter Bubikopf, die Gunst mancher Kundin bereits erobert hatte.[67]

Der intelligente »Bubenkopfspezialist«

Die Auffassung, es sei ein Unding, einen Herrenfriseur mit dem *Shingle*-Schnitt[68] zu betrauen, zeigt das ganze Dilemma. Es war ja nicht die Frage, ob ein Herrenfriseur nicht in der Lage sei, derartige Schnitte fachgerecht auszuführen, sondern ob er sich die erforderliche Technik aneignen wollte. Es gab, das muss hier betont werden, unter den Herrenfriseuren nicht nur Dilettanten, sondern den einen oder anderen Könner und Fachmann, auch für elaborierte Kurzhaarschnitte für Frauen!

Einen polemischen Beitrag zur vehement geführten Debatte um das Schneiden eines Bubikopfes lieferte der Berliner Friseurkollege Karl Zander. Er setzte sich dabei insbesondere mit den unterschiedlichen Fertigkeiten beziehungsweise den jeweiligen Unfähigkeiten des Herren- und Damenfriseurs auseinander: »Vor einiger Zeit hörte ich einen Kollegen folgendes feststellen: Zum Bubikopfschneiden gehört doch eigentlich herzlich wenig; eine kräftige, scharfe Schere und ein wenig Unternehmungsgeist, das ist die ganze Hexerei.« Das »wirkliche Bubikopfschneiden« sei aber keine Sache der Skrupellosigkeit, sondern der Intelligenz. Was der besagte Unternehmungsgeist zustande bringe, sehe man alle Tage, die Unfähigkeit so vieler »Bubikopfspezialisten«, die unzählige Köpfe unter der Damenwelt verschandelten. Die lapidare, letztlich aber wenig weiterführende These des Damenfriseurs Zander lautete: Ein Herrenfriseur kann allein deshalb keinen Bubikopf schneiden, weil er kein Damenfriseur ist und daher kein Langhaar frisieren kann! Seine Argumente: Die meisten Damenfriseure und besonders die Friseurinnen könnten sich ihre Tätigkeit ohne Langhaarfrisur nicht vorstellen, die »Macht der Gewohnheit« sei so stark, dass sie unfähig seien, sich auf Kurzhaar umzustellen. Dazu komme eine gehö-

65 *DAFZ* 41 (1925), 19, S. 599.

66 A[dolf] Weickert, Der korrekte Haarschnitt. *DAFZ* 44 (1928), 26, S. 742; Ders., Der Feinschnitt mit dem Messer, S. 968; Ders., Ein Schnitt für schlechten Nackenhaaransatz, *DAFZ* 44 (1928), 35, S. 1007.

67 Zu den vielfältigen Kurzhaarfrisuren der 1920er Jahre, glatt oder gewellt/gelockt, vgl. Turudich, *Art Deco Hair*. Enthalten sind mehr als 350 Illustrationen und Diagramme, die im Detail zeigen und beschreiben, wie ein Kurzhaarschnitt (*bangs and fringes, shingle style, boyish bob styles, Eaton cut, chignons and buns, knots, imitation bob* etc.) zu erfolgen hatte.

68 F[riedrich] Klein, The single [!]. *DAFZ* 40 (1924), 23, S. 579 f.

rige Portion Desinteresse, infolge derer ihre Haarschneidetechnik »rückständig« bleibe.[69]

Immer wieder wurde beklagt, dass es mit der Kunst der Damenfriseure, kurzes Frauenhaar fachgerecht zu schneiden, auszurasieren, zu effilieren und so die Grundvoraussetzungen für einen ansehnlichen, professionellen Kurzhaarschnitt zu schaffen, nicht zum Besten stehe. Adolf Weickert muss sich unter den Berliner Damenfriseuren wie ein einsamer Rufer in der Wüste vorgekommen sein. Nicht nur in der *DAFZ* ging er detailliert mit Schritt-für-Schritt-Anleitungen auf den konkreten Schnitt des Haares ein, wobei er den richtigen Einsatz von Kamm, Schere, Rasiermesser, Effilierschere und Onduliereisen ausdrücklich einbezog.[70]

Im Mittelpunkt der Friseurpraxis und damit der Ausbildungsziele stand jedoch weiterhin die »Haarkonfektion«. Der wichtigste Erwerbszweig des modernen Damenfriseurs und Haarformers sei die Herstellung und der Verkauf von Haararbeiten – so stand es in Müllers Lehrbuch.[71] Entsprechende Einschätzungen lassen sich auch an den Richtlinien für die praktische Meisterprüfung ablesen, in der weiterhin allergrößter Wert auf die Anfertigung einer Perücke gelegt wurde. »Die Prüfungskommission kann den Prüfling seiner Ausbildung gemäß von einzelnen Prüfungsarbeiten entbinden«, hieß es da. »Das Perückenfach ist in allen Fällen Pflichtfach.« Das »Meisterstück« war danach eine Haararbeit »mit den dazu erforderlichen Werkzeichnungen sowie zeichnerischen Darstellungen nebst Kostenberechnung«.[72]

Zudem blieb auch noch Ende der 1920er Jahre das Interesse männlicher Lehrlinge gering, sich zum Damenfriseur ausbilden zu lassen. Weibliche Lehrlinge brauchten im Herrenfach keine Prüfung abzulegen. Im Prüfungserlass von 1929 wurde verfügt, dass sie nur im Damenfach auszubilden seien, mit Schwerpunkt im Haarschneiden. Damit konnten sie unabhängig arbeiten und

69 Karl Zander, Die geistige Erfassung der Bubenkopfidee. *DAFZ* 43 (1927), 13, S. 414.

70 Weickert, *Die individuelle Damenfrisur*. In diesem Lehrgang waren Schneidetechniken von Kurzhaarfrisuren mit Seitenscheitel (Seitenpartie: Scheitelseite, Scheitelgegenseite, Stirnpartie), Pony- und Nackenfrisur wie auch Kurzschnittfrisuren mit Mittelscheitel in 166 Abbildungen mit ihren Besonderheiten beschrieben.

71 Müller, *Der moderne Friseur*, S. 475.

72 Henkel, *Die Meisterprüfung im Friseurhandwerk*, S. 14, S. 16. Außerdem war die Anfertigung einer Herren- und Damen-Straßenperücke sowie eine Tressenarbeit gefordert und erst dann praktische Arbeitsproben/Prüfungsarbeiten wie Haarschneiden, Frisuren verschiedener Art, Damenfrisur mit Ondulation, Damenfrisur mit Ersatzteilen, historische Frisur, die in Teilen auch erlassen werden konnten. Für die theoretische Prüfung war immerhin die »Kenntnis der historischen und der modernen Frisuren« unter Beweis zu stellen.

ein Damenfriseurgeschäft eigenständig führen.[73] Manche Friseurin hat sich daraufhin auf das Schneiden von Bubikopf-Frisuren spezialisiert.

Der »Herrenschnitt« fordert heraus

Der ganz besonders kurze, die Ohren freilassende und im Nacken hoch ausrasierte *Herrenschnitt* (*Eton Bob*), den manche extrovertierte Künstlerin, Tänzerin oder Filmschauspielerin Mitte der 1920er Jahre mit Vorliebe trug, sorgte unter den biederen Friseuren zusätzlich für helle Aufregung und nur gelegentlich für Zustimmung und praktische Umsetzung.

Othmar Schiff, Friseur in Wien, der sich 1925 auf einer Studienreise in Paris »mit den dort führenden Friseuren« zu einer Besprechung getroffen hatte, berichtete, dass die Französinnen alle das Haar sehr kurz geschnitten trugen, die Ohren dabei mehr oder weniger freilassend. »Den outrierten [übertriebenen] Herrenschnitt lehnt die Französin aber ab, bis auf wenige Ausnahmen. Ihre Frisur ist trotz allem graziös und unterstreicht die neue feminine Linie.«[74]

Abgesehen von allen Geschmacks- und Einstellungsfragen hatte der *Herrenschnitt* aus der Sicht mancher Friseure aber vor allem wirtschaftliche Nachteile für die Zunft. »Manche Damen kleidet dieser Schnitt auch sehr gut, aber viele entstellt er doch ganz erheblich. Er nimmt die holde, anmutige, lockige Weichheit weg, er wirkt zu stark männlich resp. hart und was das Schlimmste ist, er schädigt unser Geschäft. Langes Bubikopfhaar muß onduliert werden, bei kurzem Haar gibt's nichts zu brennen, oder das wenige Haar, was gebrannt wird, hält zu lange die Krause.«[75]

Fast triumphierend hatte Ferdinand Müller in seinem Lehrbuch 1926 verkündet, dass diese Extravaganz des Herrenschnitts sich rasch überlebt habe: »wenn auch im Laufe der bisherigen 10 Jahre Bubenkopfmode alle Register gezogen wurden, Varianten über Varianten in die Mode zu bringen, so ist nur eines gelungen, die extravaganten Kurzhaarschnitte (Etonschnitte) auszuschalten, wie eben jede Extravaganz sich rasch überlebt.«[76] Mit der Mode- und Alltagswirklichkeit stimmte seine Einschätzung jedoch nur eingeschränkt überein. Und Adolf Weickert sekundierte: »Wohl war zu erwarten und zu befürchten, daß die Mode des kurz geschnittenen Haares zu diesen Ausschreitungen [Herrenschnitt] verleiten würde, obwohl eigentlich alle Erwägungen, die sich auf die Berücksichtigung ästhetischer Gesichtspunkte bezogen, dagegen sprachen. Jedenfalls ist die Tatsache zu verzeichnen, daß sich gerade jetzt ein immer stärker

73 Kornher, *Virtuose Haargestaltung*, S. 250.
74 Othmar Schiff, Modebrief. *DAFZ* 41 (1925), 22, S. 710.
75 Franz Zimmermann, Bubikopf und Bubikopf. *DAFZ* 42 (1926), 3, S. 474-479.
76 Müller, *Der moderne Friseur*, S. 474 f.

Abb. 3 Adolf Weickert, *Modebericht*, 1926

werdender Zug zur äußersten Hervorhebung eines männlichen Typus bemerkbar macht, der für die weitere Entwicklung und Verbreitung der Bubenkopf-Frisur nicht ganz ungefährlich ist und daher wohl beobachtet zu werden verdient, neue veränderte Frisurformen zu finden und immer wieder das Interesse der Kundschaft zu erwecken.«[77]

Weickert wurde nicht müde, die »Modelaunen« der Frauen zu kritisieren, nahm aber »die Tatsachen«, wenn auch kopfschüttelnd, zur Kenntnis. Er ersann immer neue, kreative Möglichkeiten, die jeweiligen Frisuren-Trends, selbst wenn sie sein ästhetisches Empfinden verletzten, in bare Münze für den Friseur umzusetzen. Mit dieser Strategie glich er seinem französischen Kollegen Emile Long. Der hatte sich, scharfsinniger Beobachter seines gesellschaftlichen Umfeldes und praktizierender Friseur, mit den Interdependenzen von jeweiliger Frisurenmode, den Versuchen der Beeinflussung der Kundinnen und den daraus resultierenden geschäftlichen Erfolgen oder auch Misserfolgen der Friseurbranche auseinandergesetzt. [78] Weickert also »verfeinerte« in diesem Sinne

77 A[dolf] Weickert, Modebericht. *DAFZ* 42 (1926), 6, S. 169; vgl. auch Ders., Nackenschnitte. *DAFZ* 43 (1926), 15, S. 450; Ders.: Der moderne Herrenschnitt in Wasserwelle. *DAFZ* 42 (1926), 15, S. 452.

78 Zdatny (Hg.), *Hairstyles and Fashion*. Hier sind Longs Berichte im *Hairdressers' Weekly Journal* (*HWJ*) gesammelt und abgedruckt. Zdatny, amerikanischer Historiker, befasst sich in seiner Einführung ausführlich mit Emile Longs Vorstellungen, Überzeugungen und beruflicher Praxis wie auch denen seiner französischen Kollegen. In zahllosen kur-

den kurzen Herrenschnitt mit der Wasserwelle und setzte sich ausführlich mit dem »Nackenschnitt« auseinander.

Haarmode machen – der gescheiterte Versuch mit dem »Flapperkopf«

Ende der 1920er Jahre schien die Zeit reif für Frisuren mit etwas längerem Haar. Der extreme, glatt getragene Kurzhaarschnitt, zumal der als exzentrisch geltende *Herrenschnitt*, stand nicht mehr im Zentrum der Gunst der meisten Kundinnen. Ein Aufatmen schien durch die Reihen der Friseure zu gehen, hatten sie doch nun, mit der »gemäßigteren« Haarlänge, vielfältigere Möglichkeiten, Frisuren zu gestalten. Mit der Popularität der Wasserwelle (*finger waving*[79]), die bei einiger Übung auch ohne Friseurbesuch ausgeführt werden konnte, und der Dauerwelle,[80] die beide als Grundlage das etwas längere Haar verlangten, schien der Beruf wieder eine ökonomische Perspektive entwickeln zu können. Und so hatte man von oberster Stelle aus sogar versucht, eine ganz eigene, neue Frisur für den deutschen Markt zu kreieren und in den Medien zu propagieren, den sogenannten *Flapperkopf*.[81] In der Rückschau kann das Vorgehen nur als ausgesprochen naiv und in gewisser Weise unprofessionell anmuten. Offenbar war

zen Essays zwischen 1910 und 1920, dem Ende der Belle Époque mit den aufgetürmten Damenfrisuren und dem Beginn der revolutionären Mode des kurz geschnittenen Haares, hatte er seinen englischen Kollegen in Beilagen zum *HWJ* und auch in der *DAFZ* vor und nach dem Ersten Weltkrieg dazu berichtet.

79 Die Wasserwelle formt und modelliert das Haar, während es nass ist, in S-förmig geschwungene Ondulationen, ausgeführt mit Kamm und Fingern. Nach dem Trocknen fällt das Haar in weiche, tiefe Wellen. Wasserwellen unterscheiden sich von der Ondulation (*marcel waving*) mit der Brennschere (Onduliereisen). Diese behalten wesentlich länger ihre Form als Wasserwellen.

80 Dauerwelle: 1906 hatte der deutsche Friseur Karl Ludwig Nessler (1872-1951), später Charles Nestlé, eine Methode zur Herstellung der Heißdauerwelle erfunden. 1910 wurde sie patentiert. Mit Borax getränkte Haarsträhnen wurden auf Spiralwicklern vertikal aufgedreht und mit einer Zange einzeln erhitzt. Der erste elektrisch betriebene Dauerwellenapparat wurde 1906 in London vorgestellt. Die Dauerwelle wurde zur sogenannten Flachwicklung weiterentwickelt und 1932 erstmals chemisch erzeugt. Mit Sulfit werden die Disulfidbrücken der Haare gespalten, sodass das Haar sich formen lässt. Anschließend erfolgt eine Wärmebehandlung, bei der erneut Disulfidbrücken gebildet werden.

81 Fritz Häussler, Der Flapperkopf. *DAFZ* 45 (1929), 27, S. 722. – Zum Begriff *flapper*: In den 1920er Jahren bezeichnete der Ausdruck *flapper* (engl.: jemand, der flattert) junge Frauen, die kurze Röcke und kurzes Haar trugen, Jazz hörten und sehr selbstbewusst lebten. Der *flapper* kann als amerikanisches Gegenbild zum *Girl* in Deutschland gelten. – Zum Lebensgefühl eines *flappers* s. Fitzgerald, Eulogy on the Flapper; Dies., What Became of the Flappers?; Bruce Bliven, Flapper Jane. *The New Republic* 44 (1925, Sept. 9), S. 65.

man in Innungskreisen der Ansicht, Friseure könnten erfolgreich Haarmode *machen*.

In einiger Verkennung, wie Mode »funktioniert« und was Frauen sich wünschen, war der *Flapperkopf*-Versuch nicht nur gründlich misslungen, sondern hatte auch Vertrauen innerhalb des Handwerks zerstört. Wolle man eine Modefrisur für alle herausbringen, so Richard Lorber, müsse erst einmal dem Fachmann Gelegenheit gegeben werden, sich die Kompetenz für diese Frisur anzuarbeiten, bis sie ihre Vollendung erreicht habe. Erst dann könne man »die Mode auf die Menschheit loslassen«.[82] Im Übrigen dürften Friseure nicht vergangenen Zeiten nachtrauern, sondern müssten »in der heutigen Zeit« leben und deren Rhythmus mitgehen.

Das gescheiterte Projekt *Flapperkopf* gab einer weiteren, viel diskutierten Frage neuen Zündstoff, wobei auch hier wieder nur die Vor- und Nachteile der Zunft angesprochen wurden, nicht aber die der Kundinnen. »Haben wir ein Interesse daran, die Mode so zu gestalten, daß die Dame sich selbst ihr Haar onduliert, und daß die vielen Pfuscher in unserem Beruf wieder eine Blütezeit erhalten?«, wollte Lorber wissen. Friseure könnten nur dann angemessen verdienen, wenn sie eine Mode propagierten, zu deren Herstellung ein Fachmann gebraucht würde. Mit anderen Worten: Frisuren, die sich fast jede Frau zur Not allein machen könne, müsse der Kampf angesagt werden.[83]

In Anbetracht dieser Situation hatte Ende November 1932 die *Modekommission der deutschen Haarformer* die gesamte Tages- und Modepresse eingeladen, um »in einem internen Kreis die notwendigen Worte an die Presse zu richten« und über die – schlechten – wirtschaftlichen Verhältnisse im Friseurberuf aufzuklären. Dabei sollten auch die vorgeführten neuen Frisuren näher erläutert werden, die, wie vor der Kurzhaarmode, wieder auf den Haararbeiten gründeten: »Das wirtschaftliche Moment der neuen Moderichtung liegt in der Propagierung des Postiches«, also der Notwendigkeit des Haarersatzes. Kein Kollege könne doch »bestreiten [...], daß das Haararbeitengeschäft eines der größten des Friseurgewerbes zu allen Zeiten gewesen ist«. Aber nicht nur das Friseurhandwerk würde aus dieser »Propaganda« seinen Nutzen ziehen, sondern auch »die vergessene und wirtschaftlich heruntergekommene Haarindustrie« (Haar-, Haarnadel-, Haarnetzfabrikation) mit Tausenden von Arbeitsplätzen. Gelinge es also, die neue Moderichtung durch eine solche Presseveranstaltung populär

82 Richard Lorber, Kurz oder lang? Eine Betrachtung über die heutige Zeit, ihren Stil und ihren Geschmack. *DAFZ* 45 (1929), 23, S. 620. – Zu einer ähnlichen negativen Einschätzung war zuvor auch Hermann Vöste gekommen; vgl. Ders., Modische Dinge. *DAFZ* 45 (1929), 20, S. 238f.

83 Lorber, Kurz oder lang?

zu machen und sie beim Publikum zu propagieren, so wäre der Beweis erbracht, »daß auch Frau Mode wirtschaftliche Erfolge bringen kann«.[84]

Die konzertierte, geradezu verzweifelte und rückwärtsgewandte Aktion der Modekommission, zu den konventionellen, konservativen Haartrachten zurückzukehren, konnte nur fehlschlagen, wie jeder vorherige Versuch der Modebeeinflussung und Modelenkung auch. Die Erfahrungen mit dem *Flapperkopf* hatten es doch gezeigt! Und es bedeutete darüber hinaus eine eklatante Fehleinschätzung des durchaus eigensinnigen Modeverhaltens und der Frisurvorlieben von Mädchen und Frauen, ganz abgesehen davon, dass gerade sie sich in einer wirtschaftlich so angespannten Situation wie zu Beginn der 1930er Jahre teuren Haarersatz am allerwenigsten würden leisten können.

Das wenig ausgeprägte professionelle Selbstbewusstsein der Mehrzahl der Friseure, die kaum bereit waren, sich aus eigener Überzeugung auf die »neuen Zeiten« der demokratischen Jahre einzulassen und augenscheinlich auch nur ungenügend in der Lage waren, die Bedürfnisse der modernen urbanen Gesellschaft, insbesondere ihrer weiblichen Kundschaft, richtig einzuschätzen und entsprechend darauf einzugehen, machte es den neuen Machthabern im Frühjahr 1933 nicht allzu schwer, die Friseur-Innungen reichsweit gleichzuschalten.

Am 30. März 1933 hatte der Zunftwart Alois Grycz zur Vorstandssitzung der Groß-Berliner Friseur-Innungen und -Verbände in die Passage-Bierhallen, ein NS-Versammlungslokal in Berlin-Mitte, eingeladen. Dort kündigte er tiefgreifende Änderungen an und forderte ein eindeutiges »Ja« oder »Nein« der Friseure zur Unterstützung der »siegreichen Regierung«. »Wem aus anderer Überzeugung die Eignung zur Mitarbeit im nationalen Sinne fehle, hat bedingungslos abzutreten und den berufenen Kräften Platz zu machen.«[85] Kurz darauf versammelten sich ca. 5.000 Berliner Friseure, »nahezu alle Innungsmitglieder«, zu einer außerordentlichen Versammlung in den Räumen des Konzerthauses Clou in der Berliner Friedrichstadt, ebenfalls ein beliebter Versammlungsort der NSDAP. Im Mittelpunkt der pompös inszenierten und emotional aufgeladenen Veranstaltung stand die gleichgeschaltete Zunft aus den ehemals 14 Friseur-Innungen. Grycz machte klar, dass er innerhalb der Zunft keine politischen Abweichler von der Parteilinie dulden werde.[86]

84 Die Haarformer kurbeln an - -. *DAFZ* 48 (1932), 33, S. 869.
85 Alois Grycz, Zunft der Groß-Berliner Friseure gegründet! *DAFZ* 49 (1933), 11, S. 277.
86 Gleichschaltung im Berliner Friseurgewerbe. *DAFZ* 49 (1933), 13, S. 325 ff., S. 332. – Pg Alois Grycz, »ein einfacher Kollege unter den vielen anderen, aber ein deutscher Friseurmeister, der sich mit seiner ganzen Seele, mit seiner ganzen Kraft in den vergangenen Jahren in den Kampf der nationalen Bewegung gestellt hatte und, wenn auch im Verborgenen, aber desto tatkräftiger, sich mit dem Gedanken beschäftigte, seinen lieben Kollegen, den Friseurmeistern Berlins und des Deutschen Reiches, endlich den Weg zu zeigen, um aus der fürchterlichen Misere des Berufs herauszukommen«, ebd., S. 325.

»Deutsche Frisur«, »arische Wesensart« und der Bubikopf als »arteigene Kunst«

Im Juni 1933 wurde in Berlin das *Deutsche Modeamt* (ab Oktober 1933 *Deutsches Mode-Institut*) gegründet – ein Versuch der Nationalsozialisten, eine »deutsche Mode« zu schaffen, die einerseits international anerkannt und konkurrenzfähig sein würde, die andererseits aber unabhängig von ausländischen Modeschaffenden operieren sollte. In England hatte sich ebenfalls ein nationaler Modenverband gegründet, der, wie die Modejournalistin Stephanie Kaul formulierte, »gewissermaßen eine Los-von-Paris-Modebewegung propagiert«. In den USA schlossen sich Modefirmen zu einer »Modeschöpferischen Gilde« zusammen und verpflichteten sich, jedes ihrer Modelle zu kennzeichnen, als Kopie oder als Originalschöpfung. Ähnlich praktizierte das Pariser Modesyndikat, dessen Mitglieder Urheberrechtschutz für ihre Modellschöpfung in Anspruch nahmen und auch erhielten. Zu den Bestrebungen des Deutschen Modeamtes gehörte die Schaffung von deutschen Kollektionen, »wie sie dem Charakter und der Wesensart der deutschen Frau gemäß sind im Rahmen der allgemeingültigen Weltmode, unter hauptsächlicher Verwendung von in Deutschland hergestellten Stoffen«.[87]

Was das konkret in der Umsetzung von Mode bedeuten könnte, ist nirgendwo deutlich sichtbar geworden. Die amerikanische Historikerin Irene Guenther wie auch die Autorinnen des Ausstellungskataloges *Frankfurt Macht Mode 1933-1945*[88] konnten zeigen, dass das vom nationalsozialistischen Regime propagierte Bild der deutschen Frau in deutscher Tracht und mit Gretchenzopf der Wirklichkeit in keiner Weise entsprochen hat. Frauen in Deutschland hatten durchaus die Möglichkeit – und machten davon auch vielfältig Gebrauch –, ihren eigenen Stil zu entwickeln, ihre Kleidung und ihre Frisuren trotz staatlicher Reglementierungen und Propaganda individuell zu gestalten. Sie unterschieden sich darin nicht von ihren Geschlechtsgenossinnen im Ausland. Zeitgenössische Medien wie Filme und illustrierte Magazine, aber auch persönliche Berichte und private Familienfotos, so Almut Junker, belegen dies. In ihrem Vergleich des Luxusmagazins *Die Dame* mit der Parteizeitschrift *NS Frauenwarte* geht Miriam Zlobinski anhand der Modefotografie – hier die Jahre 1937 bis 1939 – der Frage nach, ob das nationalsozialistische Propagandabild und das Frauenbild der Zeit deckungsgleich waren. Die »Volksgenossin«, so ihre Ana-

87 Stephanie Kaul, Zurück zu neuer Einfachheit. *Die Dame* 60 (1932/1933), 22, S. 45.

88 Guenther, *Nazi Chic?*; *Frankfurt Macht Mode 1933–1945*; vgl. auch Bertschik, Mode und Moderne, darin: Vom Bubikopf zum Gretchenzopf?; Almut Junker, *Das Frankfurter Modeamt* (1933–1944).

lyse, zeigte sich »à la mode« mit ihren weiblichen Silhouetten, und zwar jenen, die nationalübergreifend »in« waren:[89]

»Trotz aller Diskussionen um eine regimegerechte Frauenkleidung, die unterhalb der Regierungsebene in allen möglichen nationalsozialistischen Gruppierungen über Jahre stattfanden, wurde bis zum Ende des Dritten Reichs nicht definiert, was denn das Spezifikum einer nationalsozialistischen Frauenkleidung sei. Die permanente Rede von der ›arteigenen‹ Kleidung, der ›deutschen‹ Mode oder der Mode ›arischer Wesensart‹ blieb im Ungefähren stecken und erlaubte selbst den Anhängern des Nationalsozialismus gänzlich unterschiedliche Positionen.«[90]

Wie aber hatte man sich eine »deutsche Frisur« vorzustellen? Auch darüber gab es offensichtlich keine klaren Vorstellungen, jedenfalls fehlen dazu belastbare Überlieferungen. Die Redaktion der *DAFZ* startete noch 1933 eine »Rundfrage an bekannte Kollegen des In- und Auslandes« mit der Bitte, sich zur »kommenden Haartracht« zu äußern.

Die daraufhin gegebene Einschätzung des rührigen Friseurmeisters Weickert blieb vage und ein wenig rätselhaft, wiewohl er sich deutlich für den Bubikopf aussprach. Er bemühte sich offensichtlich, eine individuelle Bewertung abzuliefern, wählte aber eine Diktion, die den neuen Mächtigen in der Zunft, die seit Frühjahr 1933 über die Definitionsmacht verfügten, zumindest nicht missfallen sollte. Der Kurzhaarschnitt werde nach wie vor die Grundlage für die neuen Frisuren abgeben, trotz mancher Anfeindungen in der Vergangenheit. »Die deutsche Frisurenmode hat sich schon seit langem von fremdländischem Einfluß freigemacht«, führte er aus, sie habe sich »unbeeinflußt durch die Diktatur einer früher sehr leichtfertig übernommenen fremden Mode zu einer arteigenen Kunst entwickelt.« Er räumte ein, dass die »Bubenkopfmode« ursprünglich, wenn auch in Ansätzen bereits vorhanden, im Wesentlichen aus dem Ausland übernommen worden sei. Das habe aber keine prinzipielle Bedeutung. Trotz heftiger Widerstände »in Ländern verschiedenster Nationalität und abweichenden Volkscharakters« habe sich der Bubikopf in überraschend kurzer Zeit durchgesetzt, und so sei ihm überall eine Daseinsberechtigung zuzusprechen.

Weickert schreibt, es sei es gelungen, »völlig unabhängig und frei schaffend eine nationale Frisierkunst aufzubauen und auszugestalten«, ohne dabei jedoch die Entwicklung der deutschen Mode um 1933 näher zu erläutern. Und für die »deutsche Frau« sei nur eine solche annehmbar, die den Erfordernissen der

89 Zlobinski, *Die »Volksgenossin« in der Modefotografie*, S. 3, S. 39.
90 *Frankfurt Macht Mode*, S. 12f.

Einfachheit, Finanzierbarkeit und Eleganz gleichermaßen genüge. Das heiße, den Kurzhaarschnitt »in seiner ›deutschen‹ Variation zu einer Formvollendung zu entwickeln«.[91]

Offiziell möge sich das Friseurgewerbe, so ein anderer Kollege, neben dem Kurzhaar doch auch zu längerem Nackenhaar bekennen. »Warum nicht auch revolutionär die Vormachtstellung der einseitigen Kurzhaarrichtung als Wegbereiter angreifen? Den ausländischen Kollegen würden wir beweisen, daß wir fortschrittlich (weil wir Altes, wesentlich verfeinert, hervorholen), auf individueller Basis, dem Wesen unserer Frauen entsprechend, uns einen Begriff ›Haarmode‹ schaffen.« Den von der Modekommission im Winter 1932/33 propagierten Haarteilen sei zwar keinerlei Erfolg beschieden gewesen, die Masse der Frauen habe davon »keine Notiz« genommen, aber zumindest bei halblangen Haaren könne man durchaus Kämme (als Schmuck oder »aus Notwendigkeit«) zum Einsatz bringen, was die Verdienstmöglichkeiten verbessern würde.[92]

Im Herbst 1933 verkündete die Berliner Modekommission, dass die »deutsche Haartracht« mindestens für die kommende Wintersaison in ihren Richtlinien ausgemacht sei, insbesondere die »Haartracht der Frau«. Dazu wurden rund 75 Frisuren der Fachöffentlichkeit vorgestellt. Grundlage der »deutschen Frauentracht« sollte das etwas länger gewachsene Haar sein, aber nicht zu einer Länge, die zum Zopf reichen würde, »wie es einige Eiferer« gefordert hätten. Vollständig verbannt glaubte man den »radikalen Kurzschnitt, etwa den Herrenschnitt«. Die Grundsätze der Modekommission seien »nicht nur ästhetisch aus dem Geist deutscher Eigenart geboren, sondern wirtschaftlich bewußt darauf eingestellt, dem Friseur erhöhte Arbeitsmöglichkeiten zu schaffen.« Wichtig war es der Modekommission auch, darauf hinzuweisen, dass die deutsche Mode sich nicht im bewussten Gegensatz zur internationalen Mode positioniere. Vielmehr sei es das Bestreben der deutschen Friseure, ganz im Sinne ihrer Kulturmission, »auch der Kollegenschaft des Auslandes schöpferische Anregungen zu geben«.[93] Das dürfte jedoch, angesichts zumal der neuerlichen Vormachtstellung der Pariser Frisurenmode, ein frommer Wunsch geblieben sein.

Nicht nur im Bereich der Kleidermode, auch in der Haarmode war immer wieder das Prinzip der »deutschen Einfachheit« ausgerufen worden. Das sei in der Tagespresse leider oftmals völlig missverstanden worden, beklagte die Mo-

91 Bekannte Kollegen äußern sich zur kommenden Haartracht. Rundfrage der Redaktion der *DAFZ* an bekannte Kollegen des In- und Auslandes. *DAFZ* 49 (1933), 25, S. 645-652, S. 661 – Kollege A[dolf] Weickert, Berlin, S. 645.

92 Bekannte Kollegen … *DAFZ* 49 (1933), 27, S. 697-702 – Kollege Erwin Köhler, Berlin, S. 699.

93 Dr. Ud., Deutsche Mode. Können und Leistungen entscheiden – Berliner Modekommission zeigt ca. 75 Frisuren. *DAFZ* 49 (1933), 30, S. 769, S. 771.

dekommission. Die »Gretchentracht« werde unangemessen stark in den Vordergrund gerückt, sodass Frauen den Eindruck gewinnen müssten, sie sei die »einzig deutsche« Haartracht. Das jedoch könne zu der Auffassung verleiten, es genüge, sich die Haare einfach wieder wachsen zu lassen, um der gegenwärtigen Mode zu entsprechen, was wiederum die Friseure hart treffen würde, die dann auf »wichtigen Gebieten eingeschränkt werden, zum Beispiel auf dem des Schnittes des weiblichen Haares«.[94]

Auch diese Furcht erwies sich als unbegründet, denn Frauen in Deutschland richteten sich modemäßig nach gänzlich anderen, nämlich sehr individuell geprägten und im Alltagsleben praktisch erprobten Vorlieben, Erfordernissen und Möglichkeiten. Das deutsche Friseurhandwerk hatte es in all den Jahren der Bubikopf-Mode zwischen 1920 und 1933 versäumt, sich mit den Beweggründen seiner Kundinnen, die Haare kurz schneiden zu lassen, eingehend und angemessen zu beschäftigen, das heißt: mit der Symbolkraft des Bubikopfes zum Beispiel für Modernität und das Lebensgefühl der »Neuen Frau«. Und so saßen sie ein ums andere Mal Fehleinschätzungen auf und blockierten sich selbst.

Ein Pariser Friseur, der von deutschen Kollegen auf die Frage »Kommt das lange Haar wieder?« um eine persönliche Einschätzung gebeten worden war, räumte zwar ein, dass es auch in Paris noch ältere Kollegen gebe, die vor dem Ersten Weltkrieg schon Damensalons besessen hätten und weiterhin vom einst so gewinnträchtigen Verkauf von Postiches und Chignons träumten. Er selbst könne dem ganz und gar nichts abgewinnen. Abgesehen davon, dass »der Kurzhaarschnitt uns Friseuren eine gewisse Stellung und ein besser florierendes Geschäft eingebracht hat«, sei in einer Stadt wie Paris, in der vor dem Krieg nur 300 Damenfriseure gearbeitet hatten und zwanzig Jahre später über 5.000, »der Kampf für langes Haar überflüssig geworden«. 300 auf Haarersatz spezialisierte Friseure könnten wohl ein gutes Geschäft machen, 5.000 aber keinesfalls. Letztere lebten jedoch von der Kurzhaarmode recht gut. Anschließend beschreibt er eindrücklich die Vorteile, die der Bubikopf dem Pariser Friseurgewerbe und den damit verbundenen Branchen gebracht habe. Das Handwerk des Friseurs habe sich weiterentwickelt und allen Beteiligten die so selbstverständlich gewordenen Segnungen gebracht: geregelte Arbeitszeiten, früher Feierabend, angenehme Arbeit, Kontakt mit allen Schichten der Frauenwelt, die Stellung im sozialen Leben gegenüber anderen gewerblichen Berufen, geringe Arbeitslosenzahlen.[95]

Zur »modernen« Frau in Deutschland äußerte sich Willi Beer 1938 in der Zeitschrift *Die Tat*:[96] »Die deutsche Frau von morgen ist weder das Heimchen

94 Ebd.

95 Cassing (Paris), Kommt das lange Haar wieder? *DAFZ* 52 (1936), 13, S. 255.

96 *Die Tat* war eine deutsche Monatszeitschrift für Politik und Kultur. Sie wurde 1909 gegründet und erschien bis 1938 bei Eugen Diederichs in Jena. Wichtig scheint hier der

am Herd noch die Suffragette aus Passion. Sie ist auch nicht der erwachsene Flapper oder das geschlechtslose Wesen der Nachkriegszeit. Wie tiefgreifend die Veränderungen an ihr sind, geht daraus hervor, daß es Fragen sehr untergeordneter Natur geworden sind, ob sie einen Bubikopf oder einen Zopf trägt, ob sie sich schminkt oder zu Herrenschnitt neigt, ob sie raucht oder flache Absätze bevorzugt, ob sie lieber tanzt oder Sport treibt. Früher hatten sich hier modische Gepflogenheiten zu weltanschaulichen Gegensätzen aufgebläht; heute verträgt sich eines mit dem anderen, weil die große Gemeinsamkeit des gleichen Schicksals das einzig Verpflichtende ist, während alle anderen Dinge davor zu Angelegenheiten des persönlichen Lebensstils und Geschmacks werden.«[97]

Weder »lenkende«, larmoyante Friseure noch nationalsozialistische Propaganda, weder Kirchen noch Arbeitgeber, weder Väter noch Ehemänner, auch nicht die verbreitete Gegenstimmung in den Massenmedien hatten Frauen kurzfristig oder gar dauerhaft vom kurz geschnittenen Haar abhalten können, nicht in Deutschland und auch nicht anderswo – das Gegenteil war der Fall. Denn der Bubikopf war im Bewusstsein von Mädchen und Frauen viel mehr als nur eine modische, praktische Frisur. Er war das signifikante Symbol für eine selbstbestimmte, moderne weibliche Lebensweise, die Mädchen und junge Frauen mit Selbstbewusstsein und Kreativität massenhaft umgesetzt haben. Und: die Zeit des Bubikopfes war noch lange nicht am Ende.

Hinweis, dass die Zeitschrift in den einzelnen Phasen ihres Bestehens verschiedenen weltanschaulichen Strömungen unterworfen war.

97 Willi Beer, Die »moderne« Frau. *Die Tat* 30 (1938), S. 97-107, zitiert nach Bertschik, Zopf mit Bubikopf, S. 273.

VOM ›TYPGERECHTEN‹ BUBIKOPF UND VON DER HANDWERKLICHEN QUALITÄTSARBEIT DES FRISEURS

Nach dem Ersten Weltkrieg verstanden sich Damenfriseure und Perückenmacher zunehmend weniger als Handwerker, die möglichst preiswerte, also bezahlbare Qualitätsarbeit lieferten. Sie wollten vor allem vertrauenswürdige, verlässliche Berater sein in Sachen Haarfasson und typgerechter Frisur für Damen, gleich welchen Alters und welcher sozialen Schicht. Und vor allem wollten sie von der Öffentlichkeit, aber auch von den modewussten Frauen selbst, als kreative Haarkünstler wahrgenommen werden. Das setzte jedoch, neben einer guten Ausbildung und umfangreicher Erfahrung, Einfühlungsvermögen und Stilsicherheit voraus, die sowohl Kenntnisse der Physiognomie als auch die Bewertung der gesamten Persönlichkeit der Kundin einschlossen.[98]

Die körperlichen Gegebenheiten, einschließlich der spezifischen Beschaffenheit der Haare, sollten, so die gewerbliche Übereinkunft und der professionelle Anspruch, Berücksichtigung finden, wenn eine Kundin mit dem Wunsch nach einer Kurzhaarfrisur in den Friseursalon kam. Ihre Individualität sollte sich in der neuen Frisur spiegeln. Svenja Kornher konnte jedoch nachweisen, dass in Letzterem gewisse Defizite in der Friseurpraxis sichtbar wurden. Der Bezugspunkt lag weniger auf der Gesamtpersönlichkeit als vielmehr auf den äußerlichen Gesichtsmerkmalen. »Verhieß das Handwerk bei Männern die Außendarstellung des Inneren, verblieb das Versprechen bei Frauen an der Oberfläche, allein deren morphologische Kenntnisnahme schien die Individualität zu erschließen.«[99]

Einen lebendigen Eindruck einer vergleichbaren, jedoch verfeinerten Herangehens- und Arbeitsweise vermittelt ein Bericht über den Pariser »Meister-Friseur« Henri Labarde, erschienen im Frühjahr 1924 im *Berliner 8 Uhr-Abendblatt*. Das Erreichen von individueller wie auf die Persönlichkeit bezogener Frisur war auch hier die Prämisse: »Herr Labarde würde es schwer übel nehmen, wollte man in ihm nur den gewöhnlichen Friseur und Haarschneider erblicken. […] In den Kreisen der vornehmen Damenwelt, die seine Talente in Anspruch zu nehmen pflegt, nennt man ihn Meister und schätzt ihn als wahren Künstler der Coiffüre, der, reich an schöpferischen Einfällen, jeder seiner Klientinnen

98 Vgl. dazu auch Kornher, Zur Erfindung der »typgerechten« Frisur.
99 Kornher, Handwerkswissen als Engenderingpraxis, S. 61.

eine durchaus persönliche Note zu geben weiß und untrüglichen Geschmack mit tiefer Kenntnis der weiblichen Psyche und Schönheit verbindet. Bevor nun der ›Meister‹ die Schere zur Hand nimmt und die Lockenfülle der sich in seine Behandlung begebenden Aristokratinnen und Bühnensterne unter sein Modediktat zwingt, unterzieht er das Aeußere der Dame zunächst einer durchdringenden Beaugenscheinigung. Er postiert sich vor sie hin, tritt bald zurück, bald vor, neigt sich im Geiste vor, welche Linie der Haarschnitt nehmen muß, um zu dem Gesicht, zu der Form der Ohren, zu der Biegung des Nackens passend zu erscheinen. Erst dann, wenn derart das Kunstwerk der jeweiligen Bubifrisur konzipiert ist, greift Monsieur Labarde zur Schere und macht aus einem Haupt mit seidenweichen Locken jenen charakteristischen Gaminkopf, der die mondäne Frau von heute zu einem ganz neuen Typ umgeschaffen und ihr den so sehr geschätzten maskulinen Einschlag verliehen hat.«

Labarde selbst äußerte sich zu seiner »künstlerischen Theorie des Bubikopfes« wie folgt: »Es ist unmöglich, auch nur zwei Frauen in der gleichen Art die Bubifrisur zu machen. Keine Haarmode verlangt wie diese ein so besonders gründliches Eingehen auf die Individualität der Frau. Es gehört das Auge eines Künstlers dazu, sofort zu erkennen, welchen Stil der Haarschnitt aufweisen muß, um die Persönlichkeit der Trägerin am vollendetsten zum Ausdruck zu bringen.«

Seine pekuniäre Freiheit nutzte der Maître Coiffeur, indem er sich seine weibliche Klientel sorgfältig für seine offensichtlich nicht nur rein haarkünstlerisch motivierten Zwecke aussuchte: reiche Amerikanerinnen, die in Cannes lebten und die Mühe eines weiten Wegs von der Riviera nach Paris nicht scheuten, oder Damen der Pariser und Londoner Aristokratie. Sie waren, so wurde kolportiert, bereit, »für seinen [Labardes] berühmten, künstlerisch ausgeführten Haarschnitt« bis zu 1.000 Dollar zu zahlen. Und, so heißt es weiter, »Damen, die nur Erhaltung und Pflege ihres langen Haares wünschen, [existieren] für den Meister überhaupt nicht«. Er kenne nur kurz geschnittenes Haar und behandele auch nur solches.[100]

Lancieren, protegieren, diktieren

Die französischen Meisterfriseure waren sich einig, dass ihresgleichen nicht ewig die »Eisenkünstler« bleiben dürften, die seit Jahren nur das Ondulierеisen einsetzten. Vielmehr hätte das Handwerk doch im Grunde eine eher »künstlerische Eigenart«, und kurze Haarfrisuren, mit dem Dauerwellenapparat geformt und umgemodelt, erforderten einen guten Geschmack der ausführenden

100 R.D., Der Bubikopf und sein Erfinder. *DAFZ* 40 (1924), 17, S. 396.

Friseure und insbesondere höchste Sorgfalt beim Schneiden. Andererseits aber habe »der neuzeitliche Friseur die gebieterische Pflicht, ein Kaufmann zu werden«. Das sollte vor allem zu größtmöglicher Kundinnenbindung, also regelmäßigen Friseurbesuchen in kurzen Abständen, führen.

Was bei Labarde bereits Praxis war, nämlich allein Damen mit Kurzhaarfrisur zu bedienen, trieben die – vorerst allerdings noch nicht zahlreichen – Pariser Meisterfriseure noch ein gutes Stück weiter. Sie verhängten ihrerseits quasi ein Modediktat, dem sich ihre weibliche Kundschaft wohl oder übel fügen sollte. Das »Losungswort« *cheveaux courts* (kurze Haare) sollte unter den Haarschneidern überall dasselbe sein und strikt befolgt werden. Emile Long beschrieb es so: »So schafft man also durch einmütiges Zusammenarbeiten eine Mode und schreibt sie dem Publikum vor. Die hervorragendsten Pariser Friseure, welche die vornehmste Kundschaft haben, legen auf Grund einer gemeinsamen Verständigung keine Hand mehr an eine Kundin, die ihr Haar nicht kurz geschoren trägt. Alles Haar, das sie waschen, färben, ondulieren oder frisieren, muß unbedingt kurz sein.«[101] Nähme man diese Worte für bare Münze, hätten alle gutbetuchten modernen Damen ausnahmslos kurze Haare tragen müssen. Allen anderen, die hartnäckig an ihrem langen Haar festhielten, hätten nur noch Friseure »zweiter und dritter Ordnung« zur Verfügung gestanden. Unter dem Eindruck wenig schmeichelhafter Bemerkungen würden sie nach und nach dazu übergehen, sich die Haare schneiden zu lassen, so das Kalkül.

Diese diktatorische Art, ausschließlich den Garçonne-Stil zu protegieren und zu praktizieren, stieß, bei aller Anerkennung der Leistungen der französischen Kollegen, in Berliner Fachkreisen auf keine Gegenliebe. »Diese Art des Vorgehens, eine Mode zu lancieren, ist wohl doch etwas gewagt.« Wo bleibe da die Individualität, die Persönlichkeit der einzelnen Dame? Die Absicht der Pariser Kollegen, »auf ein gutes Haargeschäft hinzuarbeiten«, sei klug und anerkennenswert, aber »unsere künstlerische Tätigkeit hat doch noch etwas Ideales an sich«.[102] Der haargestalterische, kreative Anspruch der Friseure in Deutschland wurde immer wieder konterkariert durch die ökonomischen Zwänge, die ihnen die wechselnden Modetrends, zuallererst die aus Paris, diktierten. Der Berliner Friseur Karl Zander empfahl seinen Kollegen, überzeugend und fachmännisch zu beraten, auch vor etwaigen Geschmacksverirrungen zu warnen. Das lerne die weibliche Kundschaft zu würdigen. Zudem meide die Kundin so die Konkurrenz und erweitere den Kundenkreis »ihres« Friseurs durch Mund-zu-Mund-Empfehlungen.[103]

101 E[mile] Long, Wie man in Paris frisiert. *DAFZ* 40 (1924), 18, S. 431.
102 Franz Daniger, Der Bubikopf als Tag- und Abendfrisur. *DAFZ* 40 (1924), 19, S. 449.
103 Karl Zander, Die geistige Erfassung der Bubenkopfidee. *DAFZ* 43 (1927), 13, S. 414.

Bei den Beratungsgesprächen im Salon, so lässt sich aus den Kolumnen und Berichten der *DAFZ* herauslesen, ging es jedoch nicht immer um werturteilsfreie, an Kundinnen orientierte Vorschläge, sondern sie endeten manches Mal in einem eigennützig motivierten Abraten oder gar Überreden, nicht zuletzt aus den bereits erwähnten ökonomischen Gründen. Die Wünsche, mit denen Frauen in die Frisiersalons kamen, wurden den kaufmännischen Interessen also oftmals untergeordnet. Die Friseure machten von ihrer haarschneiderischen Definitionsmacht eifrig Gebrauch, besonders im Zusammenhang mit der von vielen Kollegen missbilligten androgynen Mode. Die Mitte der 1920er Jahre, als das Haar unbedingt sehr kurz getragen werden sollte, luden zu Überredungs- und Umlenkungsmanövern ein. Der Friseur habe dafür zu sorgen, dass »geschmackliche Verirrungen unterdrückt, bestehende aber nicht fortlaufend als unnützer Ballast übernommen, sondern restlos ausgemerzt werden«, damit sie ihn nicht selbst schädigten.[104] Gemünzt auf den Herrenschnitt hieß das: »Wir Damenfriseure haben es nun in der Hand, dieser männlichen Maskerade ein schnelleres Ende zu bereiten, indem wir durch entsprechende Formen den Geschmack unserer Kundinnen wieder auf andere Bahnen lenken. Durch Locken, Wellenknoten, Zöpfe und viele andere Hilfsmittel zur Frisur sind uns Waffen an die Hand gegeben, die wir für unser Gewerbe nutzbringend anwenden können.«[105] Nutzbringend meint hier: gewinnbringend.

Das fand seinen illustrativen Niederschlag auch in der Friseur-Innungszeitung. Die beim weiblichen Publikum so beliebten glatten Bubikopf-Varianten (*Pagenschnitt, Shingle, Herrenschnitt*) hatten auf den ganzseitigen Tafeln der Frisurenvorschläge der *DAFZ* keinen Platz, sondern nur solche, die in der einen oder anderen Weise Ondulation, Haarteil-Ergänzungen oder Löckchen vorsahen.

Überredungskunst, Umlenkmanöver oder auch das Abraten von vorgebrachten Wünschen und Vorstellungen der Kundinnen gehörte – ob aus wirtschaftlichem Interesse oder professionellen Erwägungen – erkennbar zum Alltag des Friseurbetriebes. Ganz reibungslos verlief also die Kommunikation zwischen Kundin und Friseur offensichtlich nicht. Adolf Weickert beschwerte sich darüber, dass es oftmals nicht leicht sei, einen Nackenschnitt überhaupt fachgerecht auszuführen, denn manche Damen »haben ihre Sonderwünsche, auf denen sie eigensinnig beharren, ohne auf den fachmännischen Rat des Friseurs zu hören. Gegen den Eigensinn der Frau ist bekanntlich ein erfolgreicher Kampf

104 Adolf Weickert, Modebericht (Von der Wasserwelle bei dem Herrenschnitt). *DAFZ* 42 (1926), 16, S. 449.

105 Karl Zander, Die Auswirkungen des Bubikopfes. *DAFZ* 40 (1924), 18, S. 429.

nicht möglich; sie kommt aber bald selbst zu der Ansicht des Friseurs, und dann kann man nach einigen Tagen das Werk vollenden.«[106]

Eine andere Erfahrung brachte der Friseur Ilia Vilko ein. Der heutige Friseur müsse nicht nur ein »blendender Techniker sein«, betonte er, sondern zugleich Psychologe und Ästhet. Die ganze Erscheinung der Frau sei dabei vom Friseur zu erfassen, zumal beim kurzen Haarschnitt. Seiner Erfahrung nach ließen sich die meisten Frauen willig vom Fachmann leiten, nur selten müsse er ihnen eine fixe Idee ausreden. Im Übrigen hätten eigentlich nur Schauspielerinnen und Lebedamen ein Gespür dafür, was ihnen stehe, die übrigen hätten nur den einen Wunsch: Sie wollten schön aussehen.[107] Da konnte der Friseur also schalten und walten.

Es kam aber auch das Argument ins Spiel, jene Vorteile des Bubikopfes zu nutzen, von denen man sich regelmäßige Folgebesuche ausrechnete. »Man sollte jeder seiner Kundinnen, die auch nur ein wenig Lust zeigen, sich einen Bubenkopf schneiden zu lassen, zureden und sie auf die Vorteile, welche diese Mode mit sich bringt, z.B. Bequemlichkeit beim Reinigen des Haares, Fortfall des langweiligen Auskämmens, verjüngtes Aussehen usw., aufmerksam machen, denn der Bubenkopf bringt uns mehr Verdienst als langes Haar.«[108] Schließlich musste ein Bubikopf regelmäßig nachgeschnitten werden.

Wie weit die kommunikativen Fähigkeiten des einzelnen Friseurs im Beratungsgespräch mit der Kundin tatsächlich reichten, und ob ein solches Gespräch üblicherweise überhaupt stattfand, ist schwer zu sagen. Die Interaktion zwischen Friseur und Kundin wird entscheidend davon bestimmt gewesen sein, wie selbstbewusst, entschlossen und beharrlich Letztere selbst ihren Wunsch nach einem Bubikopf gegenüber dem Friseur vorgetragen hat und wie genau ihre Vorstellungen von den fast unbegrenzten Möglichkeiten, das Haar zu schneiden und in Wellen zu legen, waren.

Linie und Silhouette

Schönheit, zu der Friseure mit ihrer »Haarkunst« würden beitragen können, tauchte als angestrebtes Ergebnis in den *DAFZ*-Berichten und -Debatten interessanterweise kaum auf. In der Werbung indes ist dieser Effekt in Verbindung mit dem »Bubenkopf« beziehungsweise mit gepflegtem Haar sehr präsent: »Erfolgsverwöhnte Frauen sind oftmals nicht unbedingt schön, aber sie besitzen je-

106 Adolf Weickert, Nackenschnitte. *DAFZ* 42 (1926), 15, S. 450; Ders., Der moderne Herrenschnitt in Wasserwelle. *DAFZ* 42 (1926), 15, S. 452.
107 Ilia Vilko, Der moderne Damenfriseur. *Der Querschnitt* 7 (1927), S. 318.
108 Willy Ring, Neue Bubenkopf-Frisuren mit und ohne Verwendung von Haarersatz. *DAFZ* 40 (1924), 17, S. 395.

nes geheimnisvolle Fluidum, das von schönem, gepflegtem Haar ausgeht. Und man darf sagen, daß jede Frau ihr Haar mit wenig Kosten so pflegen kann, daß es weich, voll, mattglänzend, mit einem Wort faszinierend-schön ist.« Oder: »Die Lichterfülle festlicher Gesellschaftsabende läßt die Schönheit eines gutgepflegten Bubenkopfes besonders in Erscheinung treten und macht die Trägerin zu einem bewunderten Mittelpunkt des Abends.«[109]

Der Kopfform und seiner »Linie« hatten die Dresdner Werbestrategen der Lingner-Werke besondere Aufmerksamkeit geschenkt, als sie in ihrer Werbekampagne *Die lockende Linie* (1927-1929)[110] ihr Produkt *Pixavon-Teerseife* in den Mittelpunkt stellten. In den Modemagazinen erschienen großformatige, zum Teil auch farbige, üblicherweise textreiche Anzeigen, die die Schönheit und Attraktivität des Bubikopfs zum Thema hatten.

»Mein Bubenkopf gefällt – aber seine Wirkung hängt weniger von der Art des Schnittes, als vom schmiegsamen Fall und der seidigen Fülle des Haares ab.« Oder in einer anderen Annonce: »Ich verwendete viel Mühe und Zeit darauf, meinem Bubenkopf Anmut und Linie zu geben – es war vergeblich, solange ich nicht verstand, dem Haar durch richtige Pflege schmiegsamen Fall, schimmernden Glanz und lockere Fülle zu geben.«[111] Die Linie der Frisur beziehungsweise die des kleinen Kopfes sollte dabei natürlich immer eng korrespondieren mit der Körperlinie, der Silhouette insgesamt, wie sie die jeweilige Kleider- und Hutmode vorsah.

Mit ihren Anzeigen warfen die Lingner-Werke den Damenfriseuren aufmunternd einen unschätzbaren Ball zu, indem sie an Interessentinnen und somit potentielle Friseur-Kundinnen auf Anforderung kostenlos Abbildungen neuer Bubenkopf-Schnitte« schickten, die als Vorlage beim Friseurbesuch dienen konnten.

Der Schritt zum Schnitt

Meist bedeutete der Schnitt des sogenannten Bubikopfes im Leben eines jungen Mädchens oder einer Frau einen markanten »Einschnitt«. Der konnte individuell mit unterschiedlichen Gefühlen und Emotionen, aber auch starken Reaktionen der Familie und des weiteren Umfelds verbunden sein – mitunter sogar handfesten Konsequenzen.

109 Lingner-Werke, Dresden.

110 *Die lockende Linie*. Lingner-Werke, Dresden. In: *Illustrirte Zeitung. Leipzig, Berlin, Wien, Budapest, New York*. – Diese Familienzeitschrift erschien von 1843 bis 1944, 14-tägig, anfangs wöchentlich.

111 Lingner-Werke, Dresden.

Abb. 4 *Die lockende Linie*, 1928

Der Schritt zum kurzen Haar erforderte zunächst einmal eine persönliche Entscheidung. Denn immerhin – daran bestand kein Zweifel – würde das Abschneiden der Haare eine auffallende Veränderung der gesamten Erscheinung bedeuten, die sich nicht rückgängig machen ließe, jedenfalls nicht kurzfristig.

Sehr populär waren in den gedruckten Unterhaltungsmedien persönliche Geschichten – vornehmlich von mehr oder weniger berühmten Frauen –, mal im Sinne einer Warnung, mal als Zuspruch. Mary Garden, eine seinerzeit berühmte britische Opernsängerin, beschrieb ihre Gründe für den *Bob* (Bubikopf) so:

> »Why did I bob my hair? For several reasons. I did it because I wanted to, for one thing; because I found it easier to take care of; because I thought it more becoming; and because I felt freer without long, entangling tresses. But above and beyond these and several other reasons I had my hair cut short because, to me, it typified a progressive step, in keeping with the inner spirit that animates my whole existence.
> In one way, whether I wear my hair short or not is of little importance. But viewed in another way, bobbed hair is not just a trivial, independent act of hair-dressing separate and apart from my life itself. It is part and parcel of life – one of the myriad things which by themselves may apparently mean nothing, but which in the aggregate help to form that particular complexity of expression which is myself.«[112]

Im Salon – die langen Haare werden abgeschnitten

Betrachtungen eines Friseurbesuchs zeitgenössischer Künstlerinnen (Lieselotte Friedländer, Jeanne Mammen und Sinaida Serebrjakowa[113]) dokumentieren nicht die Wirklichkeit der Situation »vor Ort«, sondern illustrieren und interpretieren Gefühle und Befindlichkeiten.

Im Spiegel ist das Erschrecken der jungen Frau angesichts des entschlossenen Vorgehens des Friseurs zu erkennen, der mit wenigen Schnitten seiner großen Schere das Haar kinnlang gekürzt haben wird, ehe er mit dem Feinschnitt beginnt. Sie reißt Augen und Mund auf, es wird deutlich, dass ihr der Abschied vom langen Haar nicht leichtfällt und der Anblick der abgeschnittenen schwarzen langen Haarsträhnen, die über den Waschbeckenrand fallen, ihr auf erschreckende Weise klarmacht, dass es kein »Zurück« gibt.

112 Mary Garden, Why I Bobbed My Hair. *Pictorial Review* 1927, 8. – Mary Garden (1874-1967) lebte und arbeitete von 1910-1931 in Chicago.

113 Serebrjakowa (1884-1967) war eine russische Malerin und Vertreterin des russischen Impressionismus. Seit ihrer Emigration 1924 lebte sie in Frankreich.

Abb. 5 Lieselotte Friedlaender, *So wird der Bubikopf geschnitten*. 1925. Friedlaender (1898-1973), deutsche Pressezeichnerin, Modezeichnerin, Gebrauchsgrafikerin und Malerin, gilt als eine der bekanntesten Modeillustratorinnen der Weimarer Zeit. Sie wurde bereits 1933 wegen ihrer jüdischen Vorfahren aus dem Verlagshaus Mosse entlassen und hatte danach Berufsverbot. Vgl. Dogramaci: »Frauen, die ihr Geld selbst verdienen.«

Das Bild der rothaarigen Dame im Friseursalon (siehe Abbildung 41, S. 172) erschien 1928 im *Ulk*, der illustrierten Beilage des liberalen *Berliner Tageblatts*. Es zeigt eine aparte Frau mit dem modernen, elaborierten Make-up der Zeit. »Ihre ungewöhnliche Haarfarbe signalisiert Eigenwilligkeit, Unabhängigkeit von Konventionen«,[114] aus ihrer Haltung, insbesondere der Hände, sprechen Selbstbewusstsein und Entschlossenheit. Der Friseur, der offensichtlich seinen Teil der Arbeit bereits verrichtet hat, fährt mit der rechten Hand, wie zur Kontrolle, noch einmal durch das gekürzte (und gewellte) Haar, vergewissert sich mit einem abschließenden kritischen Blick in den Spiegel, ob das Ergebnis auch seine Zustimmung findet. Für die Rothaarige scheint die Prozedur zufriedenstellend beendet. Sie braucht keine Selbstvergewisserung über den Spiegel, sondern wendet sich dem Betrachter zu. Friseur und Kundin sind offensichtlich nicht mehr in einem intensiven Gespräch.

Abbildung 6 zeigt, wie sich eine junge Frau, abwartend, in sich gekehrt und ohne erkennbare Zweifel oder Nervosität den Friseur gewähren lässt. Sie schenkt ihm, der Professionalität ausstrahlt, Vertrauen. Das offensichtlich gelungene Frisur-Ergebnis (sichtbar im Hintergrund in Rückenansicht) mag beruhigend gewirkt haben.

Friseure, mit und ohne Namen

Wenig ist darüber bekannt, ob es in einer Metropole wie Berlin in den sogenannten »Goldenen Zwanzigern« so etwas wie »Starfriseure« gegeben hat, Salonbesitzer also »mit großem Namen«, die, mutmaßlich zu hohen Preisen der weiblichen Boheme der Stadt, den Reichen, Schönen und Berühmten, regelmäßig die Haare frisierten bzw. den aktuellsten Bob schnitten. Die französischen *Maîtres Coiffeurs*, die Meisterfriseure, jedenfalls waren weit über Paris hinaus namentlich bekannt und berühmt, etwa Marcel, Labarde, Monsieur Antoine oder René Rambaud.

An einen bestimmten Berliner Friseur allerdings, hier nur mit seinen Initialen (»Herr L.C.«) genannt, erinnert sich Erich Kästner: »›Figaro‹ heißt ein Frisiersalon, im Westen auf dem Kurfürstendamm. – Ein Frisiersalon? Gewiss, nur ein Frisiersalon, aber der einzigste seiner Art! [...] Der Chef des Hauses lüftet lächelnd die Vorhänge, und man darf zusehen, wie die Frauen und Töchter der Gesellschaft für den schweren Kampf ums Schönsein vorbereitet werden. Weit zurückgeneigt liegen sie und lassen sich färben und schminken. Oder der Kopf trägt einen merkwürdig vielgeteilten glitzernden Putz, der einer indischen Mi-

114 http://www.berlinischegalerie.de/sammlung/grafik/highlights/jeanne-mammen/ (letzter Zugriff 11/2020).

Abb. 6 Sinaida Jewgenjewna Serebrjakowa, *Ein Bubikopf wird geschnitten* 1926

niaturpagode gleicht und elektrisch durchströmt wird: Dauerwellen! In diesen Räumen wird, seit 15 Jahren, Fritzi Massary ewig jung erhalten. Und Elisabeth Bergner kann sich nicht vorstellen, dass jemand anderes als Figaro in Person ihr kapriziöses Köpfchen für Film und Theater vorbereite. Normalerweise greift er keine Ondulierеisen mehr an, dieser findige Haarkünstler, sondern schwebt über den Kopfwassern. Aber seine berühmtesten Kundinnen besorgt er selber. Sie nennen ihn liebevoll den Meisterregisseur des Gesichts.«[115]

Es ist anzunehmen, dass nicht nur Schauspielerinnen wie Fritzi Massary und Elisabeth Bergner »ihrem« Friseur vertrauten und ihm die Treue hielten, sondern dass auch andere berühmte Bubiköpfe wie die Tänzerinnen Anita Berber und Valeska Gert, die Bildhauerin Renée Sintinis, die Journalistin Sylvia von Harden oder die Schauspielerin und Feuilletonistin Ruth Landshoff-Yorck sich untereinander berieten und sich frisurenmäßig erprobte Experten der Stadt gegenseitig empfahlen. Zudem gab es die erfahrenen Fachleute an den Theatern und Opernhäusern und vor allem im Filmstudio Babelsberg. Sie stylten Sängerinnen, Theater- und Filmschauspielerinnen, angebetete Stars und Sternchen wie den amerikanischen Filmstar Louise Brooks, und machten sie zu dem, was sie den vielen Bewunderinnen waren: Ikonen des Bubikopfs.

Der Bubikopf für ältere Frauen

Ein besonderes Fingerspitzengefühl des Friseurs war gefragt, wenn ältere Kundinnen nach einem kurzen Haarschnitt verlangten. Denn der Bubi- oder Bubenkopf war nach allgemeinem Geschmack und – wie der Name es nahelegte – eine Frisur, die vor allem für junge Mädchen und junge Frauen als kleidsam galt. Aber mehr und mehr ältere Frauen fanden Gefallen am praktischen und, so wurde ihnen durch die Werbung suggeriert, verjüngenden Kurzhaarschnitt. Gerade die Haarpflegeindustrie hatte diese Wirkung des gepflegten Bubikopfes in den Vordergrund gerückt, schon um ihrem eigenen Anspruch, alters- und klassenlos ihre Produkte zu vermarkten und damit die Absatzmarktchancen zu erweitern, gerecht werden zu können. So heißt es in einer Shampoo-Anzeige: »Sport, Mode und Bubikopf machen die Frauen jünger.«

Ältere Bubikopf-Trägerinnen setzten sich mitunter nicht nur Unverständnis, Kritik, Spott und Häme aus, sondern hatten, wenn sie berufstätig waren, auch konkrete Nachteile in Kauf zu nehmen. Lehrerinnen, Krankenschwestern, Fürsorgerinnen und weiblichem Verkaufspersonal im vorgerückten Alter ab 40 Jahren, ganz überwiegend unverheiratet, wurde oftmals durch Vorgesetzte, auf Grund von Kunden- bzw. Patientenbeschwerden, eindeutig zu verstehen

115 Erich Kästner, Haarschneiden mit Musik. *Neue Leipziger Volkszeitung*, 01.01.1928.

Abb. 7 »Oft weiß man nicht, ob es die Schwester ist, oder die Mutter. 18 oder 35? Moderne, elegante Frauen wissen, daß ein gut gepflegter Bubikopf um Jahre jünger macht und sie bevorzugen überall Elida Shampoo. Auch Sie müssen es gebrauchen.«

Abb. 8 *Der erste Bubikopf im Kränzchen!*

gegeben, dass kurzes Haar am Arbeitsplatz unerwünscht sei – bis hin zu der Androhung, bei Nichtbefolgung mit einer Kündigung rechnen zu müssen. Nicht selten aber sahen sich gerade diese Frauen gezwungen, sich dem allgemeinen Jugendlichkeitswahn anzupassen, um sich mit einem flotten Kurzhaarschnitt länger im Angestelltenjob zu halten oder überhaupt einen zu ergattern.

Anita Daniel, Modejournalistin, hatte sich 1930 in einer Reihe von Artikeln in *Die Dame* mit den Merkmalen des neuen Lebensstils der 1920er Jahre auseinandergesetzt: veränderte Gesellschaftsformen, Durcheinander der Gefühle, neue Einstellung zur Liebe, zur Natur, zur Mode, zum Glück, zum Geld, zum Lebensgenuss.[116] Darin konstatierte sie, dass die Jugend ein Dauerzustand geworden sei, »in dem man sich vom sechszehnten bis zum sechzigsten Jahre häuslich niederläßt. Zumindest theoretisch – aber auch praktisch wird die neue Weltanschauung bis zur äußersten Konsequenz vertreten.« Und weiter: »Jugend als Dauerzustand ist natürlich ohne Differenzierung nicht denkbar, obwohl ein starker Ausgleich nach unten und nach oben eingesetzt hat. Die junge Frau von zwanzig und die junge Frau von vierzig gehen beide rosa gekleidet, aber die eine weiß und die andere betont, daß sie jung ist. Und da der Ton die Musik macht, wirkt es bei der Vierzigjährigen oft glaubhafter.«[117] Und Stephanie Kaul

116 Anita [Daniel], Lebensstil 1930. *Die Dame* 58 (1930/1931), 14, S. 6f., S. 32, S. 35; 15, S. 10f.; 16, S. 6f.; 19, S. 6, S. 32.
117 Ebd., 14, S. 7.

vermerkte, dass »in den letzten Modejahren die Frauen nicht mehr gealtert [erscheinen]«. Die Bubenköpfe machten selbst eine »mittelalterliche« Frau zu einer von Mitte, Ende zwanzig. Jedoch, so schränkte sie ein, »über dieses Alter hinaus geht die Mode nicht.«[118]

Die Altersgrenzen verwischten offensichtlich vor allem durch die verjüngende Frisurenmode. Die Modeexpertin Helene Pessl aus Wien sprang für die nicht mehr ganz so jungen Frauen vehement in die Bresche: »An das Alter ist die Annahme des kurzen Haarschnittes durchaus nicht gebunden, denn eine Frau ist nur so alt, als sie erscheint, und es gibt ja heute nur mehr junge Frauen, wenn man nach dem Aussehen der meisten urteilen soll. Darum fort mit allen kleinlichen Bedenken: Ob eine Frau mit 50 Jahren noch das Recht zum Bubikopf hat, ob eine Großmutter damit Anstand und althergebrachte Sitten verletzt, ob es einer Weißhaarigen gestattet ist, sich der Mode der heutigen Generation anzuschließen, oder ob eine Frau in öffentlicher Stellung damit Würde und Ansehen verletzt! All diese Einwände sind ohne Bedeutung.«[119]

Auch wenn die allermeisten Friseure dieser Einstellung nicht folgen wollten, so mussten sie sich bei entsprechender Nachfrage im eigenen Interesse gleichwohl mit Bubikopf-Vorschlägen für die ältere Kundin auseinandersetzen und konnten ihren Wunsch nicht einfach ignorieren.[120]

Frauen und Mädchen greifen selbst zur Schere

Es war zwar einleuchtend, dass ein Kurzhaarschnitt nur einem erfahrenen Friseur anvertraut werden sollte. Gemessen an der immensen Nachfrage ergaben sich in der Umsetzung jedoch manche Probleme. Es praktizierten bei weitem nicht genügend Damenfriseure, die einen der Mode entsprechenden, akkuraten Bubikopf zu schneiden in der Lage waren. Die Friseurzunft bewegte sich frisuren- und modemäßig nicht vorwärts, trat vielmehr auf der Stelle oder richtete ihre Blicke gar nach rückwärts. Wenig bzw. nur indirekt ist dazu übermittelt, wie Mädchen und Frauen im Alltag mit dieser Mangelsituation umgingen bzw. umgehen mussten. Zu fragen ist daher, welche Alternativen sie fanden beziehungsweise sich selbst schufen.[121]

118 Stephanie Kaul, Ist eine Mode im Directoirestil heute möglich? *Die Dame* 52 (1924), 18, S. 55-58, S. 55. – Die Modejournalistin schrieb Beiträge zur Kleidermode für *Die Dame* und *Uhu*.

119 Pessl, *Der Bubikopf*, S. 7.

120 Vgl. dazu Hermann Vöste, Der Bubikopf und seine Gegner. *DAFZ* 42 (1926), 15, S. 454.

121 Einige wenige »Damen der Gesellschaft« hatten, wenn sie über das notwendige Geld und die Zeit verfügten, sogar den Weg nach Paris genommen.

Regelrecht verschnittene Kurzhaarschnitte, wie sie auf Berlins Straßen nicht selten zu sehen waren, sorgten innerhalb des Friseurhandwerks für Unruhe und Ärger, denn die öffentliche Meinung war nur allzu bereit, diesen »Pfusch« den Friseuren anzulasten. Aber sicherlich nicht alle »Verschnitte« gingen auf deren Konto, auch wenn sie sich sogar gegenseitig für handwerklich mangelhafte Schnitttechnik verantwortlich machten. Es ging schließlich um das Renommee des Gewerbes. Natürlich wussten oder zumindest ahnten die Friseure, dass nicht wenige Frauen zur Selbsthilfe mit Schere und Brenneisen griffen, um das Geld für den Friseur zu sparen.

Es ist anzunehmen, dass manche junge, modisch bewusste Frau in Deutschland ähnlich agierte wie die *Girls* in Amerika. Dort hatten sich anfangs Damenfriseure (*hairdresser*) schlicht geweigert, den höchst kontrovers beleumundeten und von vielen als »shocking« empfundenen *Bob* zu schneiden, abgesehen davon, dass sie gar nicht wussten, wie der überhaupt zu schneiden war, hatten sie doch bis dahin ihre Scheren nur für langes Haar eingesetzt. Die *flapper* zeigten sich unbeeindruckt und wendeten sich den Barbershops zu, wo die Herrenfriseure ihre Wünsche erfüllten![122]

Eine der wenigen weiblichen Stimmen in der *Deutschen Allgemeinen Friseur-Zeitung*, Hilde Henkel, hatte darauf hingewiesen, dass sich viele Frauen ihrer Beobachtung nach gut allein zu helfen wüssten und auch ohne Friseur recht passable Ergebnisse beim »Brennen und Wickeln« (und gewiss auch beim Schneiden, H. L.) erzielten.[123] Das »Selbstfrisieren« und »Selbstausrasieren« war im Friseur-Innungsblatt immer wieder ausdrücklich oder zwischen den Zeilen als geschäftsschädigend angesprochen worden. Auf der anderen, der Kundinnenseite bedeuteten besonders während der Weltwirtschaftskrise mit einer hohen Arbeitslosigkeit und niedrigem Realeinkommen selbst gelegentliche Friseurbesuche, die in den 1920er Jahren für Frauen auch aus der Unter- und Mittelschicht finanziell möglich geworden waren, für viele Frauen einen reinen Luxus. Manche von ihnen konnten oder wollten sich dies nicht mehr leisten. Bei jungen Frauen, die wenig verdienten, hatten sich bereits zuvor die Prioritäten auf andere Bereiche, vor allem auf Make-up und Freizeitvergnügen, verlagert.

Letzteres mag auch für die Textilarbeiterinnen zugetroffen haben, die 1929 von ihrer Gewerkschaft aufgefordert worden waren, ihren Arbeitstag und ihr Wochenende zu beschreiben. Einige erwähnten in ihren Selbstzeugnissen ausdrücklich den Bubikopf: »Zum Kämmen gibt es nicht viel, denn ich habe kurz geschnittene Haare« – »Der praktische Bubikopf erfordert nicht viel Zeit«

122 The History of the Flapper, Part 4: Emboldened by the Bob. https://www.smithsonianmag.com/arts-culture/the-history-of-the-flapper-part-4-emboldened-by-the-bob-27361862/#8egrlQJo1sSYRYID.99 (letzter Zugriff 11/2020).

123 Hilde Henkel, Skala der modernen Bubikopflängen. *DAFZ* 47 (1931), 1, S. 13.

– »in ein paar Minuten bin ich fertig angezogen und – dank dem Bubikopf – auch frisiert« – »beim Bubikopf geht es ziemlich schnell« – »Nun heißt es flott ankleiden und Toilette machen. Der moderne Bubikopf kommt dabei sehr zustatten«.[124] Allein die morgendliche Zeitersparnis dank der kurzen Haare war in den Berichten eine Erwähnung wert. Weder im Zeitbudget noch bei den Ausgaben finden sich dagegen Hinweise auf Friseurbesuche.

Günther Dehn, Sozialist und Pfarrer in Berlin-Moabit, beobachtete Folgendes: »Wenn fast kaum noch ein Proletariermädchen die alte Haartracht trägt, sondern selbstverständlich den wahrlich metaphysikfreien Bubikopf, so sollte man anerkennen, daß dies ein sinnvoller Ausdruck der ganzen hier vorliegenden Lebenshaltung ist.«[125]

Mag das Ergebnis eines Haarschnitts und einer Ondulation ohne Friseurbesuch mitunter sichtbar amateurhaft und wenig elaboriert gewesen sein, so brachte es manche Mutter, Schwester, Freundin, Kollegin oder Nachbarin einer Bubikopf-Trägerin mit einiger Erfahrung und Praxis zu einer gewissen Fertigkeit und sogar Raffinesse. Ganz Mutige und Unerschrockene griffen selbst zur Schere und schnitten sich die Haare zum Bubikopf. In vielen Haushalten gehörte eine kleine mechanische Haarschneide- und Bartmaschine, die in der Familie vielfältig einsetzbar war, ohnehin zum Inventar. Besonders in den Bubikopf-Zeiten blühte das Geschäft mit den Haarschneidemaschinen, und ein breites Angebot stand für wenige Reichsmark zur Verfügung.[126] Mit der Bubikopf-Haarschneidemaschine, die sich schnell amortisierte, ließ sich mühelos der Nacken ausrasieren. Darüber hinaus brauchte es eine scharfe Schere, einen Kamm und idealerweise auch eine Effilierschere,[127] die zum Ausdünnen von Haarpartien diente.

124 *»Mein Arbeitstag – mein Wochenende«*, S. 80, S. 100, S. 111, S. 115, S. 129.

125 Günther Dehn, *Proletarische Jugend*, S. 39. Zitiert nach Peukert, Das Mädchen mit dem »wahrlich metaphysikfreien Bubikopf«, S. 157.

126 Produziert wurden mechanische Haarschneidemaschinen in Deutschland bereits seit 1880, zumeist von Solinger Firmen, vor allem in Bubikopf-Zeiten, u. a. Alaska No. 124/0000 Bubikopf- u. rasierende Maschine; Die kleine Alco, Bubikopf-Maschine; Bubikopf- und rasierende Bartmaschine Erika; Radusa Präzision Bubikopf-Maschine. Die Geräte bestehen aus den eigentlichen Schneidwerkzeugen und einem zangenartigen Handhebel. Dabei kommen zwei kammartige Messer zum Einsatz, von denen das untere, der Haut zugewandte feststehend ist, während das obere gegen dieses quer hin- und her bewegt wird. Verwandt werden die Haarschneidemaschinen bei extremen Kurzhaarfrisuren zum Trimmen und Ausrasieren der Nackenhaare.

127 Ab 1928 wurde die *Effilierschere* zu einer wichtigen Friseurschere. Sie erleichtert entscheidend das »Ausdünnen« der Haare. Effilierscheren sind auf beiden Seiten gezahnt. Die Schneideblätter sind abwechselnd eingekerbt, um nur die Haare zu erfassen – zumeist ein Drittel, die sich während des Schneidens zwischen den speziellen Zähnen befinden.

Auch die seit 1900 produzierten elektrischen Haartrockner der AEG, 1908 von der Firma Sanitas unter der Modellbezeichnung *Foen* vermarktet, wurden bezüglich ihrer Größe, ihrem Gewicht und der Handhabbarkeit weiterentwickelt. Immer mehr Haushalte konnten sich diese Geräte, die das Selbstfrisieren erleichterten, leisten.

Aber nicht nur die ausgewiesenen Amateurinnen versuchten sich am Bubikopf. Eine Entwicklung ganz anderer Art wurde von den alteingesessenen Friseuren und Friseurinnen mit Verbitterung als Gefahr für den Berufsstand der Damen- und Herrenfriseure wahrgenommen, wie Christina Trupat zeigen kann.[128] In Stellenanzeigen von Zeitungen wurde häufig nach »Bubikopfschneidern« gesucht, und wer wusste, wie eine Schere zu halten sei, konnte sich melden. Diese »Berufsfremden« – zwischen 1926 und 1933 waren es ca. 25.000 – wurden von privaten Friseurschulen in Schnellkursen ausgebildet, und es ist anzunehmen, dass darunter nicht wenige waren, die außerhalb der Frisiersalons »schwarz« arbeiteten. Der Standesehre schadeten aus Sicht der etablierten Damenfriseure nicht nur sie, sondern ebenso die preisunterbietenden und damit Friseur-Existenzen bedrohenden Hausfriseurinnen,[129] von denen sicherlich manche modewusste Frau finanziell profitierte. Immer wieder gab es deshalb und wegen der Eigeninitiative ergreifenden Bubikopf-Frauen unter den Damenfriseuren geradezu beschwörende Diskussionen darüber, wie sicherzustellen war, dass im Salon, und nur dort, ausschließlich solche Frisuren angeboten und ausgeführt werden sollten, die nicht selbst hergestellt werden konnten.

128 Trupat, *Kopf-Arbeit.* S. 60f.
129 Kornher, Konkurrenzkultur im friseurhandwerklichen Diskurs, 1900–1930. 2006. http://www.ruendal.de/aim/tagung06/pdfs/kornher.pdf (letzter Zugriff 4/2010).

DER MODERNE SCHNITT

Eine kurze Chronologie der Damenfrisuren, 1923 bis in die frühen 1930er Jahre

- Um 1923 setzte sich der Bubikopf als stilgebende Frisur des Jahrzehnts durch. Die Haare wurden in einfacher Fasson kurz geschnitten. Erst mit zunehmender Fertigkeit der Friseure entstanden in den folgenden Jahren neue Kurzhaarfrisuren (Pagenkopf, Shingle).
- 1926: Die strengste und zugleich provokanteste Variante war der sogenannte Herrenschnitt. Hierbei wurde das Haar bis über die Ohren geschnitten und im Nacken ausrasiert. Das längere Deckhaar wurde streng nach hinten gekämmt und wahlweise mit Pomade gefestigt. Die Stirn blieb frei.
- Unter den zahlreichen Kurzhaarfrisuren blieb der jungenhafte Bubikopf Favorit. Da der glatte Bob nicht jeder Frau gleichermaßen gut stand, kamen künstliche Haarwellen in Mode (mittels Brennschere oder mit Hilfe von Kämmen). Bei letzterer Variante wurde in das nasse Haar eine spezielle Lotion einmassiert. Danach wurden mehrere Kämme im Haar so platziert und verschoben, dass Wasserwellen in der gewünschten Größe entstanden. Bis zum vollständigen Trocknen der Haare hielt ein Netz aus Echthaar die Frisur in Form.
- Trotz der großen Popularität der Kurzhaarfrisuren gab es für Frauen, die sich nicht von ihren langen Haaren trennen wollten, kunstvolle Langhaarfrisuren mit einem Chignon (Dutt oder Haarknoten) am Haaransatz im Nacken. Manche Chignons waren so in die Frisur eingearbeitet, dass auf den ersten Blick nicht zu erkennen war, ob die Trägerin langes oder kurzes Haar hatte.
- Anfang der 1930er wurden die Haare wieder länger getragen, etwa in Kinnlänge. Wasserwellen waren weiterhin äußerst beliebt. Die eng am Kopf ondulierten Wellen umschmeichelten das Gesicht.[130]

Der Kurzhaarfrisur einen Namen geben

Wann der Begriff *Bubikopf* oder *Bubenkopf*, wie er zunächst genannt wurde, in Deutschland auftauchte und gebräuchlich wurde und wer der »Namensgeber« war, ist unklar und lässt sich noch weniger präzise datieren. Vermutlich aber

130 Informationen (gekürzt und neu formuliert): http://www.zwischenkriegszeit.de/. Diese Seite existiert nicht mehr. Die Nachfolgeseite http://www.artdeco-boulevard.de/de (letzter Zugriff 11/2020) weicht in den Inhalten ab.

waren sowohl der französische *coupe à la garçonne* wie auch der englische *boyish bob* in ihrer Aussage nahe am Bubikopf.

Zunächst war der Bubikopf angesichts der immensen Vielfalt und Variationsmöglichkeiten ein stark verkürzender und wenig aussagekräftiger Sammelbegriff für Kurzhaarfrisuren, die ab 1920 kreiert wurden. Das galt auch für den *bob*, den amerikanischen »Bubikopf«. *Bob* oder der englische *crop* bezeichnete zunächst keine spezifische Frisur, sondern erst einmal nur den Umstand, dass das Haar »gebobbt«, also kurz geschnitten war. In der Tschechoslowakei wurden die kurzen Haarfrisuren *mikádo* genannt – nach dem japanischen Kaiser, der eine solche Frisur trug.

Immer wieder hat es, vor allem auf Seiten der Modejournalistinnen, Versuche gegeben, einen treffenderen, weiblicheren Namen für den Bubikopf einzuführen – mit Blick auf Paris z.B. *Gaminkopf*[131] oder *Reformtracht* oder auch *Pagenkopf*. Im Bemühen, dem als zu maskulin empfundenen Begriff *Bubikopf* kurze Haarfrisuren gegenüberzustellen, die weichere Züge aufwiesen, wurde gar *Mädikopf* vorgeschlagen. In Wiener Modekreisen sprach man schlicht vom *Stutz*. Hierzulande aber blieb es weiterhin meist beim unspezifischen *Bubikopf*, wenn nicht umstandslos der französische *Coupe à la Garçonne* oder der amerikanische [*Boyish*] *Bob* in die Modeberichte einflossen.

In Kroatien bedeutete der deutsche Begriff *Bubikopf* einen Import mit einem exotischen Klang. In ihrer Analyse der ersten kroatischen Frauenzeitschrift, *Ženski list* (zuerst erschienen 1925), hebt Marina Vujnović hervor: »It was the new boy-cut hairstyle that took the interwar culture to its very foundation. The symbolism of the new boyish hair style, *Bubikopf*, had reached far beyond the realm of the everyday fashion chatter to the reality of gender politics.«[132] Der *Bubikopf* gehörte bald zum Sprachgebrauch in Kroatien. Dort stand er für die *Neue Frau*, für Modernität und weibliche Unabhängigkeit.

In der Modehauptstadt Frankreichs hatte man schon 1924 für die unterschiedlichen modischen Kurzhaarfrisuren sprechende Namen erfunden. Auch sie nahmen zunächst Bezug auf die männliche Anmutung der neuen Damenfrisuren: *coiffure à l'adolescent*, *coupe à la garçonne*, *coiffure à l'éphèbe*. Aber auch Bezeichnungen mit historischer Anknüpfung oder Bezug auf bekannte Personen (*coupe à la Jeanne d'Arc*, *coiffure à la Véra Sergine*) wurden üblich. Besonders die Bezeichnung *coupe à la garçonne* (*cheveux à la garçonne*) trat schon früh ihren Siegeszug an, wurde immer wieder abgewandelt und weiter verfeinert. Die französische Modedesignerin Coco Chanel (1883-1971) ist diejenige, die den Haarschnitt in Frankreich – und damit auch international – von Beginn

131 Vgl. den Titel eines Detektivromans: »*Die Frau mit dem Gaminkopf*«, Hamburg 1922.
132 Vujnović, *Forging the* Bubikopf *Nation*, S. 186.

an verkörperte und ihm sehr früh ein Gesicht gegeben hat: »la première femme aux cheveux courts«.

Mit den namentlichen Zuschreibungen konnten sich ihre »Erfinder«, die *coiffeurs*, aus der Menge der Konkurrenten herausheben. Modejournale sorgten dafür, dass zum einen die modeinteressierten Damen davon erfuhren, aber auch das Friseurhandwerk insgesamt profitierte davon und blieb auf dem jeweils aktuellen neuesten Stand.

Die unterschiedlichen *bobs* oder *crops* hatten auch in Amerika und England ihre distinkten Namen: *The Eton Crop, the Chesterfield, the Horseshoe, the Orchid, the Moana, the Gigolo, the Carmencita, the Coconut.* Genaue Grenzen zwischen *Eton Crop, Orchid Crop, Coconut Crop* und all den anderen Schnitten lassen sich deshalb kaum ziehen, weil sie sich gegenseitig vielfältig beeinflussten. »In practice most adult bobbed styles were variations or hybrids of these named styles. Once long hair has been cut it cannot be reversed, consequently the adoption of the ›Bob‹ was very gradual.«[133]

Ein früher Bob, der berühmte *Castle bob*, trug seinen Namen nach der US-amerikanischen Tänzerin und Stil-Ikone der 1920er Jahre, Irene Castle (1893-1969). Castle wird auch heute noch als diejenige genannt, die sich, während des Ersten Weltkriegs, als Erste in Amerika einen Bob hatte schneiden lassen. Dieser Zuschreibung ist sie selbst jedoch schon früh entgegengetreten.[134]

Die Favoriten

Das Interesse an der Haarmode der 1920er Jahre scheint ungebrochen. Immer wieder hat es Revivals des Bobs gegeben, nicht zuletzt in den 1960ern in Großbritannien, in Gang gesetzt durch Vidal Sassoon. Er hatte jedem seiner Haarschnitte nicht nur einen unverwechselbaren Namen gegeben, sondern auch eine unverwechselbare Schnittanleitung festgelegt.

133 Photo Detective. Facts from British Family Photographs 1901 to 1953. Designed and written by Geoff Caulton. 2009. Bobbed Hair. http://www.photodetective.co.uk/BobbedTrio.html (letzter Zugriff 11/2020).

134 Irene Castle Treman, I bobbed My Hair and Then –. *Ladies Home Journal*, 1921 (Oct.), S. 124. – Vgl. auch The New Woman of the 1920s. *History Matters*. http://historymatters.gmu.edu/d/5117.html (letzter Zugriff 11/2020). »I do not claim to be the first person to wear bobbed hair; in fact, I believe there are a number of people who, like myself, picture Joan of Arc with shorn locks! There have been several periods in history when women wore short hair. It is easier to be the first person to do a thing than the first to introduce it, and I believe I am largely blamed for the homes wrecked and engagements broken because of clipped tresses. I do not wish to take the blame, because in a great number of case I find the responsibility a serious one and the results a »chamber of horrors.«

Den Bubikopf beziehungsweise den Bob bezeichnet das Friseurgewerbe heute als einen »klassischen Haarschnitt«. Und so finden sich im Sprachrepertoire der internationalen Haarmode auch gegenwärtig noch die Bezeichnungen für die Kurzhaar-Grundschnitte der Weimarer Zeit.[135] Der beliebteste unter ihnen, der *Shingle Bob*, und der am kontroversesten debattierte, der *Herrenschnitt* (*Eton crop*), sollen hier neben dem gewellten Bubikopf kurz vorgestellt werden.[136]

Der Shingle Bob

Der *Shingle Bob*, auch *graduated bob* (gestufter Bob) genannt, entwickelte sich um 1923 und erfreute sich international bald allergrößter Beliebtheit. Die »Erfindung« des *shingle cut* wird dem Pariser Friseur Monsieur Antoine[137] zugeschrieben. Er hatte 1914 für Irene Castle, eine amerikanische Turniertänzerin, die gerade in Paris gastierte, einen aufregenden neuen Kurzhaarschnitt entworfen, der große Begeisterung und Nachahmung bei Frauen in ganz Europa fand. Unzählige zeitgenössische Filmschauspielerinnen, Tänzerinnen, Stars und Sternchen in London, Tokio, aber auch die Berliner *Girls*, die Pariser *garçonnes* und die amerikanischen *flappers* ließen sich entsprechend frisieren. Er galt als äußerst praktisch, leicht zu schneiden und zu pflegen. Besondere Kennzeichen dieses legendären Haarschnitts sind die im Nacken V-förmig zulaufenden, sehr kurz geschnittenen beziehungsweise ausrasierten Haare, deren Linie besonders betont werden sollte. Die Seitenpartien wurden effiliert, d. h. ausgedünnt, und endeten kurz unterhalb des Ohrs, nicht selten auf der Wange als einzelne Locke (Schmachtlocke, *dips on the cheek*) oder als sogenannter »Herrenwinker«. Der *Shingle Bob* ließ sich durch Wellen (à la Marcel oder als Fingerwellen) nahe am Kopf oder durch einen Pony (*bangs*) oder Haarfransen (*fringes*) nahezu unbegrenzt variieren und individualisieren. Er erforderte oft zudem Haarklemmen oder Haarspangen, um einerseits die Haare an den Seiten zu bändigen und

135 Auf einer aktuellen deutschen Haarmoden-Website findet sich die Überschrift »Hairstyle: Boyish Bob. Der Trend in 2020«.

136 Vgl. auch Turudich, *Art Deco Hair*.

137 Antoni »Antek« Cierplikowski (1884-1976), geboren in Polen. 1901 war er nach Paris gezogen, wo er 1909 begann, die Mode der Kurzhaarschnitte zu entwickeln, inspiriert von Jeanne d'Arc. Er wurde zum weltbekannten Coiffeur, als er den *Salon Antoine de Paris* eröffnete, wo er als *Monsieur Antoine* oder *Antoine de Paris* firmierte. Zu seinen Kundinnen zählen Coco Chanel, Saah Bernhardt, Greta Garbo, Eleanor Roosevelt und Brigitte Bardot. In den 1920er Jahren führte er den *Shingle Cut* ein, der unter den wagemutigen jungen Frauen äußerst beliebt war. Auch schuf er die kultige *Garçonne*-Frisur, wie sie von Coco Chanel, Josephine Baker und Edith Piaf getragen wurde. Seine Kreationen sollen Gerüchten zufolge bis zu 500 Francs gekostet haben.

Abb. 9 Louise Brooks (1906-1985), US-amerikanische (Stumm-) Filmschauspielerin, mit einem typischen *Shingle Cut*, dem Pagenkopf.

andererseits die Trägerin zusätzlich zu schmücken. Bei allen Vorbehalten der Berliner Friseure gegenüber dem Bubikopf fällt ein Beitrag ins Auge, der das Typische am *Shingle* hervorhob: Ähnlich wie beim Herrenhaarschnitt verliefe das Haar am Haaransatz im Nacken kurz. »Der Längenverlust der Haare durch die Ondulation zum Beispiel muß berechnet werden. Die Längenunterschiede sind ganz andere, wie bei dem Herrenhaarschnitt.«[138]

Für manchen Friseur bedeuteten die neuen Haarschnitte anfangs eine Herausforderung, zumal die Schnitttechniken noch für lange Zeit nicht in der Lehrlingsausbildung verankert waren. Zeitgenössische, visualisierte Schritt-für-Schritt-Anleitungen wie der folgende Vorschlag aus Amerika konnten hilfreich sein:

138 F[riedrich] Klein, The single [!]. *DAFZ* 40 (1924), 23, S. 579 f.; *Shingles and Bobs*: The very latest from Paris. *The Ladies' Home Journal*, 1924 (Nov.), S. 73.

Cutting Hair Into a Bob

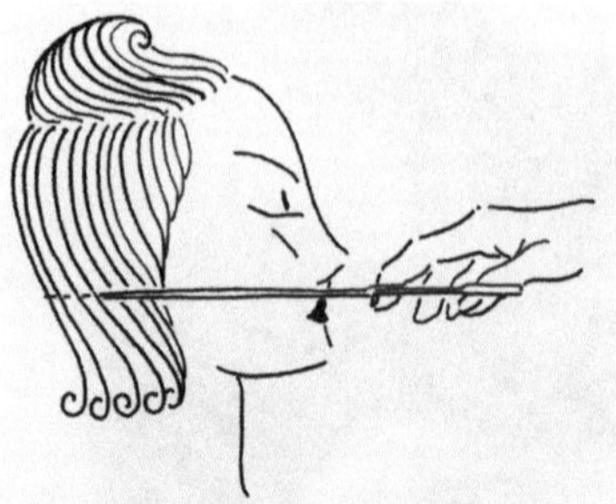

Fig. 1 – Making the First Cut.

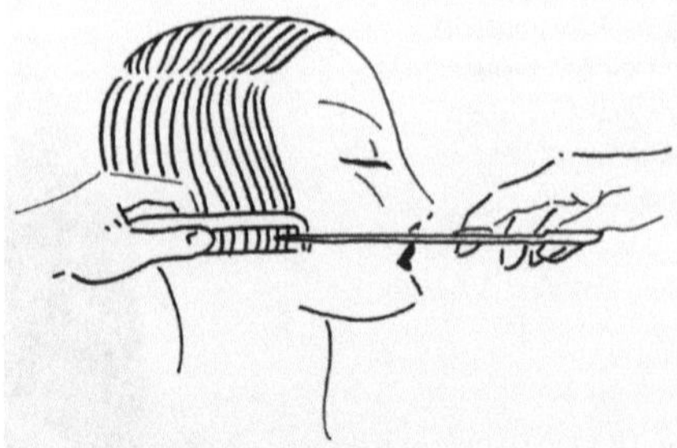

Fig. 2 – Retrimming the Straight Bob.

Abb 10, 1-7 *Cutting Hair Into a Bob.*

»Soll langes Haar abgeschnitten werden, so drehe man die oberen Haarpartien und befestige sie auf dem Kopf, damit sie nicht im Wege sind. Die darunterliegenden Partien kämme man vor dem Schneiden sanft gerade nach unten.

Wenn das geschnittene Haar weiter gekürzt werden soll, sind mindestens 1,3 cm zusätzlich für den Feinschnitt einzurechnen. Soll das Haar außerdem gewellt werden, ist es notwendig, beim Kürzen des Haares weitere Zentimeter zuzugeben. Eine Marcel-Welle, eine Fingerwelle oder eine Wasserwelle braucht in jedem Fall 2,5 cm zusätzliche Haarlänge oder gar mehr.

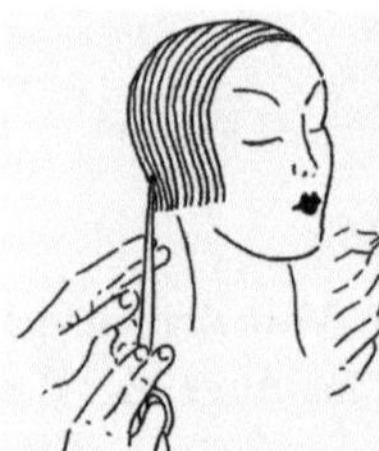

Fig. 3—Trimming Ragged Edges with Points of Shears.

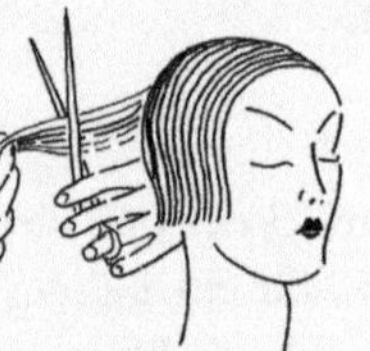

Fig. 4—Shingling the Under Part of the Strand.

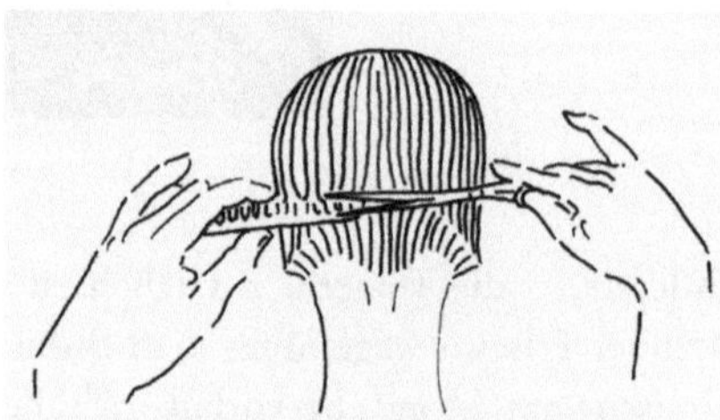

Fig. 5—Trimming with Shears and Comb.

Die hier abgebildete Methode zeigt, wie volles Haar von unten her auszudünnen ist. Die äußeren Strähnen sind für das Wellenlegen vorgesehen und bleiben nahe am Kopf. Halten Sie mit der linken Hand die Haarsträhnen und bewegen Sie die halbgeöffnete Schere so, dass sich die Scherenblätter bei jedem Strich nach oben ein wenig schließen. Auf diese Weise dünnen Sie das Haar rund um den Kopf aus, von einem Ohr zum anderen.

Benutzen Sie dann für den Haaransatz im Nacken die Haarschneidemaschine und vervollständigen den Haarschnitt über dem Haaransatz mit Kamm und Schere. Soll ein Pony geschnitten werden, so scheiteln Sie das Haar 1,5 cm hinter der vorderen Haarlinie, kämmen es nach vorne und schneiden es gerade oder in anderer gewünschter Weise.

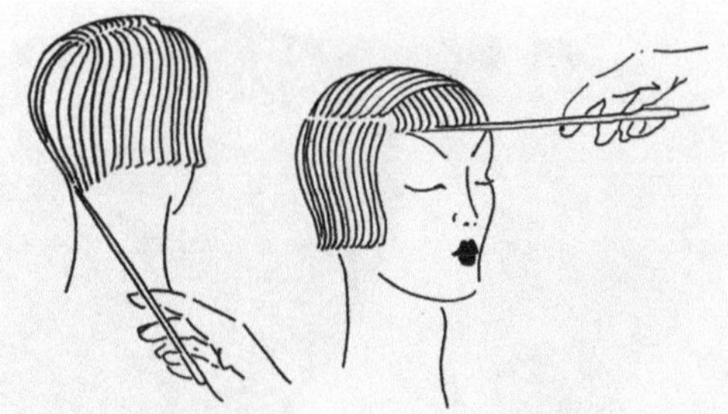

Fig. 6—Making Pointed Hair Line. Fig. 7—Cutting Bangs.

Das Haar, das die Ohren bedeckt, sollte von unten her ausgedünnt werden, damit es mit dem kurz geschnittenen Nackenhaar eine gerade Linie bildet. Das Ausdünnen sollte nur 2,5 bis 5 cm von den Enden der Haarsträhnen aufwärts ausgeführt werden.

Das Haar um das Ohr herum sollte partiert und ausgekämmt werden, um so eine ebenmäßige Haarlinie zu erreichen. Das Ohrläppchen dient dafür als Maß.

Falls *dips on the cheek* [sogenannte »Herrenwinker«] getragen werden, muss das Haar vorne lang genug belassen werden, um mit dem rückwärtigen Haar eine gleichmäßige Linie zu bilden. Seitenhaare, die aus der Stirn gekämmt getragen werden, sollten lang genug bleiben, damit sie die Ohren bedecken.«[139]

Der Herrenschnitt (Eton crop) – herb und kurz geschoren

Um 1925 kam auch in den deutschen Großstädten der sogenannte »Herrenschnitt« an, der, dem *Eton crop* (nach dem britischen Eliteinternat in der Nähe von London) sehr ähnlich, einige Jahre zuvor in England bereits Furore gemacht hatte. Der Herren- oder Etonschnitt galt als absolute Extravaganz, nach allgemeinem Empfinden als der bis dahin radikalste Kurzhaarschnitt für Frauen. Im Gegensatz zu den unterschiedlichen Ausformungen des Bubikopfes, die – gewellt oder mit Löckchen – die weiblichen Züge unterstrichen, wurde er zumeist glatt getragen und betonte auf markante Weise das angestrebte androgyne Erscheinungsbild der Frau.

Am »Herrenschnitt« schieden sich die Geister endgültig. Wegen seiner herben, maskulinen Ausstrahlung war er heftig umstritten und nicht selten auch

139 ReVamp. Limited Vintage Edition Recreations. 1920s Bobbed Hair. https://www.revampvintage.com/1920s-bobbed-hair (letzter Zugriff 12/2020).

Abb. 11 Anzeige *Harper's Bazaar*, 1927

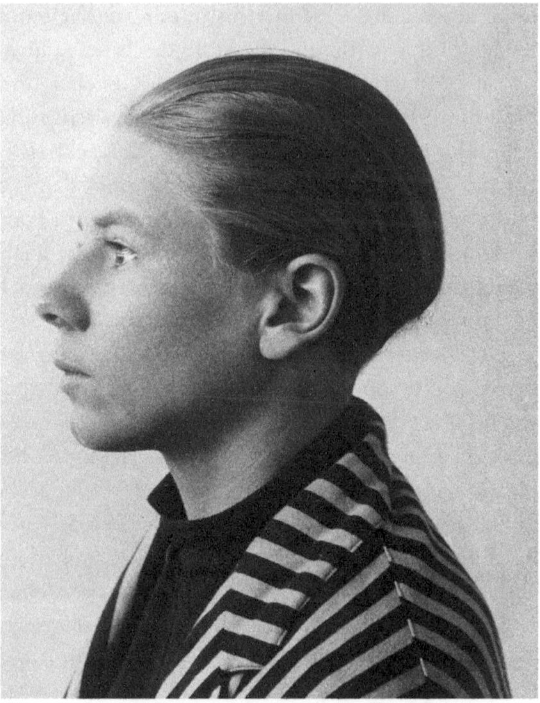

Abb. 12 Lucia Moholy, *Lou Scheper-Berkenkamp*, 1927. Moholy (verheiratet Moholy-Nagy, 1894-1989), österreichisch-ungarisch-britische Fotografin, Kunsttheoretikerin, Publizistin; Lou Scheper-Berkenkamp (1901-1976), Malerin und Farbgestalterin. Beide Frauen arbeiteten zeitweilig am Bauhaus.

Gegenstand von Karikaturen und verächtlichen Witzen. Es ist deshalb anzunehmen, dass es eines besonderen Mutes, weiblichen Selbstbewusstseins und Eigen-Sinns bedurfte, um sich für diesen extravaganten Haarschnitt zu entscheiden. Der Herrenschnitt wurde weithin als Provokation gegen das gängige Weiblichkeitsbild und die geltende Markierung der Geschlechterdifferenz empfunden und fand eigentlich nur dort Akzeptanz, wo auch alle anderen Attribute zum kurzen Schnitt zu passen schienen: Jugendlichkeit, ein überaus schlanker Körper, ebenmäßige Gesichtszüge, modische Kleidung im androgynen Stil, selbstbewusste Ausstrahlung, saloppe Bewegungen, eben »das nötige gaminhafte Auftreten«, wie Ola Alsen es nannte. Und sie fügte hinzu, dass der maskuline Stil zweifellos eine Weiterentwicklung des »Bubenkopfes« sei. Wer allerdings den naiven Gedanken hege, das kurz geschnittene Haar sei einfach in der Handhabung, der täusche sich. »Die Art des Haarschnittes muß ungemein sorgfältig und mit größtem Geschick vorgenommen werden, denn ein Fehler ist hier weit weniger schnell gutzumachen als bei den meisten übrigen Frisuren.

Es ist ausgeschlossen, mit Hilfsmitteln zu arbeiten. Darum ist eine verständige Behandlung wichtig und die Wahl des Friseurs nicht zu unterschätzen.«[140]

Für den Herrenschnitt wurde – der Gesichts- und Kopfform angepasst – das Haar hinten kürzer geschnitten als vorne, ebenso an den Seiten bis über die Ohren und im Nacken hoch ausrasiert. Das Deckhaar blieb dabei länger. Es wurde zumeist streng nach hinten gekämmt. Und damit die Stirn frei blieb und die Haare eng am Kopf lagen, wurde zusätzlich mit Pomade (zum Beispiel Bakerfix Brillantine[141]) frisiert. Dieser Haarfasson war, auch international, keine allzu lange Modedauer beschieden. Ab 1928/1929 wurden die Haare der modernen Frisuren wieder deutlich länger.

Der Herrenschnitt wurde durchaus nicht nur unter Friseur-Fachleuten heftig kritisiert, sondern auch von mancher Modejournalistin, die zwar pflichtgemäß über ihn berichtete, aber aus Überzeugung eher dem Bubikopf in seiner gemäßigten Ausprägung (*Shingle*) zuneigte und deshalb vor übertriebener Haarkürze und Strenge warnte. Ola Alsen, stilsichere Modeberichterstatterin ihrer Zeit, bemerkte rückblickend: »Wie jede Entwicklung [gemeint war die des Bubikopfes], so zeitigte auch diese mancherlei Entgleisungen, die in dem absoluten Herrenschnitt ihren Höhepunkt erreichten.«[142]

Differenzierter und gleichzeitig unaufgeregter betrachtete Stephanie Kaul den Herrenschnitt. Der *Bubenkopf* habe im Laufe seiner Entwicklung zwei Grundtypen herausgebildet. Und jede neue (Haar-)Mode variiere diesen Grundtyp: »Einmal den herben, sehr kurz geschorenen Kopf, denn das Wort geschnitten paßt nicht mehr dazu. Diese Art das Haar zu tragen, verzichtet bewußt auf sogenannte Hübschheit. Man will Linie! Der Kopf soll auch nach etwas aussehen. Die zweite Art ist der weichere gefälligere Kopf, der die Frau hübsch machen will.«[143]

Ein weiterer Aspekt verbindet sich mit dem Herrenschnitt. Mitte der 1920er Jahre wurde – wie bis heute – der markante Herrenschnitt mit weiblicher Homosexualität assoziiert. Von der Hand zu weisen ist diese Zuschreibung keineswegs. Auch Helene Pessl hatte in ihrer weit verbreiteten Anleitung *Der Bubikopf und seine Pflege* unter der Zwischenüberschrift *Der männliche Schnitt* darauf hingewiesen, dass schon zwanzig Jahre zuvor das ›dritte Geschlecht‹ die

140 Ola Alsen, »Gentlemanlike«. Die herrenmäßige Note des neuen Directoirestils. *Elegante Welt* (1924), 16, S. 15 f., S. 48 f.

141 Bakerfix Brillantine war speziell für Josephine Baker, die US-amerikanisch-französische Tänzerin, Sängerin und Schauspielerin, entwickelt worden, damit sich ihr Haar glätten ließ und um es glatt nach hinten kämmen zu können. Bakerfix wurde weltweit zu einem Riesenerfolg.

142 Ola Alsen. *Die elegante Dame* (1927), S. 30 f.

143 St. K. [Stephanie Kaul], Neue Frisuren. *Die Dame* 53 (1925/1926), 25, S. 23.

Abb. 13 *Frisuren 1926: »Ganz kurz geschnitten. Mit Seitenlöckchen, glatt nach rückwärts gekämmt. Seitlich große Welle.«*

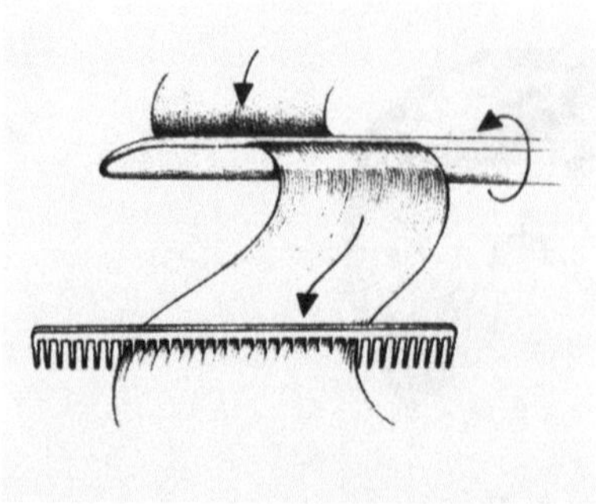

»1. Bei der ›Ondulation à la Marcel‹ wird die Welle geformt, indem das Haar über die Kante des Hohleisens gezogen wird.«

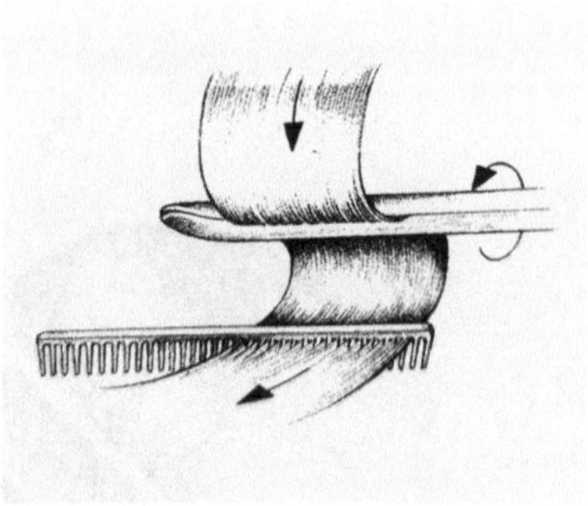

»2. Gegenschwung im Haar wird erzeugt, indem das Eisen in zur ersten Drehung gegenläufiger Richtung noch einmal angesetzt wird.«

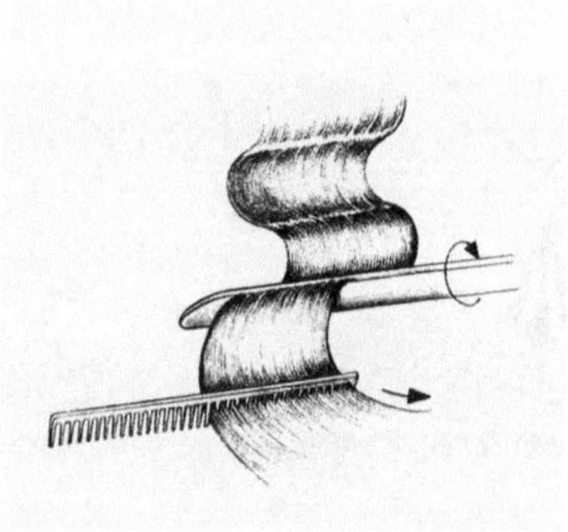

»3. Mit dem Kamm wird das Haar in die für die Wellung nötige Richtung geführt.«

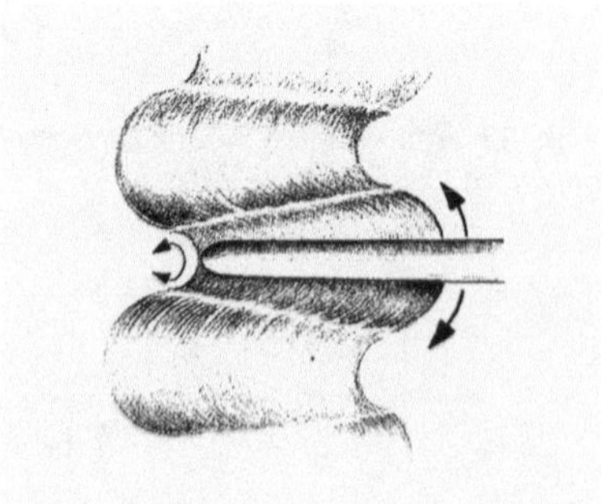

»4. Da das Marcel-Eisen vorn spitz zuläuft, kann der Wellenbogen auf engem Raum fixiert werden.«

Abb. 14, 1-4, *Ondulation à la Marcel*

Haare nach Männerart getragen habe.[144] Jeanne Mammen, die Zugang zu den Berliner Damenclubs der lesbischen Subkultur der Weimarer Jahre hatte, hob in ihren Skizzen und Bildern diese Frisur-Akzente ausdrücklich hervor. Der Herrenschnitt – das wird heute leicht übersehen – blieb jedoch, trotz seiner Präsenz in den zeitgenössischen Medien, ein Schnitt für die wenigen – für all jene, die Aufsehen, zumindest Aufmerksamkeit erregen, provozieren oder ein klares Signal an lesbische Frauen aussenden wollten.

Der gewellte Bubikopf – die Ondulation à la Marcel

Nicht nachdrücklich genug ist darauf hinzuweisen, dass sich unter dem Sammelbegriff Bubikopf eine enorme Variation von Kurzhaarfrisuren versammelte. Mögen die »glatten« Kurzhaarfrisuren bei Frauen noch so beliebt gewesen sein – und sich im Bildgedächtnis bis heute verankert haben: die »Normalfrisur« war das gewellte kurze Haar, und das in allen nur erdenklichen Abwandlungen und Ausprägungen. Nicht zuletzt protegierten die Friseure die Ondulation (französisch *onde* = Welle) wegen der zusätzlichen Einnahmen, die sie sich neben der Arbeit am eigentlichen Schnitt versprachen. Das Ondulieren wie auch die Haararbeiten (Perücken, Haarteile) gehörten ihrer Berufsauffassung zufolge auch während der 1920er Jahre zu ihrer eigentlichen, angestammten Frisierkunst. So schlug die *Deutsche Allgemeine Friseur-Zeitung* selbst für die allerkürzesten Haarfrisuren den Kollegen im Salon fast ausschließlich Wellenfrisuren vor – glatte Bubiköpfe finden sich auf den Hochglanz-Tafeln nur als absolute Ausnahme. Bereits 1872 hatte der Pariser Friseur Marcel Grateau ein Verfahren ersonnen, das das bis dahin angewandte Ondulationsverfahren nachhaltig weiterentwickelte. Statt über einen runden Stabteil wie bisher zog er die Haare über die Kante des Hohleisens (Brenneisen, Brennschere). Die *Ondulation à la Marcel* begann ihren Siegeszug[145] und fand auch in den späteren Bubikopf-Jahren noch ihre Anwendung.

Der entscheidende Nachteil allerdings blieb bestehen. Die Wellen gingen nach dem Waschen verloren, denn das Haar glättete sich wieder, während es trocknete. Folglich brauchte es eine neue, dauerhafte Lösung.

Eine international bahnbrechende Erfindung ermöglichte 1906 schließlich die erste Dauerondulation (Heißwelle). Der deutsche Friseur Karl Ludwig Nessler (1872-1951) aus Todtnau/Baden – nach Lehrjahren in Mailand, Genf

144 Pessl, *Der Bubikopf*, S. 6. – Mit dem »dritten Geschlecht« sind hier homosexuelle Frauen gemeint. Den Begriff des »Dritten Geschlechts« hatte der Sexualwissenschaftler Magnus Hirschfeld (1868-1925) geprägt und in seinem Buch *Geschlechterübergänge* (1905) dargelegt.

145 Vgl. dazu Trupat, *Kopf-Arbeit*, die Kap. Ondulation, S. 21 ff., und Heißwelle, S. 57 ff.

und London nannte er sich Charles Nessler oder auch Charles Nestlé – hatte mit einem selbstkonstruierten Gerät experimentiert, das mittels thermischer und chemischer Zusätze eine Dauer-Welle zustande brachte. Die Prozedur nahm damals sechs Stunden in Anspruch und war, auch wegen der Verbrennungsgefahr der Kopfhaut, nicht ganz ungefährlich. Nessler verfeinerte 1909 die Technik: statt der mit Feuer beheizten Zangen benutzte er nun elektrische Heizpatronen. Seinen ganz großen Erfolg feierte Nessler in New York, aber auch in anderen amerikanischen Großstädten, wo er reihenweise Friseursalons gründete. 1927 beschäftigte er in New York, Chicago, Detroit, Palm Beach und Philadelphia bereits rund 500 Mitarbeiter.

Noch war der Dauerwellenapparat für die allermeisten Friseure in der Anschaffung zu teuer. Erst Ende der 1920er Jahre, insbesondere im Jahr 1928, investierten viele deutsche Friseure sowohl in eine moderne Einrichtung ihrer Frisiersalons als auch in eine zeitgemäße Geräteausstattung. Wie sich zeigte, amortisierten sich die Dauerwellen-Geräte schnell, denn eine Dauerwelle mussten sich Kundinnen einiges kosten lassen.[146]

146 Ein Werbefilm zur Dauerwelle von 1929 nennt, je nach Zahl der Wickler, 15-20 RM (Archiv Wella AG, Darmstadt). Ich danke dem Friseurmeister Peter Rosenthal für diesen Hinweis.

VIDAL SASSOONS ARCHITEKTUR DES HAARES[147]

Mode, sei es Kleider- oder Haarmode, greift nicht selten auf Ideen aus der Modegeschichte zurück. So ergibt sich eine deutliche Verbindungslinie von den Bubikopf-Schnitten der 1920er Jahre zu den modernen Haircuts der 1950er/1960er Jahre, wie sie der britische Friseur Vidal Sassoon kreiert hat. Beide Frisur-Perioden haben ikonografische Fotos hinterlassen, die unser Bildgedächtnis vom kurzen Frauenhaar bis heute stark prägen.

Innovationen entstehen aus dem Lebensgefühl der Zeit, zusätzlich gespeist aus gesellschaftlicher Aufgeschlossenheit, Experimentierfreude und Erfindungsgabe der Kulturschaffenden. Das gilt für die Musik wie auch für die Haarmode. London zum Ende der 1950er, Anfang der 1960er Jahre bot diese Voraussetzungen. Modedesigner, Filmschaffende, Pop-Musiker strömten in die britische Metropole, das *Swinging London*. Die Modeschöpferin Mary Quant erinnert sich:

> »Everybody had come to London to be creative whether they were actors, photographers, writers … All of the arts. London became the marvelous melting pot of ideas. It was an extraordinary time. And so unique – coming out of the drabness of the war, the doom and gloom. Life went forward and we were able to do as we wanted because nobody was doing anything. So we made what we wanted and what we needed. The power, the meritocracy was youth. They called it the ›youth quake‹.«[148]

In diesem Ambiente konnte sich ein junger, noch unbekannter Friseur aus dem Londoner East End, Vidal Sassoon[149] (1928-2012), mit seinem kreativen Potential und seinen Visionen kongenial entwickeln. Er ergriff die Chance zu experimentieren, in enger Verbindung mit Modeschöpfern, Fotografen, Filmschauspielerinnen, die sich in diesem Zusammenspiel gegenseitig beflügelten und einen »Namen« machten.

147 In veränderter Fassung: Helga Lüdtke, »It's the cut that counts«.

148 Sassoon, Gordon, *How One Man Changed the World With a Pair of Scissors*, S. 56. – Mary Quant (*1934), britische Modedesignerin. Sie gilt als Erfinderin des Minirocks.

149 Vidal Sassoon, Sohn sefardischer Juden, kämpfte als leidenschaftlicher Zionist im arabisch-israelischen Krieg. Als Unternehmer hat er später jüdische Wohltätigkeitsorganisationen unterstützt und ein Institut für die Forschung über den Antisemitismus finanziert. Vgl. Gina Thomas, Wider Dutt und Lockenwickler. Zum Tode von Vidal Sassoon. *FAZ*, 10.05.2012.

Sassoon war mehr als ein Haarschneider, seit 1954 mit eigenem Salon in der Bondstreet, und bald ein bekannter, nachgefragter Haarstylist und -designer. Auf die Frage »Wären Sie wohl zu einer anderen Zeit auch so berühmt geworden?«, antwortete er 2010 in einem Interview: »Es gibt viele Leute, die genauso viel Talent haben und ihr Handwerk verstehen. Aber man muss zur richtigen Zeit am richtigen Ort sein, sonst hat man nicht viel davon. In der Hinsicht hatte ich großes Glück. Zu einer anderen Zeit hätte ich pleitegehen können. Wer weiß, was passiert wäre, wenn nicht 1957 Mary Quant, obwohl ich ihr ins Ohr geschnitten hatte, zu mir gesagt hätte: ›Ich möchte, dass du meinen Models die Haare schneidest.‹«[150]

Bis in die 1960er Jahre hatte »Frisur« für die allermeisten modebewussten Frauen Lockenwickler bedeutet, heiße Trockenhauben, Toupierkamm, viel Haarspray und endlose Sitzungen beim Friseur. »Ich habe«, so Sassoon, »die Frauen davon erlöst, ihr Haar zu vergewaltigen: es zu toupieren und mit Spray zu bearbeiten, bis es wie Beton ist. Und ich habe sie vom wöchentlichen Friseurtermin befreit.«[151] Die Nachteile der komplizierten und aufwändig mit Haarspray in Form gebrachten Frisuren, an denen man Stunden herumarbeiten musste, und die weder Regen, Wind noch hoher Luftfeuchtigkeit standhielten, konnten nach Sassoons Überzeugung nur überwunden werden durch einen perfekten Haarschnitt, der dem Haar erlaubte, sich frei zu bewegen, lose zu wehen, um dann von selbst wieder in Form zu fallen. Das Sassoon'sche Prinzip des *wash and go* setzte einen Haarschnitt voraus, »der sich aus seiner inneren Statik heraus erhält«, gemäß Sassoons Credo: »It's the cut that counts«. Weder Wasser- oder Dauerwellen noch befestigende Elemente wie Kämme, Spangen, Haarklemmen oder Bänder, aber auch kein durch Spray oder geflochtene Teile gebändigtes Haar gehörten in sein Konzept. »I wanted to eliminate the superfluous and get down to basic angles of cut and shape.«[152]

»Mein Traum«, hatte Sassoon einmal erklärt, »war das Haar im Reich der Geometrie: Quadrate, Dreiecke, Rechtecke und Rhomben«.[153] Der *five point cut*, basierend auf fünf Fixpunkten des Kopfes, erfüllte diese Voraussetzung in besonderer Weise. Damit hatte Sassoon als erster Friseur den weiblichen Kopf sozusagen »kartiert«, als nachvollziehbare und verbindliche Schnittanleitung auch für seine Mitarbeiter. Er selbst betrachtete den *five point cut* als seinen ge-

150 Gabriela Herpell im Gespräch mit Vidal Sassoon, »Der Mut der Frauen wird chronisch unterschätzt«. *Süddeutsche Zeitung Magazin*, H. 41 (2010).

151 Ebd.

152 Sassoon in einem Interview. In: *Vidal Sassoon. The Movie* (2011). Vgl. auch Sassoon, *Sorry I Kept You Waiting, Madam*; [Vidal Sassoon], *Cutting Hair the Vidal Sassoon Way*; Sassoon, *Vidal. The Autobiography*.

153 Zitiert nach Ronald Düker, Austreibung der Lockenfrisur. *taz*, 16.01.2008.

Abb. 15 Vidal Sassoon, *The Five Point*, um 1964

lungensten Schnitt. Viele Jahre hatte er daran gearbeitet: ein geometrisches Design, mit scharfen Linien und Kanten, in seiner reinsten und klassischsten Form. »The Bob is an incredibly difficult haircut to do«, bekannte Roger Thompson einmal, der spätere International Creative Director der *Vidal Sassoon Salon Group*. »It's so simple that everyone recognizes a good Bob – or a bad one. There's nothing so hard to cut as a straight line. You can fake anything but a Bob.«[154]

Sassoons außergewöhnliche Haarschnitte gründeten, das hat er immer wieder betont, auf seiner tiefen Bewunderung für das, was große Architekten hervorgebracht hatten, unter ihnen ganz besonders Mies van der Rohe. Reduktion, Verzicht auf Überflüssiges und die Konzentration auf das Wesentliche waren Sassoons Grundprinzipien, die er im Bauhaus wiederfand. »That was my inspi-

154 Fishman, Powell, *Vidal Sassoon*, hier das Kap. *The Revolution*, S. 39-56, S. 42.

ration – the Bauhaus architecture. [...] Apart from the fact that it would have been wonderful to have been a great architect, the craft has been good to me and I've loved it. Working on a substance that you can mold and shape is totally fascinating. Hair is the only substance that you can do that with. It grows from the human form in so many different ways on different heads.«[155] Und weiter: »For me, the working of hair is architecture with a human element.«[156]

Ein unverwechselbarer Haarschnitt – das war Sassoons vorderster Anspruch – musste zu den individuellen Körperkonturen des Gesichts, des Kopfes, der Hals- und Nackenpartie und zur jeweiligen Beschaffenheit des Haares perfekt passen, keinem Trend gehorchend oder gar der Versuchung, eine hübsche Frisur zu gestalten. »It was the geometry and the angles and that sense of newness – working to bone structure rather than making people look pretty. With a great haircut they could shake it, brush it, do whatever they wanted and it would fall in place. This changed the craft. Cut to bone structure is the architecture of hair. [...] It took me nine years, from 1954 to 1964, to break the mold of the hairdressing that was.«[157]

Es wäre sehr kurzsichtig, so Helen Hessel,[158] die Mode des geschnittenen Haares auf das praktische Moment zurückführen zu wollen. »Der Mode geht es bei jedem Wechsel ihrer Gestaltung um das Ganze, um das, was der Modejargon mit ›Silhouette‹ bezeichnet.« Hessel hebt hervor, dass einer der wichtigsten Punkte dieser »architekturalen Aufgabe« die Proportion des Kopfes zur gesamten Gestalt sei. Und so werde es immer als Vorzug gelten, »einen kleinen Kopf zu haben«.[159]

Hessel hatte den Prozess des Haarschneidens und Frisierens selbst erlebt, verbunden mit einer besonderen Philosophie der Silhouette. Zusammen mit ihrer jungen Begleiterin besuchte sie 1930 den Salon des berühmten Pariser Coiffeurs Antoine. Nach dem ambitionierten Schneiden, »der gelinden Tortur der Dauerwellen und aller Waschungen und Spülungen« habe sich das Haar dem Gesicht als vollkommener Rahmen angepasst. Antoine übte letzte Kritik, hob hier eine Kurve hervor, gab der Stirn noch ein wenig mehr Raum. Die junge Kundin aber äußerte Zweifel, ob sie mit diesem »künstlichen Bau« zukünftig allein zurechtkommen würde. Daraufhin zerstörte der Meister mit ein paar Strichen

155 Sassoon, *How One Man*, S. 46; vgl. auch Janecke, Harte Schnitte; Battle-Welch, Marighetti, *Vidal Sassoon und die Moderne*.

156 Sassoon, *How One Man*, S. 49. – In den Vidal Sassoon Salons werden immer neue Produktlinien (Haarschnitte in Verbindung mit einem distinkten Form- und Farbkonzept) entwickelt.

157 Ebd., S. 102. – Vgl. auch Vanessa Friedman, ›You have to be mad, good, or both‹. *Financial Times*, April 23/24, 2011.

158 Helen Hessel (1886-1982), in Paris tätige Modejournalistin.

159 Hessel, Locken, Frisuren, S. 143.

Abb. 16 Lucia Moholy, *Florence Henri*, 1927. Moholy war Fotografin und wurde vor allem durch ihre Bauhaus-Fotografien bekannt. – Die Fotografin Florence Henri (1893–1982) ging 1927 für einen Sommerkurs an das Bauhaus in Dessau und studierte bei László Moholy-Nagy Fotografie.

sein Werk: »Versuchen Sie es gleich und hier.« Das Haar war so geschnitten, so gewellt, dass sich die Frisur von selbst wiederfand. Antoine habe geantwortet, das entspreche dem Zeitgeist – sei die »Neue Sachlichkeit«.[160]

Vidal Sassoon ist seinen eigenen Weg gegangen, als Individualist. Seine Ideen jedoch gewannen Gestalt und sein handwerkliches Know-how perfektionierte sich erst in enger Zusammenarbeit mit anderen jungen talentierten Haardesignern seiner Salons (Christopher Brooker,[161] Roger Thompson, Fumio Kawashima u. a.) und Modeschöpferinnen und -schöpfern wie Mary Quant (Minirock), Rudi Gernreich (Uni-Sex-Mode), Emanuel Ungaro (Haute Couture) oder Emmanuelle Khanh (Eye Wear). Sie alle haben ihn entscheidend inspiriert. Das sich gegenseitig befördernde Zusammenspiel von Konfektions- und Haardesign bildete das inhaltliche Fundament für Vidal Sassoons bis heute weltweit operierendes Imperium aus Akademien und Salons, die seinen Namen tragen.[162] Dieser professionelle, team-orientierte Austausch der Sassoon-Salons mit ambitionierten ModegestalterInnen unterschied sich von der eher isolierten, individuellen Arbeitsweise der Berliner Friseure der Zwischenkriegszeit.

Nicht unwichtig für die Weltmarke Vidal Sassoon und seine ausgefeilte Haarschneidetechnik erwiesen sich auch die zahlreichen ikonographischen Schwarz-Weiß-Fotos einfühlsamer und versierter Fotografen (Terence Donovan, David Montgomery, Ronald Dumon), die nach manch abgeschlossener Schneide-Session planvoll entstanden. Sie waren einerseits für die firmeneigene Dokumentation bestimmt, dienten aber darüber hinaus als Instrument der Vermarktung. Einzelne dieser inzwischen legendären Fotos erschienen auf den Titelblättern einschlägiger Modejournale wie zum Beispiel »The Kwan«[163] 1963 in der *Vogue*.

Caroline Cox, britische Kulturhistorikerin, hebt hervor, dass die progressivsten Perioden in der Geschichte diejenigen seien, die das Leben von Frauen entscheidend verbessert haben. Für das Wirken von Sassoon könne das unbedingt gelten. »Sassoon changed how women thought about themselves because they were not only liberated sexually and socially, they were also liberated through their clothes, and very particularly, through their haircuts.« Und zu

160 Helen Hessel, Besuch bei Antoine. *Für die Frau*, Okt. 1930. Abgedr. in: Dies.: *Ich schreibe aus Paris*, S. 161-164, S. 162, S. 164.

161 Christopher Brooker war für viele Jahre Sassoons rechte Hand. Als Haarstylist war er in der Haargestaltung mit seinen einzigartigen Schnitten (›*FireFly*‹) und ohne die Verwendung heutiger spezieller Haarprodukte seiner Zeit weit voraus.

162 1978 übergab Vidal Sassoon das Tagesgeschäft in die Hände seiner Mitarbeiter. Organisation und Finanzen blieben in seiner Verantwortung.

163 Nancy Kwan (*1939), chinesisch-amerikanische Filmschauspielerin.

den Erfordernissen und Voraussetzungen eines aufstrebenden, ambitionierten Haardesigners schreibt sie weiter: »You have to be aware of the latest thing in architecture, in literature, film, and particularly fashion. As a budding hairdresser, you should know your history of art. You should know your history of design. You should know your history of fashion, and see how hair fits into those cultural contexts because hair does not exist in a vacuum, and if you look at all the greatest hairdressers, they're part of culture.«[164]

Ein ebenso starkes Gespür für den Zeitgeist und die Moderne bewiesen in der Zeit zwischen den Weltkriegen die Pariser Maîtres Coiffeurs und manche ambitionierten Berliner Friseure. Mit ihren radikalen wie befreienden Cuts haben sie die Haarmode maßgeblich beeinflusst und zum hervorstechendsten Symbol der modernen, selbstbestimmten Neuen Frau gemacht. Vergleicht man Sassoons akkurate, »harte Schnitte« (Christian Janecke) mit den »sprechenden« Bezeichnungen *the shape*, *the curtain*, *acute angle*, *asymmetric geometric* mit der Haarkunst der 1920er Jahre, so ergibt sich eine deutlich erkennbare Linie zu den glatten Kurzhaarschnitten (*bobs*) wie der *coiffure à la garçonne*, dem *Eton crop* (Herrenschnitt) und insbesondere zum *shingle*. Sie korrespondierten unübersehbar mit der Linie der kurzen Kleidermode der *Roaring Twenties* in den weltweiten Metropolen. Dass zahllose Frauen ihr langes Haar überhaupt abschnitten, dazu noch derart kurz und in markanter Fasson, war 1925 in der Tat revolutionär. Aus diesem Blickwinkel macht Christian Janeckes Zuordnung von Vidal Sassoons Haardesign zur »späten Moderne« durchaus Sinn.[165] Interessant bleibt die Frage, wie originär, wie innovativ und langfristig stilgebend Sassoons Kurzhaarschnitte tatsächlich waren.

(Mode-)Fotografinnen wie Yva, Frieda Riess, Annelise Kretschmer oder Marianne Breslauer haben sich in den 1920er und 1930er Jahren ebenso wie die jungen Fotografinnen am Bauhaus (Marianne Brandt, Lucia Moholy, Etel Fodor-Mittag) in ihren experimentellen (Porträt-)Arbeiten mit dem Bild und Selbstbild der modernen Frau ihrer Zeit befasst. Dabei haben sie das kurzgeschnittene Haar, den Bubikopf, maßgeblich in Szene gesetzt.

Die Kleider- und Haarmode der 1920er Jahre folgte, ganz im Stil der Neuen Sachlichkeit, einer klaren Linie, einer deutlichen Silhouette. In diesem Bewusstsein schnitten sich die jungen Mädchen, die sich am Bauhaus zum Studium einschrieben, gegenseitig in einem Ritual ihre langen Zöpfe ab, wie die Kulturwissenschaftlerin Ita Hinze-Greenberg in einem Interview in Erfahrung bringen konnte.[166] Der Bubikopf wurde, so Hinze-Greenberg, zum Bekenntnis

164 Hairstory – Edition 6, Chapter 8 – Sassoon Stories: https://www.hairstory.com/sassoon-stories/ (letzter Zugriff 11/2020). Vgl. auch Cox, Widdows, *Hair & Fashion.*

165 Janecke, Harte Schnitte.

166 Hinze-Greenberg, Bauhaus und Bubikopf, S. 60.

der Bauhäuslerinnen zur Moderne. Das bezeugt auch das Foto *Weberinnen auf der Bauhaustreppe* von T. Lux Feininger aus dem Jahr 1927, das den Maler Oskar Schlemmer zu seinem berühmten Gemälde *Bauhaustreppe* anregte.

Mit dem derzeitig außergewöhnlichen Interesse für die Modewelt der Weimarer Zeit und dem allgegenwärtigen *retro look* sind auch die *shingles* und *bobs* wieder en vogue.[167] Modemagazine und Werbeindustrie feiern heute einen Trend zum Androgynen. Und auch die *Sassoon Salons* (in Deutschland: Berlin, Düsseldorf, Frankfurt am Main, Hamburg und München) warten weiterhin in jeder Saison mit immer neuen, trendigen Haarschnitten und -farben auf – in Sassoon'scher Tradition und Philosophie der »Architektur des Haares«.

167 Im Gegensatz dazu: In der rechtsextremen *Identitären Bewegung* spielen bei jungen Frauen neuerdings geflochtene Zöpfe wieder eine Rolle, gemäß dem nationalsozialistischen Slogan »Arisch ist der Zopf, jüdisch ist der Bubikopf«. Vgl. Ninia Langrande, Reclaim the Zopf! *taz*, 12.06.2017.

SCHÖNHEIT ALS SOZIALES KAPITAL – DAS SCHÖNHEITSREGIME DER WEIMARER JAHRE

Filme, Magazine und Werbeplakate ließen nach dem Ersten Weltkrieg eine bildgewaltige Welt entstehen. Das hatte eine maßgebende Wirkung auf die Schönheitsbilder, denen junge Frauen nahezukommen suchten (siehe Abbildung 42, S. 173). »Die 1920er Jahre markierten eine Zeit, als massenhaft produzierte Bilder weibliches Selbstverständnis und Schönheitsrituale nachdrücklich zu beeinflussen begannen«, so die Historikerin Kathy Peiss. »Der neue Massenmarkt Kosmetikindustrie feierte sich sowohl als Auslöser als auch als Konsequenz der Modernität von Frauen und ihrer Emanzipation. Viktorianische Moral- und Geschmacksvorstellungen hatten Frauen im neunzehnten Jahrhundert eingeengt. Nun aber erlaubte die ›Bewegung für persönliche Freiheit‹, Schönheit systematisch zu kultivieren.«[168]

Der kurze Haarschnitt lenkte die Blicke nicht mehr allein auf die Silhouette des Kopfes, sondern verstärkt auf das Gesicht selbst. Um dessen Linien und Konturen hervorzuheben, bot die rasant aufstrebende Industrie der pflegenden und dekorativen Kosmetik eine wachsende Palette von Produkten an für die farbliche und formgebende Akzentuierung von Augen, Augenlidern, Augenbrauen und ganz besonders der Lippen. Schönheitssalons etablierten sich in großer Zahl, vor allem in den großen Städten, und die ersten Schönheitswettbewerbe wurden organisiert.[169]

Es setzte ein rigides, dabei ausgesprochen wirkungsvolles Schönheitsregime ein, das ganz besonders die jungen, konsumhungrigen, berufstätigen Frauen des »Neuen Mittelstandes«, die weiblichen Angestellten, in den Blick nahm. Beides bedeutete: Erfolgsversprechen durch die kosmetische Konsumkultur und einen nicht gering zu schätzenden Handlungsdruck auf die Frauen, aus dem sich ihre Selbstunterwerfung entwickelte, zugleich aber auch bestimmte Codes wie Modernität oder weibliche Eigenständigkeit. Neben dem kulturellen und dem ökonomischen Kapital sollte sich Schönheit als das soziale Kapital erweisen.

168 Zitiert nach Gieske (Hg.), *Der Lippenstift*. – Zum Schminken als Akt des Widerstandes: Schroeder, *Ein Hauch von Lippenstift für die Würde*. – Zur Entwicklung der Kosmetikindustrie, vor allem in den USA: Peiss, *Hope in a Jar*, S. 134 f.

169 Vgl. dazu Ganeva, Beauty Contests; Bohle-Heintzenberg, Einfach schön, S. 19.

Zum flotten Schnitt ein wirkungsvolles Make-up

Zum typgerechten Kurzhaarschnitt, mit oder ohne Wasserwelle, mit oder ohne Stirnlöckchen oder Pony, gehörte neben der sorgfältigen Pflege des Haares unabdingbar ein modernes Make-up, das die Linien des Gesichts und des Kopfes wirksam unterstreichen half. So jedenfalls wurde es den »neuen« Frauen von der Kosmetikwerbung nahegelegt. Grundlage sollte ein sehr heller, fast weiß gepuderter Teint sein, dazu dunkel gerandete Augen, Lidschatten, schmale, gezupfte, nachgezogene Augenbrauen und ein klein geschminkter Mund in schwärzlichem Brombeer- oder Granatrot. Den Mund zeichnete ein auffallender Schwung des Amorbogens aus, in der Breite etwas verschmälert, in der Höhe auf Ober- wie Unterlippe etwas übermalt. So entstand der markante »Bienenstich-Mund« (siehe Abbildung 43, S. 173).

Welch unausweichliche Wirkung solch ein bemalter Mund bei männlichen wie weiblichen Betrachtern haben konnte, illustrierte Ruth Landshoff in einem ihrer Feuilletons. »Eine, die nach diesen nie festgelegten Maximen lebt, ist Ursula. Sie ist Schriftstellerin aus Beruf und Neigung, aber ich glaube, sie schreibt, weil sie zu zerstreut ist, sich ein Publikum von Zuhörern zu schaffen. Außerdem ist ihr Gesicht viel zu hübsch, als dass sich ein Zuhörer dem Sinn ihrer Reden mehr zuwenden könnte, als dem ihres künstlich erröteten Mundes.«[170]

Im Zentrum der Aufmerksamkeit stand ohne Zweifel der Lippenstift, der in den 1920er Jahren seinen ersten Höhepunkt erlebte. 1923 kam ein Lippenstift mit Drehtechnik auf den Markt, und schon 1928 gab es einen Stift mit Sonnenschutzfaktor. Neu war auch, dass Frauen sich in der Öffentlichkeit die Lippen anmalten.[171]

Orientierung für die Schminkpraxis lieferte nicht allein die Kosmetikindustrie mit werbetechnisch ambitionierten, oftmals farbigen Anzeigen in auflagenstarken Publikums- und Modemagazinen.[172] Auch Schönheitsexpertinnen und Modejournalistinnen gaben in der Massenpresse konkrete Ratschläge, und Schönheitsratgeber verzeichneten hohe Auflagen. Mit einem Schminkmodell samt einer darüber zu legenden Pause aus durchsichtigem Papier konnte die Schminkkunst erprobt werden.[173]

170 Ruth Landshoff, Ich über uns. Ein moderner Geheimbund. *Die Dame* 55 (1927/28), 7, S. 10f.

171 Vgl. Ina Pachmann, Die Erfolgsgeschichte eines Würstchens. *Berliner Zeitung* 01.11.2013. Bericht über die Ausstellung »Lippenbekenntnisse – 130 Jahre Lippenstift« im Kunstforum Halle.

172 Der Zeitschriftenmarkt expandierte gegenüber der Vorkriegszeit beträchtlich. Bis zum Ende des Jahrzehnts wurden allein 175 Frauen- und Modemagazine angeboten.

173 Alexandra, Das Geheimnis, schön zu sein. Soll die Dame der Gesellschaft sich schminken? *Das Magazin* 9 (1932/33), S. 51-66, S. 66.

Abb. 17 Ellen Auerbach (ringl + pit), *Eckstein mit Lippenstift*, 1930. Ein Spiegelbild der jungen Generation – hier die Künstlerin Eckstein – keck und optimistisch, doch mehrfach gebrochen. Auerbach (geb. Rosenberg) (1906-2004), deutsch-amerikanische Fotografin, gründete mit der Künstlerin Grete Stern das Fotostudio *ringl + pit*. Als Jüdin emigrierte Auerbach 1933 nach Palästina und 1937 mit ihrem Mann, dem Bühnenbildner Walter Auerbach, in die USA.

Offensives Anmalen oder dezentes Schminken?

Manch wichtige Frage tat sich auf: sollten sich Frauen überhaupt schminken, und, wenn ja, alle beziehungsweise zu welchen Anlässen?

Positive Unterstützung kam von der französischen Tanz-Ikone Josephine Baker. Sie ermunterte nicht nur zum Anmalen an sich, sondern zum offensiven Anmalen. Wenn eine Frau sich schminke, so befand sie, dann solle sie es nicht halb tun. Es müsse ein »offenes Schminken« sein.[174] Gemeint war nicht »öffentlich«, sondern »offensiv«, also aktiv, keinesfalls zurückhaltend. Das konnte auch bedeuten, dass es kein Tabu mehr sein sollte, wie noch vor dem Ersten Weltkrieg, sich in der Öffentlichkeit zurechtzumachen, sich zu pudern, zu kämmen und zu schminken: im Theaterfoyer, im Café, auf der Parkbank, in der Straßenbahn. Die modernen jungen Frauen setzten sich ohnehin über die »Regeln des guten Benehmens«, die durchaus weithin noch galten, oft genug und selbstbewusst hinweg. Kamm, Lippenstift und Puderdose, dazu ein kleiner Taschenspiegel passten nahezu in jede noch so kleine Damenhandtasche! Und die Anlässe, für die es angezeigt schien sich zu schminken, galten den jungen »Neuen Frauen« als unbegrenzt.

174 Zitiert in: Reznicek, *Die perfekte Dame*, S. 47.

»Mode und Sitte sind nicht wesensgleich«, schrieb ein empörter Konditormeister an die Göttinger Lokalzeitung, »aber die eine spiegelt sich in der anderen; sie bedingen sich gegenseitig. Das ist nicht immer erfreulich. Solange sich diese Wechselwirkungen der Oeffentlichkeit entziehen, mag es hingehen, aber wo die Mode dazu führt, den Anstand zu beeinträchtigen, der von der Sitte untrennbar ist, und der Unbeteiligte wider seinen Willen Zuschauer von Vorgängen wird, die besser kein Dritter miterlebt, muß ein offenes Wort gestattet sein.« Ihm war nicht entgangen, dass in seinem Café, kaum hatte die dienstbeflissene Bedienung »die Wünsche dieses entzückenden Ausschnittes aus der Damenwelt« aufgenommen, »sich die Täschchen [öffnen], die so neckische Rätsel über ihren Inhalt aufgaben, und schon treten ›die Kämme‹ in Aktion und bearbeiten mit einer Intensität, die besserer Dinge würdig wäre, die wohlfrisierten, nun aber wirklich oder vermeintlich etwas derangierten Bubiköpfe.«[175]

Das Wort »Schminken« empfand manch traditionsbewusste Schönheitsberaterin als »nicht sehr schön«. Es habe immer den »Beigeschmack von etwas Falschem und Unechtem.« Besser treffe es der US-amerikanische Begriff »Make-up«, der dem deutschen Wort »Zurechtmachen« entspräche. Aber, so wurde gefragt, »soll sich eine Dame der Gesellschaft nun ›zurechtmachen‹, d. h. also: pudern, Rouge auflegen, den Lippen- und Augenbrauenstift benutzen?« Ja, unbedingt solle sie das, aber nur »in der einzig möglichen und richtigen Form – diskret –, wie ja überhaupt das Diskrete und Zurückhaltende in jeder Lage der wirklichen Dame den Stempel aufdrückt.«[176] Und dann auch nur zu besonderen Gelegenheiten, vorzugsweise für den Abend und zur »großen Toilette«. Weniger das Ob als vielmehr das Wie und Wann standen für die »wirkliche«, die »elegante Dame« also zur Diskussion. Fortgesetzt ausgeblendet in solcherlei Erörterungen blieb das Heer der Arbeiterinnen, in geringerem Maße das der »kleinen Angestellten«.

Bei aller Begeisterung für die neuen kosmetischen Möglichkeiten und angesichts des enorm gestiegenen Konsums an industriell gefertigten und in Warenhäusern vertriebenen Kosmetikartikeln waren Schminke und ganz besonders der Lippenstift Anfang der 1920er Jahre durchaus noch mit einem Schmuddelimage behaftet, und zwar durch alle Milieus. Bis zum Ersten Weltkrieg hatte das auffällige »Anmalen« als Angelegenheit »zweifelhafter Halbweltdamen« gegolten,[177] der Lippenstift und die rot bemalten Lippen wurden dem Bar-

175 Konditorei und Bubikopf. Von einem Konditormeister. *Die Deutsche Frau. Wochenbeilage zum Göttinger Tageblatt*, 18. August 1927. (Diesen Hinweis verdanke ich David M. Imhoof.)

176 Alexandra, S. 51.

177 Diese Haltung wurde auch während des »Dritten Reiches« offiziell propagiert, aber keineswegs von allen beherzigt: »Eine deutsche Frau raucht nicht und schminkt sich nicht«.

und Prostituiertenmilieu zugeordnet. Es war zunächst ohnehin den wohlsituierten, bürgerlichen »eleganten Damen der Gesellschaft«, den Künstlerinnen und Leinwandschönheiten vorbehalten, sich die Lippen anzumalen. Noch war übrigens auch Lippenstift-Reklame nicht üblich. Erst ab Mitte der 1920er Jahre galten die auffälligen roten Lippen als Symbol von Emanzipation und Selbstbewusstsein, beides der »Neuen Frau« zugeschrieben. Als Vorbilder dienten Filmschauspielerinnen, die in den schwarz-weißen Stummfilmen wegen des optischen Kontrastes vorzugsweise dunkelrote bis fast schwarze Lippenstiftfarben auftrugen.[178]

Zur »Schminkvorlage« taugte auch manches Filmplakat[179] (siehe Abbildung 44, S. 174), omnipräsent im Straßenbild an Litfaßsäulen und Lichtspielhäusern, mit seinem visualisierten, stilisierten und überhöhten Schönheitsangebot und entworfen von bekannten Werbegrafikern der Zeit.

In starkem Maße produzierten populäre Stummfilme, die ein (weibliches) Publikum anzogen, Bilder und Ikonen der Schönheit.[180] Filmschauspielerinnen aus dem In- und Ausland wie Asta Nielsen, Colleen Moore, Lya di Putti, Truus van Aalten, Valeska Gert, Brigitte Helm, Daisy d'Ora, Lilian Harvey, Louise Brooks oder Greta Garbo wirkten stilgebend und weckten den Wunsch, möglichst so auszusehen, sich so zu bewegen wie der angebetete, perfekt gestylte Leinwandstar (siehe Abbildung 46, S. 175). Selbst die Lippenformen von Stummfilmstars wie Asta Nielsen oder Josephine Baker konnten von Schablonen auf den eigenen Mund übertragen werden.[181]

Ganz besonders galt das Begehren junger Mädchen dem US-amerikanischen Stummfilmstar Clara Bow, dem damals berühmtesten *It-girl* – ein Mädchen

178 Vgl. dazu Jatho, Rother (Hg.), *City Girls.*

179 Z.B.: *Metropolis* von Fritz Lang gilt bislang als einer der einflussreichsten Stummfilme aller Zeiten. Das Plakat (Abb. 44) wurde von Werner Graul 1926 für die Uraufführung im Jahr 1927 entworfen. Brigitte Helm (1906-1996) spielte die Rolle der Maria/Maschinenmensch. Der Helm der Maria hatte nicht zufällig die Anmutung eines Bubikopfes!

180 Ende der 1920er Jahre in Deutschland (1928): 5.200 Kinos, 1,8 Mio Plätze, wöchentlich ca. 6 Mio verkaufte Kinokarten. Dass das Kino vor allem junge Zuschauer anzog, ist ein Mythos. Trotz niedriger Eintrittspreise (0,6-1,5 RM) – das monatliche Unterhaltungsbudget bei Haushalten mit mittlerem Einkommen lag bei 2,5 RM – ging die Hälfte der weiblichen Angestellten gar nicht, andere nur gelegentlich ins Kino. Das Stammkinopublikum bestand aus älteren Erwachsenen. Vgl. dazu Ross, *Media and the Making of Modern Germany.* Zu den besonders bei jungen Frauen beliebten Kinofilmen der Zeit und deren Versprechen von Aufstieg und Erfolg vgl. Kracauer, Die kleinen Ladenmädchen gehen ins Kino; Ders., Der heutige Film und sein Publikum; Jatho, Rother (Hg.), *City Girls.*

181 *Illustrierte Magazine der Klassischen Moderne.* https://www.arthistoricum.net/themen/textquellen/illustrierte-magazine-der-klassischen-moderne/kollektion/suche/ (letzter Zugriff 11/2020).

mit dem »gewissen Etwas«. Im Vorspann ihres Romans *It* beschrieb die britische Schriftstellerin Elinor Glyn, was sie sich unter einem *It-girl* vorstellte: »That quality possessed by some which draws all others with its magnetic force. With ›It‹ you win all men if you are a woman and all women if you are a man. ›It‹ can be a quality of the mind as well as a physical attraction.«[182] Als deutscher Prototyp des *It-girls* kann Ruth Landshoff-Yorck gelten, Schauspielerin und Schriftstellerin: schön, modisch up to date, erfolgreich, unabhängig, bekannt und vernetzt in der Berliner Boheme, als *girl driver* mit eigenem Auto nicht nur in Berlin, sondern europaweit unterwegs und medial omnipräsent.

Die Machbarkeit des schönen Gesichts – Schönheitsarbeit und Körperinszenierung

Schönes Haar, eine zarte Haut, ein sportlich-schlanker Körper sollte die Frau nicht nur zieren und andere, im allgemeinen Verständnis besonders die Männer, erfreuen, sondern ihr Wohlbefinden, ihr Selbstbewusstsein, ihren beruflichen Erfolg befördern und erhalten. So lautete das Credo der Modewelt der Zwischenkriegszeit. Mit Schönheit war dabei nicht in erster Linie eine von innen heraus strahlende, natürliche Schönheit gemeint, sondern eine, die sich über Kleidung, Haarschnitt und Kosmetik (selbst) herstellen ließ – bis hin zu chirurgischen Schönheitsoperationen (Faltenglättung, Nasen- oder Ohrenkorrektur).

Die gestaltbare Oberfläche des Körpers und damit des Gesichts wurde zur klaren Botschaft des Schönheitsregimes der Zeit. Mit der modernen Selbstinszenierung der gesamten Erscheinung, die nicht allein dem Körper galt, hatte sich im Vergleich zum Kaiserreich der gesamte Habitus entscheidend verändert. Der »Neue Mensch« »gab sich anders, bewegte sich anders, kleidete sich anders und trug die Haare anders«. Die Hersteller von Gesichtscremes und Haarpflegeprodukten betrachteten den Menschen klassenübergreifend, und dabei ganz besonders die Frauen, als »gestaltbare Oberfläche«. Die sichtbare Außenhaut, das »Grundkapital des Körpers«, sei dabei permanent der menschlichen Manipulation ausgesetzt gewesen. Die Schönheit dieser Fassade war Willensakt und fortlaufender Prozess.[183]

Aber, so konstatierten die Werbestrategen der Dresdener Kosmetikfirma Lingner: »Der kultivierte Mensch kennt heute nicht mehr nur e i n e Schönheit – er hat Schönheit<u>en</u> entdeckt, die Menschen früherer Generationen noch

182 Elinor Glyn, *Das gewisse Etwas*, 1927; im gleichen Jahr verfilmt, mit Clara Bow in der Hauptrolle.

183 Schug, »Immer frisch frisiert«, S. 83 f.

nicht empfinden konnten.« Das verwies indirekt auf die neue Zeit, in der in der Tat, nach verlorenem Weltkrieg und Inflation, nach materiellem Mangel und grundlegenden Einschränkungen des Lebens, die Sehnsucht nach Schönheit und Ästhetik und auch deren Wertschätzung gewachsen war. Unterstrichen wurde die Machbarkeit von Schönheit durch Aussagen der Reklamewelt, die sich nur auf den ersten Blick einschränkend lesen ließen: »Ich weiß, daß ich gefalle, ich weiß sogar, daß ich nicht eigentlich schön bin. Warum ich gefalle? Man hat mir gesagt, mein Haar übe jenen unerklärlichen suggestiven Reiz aus.[184]

Der Aufwand an Zeit, Geld und nicht zuletzt Geschmack sollte sich für jede Frau auszahlen, gleich welchen Alters und welcher sozialen Schicht, beruflich wie privat. In diesem Sinne wurden Frauen in suggestiver Weise, allen voran von den Werbepsychologen, dazu aufgefordert, Produkte zur Verschönerung ihres Körpers einzusetzen, quasi als soziale Notwendigkeit. In Wort und Bild wurde Frauen das Gefühl und die Überzeugung eingeredet, dass sie keine »echte« Weiblichkeit ausstrahlten, solange sie sich nicht schminkten.[185] In der Alltagswirklichkeit zeigten sich jedoch rasch die Grenzen dieser Suggestion, dazu die unterschiedlichen Deutungen, Zuschreibungen und Perspektiven, je nach Alter, persönlichem Standpunkt und empfundener sozialer Zugehörigkeit. Das postulierte Schönheitsregime der Modewelt, unterstützt durch die Massenmedien, hatte gleichwohl auf nicht wenige Frauen eine starke Wirkung, nicht zuletzt auf die jungen Berufstätigen in den Büros, Kontoren oder Warenhäusern.

Hier lohnt ein Blick auf den neuen Mittelstand, die Angestellten. Dass so viele Frauen in die Angestelltenberufe strömten, erklärte sich nach Siegfried Kracauers 1929 erschienener Studie *Die Angestellten* aus dem erhöhten Frauenüberschuss, den wirtschaftlichen Folgen des Krieges und der Inflation, besonders aber aus dem Bedürfnis der neuen Frauengeneration nach wirtschaftlicher Selbständigkeit.[186]

»Im Leben sind Schönheit und Erfolg unzertrennlich«[187] – diese unterstellte Kausalität findet sich nicht nur in den Annoncen der Modemagazine, son-

184 Lingner-Werke, Pixavon-Werbung, 1927.

185 Vgl. dazu Peiss, Making Faces. *Genders* 7 (1994), S. 143-169.

186 Kracauer, *Die Angestellten*, S. 12 (ursprünglich in der *Frankfurter Zeitung* 1929 erschienen). – Siegfried Kracauer (1889-1966) war Soziologe, Essayist und Filmtheoretiker. Die Berufszählung von 1925 hatte eine Erwerbstätigenzahl von ca. 31,25 Mio ergeben, davon 17.069.940 Erwerbstätige aus der Arbeiterschaft und 11,2 Mio Angestellte. Von den 3,5 Mio Angestellten wiederum waren 1,2 Mio Frauen. Insgesamt lebten in Deutschland im Jahr 1925, laut Statistischem Jahrbuch 1934, 24,28 Mio Frauen im Alter von über 14 Jahren.

187 Elida, Reklame für Elida-Cremes (Elida Parfümerie A.G. Leipzig-Wahren).

dern bildet die Arbeitswelt der Angestellten ab, wenn auch in umgekehrter Bedeutung: Ohne ein »angenehmes Äußeres« gibt es keine bezahlte Stelle. In zahlreichen Gesprächen mit denjenigen, die in Firmen, Behörden und der Geschäftswelt für die Auswahl und Einstellung von weiblichem Personal zuständig waren, hatte Kracauer immer wieder erfahren, dass das Äußere eine entscheidende Rolle bei der Entscheidung für die Einstellung spielte. Bei dem riesigen Angebot an Arbeitskräften ergebe sich zwangsläufig eine gewisse physische Auslese. »Nett« und »freundlich« waren die immer wiederkehrenden Adjektive, die Kracauer von Arbeitgebern hörte. Ein Mitarbeiter der Personalabteilung eines bekannten Berliner Kaufhauses brachte es auf den Punkt: »Wir achten bei Engagements von Verkaufs- und Büropersonal vorwiegend auf ein angenehmes Aussehen.«[188]

Bemüht dicht an den realen gesellschaftlichen Lebenswirklichkeiten und den Vorstellungen und angeblichen Erfordernissen weiblicher Schönheit, die insbesondere der Arbeitsmarkt unmissverständlich signalisierte, versuchten sich die Werbetexter der Lingner-Werke in Dresden und der Elida-Parfümerie AG in Mannheim mit ihren Botschaften auszurichten. Deren scheinbare Passgenauigkeit wiederum basierte auf dem Bestreben, eine Balance zwischen den Traumwelten, dem Glauben an eine bessere Zukunft ihrer Kundinnen einerseits und deren »Bedürfnis nach Traditionswahrung« andererseits zu finden und beides miteinander in Einklang zu bringen.[189] Mit dieser Ambivalenz sahen sich die Werbepsychologen fortwährend konfrontiert. In ihren Anzeigen wählten sie einen Ton, der weder elitär noch anbiedernd wirken sollte, aber nachdrücklich das Prinzip »Schönheit als soziales Kapital« propagierte. Eine breite weibliche Kundschaft konnte sich angesprochen fühlen, ganz besonders die vielen jungen angestellten Frauen in der Metropole Berlin und anderen Großstädten. »Schönheit wird nicht allen geschenkt, man muß sie erwerben, um sie zu besitzen! Aber wie leicht im Verhältnis zu früheren Zeiten wird es heute der Damenwelt gemacht, den Reiz der Erscheinung zu erhöhen. Die männliche Note, in der Kleidung sowohl wie in der Frisur, gibt der modernen Frau eine besonders dankbare Gelegenheit, anmutig und pikant zu wirken.«[190]

Das Elida-Girl als Ikone der Normalität

Das Gesicht der »Neuen Frau« und die Wirkung ihrer Erscheinung haben zeitgenössische Feuilletonisten, Porträt- und Modefotografinnen und -fotografen,

188 Kracauer, *Die Angestellten*, S. 23 f.
189 Ramsbrock, *Korrigierte Köper*, Kap. IV: Simulierte Körper. Kosmetik und Konsum in der Zwischenkriegszeit, S. 172.
190 Annonce der Lingner-Werke in: *Die Dame* 54 (1926/1927), 20, S. 55.

Malerinnen und Maler der Neuen Sachlichkeit nachhaltig beschäftigt und zu je eigenen Sehweisen, Interpretationen und Bewertungen angeregt. Manche dieser Werke wurden zu Bildikonen, die bis heute unsere visuelle Vorstellung von Frauen in der Weimarer Zeit prägen.

Wie aber sah das Bild einer typischen modernen »Neuen Frau« aus, das die Weimarer Gesellschaft in ihrer Mehrheit mochte und akzeptierte, welches Gesicht entsprach den Vorstellungen und dem Geschmack der vielen?

Im Frühjahr 1928 hatte der Präsident der Kosmetikfirma Elida,[191] Georg Schicht, einen Künstlerwettbewerb mit exorbitant hohem Preisgeld (10.000 RM) und einer prominent besetzten Jury ausgeschrieben, um das »Schönste deutsche Frauenporträt 1928« zu prämieren. Aus den 365 eingesandten Werken wurden zunächst 26 Arbeiten ausgewählt, die mit großem Publikumserfolg erstmals in der Berliner *Galerie Gurlitt*, später dann auch in anderen deutschen Städten gezeigt wurden. Darunter fanden sich das Porträt *Russisches Mädchen mit Puderdose* von Lotte Laserstein[192] (siehe Abbildung 47, Seite 175) und das Bildnis *Lotte* von Christian Schad. Beide Künstler waren Vertreter der Neuen Sachlichkeit.

Zur Verblüffung zahlreicher Kunstkritiker und begleitet von dem Unverständnis von Presse und enttäuschter Öffentlichkeit bekam Willy Jaeckel für sein *Stehendes Mädchen* den 1. Preis zugesprochen, weil er nach Auffassung der Jury neben der herausragenden künstlerischen Leistung die »typische Frau des Jahres und den Geist unserer Zeit« am besten getroffen habe. Das Ganzkörperporträt, dessen Original als verloren gilt, zeigte eine junge Frau mit durchtrainiertem Körper, etwas schief im Raum stehend, unauffällig, aber zeitgemäß gekleidet, mit nicht sonderlich elaboriertem Haarschopf (Bubikopf), kritisch dreinblickend, so wie junge Frauen zu Tausenden auf Berlins Straßen zu sehen waren. Von Glamour und Extravaganz, von Attraktivität und Modernität, all dem, was die 1920er-Jahre-Frauen auch im Rückblick und im heutigen Bildgedächtnis auszeichnete, fehlt jede Spur. Zu bemerken sei, so die Kunsthistorikerin Susanne Meyer-Büser, »dass sich der Zeitgeist Ende des Jahrzehnts schon zu ändern begann: Die ›Neue Frau‹ und ihre zahlreichen modischen Varianten hatten – auch in der Werbung – gegen Ende der 1920er Jahre ausgedient. Der Wettbewerb und seine vielfältigen Begleiterscheinungen lassen vielmehr die Suche nach einem neuen ›wahrhaftigen‹ weiblichen Leitbild erkennen: nach der

191 Der Kosmetikhersteller *Elida* (Anagramm aus ›ideal‹) wurde 1916 in Wien als *Wiener Parfümerie-Gesellschaft Elida mbH* von der Schicht AG aufgekauft. Bis 1928 schloss sich die Schicht AG mit mehreren Unternehmen zusammen, zu welcher auch die *Mitteldeutschen Seifenfabriken AG* in Leipzig-Wahren gehörte. 1925 wurde daraus die *Elida Parfümerie AG*, zu deren Produkten unter anderem die Seifen-Marke *Elida* gehörte.

192 Lotte Laserstein (1898-1993) flüchtete aufgrund des deutschen Antisemitismus 1937 ins schwedische Exil. Vgl. dazu Eiling, Schroll (Hg.), *Lotte Laserstein.*

neuen deutschen Frau, die sich im Vorfeld der nationalsozialistischen ›Machtergreifung‹ als Typus bereits ausprägte und in den Vordergrund drängte.«[193]

Es verwundert, dass eine Kosmetikfirma einen solch aufwändigen Wettbewerb ins Leben gerufen und durchgeführt hatte, mochte der Firmenchef auch noch so kunstinteressiert sein. Weniger konnte das erstaunen, wenn die Interessen Georg Schichts, besonders aber die des von ihm protegierten und überaus erfolgreichen Elida-Werbeberaters Hanns Kropff[194] in die Betrachtung einbezogen werden. Kropff hatte nicht nur den »Georg-Schicht-Preis« um das »schönste deutsche Frauenporträt 1928« organisiert, sondern gehörte darüber hinaus in maßgeblicher Funktion der Jury an. Zum anderen hatte er bereits zuvor, um 1926, für die Leipziger Firma das »Elida-Girl« geschaffen, das zu einem der markantesten Werbemotive der Zwanzigerjahre avanciert war. Das Elida-Girl in Verbindung mit dem einprägsamen Slogan »Sei schön durch ELIDA« (siehe Abbildung 45, S. 174) erwies sich im großstädtischen Straßenbild als allgegenwärtig: auf Litfaßsäulen, auf meterhohen Plakatwänden, dazu in unzähligen Werbeannoncen der zahlreichen Modemagazine. Auf der Basis einer umfangreichen Marktanalyse war das Image eines blonden Mädchens entstanden, das mit Kurzhaarfrisur, geschmackvoll, aber nicht übertrieben geschminkt, eine geradezu perfekte »Normalität« ausstrahlte. Es erwies sich wie geschaffen für ein weibliches Millionenpublikum, sich als seinesgleichen empfinden zu können und zudem verführbar zu sein für den Kauf der angepriesenen IDEAL-Seife.

Und so schließt sich der Kreis. Der Wettbewerb um das schönste deutsche Frauenporträt, so Meyer-Büser, »kann als Prototyp einer werbestrategisch konzipierten Image-Kampagne betrachtet werden«, denn »es ging um weitaus mehr als um die Suche nach einem werbewirksamen Frauentypus«.[195] Auch wenn sich die Wirksamkeit von Werbung nicht im Einzelnen bemessen lässt, Sätze wie dieser: »Selbstbewußt kann nur wahre Schönheit sein. Wissen, daß man schön ist und wissen, wie man es sicher bleibt, gibt Selbstvertrauen. Bringt Erfolg, Glück und Macht«,[196] oder »Der glänzende Aufstieg zahlloser Frauen unserer Zeit in gesellschaftlicher und beruflicher Beziehung ist nicht zuletzt auf

193 Meyer-Büser, »Das schönste deutsche Frauenporträt 1928«, S. 58-60. – Ausführlicher zu den Bildern des Wettbewerbs (Frauentypen und ihre Präsentation) vgl. Dies.: *Das schönste deutsche Frauenporträt.*

194 Hanns Ferdinand Josef Kropff (1882-1963) war einer der ersten Vertreter der Werbelehre und Wirtschaftswerbung an deutschen Hochschulen (Universität Frankfurt am Main).

195 Meyer-Büser, Das schönste deutsche Frauenporträt, S. 63.

196 Annonce der Elida Parfümerie A.G. in zeitgenössischen Modemagazinen Mitte der 1920er Jahre. »Sei schön durch ELIDA. IDEAL-SEIFE Die Luxusseife für 80 Pfg.«

den Liebreiz eines nicht alltäglichen ›Bubenkopfes‹ zurückzuführen«[197] werden nicht gänzlich an denen vorbeigeschrieben worden sein, an die sie adressiert waren.

Wie aber übersetzten Bubikopf- und Schmink-Aspirantinnen diesen Schönheitslockruf? In welche Richtung sollte die vielbeschworene Schönheit der Frau sich entwickeln? War das Gesicht gemeint oder die Gesamterscheinung? Genügte es, hübsch zu wirken, natürlich und gepflegt, »angenehm« auszusehen, gar apart oder attraktiv, wenn nicht sogar »pikant«? In jedem Fall und unabdingbar musste »Schönsein« (Ausstrahlung) mit »Jungsein« (Jugendlichkeit) zusammengehen! Auf dem Markt der Angestelltenjobs hatten ältere Menschen (grauhaarige, Brillen tragende, mit fehlerhaftem Gebiss) kaum eine Chance. Das galt für Frauen wie für Männer. Ältere, das heißt ab 40 Jahren, und auch verheiratete Frauen[198] fanden sich unter den Angestellten daher nur wenige. Zwei Drittel aller weiblichen Bürokräfte waren im Jahr 1925 unter 25 Jahre alt und fast alle alleinstehend.[199] Und so galten die »Verjüngungsfrage« und das Thema, wie die Jugend erhalten beziehungsweise verlängert werden könne, als ein durchaus lukratives Betätigungsfeld der Kosmetikbranche.

Die werbewirksam und medial vermittelten Schönheits-Botschaften galten vor allem den berufstätigen jungen Frauen. Dezentes Schminken würde einen »gewissen« Erfolg und gesellschaftliches Ansehen nach sich ziehen. Die »Machbarkeit des Gesichts«, mit anderen Worten, die Verantwortung für die Wirkung der erworbenen Schönheit und ihre Erhaltung, und damit für den beruflichen Aufstieg wie auch das persönliche Glück, lag in der Hand jeder einzelnen Frau.[200] Das bedeutete in der Konsequenz, dass diese vorgebliche Eigenverantwortlichkeit einen starken Druck ausübte, den allgemeinen Erwartungen, Normen und Praktiken zu entsprechen, im Mainstream der Schönheitsideologie der neuen Zeit mitzuschwimmen. Kracauer hatte beobachtet, wie sich ein bestimmter – uniformer – Typ weiblicher Angestellter in Berlin herausbildete: »Sprache, Kleider, Gebärden und Physiognomien gleichen sich an und das Ergebnis des Prozesses ist ebenjenes angenehme Aussehen, das mit Hilfe von Photographien umfassend wiedergegeben werden kann. Eine Zuchtwahl, die sich

197 Annonce der Lingner-Werke in Dresden für die (Teer-)Haarwaschseife Pixavon, 1926/27. – Pixavon wurde bereits ab 1903 produziert.

198 Das Ideal vom Mann als Ernährer der Familie lebte weiter. Der Ausdruck ›Doppelverdiener‹ stand symptomatisch für die Vorstellung, dass die Ehefrau dazuverdiente. Das Ziel vieler Frauen blieb eine Versorgung in der Ehe, und die meisten Angestellten arbeiteten während der Weimarer Republik für Lohn nur bis zur Heirat. https://www.digitales-deutsches-frauenarchiv.de/themen/erwerbstaetigkeit-von-frauen-im-kaiserreich-und-der-weimarer-republik (letzter Zugriff 11/2020).

199 Carter, Frauen und die Öffentlichkeit des Konsums, S. 162.

200 Dazu Rinke, »Sie trägt eine schwarze Lederjacke und abgeschnittenes Haar«, S. 179.

unter dem Druck der sozialen Verhältnisse vollzieht und zwangsläufig durch die Weckung entsprechender Konsumentenbedürfnisse von der Wirtschaft unterstützt wird. Die Angestellten müssen mittun, ob sie wollen oder nicht. Der Andrang zu den vielen Schönheitssalons entspringt auch Existenzsorgen, der Gebrauch kosmetischer Erzeugnisse ist nicht immer ein Luxus.«[201]

Die Arbeitswelt und die Freizeit der weiblichen Angestellten beleuchtete ein anderer Werbeblick: »Wie das Gesicht des Werktags sich gewandelt hat, seit Frauen neben den Männern wirken! In Amtsstuben und Kontore haben sie Glanz und Helle getragen, an Schaltern strahlt ihr freundliches Lächeln, ihr Da-Sein erfrischt, ihre Arbeit erzwingt Respekt. – Wenn wir ihnen nach Dienstschluß begegnen, in Theatern und Restaurants, an der Stätte des Sports oder auf Urlaubsreisen, dann bemerken wir, angenehm überrascht, daß sie den Damen der großen Welt in jeder Hinsicht gleichen, – das macht, weil sie, gleich diesen, streng auf sich achten, den Körper mit Sorgfalt pflegen.« (Lingner-Werke). Zwar konnten sich hier vor allem bürgerliche Frauen geschmeichelt fühlen, zumindest diejenigen, die dem postulierten Schönheits- und Modediktat freudig folgten und folgen konnten. Weit weniger mochte sich die Mehrzahl der gering verdienenden Kontoristinnen, Stenotypistinnen, Handlungsgehilfinnen, Verkäuferinnen oder Krankenschwestern in dergleichen Texten wiederfinden, selbst wenn sie, wie hier, ausdrücklich angesprochen waren. Theater, Restaurants oder gar Urlaubsreisen waren nicht ihre genuinen Bühnen, wenn auch ihre ausgesprochenen Sehnsuchtsorte. »In Lokale gehen sie aus Geldmangel fast nie und überhaupt sind sie ziemlich solide«, hatte schon Kracauer beobachtet.[202]

Die Publizistin Hilde Walter (1895-1976) kam in minutiösen Berechnungen auf einen durchschnittlichen Monatsverdienst von 130-140 Mark, nach Abzug für Steuern und Sozialversicherung sowie Fahrgeld. Davon gingen, so eine andere Studie zur wirtschaftlichen und sozialen Situation der weiblichen Angestellten in der Weimarer Republik, durchschnittlich noch 25 Mark für Kleidung, 85 Mark für Ernährung und 50 Mark für Miete ab (die Mehrzahl der jungen Mädchen und Frauen wohnte bei den Eltern). Bereits diese Ausgaben überstiegen um einiges den Monatsverdienst der allermeisten! Für Körperpflege, so hatten die Frauen im Fragebogen angegeben, gaben sie allenfalls 2 bis 5 RM aus (Seife, Friseur für Haarschnitt und Ondulation), für »Schönheitsmittel« blieb nichts.[203]

201 Kracauer, *Die Angestellten*, S. 25.
202 Ebd., S. 69.
203 *Die weiblichen Angestellten*, S. 38-46.

Wenn aber die pekuniäre Lage der weiblichen Angestellten sich in der Realität so desolat darstellte, wie kamen junge Frauen dann an die heiß begehrten Kosmetika, die sie doch in hohem Maße konsumierten und benutzen? Waren es, wenn auch vielleicht seltene, Geschenke des Freundes, des Verlobten, oder mussten sie im wahrsten Sinne des Wortes »vom Munde abgespart« werden, ließen sie sich von einem anderen, wenn auch existenziell noch so wichtigen Ausgabenposten abzweigen?

Die kleinbürgerlichen Ladenmädchen fühlten sich, obgleich ökonomisch am unteren Ende der Arbeitsmarkthierarchie und nahe an den höchst eingeschränkten Verdiensten der jungen Arbeiterinnen, eher den bürgerlichen Gleichaltrigen zugehörig. Für sie galt in der Mehrzahl »mehr Schein als Sein«. Für die Weimarer Generation der jungen weiblichen Angestellten hatte sich ein »kurzes Zwischenstadium persönlicher Unabhängigkeit« (Gertrud Bäumer) zwischen Adoleszenz und Ehe/Mutterschaft geöffnet.[204] Mit ihrem, wenn auch wenigen, doch immerhin selbstverdienten und zumindest teilweise nach eigenem Gusto auszugebenden Geld wurden sie »zur Hauptzielgruppe massenkultureller Branchen wie Mode und Kosmetik, populäre Musik und Kino«. Das gewährte ihnen »Zugang zu einer sozialen Identität […], die nur teilweise durch ihre kleinbürgerliche Klassenlage bestimmt war«.[205]

Das Gesicht der »Neuen Frau« wurde, so argumentiert Stefanie Rinke, einer Uniformierung unterstellt,[206] und Julia Bertschik spricht in diesem Zusammenhang von einem »Gesichtskleid«.[207] In der Tat: die Gesichter – weniger die Frisuren – der »Neuen Frauen« zeigten in den zeitgenössischen Medien eine starke Typisierung und Uniformität, die den gängigen und immer wieder übermittelten Schönheitsstandards nahezukommen versuchte. Hier hieß das Credo nicht Individualität, wie es zum Beispiel die Friseure bei der Beratung zum typgerechten Kurzhaarschnitt wiederholt beschworen. Was aber, andererseits, keinesfalls reine Konformität bedeutete: »Anstatt einem vorgegebenen Weiblichkeitsideal zu entsprechen«, so Katharina von Ankum, »wollte sich die Frau mit ihrer äußeren Erscheinung selbst definieren können.« Und mit der Unterstützung von Kosmetika »konnte sich in der Tat jede Frau ›ihr eigenes Gesicht konstruieren‹«.[208]

Das weitgehend noch unbekannte, vielen Zeitgenossen gar »fremde« Gesicht der »Neuen Frau« sowie ihre gesamte Erscheinung, die so fundamental

204 Ankum, Introduction, *Women in the Metropolis*, S. 4.
205 Carter, *Frauen*, S. 163.
206 Rinke, »Sie trägt eine schwarze Lederjacke«, S. 169.
207 Bertschik, *Mode und Moderne*, S. 201. – Vgl. ausführlich Ankum, Karriere – Konsum – Kosmetik.
208 Ankum (Hg.), *Women in the Metropolis*, S. 176.

vom äußeren Frauenbild der vorhergehenden Generation abwich, haben in der allgemeinen Wahrnehmung und Beschreibung zu Generalisierungen und Typisierungen eingeladen. Das gilt auch für die Forschungsliteratur. Bei genauerem Hinsehen, mehr noch unter Heranziehung ganz unterschiedlicher visueller wie textlicher Materialien lässt sich die vermeintliche weibliche Uniformität allerdings aufbrechen und der (wenn auch begrenzte) Raum für individuelle Gestaltung wird sichtbar, sowohl bezüglich der Betrachteten als auch der Betrachtenden. Für die einzelne Frau blieben indes zwei sich widersprechende Wünsche beziehungsweise Ziele: einerseits das Bedürfnis, sich der Zugehörigkeit zu einer sozialen Gruppe zu versichern, und andererseits, sich durch eine individuelle Note daraus hervorzuheben, sich also ein »eigenes« Gesicht zu geben.

Jeanne Mammen hat dieses Dilemma künstlerisch verarbeitet: eine Gruppe von Sportlerinnen marschiert im Gleichschritt in identischer (»Sport«-)Kleidung auf der Aschenbahn (siehe Abbildung 49, S. 177). Die Frauen unterscheiden sich in Körpergröße, Gesichtsausdruck und vor allem in Haarfarbe und Art des Kurzhaarschnitts. Sie sind als Individuen leicht auszumachen – im Gegensatz zu den *Girls* der Revue-Formationen, deren hervorstechendste Merkmale die möglichst perfekte äußerliche Einheitlichkeit und die synchronen Bewegungen waren. Zu den berühmten *Tiller Girls* hatte Siegfried Kracauer bemerkt: »Diese Produkte der amerikanischen Zerstreuungsfabriken sind keine einzelnen Mädchen mehr, sondern unauflösliche Mädchenkomplexe, deren Bewegungen mathematische Demonstrationen sind.«[209]

Berliner Mädchen »auf Annonce«

Der Wunsch, »hübsch auszusehen«, das »sich Zurechtmachen«, wie es in Berlin hieß – der aus den USA importierte Begriff *Make-up* fand erst später seinen Weg in die deutsche Sprache –, gehörte zum Alltag junger Mädchen und Frauen, wobei der finanzielle wie auch der zeitliche Aufwand für die einen kaum eine Rolle zu spielen schien, für die allermeisten aber sehr hoch oder zu hoch war, zumal wenn sie berufstätig waren und dazu noch Kinder zu versorgen hatten. »Das Hübschaussehen«, schrieb Gabriele Tergit, Journalistin und scharfe Beobachterin des gesellschaftlichen Lebens der 1920er Jahre, »ist ja heute keine Koketterie mehr, geschieht nicht, um einen reichen Mann zu finden, wie in früheren Zeiten, sondern seidene Strümpfe und gewellte Haare sind Waffen im Lebenskampf geworden.« Und sarkastisch fügte sie hinzu: »Die Hübschen verkaufen mehr, der Hübschen diktiert der Chef lieber, von einer Hübschen

209 Kracauer, *Das Ornament der Masse* (*FZ*, 9. und 10. Juni 1927). In: Ders: *Das Ornament der Masse*, S. 50-63, S. 50.

wird lieber Unterricht genommen und lieber ein Hut bestellt. Das ist grausam, aber das ist so. Hübsch ist man aber heutzutage nicht, man kann's werden. Und wenn sie sich hübsch aussehend fühlt, so wird ihr Selbstbewußtsein gestärkt und sie ist der Schwere des Lebens besser gewachsen.«[210]

Bedeutsam an dieser Stelle ist, dass Tergit ausdrücklich nicht von *Schönheit* sprach, die viel mehr beinhaltet als nur eine inszenierte angenehme äußere Erscheinung, sondern von einem *hübschen Aussehen*, das in der Tat bis zu einem gewissen Punkt »herstellbar« ist.

Zwei junge, berufstätige Berlinerinnen erinnern sich an ihre ersten Schminkerfahrungen: »Ich hab mich immer ein bisschen gepudert, Augen ein bisschen und die Lippen, ja. Meine Mutter hat zwar immer gesagt: ›Nu fang bloß nicht so früh an!‹ Mit 16 hab ich angefangen.«[211] Und eine andere Stimme: »Meine Lippen waren immer geschminkt. [...] Und auch immer die Augen [...] gezupft. Mehr wie heut! Und nachgezeichnet. Und dann, ja, im Gesicht die Backen direkt Rouge, hat man noch weniger gekannt, nicht. Aber so ein bisschen. Die Lippen hat man immer gemacht!«[212]

Nicht immer war ein hübsches Aussehen bei der Suche nach einer Anstellung, zumal in Verbindung mit einem modernen Bubikopf, von Vorteil. Elisabeth (*1912) ging Mitte der 1920er Jahre in Berlin »auf Annonce«, suchte also eine Lehrstelle und fand eine am Spittelmarkt, in einem Pelz-Modengeschäft. Viele Jahrzehnte später erinnerte sie sich: »Und als ich gesagt habe, ich möchte mich vorstellen: ›Ja, ich rufe den Prokuristen!‹ – Kam der Herr Prokurist, machte das Schiffchen [Glasschiebetür] auf, kuckte raus, und hab ich ihm meine Zeugnisse hin gereicht. Hat sich angekuckt, Ja, sagt er, die Zeugnisse sind sehr gut, sehr schön. Na, nun dreh dich mal um! Nun war ich erstaunt – und dreh mich um, und dann sagt er, nun nimm noch deine Mütze ab. Hab ich die Mütze abgenommen. ›Ist gut, du kannst anfangen, du hast keinen Bubikopf, sone Schnickschnacks können wir hier nicht gebrauchen!‹ Da habe ich die Stelle bekommen, weil ich kein Bubikopf, sondern sone aufgesteckten Schnecken hatte.«

Das Für und Wider in der Haltung zu einem Bubikopf der weiblichen Angestellten konnte bei der Stellensuche ganz unterschiedlich ausfallen, je nach persönlicher Einstellung des Arbeitgebers und seiner Geschäftsstrategie. Immer

210 Tergit, Anspruchsvolle Mädchen. S. 44 ff.

211 Hildegard, Lehrmädchen in einem Berliner Schuhgeschäft. Die ausgelernten Verkäuferinnen in jenem Schuhgeschäft verdienten 150 Mark im Monat, die Lehrmädchen weniger. Die Hälfte ihres Verdienstes musste Hildegard zu Hause abgegeben.

212 Erna, Schwester beim Roten Kreuz. In: Karin Ney, *Und dann kamen Swing und Charleston. Wie sich unsere Großmütter vergnügten.* (SWR2 Leben) Sendung am 23.03.2006, S. 1-9, S. 7 (Worddatei swr2leben20070118).

mehr Hotelbesitzer, Bürochefs oder Kaufhausbesitzer neigten, je unübersehbarer die »Neuen Frauen« in den Zwischenkriegsjahren das Straßenbild beherrschten, dem »Für« zu, signalisierten diese jungen Frauen doch Aufgeschlossenheit, Vorwärtsgewandtheit und Modernität. Das konnte sich nur positiv auf Geschäft und Kundschaft auswirken.

Der Grat der sozialen Balance war dabei schmal: Die vornehme, in Mode versierte und dazu noch finanzkräftige Kundin durfte sich keinesfalls durch ein attraktiveres, zudem jüngeres Ladenmädchen »ausgestochen« fühlen. Dazu ein sprechendes Beispiel aus Frankreich: »Neuerdings ist in allen erstklassigen französischen Hotels der Bubikopf dem weiblichen Personal untersagt. [...] Die Herzoginnen und solche, die es sein wollen, gehen allesamt mit glattgeschnittenen Köpfen einher – das Kammerkätzchen und das Servierfräulein sollen daher durch brave Knötchen und Zöpfchen abstechen. Heutzutage ist aber die zwangsweise Verordnung langen Haares auch dem despotischen Hoteldirektor unmöglich. Der Knoten wird also mit Schürze und Servierhäubchen angezogen, um vor den zahlenden Bubiköpfen die richtige Distanz zu markieren. Aber alle acht Tage, wenn Ausgang ist, dann wird alles um ein Haar anders! Dann gehen Marie, Jeanne oder Luise mit ausrasiertem Nacken und wehendem Wuschelkopf, in stolzem Bewusstsein gleichwertigen Weibtums zum Tanz. Und Montag wird der Zopf wieder hervorgeholt – denn man ist ja in einem vornehmen Hotel angestellt.«[213]

Frauen aus den (groß-)bürgerlichen Schichten hatten allerdings keine nennenswerten Probleme, sich deutlich und sichtbar von den »kleinen Ladenmädchen« abzusetzen. Neben den modischen Attributen wie einem Bubikopf gab es schließlich materielle »Insignien« wie das Auto oder die Zugehörigkeit zu einem Golf- oder Tennisclub, die für Distinktion sorgten.

Arbeiterinnen und Schminken

Nicht nur war das Verschönerungsarsenal für viele Frauen aus den unteren sozialen Schichten fast unerschwinglich; Frauen, denen es am nötigen Geld[214] und vor allem an der Zeit zur Schönheitspflege mangelte, oder diejenigen, die aus ideologischen Gründen nicht »dabei« sein wollten, liefen Gefahr, in ein augenfälliges Abseits zu geraten. Manche berufstätige Frau aber war von vornherein gar nicht sichtbar in der gesellschaftlichen Öffentlichkeit.

213 Anita [Daniel], Der exklusive Bubikopf. *Die Dame* 53 (1925/1926), 17, S. 19f.
214 Frauen lernten als Auszubildende in der Regel Maschinenschreiben und einfache Bürotätigkeiten, die ihnen meist minderqualifizierte und deshalb schlecht bezahlte Stellen eintrugen, vgl. Carter, Frauen, S. 162.

Fast gänzlich ausgeblendet aus dem Werbeblick und -bild und weitgehend auch aus den historischen Untersuchungen zum Kosmetikkonsum der Weimarer Zeit blieben bzw. bleiben die Arbeiterinnen, ganz gleich, ob sie in der Fabrik oder der Landwirtschaft tätig waren, ob sie in der Großstadt oder in der Provinz lebten. Diese Frauen schöpften ihre Weltsicht zumeist nicht aus Magazinen wie *Die Dame,*[215] *Uhu*[216] oder *Vogue,* in denen die verheißungsvollen Bilder und Annoncen erschienen, sondern allenfalls aus Tageszeitungen oder eher noch aus der Gewerkschaftspresse oder den Bildungs- und Gesundheitsprogrammen der organisierten Arbeiterschaft – vor allem anderen aber aus der Erfahrung einer tagtäglichen Mühsal und Plackerei, zu Hause, auf dem Feld oder an den Maschinen und Webstühlen, nicht zuletzt auch aus der Erfahrung einer nie endenden Zeitnot. Um dem entgegenzuwirken, zählten Sport, Bewegung an der frischen Luft zur Gesunderhaltung, Hygiene und Körperpflege zu den Postulaten der Arbeiterschaft.

Zeitschriften, die sich speziell an Arbeiterinnen wendeten, versuchten ihre Leserinnen von der Lektüre der (bürgerlichen) populären Magazine abzuhalten.[217] Das gelang jedoch nicht immer wie gewünscht. Bezüglich ihrer Kleidung folgten werktätige Frauen und Mädchen sowohl festen Normen als auch eigenen Ansprüchen: sie musste heil, sauber und modisch sein! Preiswerte, mehrfach nutzbare Ullstein-Schnittmusterbögen halfen beim Selbstschneidern, auch das Nähen von »Kleider[n] aus Resten«[218] war üblich und notwendig.

Ein beredtes Bild zeichnen die seltenen schriftlichen Selbstzeugnisse von Textilarbeiterinnen, die sich republikweit an einem Preisausschreiben beteiligten. Den Anstoß dazu hatte im Sommer 1928 das Arbeiterinnensekretariat des *Deutschen Textilarbeiter-Verbandes* gegeben, das seine weiblichen Mitglieder aufforderte, »wahrheitsgetreu und ausführlich« einen typischen Arbeitstag und ein Wochenende zu schildern.[219] In den 158 Einsendungen von jungen und

215 Für die 1920er Jahre betrug die Auflage zwischen 45.000 und 55.000 bei einem Preis von 1,50 RM. – Vgl. Ferber (Hg.), *Die Dame,* S. 8, S. 16. Leserinnen waren in erster Linie Frauen des Bürgertums und der gehobenen Mittelschicht.

216 Ullsteins Anspruch, Arbeiter, Angestellte und Akademiker, aber auch Handwerker, Hausfrauen und Arbeiter als Leser zu gewinnen, schlug fehl. Letztlich blieb *Uhu* eine Zeitschrift für die »gehobenen gesellschaftlichen Schichten.« Preis: 1 RM; Auflage 1926: 168.000, 1929: 207.000. (Angaben und Zahlen nach Noack-Mosse, Uhu. In: Freyberg, Wallenberg (Hg.), *Hundert Jahre Ullstein, 1877–1977.* Bd. 2, S. 177-208, S. 178.)

217 Dazu Hafife Montgomery (Univ. of Memphis, TN): Producing and Consuming Working-Class Femininities in the Weimar Republic. (Universität Göttingen: Forschungskolloquium zur Neueren und Neuesten Geschichte WS 2016/2017.)

218 Artikel in *Frauen-Welt,* 1926.

219 »*Mein Arbeitstag*«. – Vgl. auch Langewiesche, Die »Freizeit« von Arbeiterinnen. – Siehe auch Frevert, Kunstseidener Glanz; Tatschmurat, Wir haben keinen Beruf.

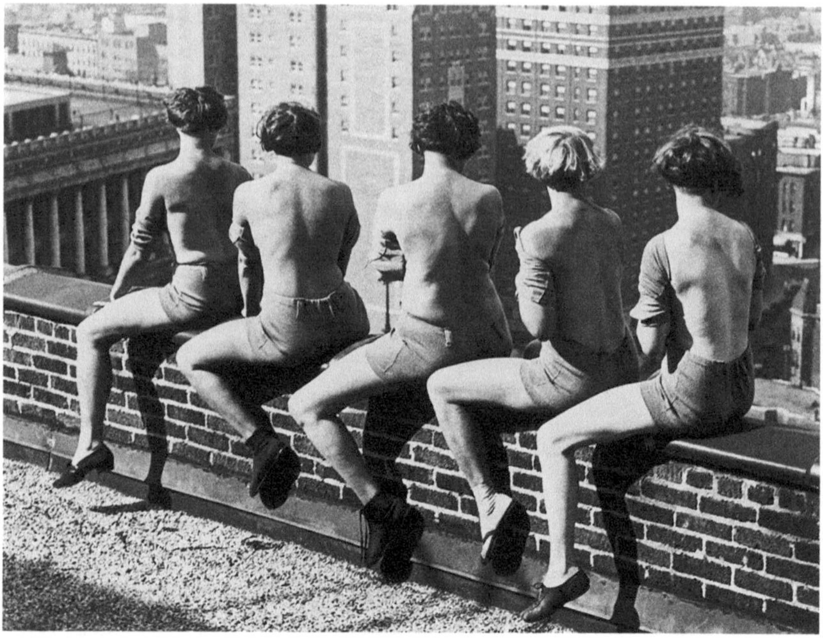

Abb. 18 *Suntanning on top of the Women's Athletic Club*, Chicago, 1920s

älteren, alleinstehenden und verheirateten Textilarbeiterinnen wird »Kosmetik-Arbeit« (Schminken) mit keinem Wort erwähnt, allenfalls die Körperpflege (das morgendliche Waschen und Abreiben des Körpers mit kaltem Wasser – keineswegs immer mit fließendem Wasser – sowie das samstägliche Bad). Einmal findet Seife Erwähnung.[220]

In diesem Kontext stechen die Gedanken einer Textilarbeiterin besonders hervor, die ihr bei der Lektüre eines Artikels kommen. Sie machen den Klassenstandpunkt der Schreiberin deutlich, den sie mit einem gewissen Pathos zu Papier gebracht hat, und insbesondere ihre Abneigung gegen das Schminken und die damit verknüpfte Dekadenz: »Ich lese in Nr. 35 des Textilarbeiters den Artikel ›Ein Tag aus dem Leben einer Frau‹. […] Ja, diese mondäne Frau, sie beginnt eigentlich ihr Wochenende schon am ersten Tag der Woche, denn

220 »*Mein Arbeitstag*«, S. 21. – Die angebotenen Seifen der Firmen Elida, Nivea, Mouson, Heinrich Mack Nachf. (Kaiser-Borax-Seife extraparfümiert), Rumbo-Seifenwerke oder Wolff & Sohn (Vogue) zeichneten sich durch eine mehr oder weniger starke Parfümierung aus. Ein Stück dieser Seifen kostete im Durchschnitt 70-80 Pfennige, Vogue deutlich mehr: 1,50 RM. Zum Vergleich: 50 Pfennige verdiente eine Arbeiterin an der Spulmaschine pro Stunde, eine andere 47,2 Pfennige im Akkord.

Abb. 19 Dina Lekhtman-Zaslavskaia, *Weavers at looms*, 1930. Dress sateen, first cotton-printing factory, Moskow.

ihr erster Gedanke ist, ob ihr Gewicht auf normaler Höhe sich befindet usw. Kosmetik betreiben, das ist ihre Arbeit. Wo wir verbitterten, vergrämten Menschen uns ums allernötigste fürs Leben abrackern und schinden, ist ihre Sorge, ob Lippenstift, Maniküre und Pediküre auch die nötige Wirkung erzielen. Ihr Abendgedanke ist, daß Creme und Paste auch den völlig reinen Teint entstehen lassen.« Auf den bleichen, verbitterten und vergrämten Gesichtern der Textilarbeiterinnen wolle sie »keinen Schein von Creme und Puder«, sondern »leuchten möchte ich sehen, was freie und zufriedene Menschen auszeichnet.« (M.S., 33 Jahre)[221]

Aufschlussreich sind auch die Ergebnisse der sogenannten *Berliner Arbeiter- und Angestelltenerhebung 1929/1930* von Erich Fromm.[222] Mittels eines ausführli-

221 »*Mein Arbeitstag*«, S. 64.

222 Fromm, *Arbeiter und Angestellte*. – Erich Fromm (1900-1980) war deutsch-US-amerikanischer Psychoanalytiker, Philosoph und Sozialpsychologe.

chen Fragebogens wollte er Gewohnheiten, soziale und politische Einstellungen von (männlichen) Arbeitern und Angestellten ergründen, auch zu Modefragen. Sie lauteten: »Gefällt Ihnen die heutige Frauenmode (z.B. kurze Röcke, Seidenstrümpfe?)«, »Gefällt Ihnen der Bubikopf?«[223] (Frage 323/24) und »Gefällt Ihnen die Verwendung von Puder, Parfüm und Lippenstift bei einer Frau? Warum – warum nicht?« (Frage 325). Zu Frage 325 antworteten von insgesamt 584 Befragten 10% mit Ja, 84% mit Nein (keine Antwort 5%, Sonstiges 1%). Überraschend war nicht nur die teilweise heftige Ablehnung von Lippenstift und Puder, sondern auch die vergleichsweise hohe Antwortquote, im Vergleich zu den politischen und persönlichen Fragen. Die frei formulierten Antworten in den Ablehnungs-Kategorien spiegeln die Haltungen – Vorbehalte, antisemitische Vorurteile und Klassenstandpunkte – sehr viel aufschlussreicher und sprechender wider, als es die oben genannten Prozentzahlen vermögen: »Es ist wie Prostitution.« – »Nein. Der Gebrauch jeder künstlichen Kosmetik ist Betrug. Vernünftige Lebensweise und gesunde Ernährung tun mehr für die Schönheit einer Frau.« – »Nein. Diese Dinge sind sicher nicht deutsch. Sie können in Ordnung sein für französische, italienische, spanische und insbesondere jüdische Frauen, um ihren unangenehmen Geruch zu verbergen.« – »Nein. Die Werte einer deutschen Frau ruhen in ihr selbst. Sie hat kein Bedürfnis nach der Gesichtsbemalung primitiver Stämme.« – »Nein. Schönheit kann nicht angeklebt oder aufgemalt werden, sie ruht tief in deiner Seele. Außerdem sind diese Methoden kapitalistische Erfindungen.« – »Ich verachte solche Dinge. Eine verheiratete Frau hat es nicht nötig die Natur zu verbessern; ihr Ziel, ein Ehemann, ist erreicht.« – »Ich bin zufrieden, wenn ein Mädchen sauber und nett gekleidet ist. Puder etc. sind eine Verschwendung von Zeit und Geld und unhygienisch.« – »Eine Frau der Arbeiterklasse hat es nicht nötig und braucht nicht die Gewohnheiten der Bourgeoisie zu imitieren. Eine Frau ist nur anziehend, wenn nichts Künstliches an ihr ist.« – »Nein. Sollen es die oberen Klassen tun; der Arbeiter [gemeint ist die Arbeiterin] ist schön genug ohne es.«[224]

Eine dezidiert andere Einstellung zur »sozialen Kosmetik«, dem Recht auf Schönheit für alle sozialen Klassen und damit unausgesprochen auch für Arbeiterfrauen in prekären Verhältnissen, äußerte wenig später eine Sozialdemokratin. Die »eingewurzelte Meinung«, dass die »für das Proletariat wirkende Frau ihrer äußeren Erscheinung nur ein Mindestmaß an Aufmerksamkeit schenken dürfe«, bezeichnete sie als einen »Irrtum, der nur langsam überwunden« werde. Was lange Zeit »zu den Vorrechten der Bürgerklasse« gezählt habe, nämlich »Schönheit zu

223 Tabelle 3.34: Gefällt Ihnen der Bubikopf? Ja (81%), Nein (11%), Sonstiges (3%), Keine Antwort (5%), Anzahl der Befragten: 584. Fromm, *Arbeiter und Angestellte*, S. 173f.

224 Ebd., S. 179f.

erobern«, sei »Ziel des Kampfes der Massen!« geworden. Ihre Argumentation gleicht der, die auch für weibliche Angestellte galt: »jede Form sichtbarer Häßlichkeit« in der äußeren Erscheinung befördere »mittelbar oder unmittelbar die Kündigung« und könne die weitere berufliche Laufbahn negativ beeinflussen.[225]

Aber das, was für junge Frauen in der Weimarer Republik ganz allgemein galt, traf ebenso für junge Arbeiterinnen zu: der Spaß am Schaufensterbummel, der Kino- und Kaufhausbesuch, das Tanzvergnügen. Und dazu war es fraglos geboten, sich zurechtzumachen, sich also zu schminken und schick anzuziehen mit selbstgeschneiderten oder entsprechend der Mode abgeänderten Kleidern.

Ypsi, Jxy und Gilgi

Die Bedeutung des Schminkens ging über die verordnete, von außen geforderte Anpassung an das Schönheitsideal der Zeit und dessen sichtbare Umsetzung weit hinaus. Vielmehr gingen besonders die jungen Frauen spielerisch mit den neuen Möglichkeiten um, experimentierten, probierten aus – ein wichtiger Teil ihrer Selbstfindung und Selbstinszenierung, und nicht zuletzt ihrer erotischen Ausstrahlung auf Männer.

Diese produzierte »Schönheit« mit einem in gewisser Weise nachprüfbaren Erfolg der Anstrengungen, dem Einsatz von Zeit und Geld, aber auch dem Stolz auf das Ergebnis, wollte anderen mitgeteilt werden. Frauen legten Wert darauf, sich im öffentlichen Raum sichtbar zu machen, wahrgenommen zu werden, als Flaneuse im urbanen Ambiente, beim Schaufensterbummel, beim Sport, beim Einkaufen, im Café, abends im Kino, im Theater oder Varieté und auf dem Tanzboden, aber auch »auf Arbeit« als Ladenmädchen, Stenotypistin oder Hotelangestellte. Und dieses Sichtbarmachen und Präsentieren der eigenen Erscheinung forderte wiederum ein Vergleichen mit anderen heraus, führte zu gegenseitigem Beobachten, Taxieren und Bewerten, zu einem Sich-im-anderen-Spiegeln. Es stiftete also zu ständigem Wettbewerb an und letzten Endes auch zu der Bereitschaft, den veröffentlichen Mode-Idealen und dem Schönheitsdiktat zu folgen.

Die Redakteurin Vicki Baum hat dieses willige, mitunter auch zwanghafte Folgen, hier auf die Mode des gebobbten Haares bezogen, eindrucksvoll der jungen Ypsi angedichtet: »Beispielsweise: an jenem großen Tag, da Ypsi (es ist lange her) sich bleich vor Erregung das Haar schneiden ließ – an dem gleichen Tag ließen sämtliche Ypsis das gleiche tun. Aus einer Kühnheit war eine Mode

225 Marianne Pollack, Soziale Kosmetik. Die äußere Erscheinung im Kampf ums Dasein. *Die Frau* 39 (1930), 7, S. 9f.; zitiert nach Ramsbrock, Rationalität der Schönheit, S. 122f.

geworden, die mehr oder minder gut zu Gesicht stand, die aber auf jeden Fall mitgemacht werden mußte. Oh, diese flüsternden Beratungen in der duftenden Box des Schönheitssalons, um aus der Uniform des gebobbten Haares etwas Originales zu schaffen. Schneiden, noch kürzer schneiden, ganz ratzekahl schneiden, wachsen lassen, aus der Stirn legen, in die Stirne legen, glätten, zu Negerlocken kräuseln, hochstellen, hinunterziehen, vor das Ohr, hinter das Ohr – alles originell; aber ach, alles modern und bei Hunderttausenden in Gebrauch. Goldblondfärben, Hennarotfärben, Kohlschwarzfärben – ach, Ypsi kommt immer erst drauf, wenn alle anderen auch darauf kommen und das Parkett bei Premieren wie ein Beet, vollgepflanzt mit goldblonden, hennaroten und kohlschwarzen Modeköpfen aussieht. Ein einziges Mittel gäbe es, um wirklich originell zu sein: wenn Ypsi ihr Haar lang wachsen ließe, aschblond und etwas dürftig, wie Gott es geschaffen hat. Aber gerade dazu fehlt ihr der Mut, die Seelengröße, der heroische Zug.«[226] Ypsi erweist sich als gnadenlose Kopistin, sie kopiert andere, auch wenn ihr der Bubikopf nicht steht, aus Angst, unmodern, in der Hoffnung, originell zu sein.

In nur wenigen Jahren der teilweise exzessiven Anwendung von »Verschönerungsmitteln« hatte sich das Schminken oder zumindest seine Bewertung gewandelt, hin zum allenfalls dezenten Betonen der einen oder anderen Facette. »Man schminkt sich ja längst nicht mehr – man hilft nach«, vermerkte Jxy 1931 in *Die Dame* und betrachtete es als merkwürdige Zeiterscheinung, dass »man [...] jetzt von raffinierter Wirkung [spricht], wenn eine Frau sich absolut nicht schminkt – während noch die vorige Generation im Gebrauch von rouge et noir das Herausfordernde sah«. Die große Kunst, so fügte sie an, bestehe in »unerbittlicher Selbsterkenntnis und in der Sparsamkeit aller Anwendung«.[227]

»Ein gepflegtes Gesicht. Gepflegt ist mehr als hübsch«, lässt Irmgard Keun ihre Romanfigur, die zwanzigjährige Stenotypistin Gilgi, vor dem Spiegel sinnieren. »Es ist eigenes Verdienst.«[228] Aber von Schönheit, wie es die Überzeugungs- und Wirkungsmacht der Kosmetikwerbung suggerierte, ist bei Gilgi nicht die Rede.

226 Vicki Baum, Leute von heute. Darin: Ypsi, eine junge, supermoderne Frau. *Die Dame* 55 (1927/1928), 3, S. 17ff., S. 18. – Vicki Baum (1888-1960) arbeitete 1926-1932 als Redakteurin für die *Berliner Illustrirte Zeitung*, *Die Dame*, *Uhu*. 1932 übersiedelte sie nach Kalifornien und erwarb (als deutsche Jüdin) 1938 die amerikanische Staatsbürgerschaft.

227 Jxy, Geschminkt oder ungeschminkt? *Die Dame* 58 (1931), 8, S. 14f.

228 Irmgard Keun, *Gilgi – eine von uns*. S. 6.

AUSSEHEN WIE EIN MANN – DIE ANDROGYNE FRAU

»Wenn Mode eine Art ›Text‹ war, eine komplexe visuelle Sprache der Nachkriegsbeobachter, die ihn auf unterschiedliche Weise ›lasen‹ – was hat dann die Kritik am neuen Stil so sehr herausgefordert?«, fragt die amerikanische Historikerin Mary Louise Roberts.[229] Ein zentrales Argument gegen das kurz geschnittene Frauenhaar in der erbittert geführten »Bubikopf-Debatte« der 1920er Jahre (»a blizzard of controversy«, Steve Zdatny) war die befürchtete, von manchem als bereits eingetreten gesehene »Vermännlichung der Frau«.[230] In den Augen der Kritiker war das gleichbedeutend mit dem Schwinden von Weiblichkeit und letztlich der Entsexualisierung der Frau. Die »äußere Maskulinität«, als Phänomen und Präsentation der Mode, stellte das traditionelle Weiblichkeitsbild und -ideal offensichtlich tiefgreifend in Frage. Mit »äußerer Maskulinität« war nicht zuletzt die Bubikopf-Frisur gemeint, im Zusammenspiel mit modischer Kleidung im androgynen Stil – »gentlemanlike«, »herrenmäßig«, wie es in zeitgenössischen Modekommentaren vornehm hieß. »Männliche« Gestik und Bewegungen, Sportarten wie Boxen, ein überschlanker Körper, Rauchen in der Öffentlichkeit sowie Auto- und Motorradfahren formten das Bild von der »vermännlichten« Frau.

Wofür die vorangegangene Frauengeneration so leidenschaftlich gekämpft hatte, wollten Frauen nun leben: höhere Bildungsabschlüsse bis hin zum Studium, Eigenständigkeit auch in zuvor als Männerdomäne angesehenen Berufen, Teilhabe am politischen Leben durch das Recht, zu wählen, und Gleichberechtigung. Moderne Frauen »negierten die zentrale Stellung des Mannes – in sexueller Hinsicht bzw. als ökonomische Sicherheit«, stellt Anja Kümmel heraus.[231] Und damit trafen sie den Kern männlicher Ängste. Die traditionellen Weiblichkeits- und Männlichkeitsbilder changierten in einer Weise, die nicht wenige Männer stark verunsicherte. Zumindest vordergründig schienen die bisher geltenden bipolaren Geschlechtergrenzen und Rollenverständnisse unschärfer zu werden, sich gar aufzulösen.

Maskulinität und entsprechend Feminität sind geprägt vom Ausmaß des für das männliche beziehungsweise weibliche Geschlecht typischen oder von der

229 Roberts, *Civilization Without Sexes*, S. 65.
230 Vgl. insgesamt dazu Sutton, *The Masculine Woman in Weimar Germany*; Bock, Alfermann (Hg.), *Androgynie*.
231 Kümmel, »*Queer Temporalities*«? [2009], S. 33.

Mehrheit als typisch empfundenen Aussehens, von genderspezifischen Einstellungen, Interessen und Verhaltensweisen. Sie zeigen sich in ihren jeweiligen kulturellen wie historischen Kontexten, in denen sie präsentiert und beschrieben werden.

Welche Motive haben Frauen in den 1920er Jahren geleitet, »androgyne Mode«,[232] »Männerkleidung« und Kurzhaarfrisuren zu tragen? Was hat die ganz Mutigen dazu veranlasst, sich einen Herrenschnitt schneiden zu lassen? Welche Praktiken, Botschaften und Aussagen verbanden sie damit? Und auf welche historischen Vorbilder oder Erfahrungen konnten sie dabei zurückgreifen? Diesen Fragen soll anhand einiger markanter Beispiele nachgegangen werden.

Männliche Kritik und Ablehnung von kurzem Frauenhaar und knabenhafter Körpersilhouette wurde nicht nur während der Weimarer Republik offenbar. Ähnliche Bewertungsmuster und Argumente der Kritiker lassen sich in der Geschichte zeigen, wenn es um die weibliche Aneignung vermeintlich männlicher Frisuren ging. Dazu soll auf die *Coiffure à la Titus* zur Zeit der Französischen Revolution sowie die *Titusfrisur* (Tituskopf) zu Ende des 19. Jahrhunderts in Deutschland eingegangen werden. Und schließlich wird auch die »innere Androgynität« im Zusammenhang mit den Codes der Geschlechtsidentität in der Lesbenkultur thematisiert, insbesondere in Bezug auf das extrem kurz geschnittene Haar.

Der »androgyne Chic«

Die ausgesprochen androgyne Damenmode konzentrierte sich auf wenige Jahre zur Mitte der 1920er Jahre. Sie ist in Korrespondenz mit der neuen schmalen, knabenhaften Körpersilhouette zu sehen, die in den Jahren zuvor propagiert und von vielen Frauen, zumal den jungen, für eine neue »Bewegungsfreiheit« genutzt wurde. Das Idealbild eines sportlichen, agilen Frauenkörpers, bis hin zu künstlicher Magerkeit, fand durchaus seine Anhängerinnen. Auf der anderen, der männlichen Seite wurde diese Linie sowohl äußerst kritisch beurteilt und als unnatürlich und unweiblich abgelehnt, von anderen aber durchaus als »erotisierend« empfunden und damit goutiert.

Die »*Lady up to date*« fühle sich ohne Schleppröcke und Faltenfahnen einfach lebendiger, befand Paula von Reznicek 1928 in ihrem Benimmratgeber *Die perfekte Dame*. Ein Sportkleid, ein herrenmäßig zugeschnittenes Kostüm und eine Weste mit Krawatte erlaubten ihr die nötige Bewegungsfreiheit. »Nicht

232 Das Wort *androgyn* stammt aus dem Griechischen und setzt sich aus den Silben »andros«, Mann, und »gyne«, Frau, zusammen. Wenn also ein Mensch Weibliches und Männliches vereint, wird er als androgyn bezeichnet. Der Terminus beschränkt sich dabei eher auf das Aussehen als auf das Verhalten oder den Charakter.

übertrieben, nicht outriert – aber geeignet für ihre hastigen Schritte, ihr Achtzigkilometertempo – ihr jungenhaftes Gesicht.« Und dabei, betonte die Gesellschaftsdame, werde das feminine Element in der Kleidung nicht übergangen – es ergebe sich quasi ein »Sowohl-als-auch«. Für den Abend, im Lichterglanz des Ballsaals, eigne sich der Etonkopf ohnehin nicht![233]

Für manche »Neue Frau« war der »androgyne Chic«, eine gemäßigte »herrenmäßige«, mit weiblichen Elementen versetzte Kleidermode, eine modische, also vorübergehende Attraktion, der sie gerne eine Zeit lang folgte. Schon wenige Jahre später, zum Ende der 1920er Jahre, wurde diese Mode jedoch durch »weiblichere« Elemente – längere, schwingende Kleider und schulterlanges gewelltes Haar – wieder abgelöst.

Die typische »androgyne Frau« mit Herrenschnitt, Jackett und Schlips war ein ausgesprochen großstädtisches Phänomen. Bei aller zu Verallgemeinerung und Übertreibung neigenden medialen Aufmerksamkeit und Aufregung gegenüber dem neuen weiblichen Phänotyp war die Mehrzahl der Frauen der Weimarer Jahre ihrer gesellschaftlich zugedachten traditionellen Rolle der Hausfrau und Mutter treu geblieben, zumal in der Provinz und auf dem Land – und selbst in der Metropole Berlin. Das bedeutete allerdings keine generelle Abstinenz gegenüber der gemäßigten männlichen Mode oder der Lust an öffentlichen Vergnügungen ohne Männerbegleitung.

Mit einem der bekanntesten Bilder der Neuen Sachlichkeit, dem *Bildnis der Journalistin Sylvia von Harden,* hat Otto Dix ein bewusst überzeichnetes und groteskes Psychogramm seines androgynen Modells gemalt (siehe Abbildung 48, S. 176), nicht ein getreues Abbild von Hardens. Dieses »Porträt« ist wiederholt interpretiert worden: das Monokel als Kennzeichen der Garçonne, einer betont vermännlichten Variante der »Neuen Frau«; die unübersehbare Figur der Boheme-Intellektuellen, mit dem Garçonne-Haarschnitt als Zeichen der Emanzipation; der Typ der Dekadenten und Morbiden, die die Rolle des Bürgerschrecks übernommen hatte. Diese Interpretationen machten »mit einem ganzen Spektrum negativer Zuweisungen deutlich, daß Sylvia von Harden als unweiblich und morbid bis anstößig empfunden wird.«[234]

Im Übrigen übten sich bürgerliche Frauen in der Rolle der »Hausfrau à *deux côtés*«, wie Paula von Reznicek es formulierte: »[...] so paradox es klingt, so zeit-

233 Reznicek, *Die perfekte Dame*, S. 24. Der Benimm- und Anstandsratgeber gibt Auskunft über das veränderte Selbstverständnis, den Ansätzen von Emanzipation, vor allem bürgerlicher Frauen. Paula Stuck von Reznicek (1895-1976) war eine deutsche Tennisspielerin, Journalistin und Schriftstellerin, auch Mitarbeiterin der Zeitschrift *Die Dame*.

234 Bendix, »Sie repräsentieren eine ganze Zeitepoche«, S. 101. – Sylvia von Harden (1894-1963), deutsche expressionistische Lyrikerin, Feuilletonistin, Bohemienne. – Otto Dix (1891-1969), Maler der Neuen Sachlichkeit.

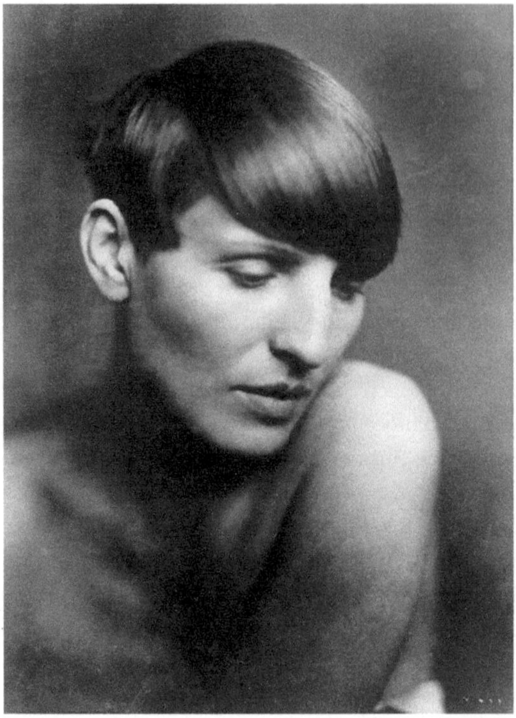

Abb. 20 Frieda Riess, *Renée Sintenis*, 1925. – Frieda Gertrud Riess (1890-1957) galt als die »erfolgreichste Gesellschaftsfotografin der Weimarer Republik«. Sie wurde respektvoll »die Riess« genannt. – Renée Sintenis (1888-1965) war eine bedeutende Bildhauerin der ersten Hälfte des 20. Jahrhunderts.

gemäß ist es! ›Mondän‹ und ›Hausfrau-sein‹ läßt sich vorzüglich verbinden.«[235] Insofern muss das verbreitete Stereotyp von der modernen »Neuen Frau«, das die weiblichen Unterschichten weitgehend außer Acht lässt, differenzierter betrachtet werden. Die vielen unterschiedlichen Einstellungen zu Praktiken der Selbstinterpretation und Selbstdarstellung der Frau in der Weimarer Zeit zeigen, dass diese sich durch je individuelle Erfahrungen im Verlauf des Lebens auch verändern oder gar umkehren ließen.

Modische Extravaganz in der Kleider- und Haarmode wurde gesellschaftlich am ehesten gegenüber den Jungen, Reichen und Schönen, den Berühmtheiten wie (Film-)Schauspielerinnen, Tänzerinnen und Sängerinnen sowie arrivierten Künstlerinnen toleriert und gebilligt. Sie konnten sich die aufwändige, teure Inszenierung der Maskulinität – in ihrer ausgeprägten Form mit Anzug, Schlips, Herrenmantel, Zylinder und Monokel sowie dem eigenen Auto – am ehesten leisten neben allem, was sonst noch die exklusive »Modernität« der aufgeschlossenen, selbstbewussten Frau unterstreichen mochte: das Rauchen

235 Reznicek, *Die perfekte Dame*, S. 89.

in der Öffentlichkeit, der Kaffeehausbesuch mit Freundinnen. Dieses Image wurde wieder und wieder in den Mode- und Unterhaltungsjournalen gefeiert.

Soziologische Studien wie die von Erich Fromm und Siegfried Kracauer hätten gezeigt, so die Kulturwissenschaftlerin Sabine Hake, dass ein wichtiger Aspekt der Mode der Weimarer Republik in ihrer Fähigkeit bestanden habe – neben ihrem Spiel mit den Geschlechterrollen – »Klassengrenzen zu überschreiten«.[236] Bezogen auf die Haarmode mag der populäre Song »Jede Gnädige, jede Ledige trägt den Bubikopf« das nahelegen. Die »modischen Klassengrenzen« blieben jedoch in mehr oder weniger subtiler Ausprägung erhalten beziehungsweise stellten sich immer wieder neu her. Wenn sich die Damen der oberen Gesellschaftsschichten vom Ladenmädchen oder der Arbeiterin modisch eingeholt oder gar überholt sahen, kamen die »feinen Unterschiede« (Pierre Bourdieu) ins Spiel: der elegante *Bob* vom angesagten Friseur, das exquisite Design des aktuellen Wollwintermantels, die aufregende Kappe der Modistin vom Hausvogteiplatz – und das Gegenstück: der einfache Bubikopf, den die Schwester geschnitten hatte, die selbstgenähte Winterjacke nach einem Ullstein-Schnittmuster, der preiswerte, weil in Massen produzierte Topfhut aus dem Kaufhaus Wertheim.

Distinktion hing entscheidend vom Einsatz eigener Mittel ab, vom erworbenen Geschmack, aber auch von der investierbaren Zeit und nicht zuletzt vom gesellschaftlichen Zugang zu den jeweiligen »Bühnen«, derer sich modisch interessierte Frauen bedienten und wo sie sich präsentierten, sei es beim Einkaufsbummel auf dem Kurfürstendamm oder dem 5-Uhr-Tee im Salon in der Villa am Wannsee. Der Rest vergnügte sich abends auf dem Tanzboden im Lunapark. Modeindustrie, Einzelhandelsgeschäfte und Kaufhäuser wie auch Modemagazine, waren an den »feinen Unterschieden« höchst interessiert, forcierten sie und wussten sie ökonomisch zu nutzen, indem sie sich jeweils spezifisch an ein sozial und ökonomisch unterschiedliches weibliches Publikum wandten.

»Es ist nicht überraschend«, stellt Hake fest, »daß durch die Moden der 1920er Jahre die gesellschaftlichen und sexuellen Identitäten ständig neu konfiguriert wurden. Die Geschlechterrollen wurden mittels gesellschaftlicher Kategorien redefiniert und soziale Konflikte in sexuellen Begrifflichkeiten dargestellt. Meistens gingen diese Prozesse einher mit der Aneignung männlicher Attribute und deren repräsentativen Funktionen.«[237]

Auch die Motive, sich einen Bubikopf schneiden zu lassen, waren vielfältig und ließen sich nicht eindeutig voneinander abgrenzen. Für viele »Neue Frauen«, die sich für kurze Haare entschieden hatten, signalisierten sie Selbst-

236 Hake, Im Spiegel der Mode, S. 209.
237 Ebd., S. 210.

bestimmung, Emanzipation und Modernität. Für andere erfüllte sich der Wunsch, einfach eine modische Frisur zu tragen, mit der Möglichkeit, die Haare wieder wachsen zu lassen. Aber auch der spielerische Aspekt, die Lust an der Maskerade, der Rollentausch als Selbstinszenierung mit wechselnden Identitäten gehörte in den Motivationskanon.[238]

Selbstverständlich haben sich auch Modejournalistinnen der Weimarer Zeit mit der »herrenmäßigen« Note der gut gekleideten Dame befasst und, vor allem ab 1923/24, als Herrenschnitt und androgyner Kleidungsstil ins öffentliche Bild drängten, das weitgehend noch unbekannte Phänomen »Maskulinisierung der Frau« erörtert. »Es scheint für die Modedamen ein sehr erstrebenswertes Ziel zu sein, mit der schlanken Linie des Körpers, den kurzen, geraden Kleidern, dem streng gekämmten Haar einem jungen, eleganten Mann möglichst ähnlich zu sein«, hieß es in den Mode-Notizen im Herbst 1923.[239]

Mit der Frage »Ist eine Mode im Directoirestil heute möglich?« hatte sich die Modejournalistin Stephanie Kaul an ihre bürgerlichen Leserinnen in *Die Dame* gewandt, und sie war zu dem Schluss gekommen, dass die Frauen in den letzten Modejahren kaum mehr zu altern schienen mit einer jugendlichen Mode, die den »gaminhaften« Frauentyp bis hin zur *Garçonne* unterstrich.[240] Deutsche Modemagazine griffen den Trend auf, der in Paris mit der *Garçonne*[241] schon seit längerem zum Modealltag gehörte. In vielfältiger Weise, als Foto, Modebericht oder -zeichnung, wurde ab 1923 der sogenannte *Directoire-Stil* dem interessierten Publikum in Deutschland vorgestellt und nähergebracht.[242]

Das *Girl* in Deutschland, Pendant der französischen *Garçonne,* war Inbegriff der knabenhaft wirkenden, unverheirateten, modernen jungen Frau: idealtypisch langbeinig, mit schmalen Hüften und kleinen Brüsten. Es trug, imageprä-

238 Vgl. dazu Stoll, Wodtke-Werner (Hg.), *Sakkorausch und Rollentausch.* Darin: Gottgetreu, The Women All Women Want to See?

239 Mode-Notizen: Frisuren und Hüte. *Die Dame* 51 (1923/1924), 9, S. 38f.

240 Kaul, Ist eine Mode im Directoirestil heute möglich? S. 55.

241 Der Begriff *Garçonne*, der einen androgynen Frauentyp bezeichnet, tauchte 1892 erstmals in den Texten des französischen Schriftstellers Joris-Karl Husymans auf. Bekannt wurde der Terminus insbesondere durch Victor Marguerittes Roman *La garçonne.* Paris1922; in deutscher Übersetzung: *La Garçonne.* Berlin 1923; *Die Junggesellin.* 1924; *Die Aussteigerin.* Berlin 1982. Vgl. dazu auch Drost, *La Garçonne.*

242 (Neuer) Directoire-Stil: Er bezeichnet modemäßig die Zeit nach der Französischen Revolution (1795-1799), die Epoche mit einer demokratischen Regierungsform, an deren Spitze ein Direktorium (*directoire*) stand. Die Damenmode der Zeit, die *Directoire*mode, nahm Bezug auf die sanfte Kleiderlinie der Antike. – Alsen, »Gentlemanlike«, S. 48f. – Ola Alsen (1880-1956) zählte in den 1920er Jahren zu den bekanntesten Modejournalistinnen Berlins. Sie arbeitete u.a. für *Die Dame*, *Elegante Welt* und die Modebeilage des *Berliner Tageblatts.* 1933 ließ sie sich taufen, emigrierte im selben Jahr nach Großbritannien, später in die USA und war nach ihrer Rückkehr nach Deutschland weiter als Modejournalistin tätig.

gend, das Haar selbstverständlich möglichst kurz. »Man muß sich vollkommen darüber klar sein«, unterstrich Ola Alsen mahnend, »daß dieser [androgyne] Stil an bestimmte Voraussetzungen gebunden ist.« Und »Zweifellos ist der maskuline Stil eine Folgeerscheinung des Bubenkopfes.«[243] Dieser markante Stil, so muss hinzugefügt werden, kam nicht zuletzt aus dieser Sicht keinesfalls für jede Frau in Frage.

Mode als Maske – das Spiel mit den Geschlechterrollen

Die »Aushöhlung der Weiblichkeitsnorm ermöglichte es ebenso, sich durch das Tragen typisch weiblicher Kleidung vor dem Vorwurf der Männlichkeit oder unerwünschter Verbindungen zu Feminismus oder Lesbentum zu schützen.« In beiden Fällen fungiere Mode als Maske. Die Verflechtung von Weiblichkeit und Maskerade in den Moden der 1920er Jahre betone einerseits die Erfolge der Emanzipation, lenke aber gleichzeitig wieder von ihnen ab, so Hake.[244]

Mancher überzeugten »androgynen Frau«, nicht zuletzt stimuliert durch die massive Ablehnung, galt die »Herrenkleidung« als Herausforderung, als Provokation. Nicht wenige hatten am Spiel mit den Geschlechterrollen, am »Sakkorausch und Rollentausch«,[245] durchaus ihr Vergnügen. Ihre sinnliche Körper- und Kleiderinszenierung zelebrierten sie mitunter in durchaus aufreizender Weise, als Angriff auf die männliche Definitionsmacht.

Die massiven politischen, gesellschaftlichen, kulturellen und sozialen Veränderungen der Weimarer Republik haben zeitgenössische Karikaturisten und Kabarettisten in großer Zahl und auf vielfältige Weise animiert, humorvoll bis sarkastisch Stellung zu beziehen.[246] Das galt nicht zuletzt für das kontrovers diskutierte Geschlechterverhältnis, die Maskulinisierung der Damenmode und den Bubikopf. Witz- und Satireblätter mit hoher Auflage und einer breiten Leserschaft[247] konnten dafür renommierte Zeichner und Autoren gewinnen. Im Zentrum des satirischen Verwirrspiels stand zumeist die Frage: Wer ist hier der Mann, wer die Frau?

Im Spätherbst 1927 hatte die *Berliner Illustrirte Zeitung* auf einer Titelseite, als »Zeiterscheinung« deklariert, ein Bild platziert, das alle Stereotype der *Garçonne* vereinigte. Über der Frage »Was sagen Sie bloß zu Fräulein Mia?«, die zu einer Meinungsbefragung der Leserschaft einlud, war die Zeichnung einer

243 Alsen, »Gentlemanlike«, S. 49.
244 Hake, Im Spiegel, S. 210.
245 Stoll, Wodtke-Werner (Hg.), *Sakkorausch*; Lehnert, *Wenn Frauen Männerkleider tragen.*
246 Songs, zu denen es sich famos tanzen ließ, nahmen die Angleichung der Geschlechter aufs Korn.
247 Darunter *Fliegende Blätter*, *Simplicissimus*, *Lustige Blätter*.

Abb. 21 »Was sagen Sie bloß zu Fräulein Mia?« (1927)

jungen Frau abgebildet, die dem Mann, der neben ihr ging, zum Verwechseln ähnlich sah – jedenfalls auf den ersten Blick. Sie trug einen Rock bis kurz über das Knie, dazu ein Jackett, eine Hemdbluse und eine Krawatte, ein Monokel, einen Spazierstock sowie eine Zigarettenspitze. Ihr Bubikopf ließ den typischen »Herrenschnitt« erkennen.[248] Allerdings dürfen, neben den eindeutig männlich konnotierten Kleidungsstücken und Accessoires, die modischen Spangenschuhe mit hohem Absatz nicht unerwähnt bleiben. Diese Schuhe, neben dem kurzen Rock, wiesen »Fräulein Mia« unzweideutig als Frau aus und suggerierten, dass der Geschlechterrollentausch hier als Maskerade zu verstehen war. Dieser Aspekt von Androgynität der Frau kann als provokantes Geschlechter-Verwirrspiel interpretiert werden, auf das sich manche »Neue Frau« sehr wohl

248 »Was sagen Sie bloß zu Fräulein Mia?« Eine neue Preisfrage der »Berliner Illustrirten«. *Berliner Illustrirte Zeitung* 36 (1927), 46 (Titelblatt). – Den Leserinnen und Lesern wurden für die »witzigsten Lösungen« 3.000 RM. geboten. Das Ergebnis der Preisfrage erschien in *Berliner Illustrirte Zeitung* 36 (1927) 51, S. 2127 f. – Die *BIZ* hatte als große deutsche Familienzeitung in der Weimarer Zeit eine Auflagenspitze von 1,8 Mio.

verstand und das hier von der *BIZ* genutzt wurde, um die Leserschaft zu aussagekräftigen, möglichst überspitzten Reaktionen herauszufordern.

Androgynes Outfit für das Image, weibliche Maskulinität als Performance

»Fräulein Mias« begegnete man nicht nur auf dem Berliner Kurfürstendamm, sondern sah sie in ganz unterschiedlicher Ausprägung auf der Kinoleinwand. Filmlegenden wie Marlene Dietrich, Greta Garbo und besonders Asta Nielsen im berühmten Film *Hamlet* von 1921[249] übten auf junge Zuschauerinnen einen außerordentlichen Appeal aus. Nicht nur in Deutschland setzten Filmindustrie und Filmregisseure feminine Facetten von Androgynität beziehungsweise androgyner Weiblichkeit in zahlreichen Stummfilmproduktionen nachhaltig in Szene und verbanden sie erzählerisch mit den Debatten um die Weiblichkeitsvorstellungen der Zeit. Die amerikanische Schauspielerin Louise Brooks[250] wurde als *Lulu* in *Die Büchse der Pandora* (1929) mit ihrem Pagenschnitt zu einer *Bob*-Ikone, wie fast vierzig Jahre später Mia Farrow mit dem legendären *Pixie* in *Rosemary's Baby* (1968), Jean Seberg mit der Jeanne-d'Arc-Kurzhaarfrisur in Otto Premingers *Saint Joan* (1957) und 1959 in Jean-Luc Godards *À bout de suffle* (dt. *Atemlos*).[251] Diese Bilder sind uns bis heute gegenwärtig, und die superkurzen Cuts blieben stilgebend.

Frauen in Männerkleidern und Hosenrollen, insbesondere auf der Theaterbühne, waren keineswegs ein neuzeitliches Phänomen. Im Film begegnen wir der deutsch-amerikanischen Filmschauspielerin Marlene Dietrich (1901-1992),[252] deren Erscheinungsbild von Hosenanzug,[253] Krawatte, Zylinder und Zigarette geprägt war. Ihre tiefe, rauchige Stimme, ihre Burschikosität waren Teil einer besonderen erotischen Ausstrahlung, der Männer genauso erlagen wie Frauen. Hier zeigt sich eine aufschlussreiche Ambivalenz: einerseits die öffentliche, gesellschaftlich weitgehend ablehnende Haltung gegenüber der androgynen Frau der 1920er Jahre und andererseits die heimliche Verehrung, in der die erotische Komponente des »Sakkorauschs« zum Tragen kam.

249 Gottgetreu, The Women All Women Want to See?
250 Mary Louise Brooks (1906-1985), amerikanische Filmschauspielerin und Schriftstellerin.
251 Vgl. auch Marisa Buovolo, Radikale Schnitte. Im Film befreit sich die Frau mit der Schere. *NZZ*, 12.01.2019, S. 45.
252 Filme wie *Morocco* (1930), *Shanghai Express* (1932).
253 Marlene-Hosen sind heute noch en vogue. Dieser Hosentyp entstand in den 1930er Jahren, als es sich für Frauen eigentlich noch nicht gehörte, Hosen zu tragen. Marlene Dietrich, Schauspielerin und Stilikone, machte die Hose, die nach ihr benannt ist, salonfähig: hohe Taille, ein besonders weiter Beinschnitt und weiche, fließende Stoffe, die dem Hosenbein eine besondere Leichtigkeit verliehen.

Abb. 22 August Sander, *Frau eines Malers* [Helene Abelen], um 1926. Sander (1876–1964), einflussreicher Fotograf des 20. Jahrhunderts, berühmt wegen seiner Porträt-Fotografie, vgl. Sander, *Antlitz der Zeit*.

Abb. 23 Marlene Dietrich an Bord der *SS Europa*, 1933

An Marlene Dietrich lässt sich auch zeigen, wie sich Filmrollen, die wesentlich von einer äußeren Androgynität lebten, verstetigen konnten und in das Privatleben hineinwirkten. In der Zeit, als Tonfilme noch rar waren, hatte Marlene Dietrich die traditionelle, begrenzte Vorstellung von Weiblichkeit durch ihren Lebensstil und ihre »herrenmäßig« bevorzugte Mode zumindest optisch massiv in Frage gestellt. Aber, so hat sie 1960 in einem Interview mit der englischen Zeitung *The Observer* zum Ausdruck gebracht: »I dress for the image. Not for myself, not for the public, not for fashion, not for men.«[254] Das maskuline Filmoutfit, das sie in ihr Privatleben übernahm, diente ihr als Kontrollinstrument ihres Marktwertes. Und sie nutzte es für eine erfolgreiche Selbstvermarktung, sogar entgegen ihrem eigenen Geschmack, wie sie selbst einräumte.

Diverse Überschneidungen ergeben das sogenannte *cross dressing*. Unabhängig von den jeweiligen Zielen und Motiven eines Individuums oder einer Gruppe bezeichnet es zunächst einmal nur das Tragen von als typisch angesehener Kleidung mit den entsprechenden Accessoires des jeweils anderen Geschlechts.[255] Das kann schlichtes Verkleiden bedeuten, aber auch Ausdruck

254 *Marlene Dietrich. Dressed for the Image.* Ausstellung.

255 Während einer Bildrecherche ist der Fotograf Martin Dammann auf zahlreiche Amateurfotos von Wehrmachtsoldaten gestoßen, die sich als Frauen verkleideten – Szenen, die der nationalsozialistischen Ideologie zuwiderliefen. Die Bilder geben Einblicke in

eines sehr individuellen Kleidungsstils sein. Es kann aber auch als Provokation oder Protest gegen Geschlechter-Stereotype gemeint sein. Darüber hinaus wurde es als Zeichen einer nicht zum biologischen Geschlecht passenden Geschlechtsidentität von lesbischen Frauen eingesetzt, wenn auch nicht unbedingt im Alltag. Die jeweiligen Gründe für ein *cross dressing* liegen also zumeist nicht offen. Diese Uneindeutigkeit hat, bezogen auf die maskuline Frauenmode und die kurz geschnittenen Haare, zu Verunsicherung und vielfältigen Missverständnissen geführt. Beides spielte eine maßgebliche Rolle für Kritik und Sarkasmus auf Seiten des männlichen Geschlechts.

Was in den Modemagazinen noch neugierig-wohlwollend beobachtet und kommentiert wurde, quittierte das im Grunde als liberal geltende Ullstein-Massenblatt *Berliner Illustrirte Zeitung* im Frühjahr 1925 mit dem empörten Ausruf »*Nun aber genug! Gegen die Vermännlichung der Frau*«. In einer Kolumne zog die *BIZ* gegen die emanzipierte, androgyne Frau beziehungsweise »die Mode«, der sie folgte, zu Felde, und zwar eindeutig sexistisch konnotiert: »Was zuerst ein launisches Spiel der Frauenmode war, wird allmählich zu einer peinlichen Verwirrung. Zuerst wirkte es wie ein anmutiger Scherz: daß zarte, zierliche Frauen sich das lange Frauenhaar abschnitten und mit der Pagenfrisur erscheinen; daß Sie [!] Kleider anlegten, die den Linienschwung des weiblichen Körpers, die Ausladung der Hüften verleugnend, beinahe glatt herabfielen; daß Sie [!] die Röcke kürzten und schlanke Beine bis zur stärksten Rundung der Waden sehen ließen. [...] Aber anstößig wurde es bereits für das männliche Gefühl, als jene Mode, die weiblicher Jugend und Zierlichkeit so wohl anstand, bei den Frauen allgemein wurde. [...] Und immer häufiger sehen wir die Pagenfrisur mit ihren Locken verschwinden und die moderne männliche Frisur mit den glatt nach rückwärts gebürsteten Haaren an ihre Stelle treten. [...] Es ist Zeit, daß der gesunde männliche Geschmack sich gegen solche üblen Moden wendet, deren Ausschreitungen von Amerika aus zu uns verpflanzt werden. [...] Und die Vermännlichung des Frauenantlitzes gibt ihm für den echten Reiz, den sie ihm nimmt, bestenfalls einen unnatürlichen: wie ein süßlicher Knabe auszusehen, was ein Abscheu für jeden richtigen Knaben oder Mann ist.«[256]

Männliche Kritik am Aussehen und Verhalten der Frau kulminierte zumeist in dem Punkt, dass sie, die Frau, ihm, dem Mann, etwas vorenthalte oder nehme, was allein ihm zustehe und gehöre, auf das er also ein Anrecht habe,

die Sehnsüchte und den Alltag deutscher Soldaten im Zweiten Weltkrieg, von spielerischen Klamaukszenen jugendlicher Rekruten über improvisierte Verkleidungen an der Front in engstem Kreis bis hin zu langwierig vorbereiteten Aufführungen in den Kriegsgefangenenlagern der Alliierten: Dammann (Hg.), *Soldier Studies*.

256 »Nun aber genug! Gegen die Vermännlichung der Frau«. *Berliner Illustrirte Zeitung*, 29. März 1925, S. 389.

einen Besitzanspruch geltend mache. Der »gesunde männliche Geschmack« sei aufgerufen, sich gegen »solche üblen Moden« zu wenden. Das war indes leichter gesagt als getan! In einem anderen Punkt konnte sich männliche Kritik an der androgynen Damenmode mit einer großen Mehrheit der Gesellschaft einig wissen: das verletzte ästhetische Empfinden beim Anblick von Frauen, denen von Alters wegen oder aufgrund ihrer Figur die neue androgyne Mode einfach nicht zu Gesicht stand.

Paul Poirets neue Kleidersilhouette

Die gestalterischen Grundlagen für die Entwicklung zur dezidiert »herrenmäßigen« Damenmode in Deutschland hatte maßgeblich der stilgebende französische Modedesigner Paul Poiret (1879-1944) zu Anfang des 20. Jahrhunderts gelegt. »Wie kaum ein anderer Modeschöpfer vor ihm«, so führt die Kunsthistorikerin Burcu Dogramaci aus, »synthetisierte Paul Poiret ein neues Körperverständnis mit extravaganten Schnitten und Silhouetten«. Um 1900, als noch die korsettmodellierte S-Linie dominierte, »die den weiblichen Oberkörper nach vorn drückte, einen flachen Bauch schuf und das Gesäß betonte«,[257] entwarf Poiret schmal geschnittene Kleider mit hoher Taille, wie sie ähnlich zur Zeit des *Directoire* modern gewesen waren. Die *Directoire*-Mode hatte auf die sanfte Linie der Antike Bezug genommen: einfache, ärmellose und teils durchsichtige Gewänder aus weißem Musselin. Auf die bis dahin üblichen Einengungen und Zwänge durch Korsett, Reifrock, Perücke oder Haube wurde zunehmend verzichtet. Dieser Modestil setzte sich im 19. Jahrhundert in der *Empiremode* fort. Er fiel später mit seiner Schlichtheit und Gradlinigkeit auch in den Berliner Modehäusern der Zwischenkriegszeit auf kreativen Boden.

Modehistorisch fügte sich Poirets Kleiderdesign ein in eine Linie vom späten 18. Jahrhundert bis in die Moderne. Seine Vorstellungen vom eleganten Damenkleid übertrug er ins frühe 20. Jahrhundert – in den Materialien, insbesondere den fließenden Stoffen, die sich kunstvoll drapieren ließen, orientalischen Mustern und unverwechselbaren Farben in aufregenden Kombinationen. Burcu Dogramaci kann zeigen, dass diese Kleider den schlanken, sportlichen Körper betonten, lange bevor sich in den 1920er Jahren dieses Schönheitsideal paradigmatisch durchsetzte. Der klassischen Sanduhr-Silhouette der Damenmode habe Poiret mit seinen Entwürfen eine Absage erteilt und Elemente des künstlerischen Reformkleides für die Haute Couture adaptiert. Poiret habe zwar auf das Korsett verzichtet, aber den weiblichen Körper mit einem Mieder

257 Dogramaci, Mode-Körper.

modelliert, das Bauch, Hüften und Oberschenkel so komprimieren sollte, dass die gewünschte schlanke Linie entstand.«[258]

Die Befreiung der Frau vom Korsett, die Paul Poiret zugeschrieben wird, hatte ihre Wurzeln allerdings bereits in der frühen *directoire*-Mode des ausgehenden 18. Jahrhunderts. Und wann immer sich in der Modegeschichte ein neuer Trend zu einer schmalen, androgynen Linie und einem männlichen Habitus entwickelte, der die weiblichen Körperformen (Busen, Taille, Hüfte) zugunsten einer geradlinigeren, sozusagen knabenhafteren Silhouette durch Manipulationen des Körpers (Mieder etc.) unterdrückte und sie damit weniger weiblich wirken ließ, regten sich Kritik und Empörung auf Seiten der Männer. Dieser »gradlinige« Effekt ließ sich am ehesten durch rigorose Modellierung oder Training des weiblichen Körpers erreichen, selbst ohne Korsett, das vor allem für das Einschnüren der Taille eingesetzt worden war.

Das traf auch für die androgyne Kleidermode der Weimarer Jahre zu. Ein »Schlankheitsgebot« ersetzte Poirets Mieder durch sportliche Ertüchtigung, kalorienreduzierte Ernährung und die dringende Empfehlung von Modeberaterinnen, die kurzen, leger fallenden Kleider möglichst nur den schlanken Frauen zu überlassen. Dieser Rat galt im Prinzip auch für den Bubikopf, denn entscheidend war die angestrebte Gesamtsilhouette: schmal und gaminhaft, einschließlich einer Kurzhaarfrisur, die den Kopf möglichst klein wirken ließ.

Die Coiffure à la Titus *– politisches und feministisches Statement*

Haare und damit Frisuren sind in ihren Ausformungen, Zuschreibungen, Bewertungen und ihrer Symbolik eingebettet in kulturelle Kontexte. In Zeiten politischer Umbrüche, nach Reformen, Mangelsituationen oder auch als Antwort auf Moden, die mehrheitlich als überholt oder unpraktisch empfunden werden, scheinen sich radikalere (kurze) Frisuren für Frauen umfassender als zu anderen Zeiten durchzusetzen. Das gilt auch für die *Coiffure à la Titus* in Frankreich zur Zeit der Französischen Revolution. Es ergeben sich vielfältige Übereinstimmungen in der Bewertung und Wahrnehmung, wie sie sich über hundert Jahre später auch am *Bubikopf* und weltweit am *bob* ablesen lassen. Die Geschichte der weiblichen Kurzhaarfrisuren beginnt also nicht erst mit der *Coiffure à la Garçonne* oder mit den Bubikopf-Variationen der 1920er Jahre.

Ein deutscher Modebericht von 1803 widmete sich den »modernsten Frisuren« in Frankreich und stellte zwei dieser Frisuren vor: die aufwändigen *Frisu-*

258 Dogramaci, Kreative Liaisons, S. 148 f.

Abb. 24 Paul Iribe, *Les Robes de Paul Poiret*, 1908. Iribe (1883-1935), französischer Illustrator und (Möbel-)Designer, hatte in Poirets Auftrag handkolorierte Zeichnungen von dessen neuesten Kleidermodellen angefertigt, die 1908 in einer Art Portofolio/Album in geringer Auflage erschienen.

ren à la Ninon[259] und die »Schwedenköpfe«.[260] »Die Frisuren à la Ninon haben etwas Gothisches und Steifes, aber ganz das Reiche und Romaneske, das der Fantasie angemessen ist. Vorn über dem Scheitel theilt sich das Stirnhaar ganz glatt an den Seiten, und fällt en tirebouchons [Korkenzieherlocken] bis auf die Schultern herab. [...] Da die griechischen Haarkostüme eine Monotonie unter den Damenköpfen hervorbringen, die dem Auge nicht immer wohlthut, so müßte das Kontrastirende keine üble Wirkung machen, wenn auch die deutschen Damen einmal à la Ninon koeffiren [den Kopfputz besorgen] wollten.«[261]

Der Kommentar zeigt anschaulich, wie wenig der deutsche Berichterstatter von kurz geschnittenem Frauenhaar hält: »Auch rivalisiren die modernsten Frisuren à la ninon noch immer mit den unangenehmen Schwedenköpfen. Für eine Dame bleibt eine solche Haarverstümmelung difform [fehlgebildet] und ungraziös. Sie darf sich nicht mit der Bequemlichkeit entschuldigen, wie wir Männer, denn wo sollte man geschmackvolle und sinnreiche Formen suchen, wenn die Damen sich ihrer überheben wollten? Es ist so etwas Determinirtes, und kurz weg, ein für alle Mal Abgeschlossenes in dem Eindruck, den ein solcher Kopf hervorbringt, und wollten es die Damen eingestehen, die ihn tragen, daß er einer schönen Weiblichkeit, in der Idee wenigstens, so gar nicht günstig ist, sie würden ihn ablegen.«[262]

Die *Coiffure à la Titus* war eine ungleichmäßig und radikal kurz geschnittene Frisur mit Stirnfransen und ausrasiertem Nacken. Anfänglich war sie bei republikanischen Männern beliebt, die den Haarstil der Büste des römischen Kaisers Titus imitieren wollten. Zur Mitte der 1790er Jahre wurde sie auch von Frauen mit Stolz getragen. Um sich das Maß dieser Veränderung an Herren- wie auch Damenfrisuren annähernd vorstellen zu können, sei auf die aufwändigen Frisuren des Ancien Régime hingewiesen: lange, gepuderte Perücken und komplizierteste Hochfrisuren.

Um 1800 begann sich die *Coiffure à la Titus* für Frauen zu verfeinern. Mit wohlduftenden Pomaden wurden Locken einzeln befestigt und so ein zerzauster Effekt erzeugt, manchmal Blumen und Bänder hinzugefügt. Beliebt und stilgebend blieb die Titus-Frisur nicht nur während der Französischen Revolution, sondern auch darüber hinaus. 1802 stellte eine Londoner Zeitung fest,

259 Namensgeberin war Ninon de Lenclos (1620-1705), französische Kurtisane, Freidenkerin und Salonière.

260 »Kurz geschnittenes Haar – wohlverstanden bei den Männern – war in Deutschland in der zweiten Hälfte des 18. Jahrhunderts unter dem Namen *Schwedenkopf* geläufig. In der Zeit der Allongeperücken erregte der Schwedenkönig Karl XII. mit seinem kurzen Haar Aufsehen.

261 Bericht von der neuesten Mode. *Zeitung für die elegante Welt (Berlin): Mode, Unterhaltung, Kunst, Theater* 3 (1803), S. 198 f.

262 Ebd.

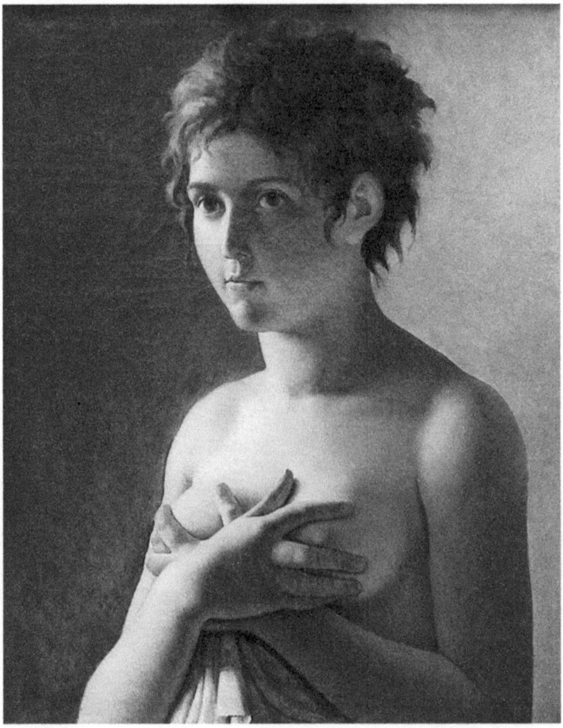

Abb. 25 Pierre-Narcisse Guérin, *Jeune fille en buste,* 1794

dass »nahezu Zweidrittel der modisch gekleideten Damen« in Paris »ihr eigenes Haar oder eine Perücke à la Titus« trügen.[263] Über die Verbreitung sagt das wenig aus, denn: trugen Frauen der unteren sozialen Klassen die Titusfrisur in großer Zahl?

In *Usurping Masculinity* untersucht die amerikanische Kunsthistorikerin Jessica Larson die »Lebensdauer« der *Coiffure à la Titus* im Zusammenspiel mit umfassenden Implikationen von Geschlechterrolle und Politik in der Revolutions- und napoleonischen Zeit Frankreichs.[264] Als Revolutionäre wie Jacques-Louis David während der 1790er Jahre versuchten, eine Bildsprache für das neue Frankreich zu finden, stand Haar für die weitgehende Chiffrierung sozialer Beziehungen. Für Frauen, die sich die *Coiffure à la Titus* angeeignet hatten, war sie ein starkes Symbol der Hoffnungen und unerfüllten Versprechen der Franzö-

263 Vgl. Stephanie Buck, The protest haircut that defied the guillotine during the French Revolution: https://timeline.com/french-revolution-haircut-guillotine-83fa3e370d05 (letzter Zugriff 11/2020).

264 Larson, *Usurping Masculinity.*

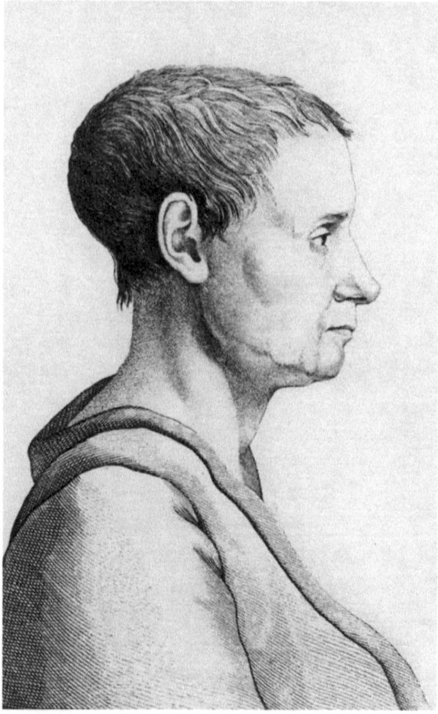

Abb. 26 Ambroise Tardieu, *Théroigne de Méricourt im Hôpital de la Salpêtrière en 1816*

sischen Revolution gewesen. Aber bereits fünfzehn Jahre nachdem Frauen sich die Titusfrisur zu eigen gemacht hatten, verschwand der Haarstil wieder spurlos und wurde durch elaborierte, rigoros »weibliche« Frisuren ersetzt.

1838 erschien in *Des maladies mentales* ein Kupferstich, der die Revolutionärin Théroigne de Méricourt im Halbprofil im Hôpital de la Salpêtrière, einer Nervenheilanstalt, in Paris zeigt – abgemagert und geschlechtslos. Ihre einst gerühmte Schönheit war verschwunden und die wogende Lockenpracht, auf den Porträts zur Revolutionszeit noch stets präsent, war nun, auf derbe und grobschlächtige Weise, abgeschnitten. Das entsprach in den Irrenhäusern für Frauen allgemeiner Praxis, weil man davon ausging, Geistesgestörte seien zu krank, um ihre Haare zu pflegen. Die Abbildung lege nahe, so Larson, dass de Méricourts Kurzhaarigkeit beziehungsweise »Haarlosigkeit« selbst als Zeichen von Geistesstörung zu lesen sei. Der Begleittext beschreibt de Méricourts Abstieg in den Wahnsinn mit der kaum verhohlenen Unterstellung, ihre »beklagenswerte Rolle« in der Französischen Revolution sei dafür verantwortlich. Damit würde verdeutlicht: Gibt man Frauen eine politische Stimme, führt das unweigerlich in den Wahnsinn, und das nahezu geschorene Subjekt auf dem Bild war die körperliche Manifestation dieses Wahnsinns.

Was bis dahin als Zeichen männlicher Hingabe gegenüber einem republikanischen Frankreich gegolten hatte, war von Frauen, die sich den neuen Haarstil aneigneten, grundlegend umdefiniert worden. Mit der Titus-Frisur galten sie als frivol, wurden in der Presse als unweiblich oder freimütig verspottet, in einer Zeit, in der es Frauen nicht einmal erlaubt war, ihre eigene Meinung zu äußern – jedenfalls nicht ohne negative Konsequenzen. Ohne ihr langes Haar, die angeblich höchste Form von Weiblichkeit, betrachtete man Frauen als »entstellt«. Aber trotz der Zurückweisung vieler Männer blieb die Titus-Frisur bis ca. 1810 unter Frauen populär. Für eine derart umstrittene Frisur, der mit so viel Widerstand begegnet worden war, war das eine bemerkenswert lange Dauer. Auch wenn unklar bleiben muss, wie sich Frauen tatsächlich mit der Frisur fühlten, geht Larson davon aus, dass ihre lang andauernde Popularität ein Beleg für das Freiheitsempfinden jener Frauen war, die sonst wenig Möglichkeiten zur Selbstdarstellung hatten und denen die Revolution nicht die gleichen Freiheiten beschert hatte wie den Männern.[265]

Andere Akzente setzt Irene Antoni-Komar in ihrer Rezeption der Frisur à la Titus. Sie verweist auf das zwangsweise Kahlscheren des Kopfes von Männern wie von Frauen, das eine »subordinative Funktion« gehabt habe und der »Demonstration von gesellschaftlicher und politischer Macht« diente. Die Einführung der Guillotine 1792 habe das entehrende Abschneiden der Haare mit dem ausrasierten Nacken zusätzlich funktionalisiert, habe es doch das schnelle Töten durch das Fallbeil gewährleistet.[266] Die öffentlichen, vor großen Zuschauermengen inszenierten Exekutionen waren von nicht geringer Bedeutung für die nachrevolutionäre Pariser Gesellschaft. So wurde die Mode, die Haare »à la victime« zu schneiden, dann zur Frisur »à la Titus«, »um deren Ursprung vergessen zu machen.« Es zeige sich, dass die Titusfrisur durchaus ambivalent konnotiert war.[267]

Tituskӧpfe, auch in Deutschland

Der Tituskopf traf erst wieder in den 1890er Jahren auf Interesse und Gefallen, zumindest bei einzelnen großbürgerlichen Frauen in Deutschland. Aber weder erreichte er die Popularität noch die modische Reichweite und Dauer wie im

265 Ebd., S. 8 ff.

266 Antoni-Komar, »Die Ohren ganz nackt und frey«, hier bes. S. 214-229, S. 219. – Antoni-Komar zieht für ihre Analyse ausführlich das deutsche *Journal des Luxus und der Moden* heran.

267 Ebd., S. 223.

Frankreich der Revolutionszeit. Welche Symbolik und Aussagekraft sich hierzulande mit den äußerst kurz geschnittenen Haaren für die Frauen verbanden, lässt sich am Beispiel der Juristin und Frauenrechtlerin Anita Augspurg[268] zeigen. Insbesondere wird sowohl in zeitgenössischen wie späteren Beschreibungen und Beurteilungen dieser außergewöhnlichen Frau deutlich, wie sich die Kritik an ihrem für die Zeit des ausgehenden 19. Jahrhunderts höchst unüblichen Kurzhaarschnitt immer auch mit anderen ungewohnten Facetten ihres Lebens verband. Ihr Leben und Aussehen wurden durchgehend als »frauenuntypisch« wahrgenommen: das Reformkleid aus braunem Samt, ihr Verzicht auf ein Korsett, die Sensation ihres akademischen Titels, ihre tiefe, männliche, wohlmodulierte und durchsetzungsstarke Stimme, ihre »fremdartige äussere Erscheinung« mit dem »edlen, aber auch wieder ganz männlichen Profil«, ihr für eine Frau als ganz ungewöhnlich empfundener »grober sachlicher Ernst«, ihre Unabhängigkeit und ihr scharfer Verstand, ihr rhetorisches Talent. Zudem rauchte Augspurg, fuhr Fahrrad und ritt im Herrensattel. In Ernst von Wolzogens Roman *Das dritte Geschlecht*[269] erscheine Dr. Babette Girl alias Anita Augspurg, die »ein richtiger Mann ist«, als Prototyp für »die starken Intelligenzen ohne Sinnlichkeit, für die der Mann gar keine Rolle mehr spielt«, wie Christiane Berneike ausführt.[270] Anita Augspurg erinnert später: »Dass zwei anfangs der Dreißiger stehende Frauen sich geschäftlich selbständig und unabhängig machten, kurze Haare – Titusköpfe trugen, in ihrem Hause anregende, interessante Gesellschaft pflegten, in der Öffentlichkeit für Frauenbefreiung kämpften, Sport trieben, ritten, radelten, wanderten, sich erdreisteten, nach eigenem Belieben zu leben, erregte natürlich allgemeines Aufsehen in München.«[271] Anita Augspurg und ihre Lebensgefährtin Sophia Goudstikker (1865-1924) hatten sich mit dem Fotoatelier »Elvira« selbständig gemacht. Mit ihren kurz geschnittenen Haaren, der unangepassten Kleidung, ihrem Bekenntnis zum notwendigen Befreiungskampf der bürgerlichen Frau sowie ihrem offen gezeigten homoerotischen Habitus galten sie seinerzeit als schillernde Figuren der Münchener Boheme.

268 Anita Augspurg (1857-1943), erste deutsche Juristin, Aktivistin der bürgerlich-radikalen Frauenbewegung, Pazifistin. 1897 promovierte Augspurg mit dem Thema »Über die Entstehung und Praxis der Volksvertretung in England«. Sie nahm am Internationalen Abolitionistischen Kongress in London teil. Die Bewegung der Abolitionisten setzte sich für die Abschaffung der staatlichen Reglementierung der Prostitution ein.

269 Ernst von Wolzogen (1855-1934), *Das dritte Geschlecht*.

270 Berneike, *»Nichts ist unmöglich«*.

271 In: Gabriele Knetsch, Anita Augspurg – Eine radikale Feministin und Pazifistin. *Bayerischer Rundfunk*, 05.07.2018, S. 5.

Looking like a lesbian – Codes der Geschlechtsidentität

Weibliche Maskulinität spielt im Leben homosexueller Frauen eine zentrale Rolle. Anders als der »androgyne Chic«, dem solche Frauen häufig frönten, die auf der Höhe der Mode sein wollten, war das Tragen von Männerkleidung schon geraume Zeit vor den Weimarer Jahren integraler Teil der Inszenierung von Geschlechtsidentität – und ist es bis heute. Das gilt speziell für den Bubikopf und allgemein für sehr kurzes Frauenhaar. Galten vor allem die radial kurzen Bubikopf-Frisuren als Erkennungszeichen innerhalb der Lesbencommunity, so versuchen sich junge Frauen heute vom Anschein des Lesbisch-Seins manchmal durch langes Haar zu schützen. Umgekehrt fühlen sich junge Bubikopfträgerinnen in ständiger Erklärungsnot. Ohne Agenda gelten sie, mehr oder weniger automatisch, als homosexuell. Der Bubikopf, oder im Modejargon: der Bob, gilt zwar in der Friseurzunft und in den Modejournalen weiterhin als klassischer Haarschnitt, kommt jedoch nach Überzeugung vieler junger Frauen und Mädchen in erster Linie für ältere Frauen und Lesben in Frage.

Abb. 27 Anita Augspurg, 1902

Welche äußeren Erkennungsmerkmale Lesben während der 1920er Jahre in der Öffentlichkeit verwendeten, vor allem aber welche Kleidungscodes in den von ihnen besuchten Bars und ihren eigenen Zirkeln galten – darüber gibt es mittlerweile eine umfangreiche Literatur.[272] »Sich ein Bild machen« war auch ein zentrales Thema in Fotografie und Porträtmalerei der Neuen Sachlichkeit. (Mode-)Fotografinnen und Malerinnen der Weimarer Republik[273] und der europäischen Metropolen der Zwischenkriegszeit haben sich intensiv dem Bild und Selbstbild der androgynen »Neuen Frau«, im Besonderen der homosexuellen Frau gewidmet. Ein besonderer Blick galt dabei dem radikalsten unter den Bubikopffrisuren, dem Herrenschnitt. Aber auch die in typischer Männerkleidung angezogenen Frauen, unter ihnen auch homosexuelle, waren von künstlerischem Interesse. Ein bedeutender Fundus an experimentellen Schwarz-Weiß-Fotografien, Skizzen, Zeichnungen und gemalten (Selbst-)Porträts zeigt diese Faszination unter zeitgenössischen Künstlerinnen (aber auch Künstlern wie Christian Schad oder Otto Dix), sich mit neuen Weiblichkeitsbildern auseinanderzusetzen. Sie kamen entweder selbst aus der lesbischen oder bisexuellen Lebenswelt oder standen ihr nahe, hatten Zugang zu den entsprechenden Treffpunkten und Bars, wo sie ihre Modelle und Sujets fanden. Zu nennen sind, unter zahlreichen anderen, Malerinnen wie Lotte Laserstein (1898-1993), Romaine Brooks (1874-1970), Tamara de Lempicka (1898-1980) oder Elfriede Lohse-Wächtler (1899-1940).[274] Wie keine andere hat Jeanne Mammen (1890-1976) die gesellschaftlich weitgehend verborgene Lebenswelt der lesbischen Frauen mit einfühlsamen Sozialstudien porträtiert (z.B. *Im Damenclub*). Diese Welt löste bei vielen Zeitgenossen diffuse Fantasien aus, erschreckte in ihrer Fremdheit und erzeugte Distanz auch unter vielen Frauen, ganz abgesehen von der Abwehr der männlichen, familiären Umgebung.

Einer dieser zahlreichen Berliner Damenclubs war das *Monbijou des Westens* in Schöneberg, eine Vereinigung mit 600 Mitgliedern. In diesem mondänen Ambiente verkehrte die »Elite der intellektuellen Welt der lesbischen Frauen, Filmstars, Sängerinnen, Schauspielerinnen, überhaupt die künstlerisch schaffende und die wissenschaftlich arbeitende Frau«.[275] »Dieses von allem Bishe-

272 Lehnert, *Wir werden immer schoener*; für Berlin: Roelling, *Berlins lesbische Frauen*; für Paris: Latimer, Looking like a lesbian; Latimer, *Women Together/Women Apart*; Caraglio, Kleider machen Lesben. – In den Kiosken Berlins lagen Zeitschriften wie *Die Freundin*, *Frauenliebe* oder *Ledige Frauen* offen aus.

273 Vgl. dazu Schönfeld (Hg.), *Practicing Modernity.*

274 Elfriede Lohse-Wächtler (1899-1940), deutsche Malerin der Avantgarde. Sie wurde im Rahmen der nationalsozialistischen Euthanasie-Aktion T4 in der Tötungsanstalt Pirna-Sonnenstein 1940 ermordet.

275 Vgl. Roellig, *Berlins lesbische Frauen.* Darin werden 14 Treffpunkte lesbischer Kreise beschrieben.

rigen abweichende und deshalb als überspannt empfundene maskuline Frauenbild«, so beschreibt es Christiane Leidinger, habe gleichzeitig auch für das »verruchte« Berlin gestanden, »das der Subkulturen, des Prostituiertenmilieus und der Lesbenclubs.«[276] (Siehe Abbildung 50, S. 178.)

Auf die lesbische binäre Rollenverteilung *Butch* (männlich) – *Femme* (weiblich) (Judith Butler) soll hier nicht näher eingegangen werden, nur so viel: »Mit dem Begriff *Butch* – *Femme* werden lesbische Paarkonstellationen bezeichnet, in denen sowohl feminine als maskuline Rollen übernommen werden [bis zu einem entsprechend unterschiedlichen äußeren Erscheinungsbild]. Sie machen die Konstrukthaftigkeit der Kategorie ›Geschlecht‹ transparent, weil sie sich der gesellschaftlich geforderten Rollenfestlegung entziehen, die sie scheinbar imitieren.«[277]

Interessant seien im Zusammenhang mit der äußerlichen Verwirrung der Geschlechter »die wechselseitigen modischen Vereinnahmungsprozesse zwischen der (Berliner) Lesbenszene und den Inszenierungen eines ›androgynen Chic‹ durch heterosexuelle Frauen gehobener Schichten«.[278] Hanna Vollmer-Heitmann stellt dazu fest, dass gelegentliche Ausflüge in lesbische Gefilde gesellschaftlich nur toleriert wurden, solange sie patriarchalische Verhältnisse nicht grundsätzlich in Frage stellten. Sowohl die »Neue Frau« als auch die homosexuelle Frau hätten im Mittelpunkt männlicher Angstfantasien und weiblicher Emanzipationshoffnungen gestanden, auch weil sie die Institution Ehe und Mutterschaft in Frage stellten.[279]

Auch der deutschen Fotografin und Kunsthändlerin Marianne Breslauer (1909-2001) und der französischen Schriftstellerin und Fotografin Claude Cahun (1894-1954), ganz unterschiedlich in ihren künstlerischen Herangehensweisen und Lebenshintergründen, verdanken wir eindrucksvolle Bilder weiblicher Androgynität. Über ihre Berliner Freundin Ruth Landshoff hatte Breslauer die junge Schweizer Schriftstellerin Annemarie Schwarzenbach (1908-1942) kennengelernt. Zusammen reisten sie per Auto durch die Pyrenäen. In ihren Lebenserinnerungen beschreibt Breslauer rückblickend, wie sie bei Schwarzenbachs erstem Anblick »schier der Schlag traf. Denn Annemarie war – ich muss dies immer wieder sagen – das schönste Lebewesen, dem ich je begegnet bin. Ich habe später auch Greta Garbo kennengelernt, deren Gesichtszüge vielleicht

276 Vgl. Christiane Leidinger, Eine »Illusion von Freiheit«. Subkultur und Organisierung von Lesben, Transvestiten und Schwulen in den zwanziger Jahren. Onlineprojekt Lesbengeschichte. http://www.lesbengeschichte.de/Pdfs/pdfs_politik_subk_deutsch/subkultur_leidinger_2008.pdf (letzter Zugriff 11/2020).

277 Feldhaus, *Inszenierung von Geschlechteridentität.*

278 Kümmel, *»Queer Temporalities«?*, S. 33.

279 Vollmer-Heitmann, *Wir sind von Kopf bis Fuß auf Liebe eingestellt*, S. 100.

Abb. 28 Marianne Breslauer, *Annemarie Schwarzenbach*, 1932

noch makelloser wirkten, aber Annemarie war ein Mensch, von dem man zunächst wirklich nicht wusste, ob sie Mann oder Frau war; wie der Erzengel Gabriel vor dem Paradiese stehend erschien sie mir, und ich habe in den folgenden Jahren, als ich sie häufig sah, immer wieder versucht, diesen Eindruck fotografisch festzuhalten.«[280] Die neugierige, weltgewandte »Neue Frau« mit kurzem Haar und androgyner Ausstrahlung blieb eines von Marianne Breslauers wichtigsten fotografischen Themen.

Claude Cahun, die als Lucy Schwob in Nantes geboren wurde, spielte in ihren surrealistischen Schriften und Fotografien mit der Vorstellung vom »Dritten Geschlecht«. Entgegen der binären Definition von Geschlecht schwebte ihr ein »Misch-die-Karten« vor: »Maskulin? Feminin?«, wie sie es in ihrer Autobiographie ausdrückt, und weiter: »Es hängt ganz von der Situation ab. Neutral ist das einzige Geschlecht, das zu mir passt.« [281] Claude Cahun wie auch ihre Gefährtin, Stiefschwester und Mitarbeiterin Marcel Moore (geborene Suzanne

280 Feilchenfeldt Breslauer, *Bilder meines Lebens.*
281 Cahun et al., *Aveux nos avenus.*

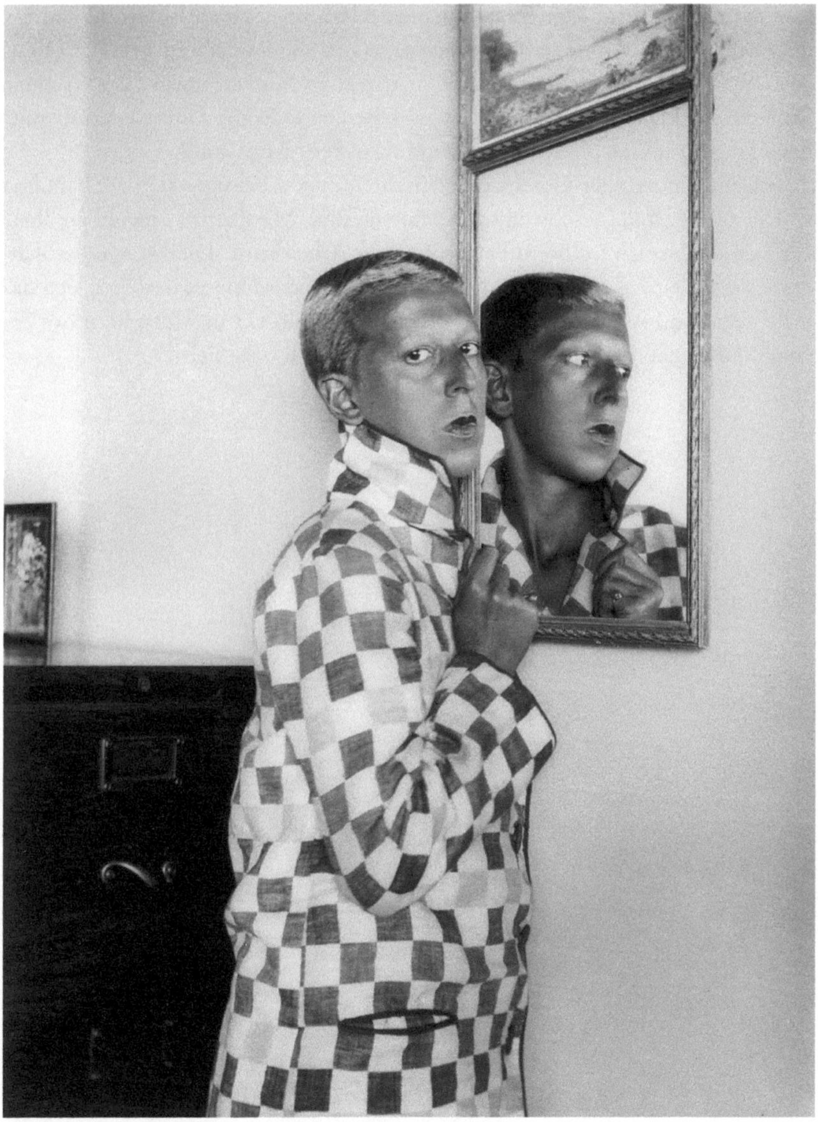

Abb. 29 Claude Cahun, *Self-Portrait*, 1928

Malherbe) hatten für sich geschlechtsneutrale Namen gewählt. Für den künstlerischen Überbau in dieser Geschlechterverwirrung – oder genauer: der offengelassenen Frage der Geschlechtlichkeit – spielten Masken sowie das zeitweilige Scheren der Haare von Cahun eine entscheidende Rolle. Das wiederum warf neue Fragen zu Geschlecht, Macht und sexueller Identität auf.

Jenseits eindeutiger Geschlechterzuschreibungen bewegte sich auch Hilma af Klint (1862-1944), schwedische Malerin und Mystikerin, sowohl in ihrer Kunst und als auch in ihrem Leben. In ihrer Arbeit zum »Dualwesen« »schleuderte sie wie eine Zentrifuge« mehr als fünfzig Bilder hinaus, in denen sich das männliche und weibliche Prinzip vereinen, ausgedrückt in Metaphern der Sexualität und den Farben Blau (männlich) und Gelb (weiblich).[282]

282 Vgl. dazu Voss, Hilma af Klint, S. 252.

MODISCHE KONTEXTE UND WIRTSCHAFTLICHE AUSWIRKUNGEN DER BUBIKOPF-MODE – TOPFHÜTE UND KAPPEN

Neben den Entwicklungen im Friseurhandwerk, wenn auch begleitet von Rückschlägen, haben zwei Kreativbereiche und Modebranchen entscheidend von der Mode und der Umsetzung der revolutionären Kurzhaarfrisur profitiert – sowohl in ihrer Außenwirkung als auch in ökonomischer Sicht –, die Hut- und die Schmuckindustrie. Beide haben mit ihren Produkten, Hüten und Schmuckstücken aller Art, zum Massenkonsum der Zwanzigerjahre beigetragen. Das lässt sich jedenfalls für die Zwischenkriegszeit konstatieren, selbst wenn man die Herausforderungen der Inflation 1923 und der Weltwirtschaftskrise von 1929/30 einbezieht, die geprägt waren von hoher Arbeitslosigkeit, Materialknappheit, begrenzter Rohstoffzufuhr, äußerst beschränkten Exportabsätzen und – nicht zuletzt – den kriegsbedingten Verlusten an erfahrenen männlichen Mitarbeitern.

Nicht unbeträchtlich war der Aufschwung der Kosmetikindustrie mit zahlreichen Firmenneugründungen. Betriebe, die bereits vor dem Ersten Weltkrieg operierten, kamen mit neuen Produkten auf den Markt. Manche der teilweise international verflochtenen Firmen widmeten sich besonders der Entwicklung von Haarpflegemitteln, speziell für die Pflege des kurzen Haares. Schnell fand der Bubikopf mit seinen positiv besetzten Attributen (modern, gesund, praktisch, zeitsparend, pflegeleicht, sportlich, verjüngend) Eingang in die Welt der Reklame für neu entwickelte Haarpflegemittel wie Färbemittel, (Trocken-) Shampoo, Pomade oder Haargel.[283] Später kamen Echthaarnetze, Haarklemmen (*bobby pins*) und Haarschneidemaschinen[284] hinzu. Und als Ikone der Modernität wurde der Bubikopf werbend für Konsumgüter wie Staubsauger, Waschmittel, Zigaretten oder Autos, die sich mit dem Leben emanzipierter, wohlsituierter Frauen assoziieren ließen, genutzt.

283 Dazu im Einzelnen: Schug, »Immer frisch frisiert«.

284 Haarklemmen aus Metall oder Plastik dienten als Schmuck, vor allem aber, um den Kurzhaar-Frisuren Struktur und Halt zu geben. Besonders populär waren in den 1920er Jahren: »Baronesse Bubikopf-Nadeln (anschmiegsam und kleidsam)«, »Prinzess Bubikopf-Haarklemme (aus bestem Federstahl hergestellt)«, »Viktoria Bubikopf-Haarklemme (schildpattfarbig)«.

Ein Berliner Friseur wies darüber hinaus auf die Friseurbedarfsartikel hin, die den Friseuren überhaupt erst die Voraussetzungen für das professionelle Arbeiten in Zeiten der Kurzhaarmode ermöglicht hatten.[285]

Als gelungenes Beispiel für einen erfolgreichen Umgang mit neuen Trends, einer reichen Erfindungsgabe, aber auch Risikobereitschaft und schließlich wirtschaftlichem Erfolg mögen der Friseur Franz Ströher (1854-1936) in Rothenkirchen/Vogtland und seine Söhne Karl und Georg gelten. Als Reaktion auf die Kurzhaarmode nach dem Ersten Weltkrieg erwarben die Söhne, die 1904 in die väterliche Firma eingetreten waren, die Lizenz zur Produktion von Dauerwellenapparaten, mit denen sich der Bubikopf in vielerlei Weise variieren ließ. Seit 1924 führte die Firma das Markenzeichen »Wella«, der späteren Wella AG, weitere neue Artikel zur Haargestaltung und Haarpflege folgten.

Andere Industriezweige der zumeist mittelständischen Friseurzulieferbetriebe erlitten dagegen im gleichen Zeitraum enorme Umsatzverluste und mussten entweder auf andere Produkte umstellen oder ihre Firmen ganz schließen. Das betraf vor allem die Produktion von Kämmen, Spangen und Hutnadeln, die für das lange Frauenhaar von Bedeutung gewesen waren. Für den Niedergang einer zuvor prosperierenden Kamm-Fabrik, ausgelöst durch die Kurzhaarmode, die durch Umorientierung aber zu neuerlichem wirtschaftlichen Aufschwung gelangte, mag beispielhaft das Ober-Ramstädter Kammmacher-Handwerk mit seinen nachfolgenden Handwerkszweigen und Industrien stehen. 1862 hatte Georg Friedrich Heim eine Kamm-Fabrik gegründet, die bis heute unter dem Namen G.F. Heim Söhne existiert. Als Rohstoff hatte überwiegend das wertvolle Schildpatt gedient, gewonnen aus den flachen Hornschuppen des Rückenschildes von Meeresschildkröten, daneben Rinderhorn und ab 1900 das neu entwickelte Celluloid, der erste Kunststoff. Verstärkt durch die Mode des Bubikopfes war der Bedarf an künstlerisch gestalteten und verzierten Kämmen stark zurückgegangen, und so wurde auf Ersatzprodukte wie Knöpfe, Gürtelschnallen und Haushaltsgegenstände umgestellt. Ebenso kamen neu entwickelte Kunststoffe wie Galalith und Edelkunstharze zur Anwendung.

Eine Sorge hatte die Berliner Friseure Anfang der 1920er Jahre besonders umgetrieben: Was würde passieren, wenn sich die Kurzhaarmode durchsetzte, also andauerte? Es standen erhebliche Umsatzrückgänge im Haarersatz-Geschäft zu befürchten, denn auch nach dem Ersten Weltkrieg und in der Zeit, als der Bubikopf begann sich durchzusetzen, bestritten die meisten Frisiersalons damit noch zu einem beträchtlichen Teil ihr Einkommen.

285 Cassing (Paris), Kommt das lange Haar wieder?, *DAFZ* 52 (1936), 13, S. 255.

»Keine Dame ohne Hut!«

Mit dem endgültigen Durchbruch der Kurzhaarfrisuren tauchten in einer Vielzahl von Designs enganliegende Hüte auf, sogenannte Topf- oder Glockenhüte. In den Folgejahren waren sie nicht mehr wegzudenken und bestimmten maßgeblich das Straßenbild.

Abb 30 Die neuen Hüte

Kurze Hutchronologie 1924–1931

- 1924: Kleine Hüte mit extrem schmaler, kurzer Krempe sind populär. Hüte in Glockenform liegen eng und knapp am Kopf an. Materialien: Pedal- und Pikotstroh, Tüll, Filz und Samt, als Aufputz der schlichten Hüte dienen Ripsbänder in verschiedenen Breiten und Färbungen, Blüten, Schluppen, Schleifen, Rosetten, Hutnadeln. Für den Sommer: große Hüte mit überweiter Krempe.
- 1926: Die Hutkreationen entsprechen in ihrer Strenge der Kleiderlinie: knapp und eng am Kopf anliegend, die Krempe schmal. Der Hutkopf ist hoch, rund oder kantig in der Form, der Aufputz reduziert auf ein Band oder farblich abgetöntes Material.
- 1929: Bisher beliebte Glockenhüte werden von Filzkappen und Toques ohne Krempe verdrängt, die den Kopf eng umschließen, vorhandene Krempen um-

geschlagen und mit Nadeln befestigt oder mit Hilfe von Zierornamenten angenäht. Besonders charakteristisch ist die modische Asymmetrie: Die Kappen werden so ins Gesicht gezogen, dass die Stirn einseitig frei gelegt, die andere Gesichtshälfte aber leicht kaschiert wird.

- 1930: Die Hutmode zeigt sich individuell und vielfältig: eng am Kopf anliegende Kappen, Mützen, Hauben, Baretts und Toques, die die Kopfform herausmodellieren und das Gesicht weich und knapp einrahmen. Getragen werden sie nach hinten oder seitlich verschoben. Die Stirn bleibt frei. Seitlich werden Strähnen des welligen Haares freigegeben. Materialien: Seide, Jersey, Tweed, Taft, Georgette, Shantung, Atlas oder Leinen. Exotische Stroharten werden zu weichen, stoffartigen Qualitäten wie Baku, Bengal oder Manila in breitkrempigen Hüten verarbeitet.
- 1931: Die Hüte werden immer kleiner. Manche Modelle legen nicht mehr nur die Stirn frei, sondern auch den Haaransatz, sodass Haarlocken unter dem Hut zum Vorschein kommen.[286]

Die weit ausladenden, breitkrempigen Hüte der Zeit vor 1914, geschmückt mit bunten Bändern, künstlichen Blumen, dekorativen Hutnadeln, schillernden Federn und Schleiern passten nicht mehr zu der neuen Kleidermode und der schmalen Körpersilhouette, die alles Kurvige vermied. Vor allem aber passten sie nicht mehr zum kurz geschnittenen Haar, das den Kopf sehr viel kleiner erscheinen ließ und das Gesicht prägnant hervorheben sollte. Untrennbar mit dem Bild des Bubikopfes waren der sogenannte *Topfhut* (*cloche* – franz. Glocke) und die kleine, eng am Kopf anliegende *Kappe* (*Toque*: Hut ohne Krempe) verbunden. Frisur und Kopfbedeckung sollten idealerweise eine Einheit bilden und das geschminkte Gesicht betonen.

Während in zeitgenössischen Diskussionen und Modeberichten Hut und Frisur selten in einen wechselseitigen gestalterischen Bezug gebracht wurden, hat Georgine De Courtais dieses modische Zusammenspiel eindrucksvoll visualisiert und beschrieben.[287] Auch wenn hier die jeweilige, nach Epochen und Dekaden strukturierte Hut- und Frisurenmode Englands im Fokus steht, so gelten De Courtais' Ausführungen doch genauso für Deutschland. Das Modebild war von internationalen Strömungen bestimmt, die zumeist von Paris aus ihren Weg in die Metropolen Europas und Amerikas antraten.

286 Nach *Zwischenkriegszeiten*. Bilder und Informationen zur Mode aus der Zeit von 1916 bis 1933 aus europäischen und amerikanischen Zeitschriften und Magazinen sowie aus US-Versandhauskatalogen. M. Korsitzke. Nachfolgeseite http://www.artdeco-boulevard.de/de (letzter Zugriff 11/2020).

287 De Courtais, *Women's Hats*, S. 153 f.

»Keine Dame ohne Hut!«[288] empfahl nachdrücklich die *Elegante Welt*. In fast jeder ihrer Ausgaben erschienen ausführliche Zusammenstellungen und Kommentare zur Hutmode, einschließlich Modellzeichnungen. Und auch *Die Dame* ebenso wie andere auflagenstarke Modemagazine informierten regelmäßig, vor allem im Frühjahr und im Herbst, über die neuesten Hutkreationen, vorzugsweise mit der Präsentation von Modellen der Pariser Modistinnen.

Unter den Modejournalistinnen stießen die modischen Hüte jedoch über viele Jahre auf Kritik und manches Unverständnis. Die Hüte seien nach wie vor geprägt von der »Vorstellung Schutzhelm«. In ihren Formen erinnerten sie an »Fliegersturzhauben, an enge Schwimmmützen, an militärische Kopfbedeckungen«. Ihnen fehle jede »schmeichlerische Anmut«.[289] Da reihten sich die spöttischen Bemerkungen eines prominenten flanierenden Beobachters des Berliner Straßenlebens, Erich Kästner, ein: »Augenblicklich üben die Damen das Tragen von Hüten, die wie Stahlhelme ohne Krempe aussehen. Sie sind aber aus Filz, sollen stilisierte Fliegerklappen darstellen und liegen knapp um Bubikopf und Ohren. Gewöhnlich schmiegen sich dem Filz, zu beiden Seiten des Gesichts, noch Federschlappen an, die über die Wangen hin bis unters Kinn greifen, als hätten die Mädchen Zahnschmerzen und trügen farbige Priegnitzumschläge [kalte Wickel].«[290]

Verfolgt man die Modeberichte der Magazine und Zeitungsbeilagen, so zeichnete gleichwohl eine große Formen- und Materialvielfalt die weiblichen Kopfbedeckungen aus. Aber die Modesprache habe dafür keine adäquaten Bezeichnungen, bemängelten Beobachterinnen. Das zeuge beschämend von der »Armut der Sprache«, die bedauerlicherweise nur auf so landläufige und unzutreffende Begriffe wie Häubchen, Kappe, Mütze, Barett zurückgreifen könne. »Könnte es nicht eine reizvolle Aufgabe für einen Neuphilologen sein, seine Muttersprache um sinnfällige Ausdrücke zu bereichern, um irgendwie ein wenig jener Formenfülle gerecht zu werden, die eine unermüdlich schöpferische Phantasie uns Saison um Saison beschert?«, fragte Johanna Thal. Denn »solange wir nicht wirklich moderne, modische Sprach-Ausdrucksmittel haben, wird in der Darstellung der Mode immer ein Zwiespalt sein.«[291]

Die Form der zuvor tief ins Gesicht gezogenen Hüte mit ihren geneigten Huträndern, die das Gesichtsfeld der Trägerinnen einschränkten, wurde in den späten 1920er Jahren modifiziert und ließ die Stirn teilweise wieder frei.

288 *Elegante Welt* 12 (1923).
289 Stephanie Kaul, Von neuen Dingen, die zu einer fraulichen Mode gehören, ihren Ursachen und deren tieferer Bedeutung. *Die Dame* 56 (1928/1929), 10, S. 71 f.
290 Erich Kästner, Schwüles Berlin. *Neue Leipziger Zeitung*, 16.8.1927.
291 Johanna Thal, Mode-Notizen. *Die Dame* 57 (1929/1930), 12 (März), S. 64-68, S. 70 ff., S. 68 f.

Abb. 31 Kurzhaarfrisuren 1920-1929. De Courtais, *Women's Hats.*

1927 war noch der ›einäugige‹ Hut die neueste Mode.[292] Und endlich hatten die kleinen Randhüte, die die Kappen ablösten und den lockigen Haaren Platz ließen, auch distinkte Namen: *Chasseur, Dreispitz, Postillion, Glocke, Schottencépi.*[293]

Eine andere Modebeobachterin, Stephanie Kaul, befasste sich mit dem Aspekt der individuellen Gestaltung. Die aktuelle Mode galt dem sehr kleinen Hut, der sorgfältig entworfen worden war: gefaltet, drapiert, geknifft, gewellt. Diese Hüte schmiegten sich weich und eng am Kopf an und wurden so getragen, dass man kaum etwas vom natürlichen Haaransatz sah. Hinten waren sie sehr weit oder einseitig ganz heruntergezogen. Dadurch traten die Gesichtslinien wieder klarer hervor und der Hut betonte die Nase. »Kleider und Hüte sehen heute so aus, als wenn sie nur gerade von dieser einen einzigen Frau

292 Zu den Arbeitsweisen von Putzmacherinnen und Modistinnen sowie Hutgarnituren (Schmuckfedern, Kunstblumen, Hutnadeln) s. Bräuer, Springhorn (Hg.), *Fräulein Haberbeck und ihre Hüte*, S. 62.

293 Wandlung der Hutmode. *Die Dame* 58 (1930/31), 19, S. 18.

Abb. 32 Hutformen der 1920er Jahre

getragen werden könnten, als wenn sie gerade für diese einzige Frau ersonnen worden wären.«[294]

Hutbranche und Friseurhandwerk

Wie auf anderen Modefeldern auch übte Paris in der Hutbranche auf nichtfranzösische Produzenten und Konsumenten nachhaltigen Einfluss. Pariser Modeschöpfer, Hersteller und nicht zuletzt Coiffeure prägten entscheidend das Bild von dem, was sich Frauen in den Metropolen der Welt unter Hut- und Haarmode vorstellten, wovon sie träumten, woran sie sich orientierten. Diese Vorreiterrolle erkannte der Berliner Friseur Lorber offensichtlich nicht und übersah damit, dass die knappe, enganliegende Kappe zusammen mit dem kurz geschnittenen *Garçonne*-Haarstil von Frankreich aus seinen Weg nach Deutschland genommen hatte und hier als Bubikopf ungeahnte und massenhafte Nach-

294 *Die Dame* 57 (1929/1930), 25, S. 24, S. 54f. [Stephanie Kaul].

ahmung fand. »Lassen wir unsere Blicke einmal zwei, drei Jahre zurückgehen, dann werden wir feststellen müssen, daß es damals noch der Friseur gewesen ist, der der Modeindustrie, speziell der Hutbranche, eine gewisse Note auferlegen konnte, denn es wird wohl keiner bestreiten können, daß die Epoche des kleinen Hutes erst dann ihren Anfang nahm, als der Bubenkopf tatsächlich in Deutschland Fuß gefaßt hatte. Warum war es damals möglich, daß wir es in der Hand hatten, auch auf die Modeindustrie unseren Einfluß geltend zu machen? Warum wollen wir mit Gewalt uns das Heft wieder aus der Hand reißen lassen, wenn es vielleicht nicht schon geschehen ist?«[295]

Immer wieder beklagten Berliner Friseure ihren mangelnden beziehungsweise schwindenden Einfluss auf die Zusammenarbeit mit Hutfabrikanten und Modistinnen, die sich von vornherein und bis auf wenige Ausnahmen ohne Bezugnahme auf das deutsche Friseurhandwerk vornehmlich an den französischen Modeideen orientierten. Vor dem Ersten Weltkrieg hatte die »Definitionsmacht« in dieser Beziehung bei den deutschen Friseuren selbst gelegen, deren voluminöse Haarkreationen besondere Hutformen erfordert hatten. Und offensichtlich hatte das noch zu Beginn der Zwanziger Jahre fortgewirkt.

Was also war passiert? War es geringes Selbstvertrauen in die eigenen schöpferischen Kräfte, das allgemein mangelnde Selbstbewusstsein, war es die fehlende Interessenvertretung durch die Friseurinnung oder unzureichendes Verhandlungsgeschick mit Hutfabrikanten und Putzmacherinnen, die schließlich diese Situation herbeigeführt hatte? Von der Unterordnung der Friseurkunst unter die der Hutmode, beziehungsweise von dem einseitigen Abhängigkeitsverhältnis von Frisur zu Hut, zeugt auch die mediale Wahrnehmung, hier in Form eines Modeberichts: »Die Frisur ist sehr eigenartig geworden. Kein Wunder, bei den neuen Hüten. Sie muß vorn flachliegen und in der Ondulation unregelmäßig sein. Dickere Locken oder Wellen müssen sich dort konzentrieren, wo der Hut die Möglichkeit dazu läßt. Der Nacken ist wieder glatter denn je, denn auch hier behauptet der Hut seine Rechte. Für Haar ist einfach kein Raum. So sind die Haare, im Gegensatz zum letzten Jahre, vorn länger als hinten, und die Löckchen werden dort placiert, wo sie sichtbar sein können. Die Haartracht ist im allgemeinen sehr weich und ungemein individuell, mehr denn je der Kunst des Frisörs anvertraut.«[296]

295 Lorber, Kurz oder lang?, S. 620.
296 Johanna Thal, Mode-Notizen. *Die Dame* 57 (1929/1930), 1, S. 83 ff., S. 84.

Abb. 33 Jeanne Mammen, *Der neue Hut* (um 1929)

Abb. 34 Yva, *Ruth Sonnetzky trägt einen Übergangshut* (um 1929)

Kaul sang ein Loblied auf die modischen Kappen und beschrieb die Arbeitsweise der Modistinnen,[297] die aus vorgeformten Hutstumpen[298] (Halbfabrikate) und mit Hilfe von Holzmodellen für die jeweilige Kopfform mit handwerklichem Geschick und nach den Wünschen der Kundin, die nicht auf Massenware aus dem Kaufhaus zurückgreifen wollte, individuelle Hut-

297 Eine *Modistin* oder *Putzmacherin* fertigte Damenhüte, während sich die Berufsbezeichnung *Hutmacher* nur auf die Herstellung von Herrenhüten bezog.

298 Die grob vorgeformten Hutstumpen oder Hutrohlinge waren Zwischenprodukte bei der Herstellung von Hüten. Sie wurden aus Materialien wie Haar- und Wollfilz, Hasenhaar oder Schafwolle in verschiedenen Farben und Größen gefertigt. Sodann wurden sie von Modisten oder Hutmachern zu fertigen Hüten weiterverarbeitet. Nach dem Appretieren (Aufbringen flüssiger Steifungsmittel) und Erhitzen in Wasserdampf durch *Plattieren* wurden sie in Form gebracht. Der Rand wurde beschnitten, gesäumt, gefaltet und mitunter durch Ziernähte und Applikationen ergänzt. Zuletzt werden im Inneren Futter und Schweißband eingenäht. Vgl. *Meyers Großes Konversations-Lexikon.* Leipzig 1907, Bd. 9, S. 673 ff. (Stichwort *Hut*).

formen kreierten: Stroh, Filz, Leinen, Seide als weiches Wachs in der schaffenden Hand der Modistin. Jedes Hutmodell entstand für den Frauenkopf, der es tragen sollte. »Herb und streng sind die Kappen, schwierig zu tragen, aber ungewöhnlich kleidsam, weil sie keine Linie des Frauengesichtes verwischen, weil es hier keine Halbheiten, keine Weichheit gibt. Die Augen sprechen für sich. Die Stirn scheint wirklich der Sitz der Gedanken, die frei und offen ›getragen‹ werden.«[299] Hier finden sich, übersetzt in die Sprache der Mode, die Attribute der Neuen Frau!

Heimarbeit spielte bei der Herstellung von Hüten und in der Putzwarenindustrie (künstliche Blumen, Federschmuck, Bänder etc.) von jeher eine große Rolle, also bereits vor dem Ersten Weltkrieg. Für den Vertrieb und Verkauf von Kappen, Damenhüten und Mützen (»Damenputz«) standen in Berlin unzählige Fachgeschäfte für Kundinnen offen.

Einen anschaulichen Bericht über die Arbeit in einer Hutfabrik nahe des Spittelmarkts in Berlin-Mitte verdanken wir Franz Hessel, einem enthusiastischen Großstadt-Flaneur. 1929 schrieb er: »Ich besuche auf der Konfektionsseite eine Hutfabrik, werde zu den Zeichnern geführt, die nach Pariser Modellen aus Pappe Formen schneiden, zu den Mädchen, die diese Formen in Stoff oder Leder nachschneiden, in den surrenden Saal der Näherinnen und schließlich in einen Raum, wo Eisenformen elektrisch erhitzt werden. Auf ihnen erhält der fertig genähte und zurechtgebogene Hut seine endgültige Gestalt. Aus einem Schlauch wird er mit Dämpfen behandelt und dann in eine Art Backofen getan, wo er im stillen weiterschmort. In dieser Fabrik, die den morgens bestellten Hut bereits abends liefert, entsteht fast alles ganz im Hause, vom Zeichentisch bis zur Verpackung.«[300]

Dass ein besonderes Hutmodell für einen besonderen Frauentyp (sportlich, elegant, leger, jung, älter) durch eine Modistin entworfen worden war, erbrachte zwar in den Details der Ausführung eine schier unendliche Vielfalt an Formen und Zuschnitten. Zeitgenössische Fotos großstädtischer Straßenszenen oder auch entsprechende Filmsequenzen,[301] Versammlungen oder Feste vermitteln jedoch ein anderes Bild. Im Alltag glichen sich, im Gegensatz zu den ambitionierten Modezeichnungen aus den Pariser (und Berliner) Ateliers und den individuell gefertigten Einzelstücken, die massenhaft konfektionierten, bezahlbaren Kappen und Damenhüte.

299 Stephanie Kaul, Schwarze Kappen mit heller Garnitur. *Die Dame* 58 (1930), 14, S. 27, S. 67 f.
300 Franz Hessel, Etwas von der Arbeit, S. 42.
301 Z. B. *Berlin – die Symphonie der Großstadt*. Regie Walther Ruttmann. 1927.

Zentren der europäischen Hutfabrikation

Traditionsreiche Hutfabriken hatten in den 1920er und den beginnenden 1930er Jahren einen bemerkenswerten ökonomischen Aufschwung erlebt. Darüber hinaus entstanden allein in Berlin, also ohne sein Gewerbe-gesättigtes Umland, zahlreiche neue Betriebe, die mit dem Hutgewerbe verbunden waren: Hutfabriken (Damen- und Herrenhüte, Mützen, Fabrikation von Hutschmuck wie Putzfedern und Schmuckblumen, Hutfutter), Hutgroßhandel, Hutfachgeschäfte und nicht zuletzt die Putzsalons der Modistinnen und Putzmacherinnen. Das alles stand in engem Zusammenhang mit der Kurzhaarmode.

Guben (Niederlausitz), südöstlich von Berlin gelegen, entwickelte sich zur Hochburg der deutschen Hutindustrie und zum Zentrum der Hutbranche in Europa.[302] Zahlreiche Hutfabriken versorgten nicht nur die vielen Modistinnen der deutschen Hauptstadt mit Hutstumpen, sondern produzierten auch die nachgefragte (Massen-)Ware für Hutgeschäfte und Kaufhäuser. 1925 existierten in Guben elf Hutfabriken, sieben Hutformenfabriken, ein Hutstoffwerk sowie zwei Maschinenfabriken, die Hutmaschinen fertigten. 1927 wurden 10 Mio. Hüte und Stumpen produziert, davon 30% für den Export in das europäische Ausland. Im gleichen Jahr zählte die Gubener Hutindustrie 7.460 Beschäftigte, bei einer Einwohnerzahl von ca. 41.000. Nach groben Schätzungen lebten inklusive aller Familienangehörigen mehr als 20.000 Menschen in Guben von der Hutindustrie.

Nach Guben galt Luckenwalde im Südwesten von Berlin als zweiter wichtiger Standort der deutschen Hutfabrikation. Die Hutfabriken von Friedrich Steinberg (gegründet 1844) und Gustav Herrmann (gegründet 1883 von den Brüdern Moritz und Salomon Herrmann) waren bedeutende Familienunternehmen, die in der Stadt fest verwurzelt waren. Nachdem 1921 die beiden Firmen zur Firma Friedrich Steinberg Herrmann & Co. fusionierten und damit zur größten Hutfabrik Luckenwaldes geworden waren, realisierten sie einen gemeinsamen Fabrikneubau, mit dem der Architekt Erich Mendelsohn (1887-1953) beauftragt wurde. 1923 wurde der Bau vollendet, und die Fabrik nahm ihre Produktion auf. Die dort hergestellten Hutstumpen wurden anschließend in den Stammwerken Treuenbrietzener Straße (ehemals Steinberg) und Potsdamer Straße (ehemals Herrmann) weiterverarbeitet.

302 Der Hutmacher Carl Gottlob Wilke gründete 1822 in Guben eine Werkstatt, in der er Filzhüte aus Hasenhaar herstellte. Mit der bahnbrechenden Entwicklung des witterungsbeständigen Filzhutes aus Schafswolle begann die wirtschaftliche Entwicklung der Stadt. Wilkes Erfolg zog zahlreiche andere Unternehmer an. 1888 wurde das größte deutsche Unternehmen, die Berlin-Gubener Hutfabrik AG, gegründet.

Der Niedergang der Hutfabrikation begann jedoch nicht erst 1933 mit der Enteignung von Fabriken und Geschäften, die im Besitz jüdischer Fabrikanten und Eigentümer waren,[303] sondern hing stark zusammen mit der bereits zuvor rückläufigen Nachfrage an Damenhüten und -kappen in Deutschland, nachdem die Mode der strengen, sehr kurz geschnittenen Bubikopf-Frisuren ihren Höhepunkt überschritten hatte. Die Haare wurden teilweise wieder etwas länger getragen, gewellt oder lockig. Damit waren auch entsprechende neugestaltete Hutformen gefragt. Und so entwickelte sich die Hutmode zunächst »zweigesichtig«: kleine, eng anliegende, knapp rahmende, das Gesicht plastisch herausarbeitende Kappen und große, weiche, beschattende Hüte aus Seidensamt, Jersey oder vor allem Filz.

Nicht nur der glatte, kurze Haarschnitt schien Ende der 1920er Jahre an weiblicher Zustimmung verloren zu haben, sondern ebenso »die einfache, ungarnierte, sehr legere Kappe fängt an, den Frauen langweilig zu werden«, notierte Stephanie Kaul und fügte, mit einem aufschlussreichen, süffisanten Hinweis hinzu: »Es mögen auch die Männer ihren Teil dazu beigetragen haben, die die feinen Unterscheidungen eines winzigen Kniffes, einer kleinen anders gerichteten Naht nicht wahrnehmen und fast alle der Meinung waren, daß diese winzigen Hütchen, irgendwo unmotiviert aus dem Gesicht gerissen und auf den Mittelkopf gestülpt, den Frauen nicht standen.«[304]

Die sich allmählich ändernde Mode hatte einerseits ihren Grund in einem gewissen Überdruss der Bubikopf-Trägerinnen selbst. Zum anderen begann Anfang der 1930er Jahre eine neue »Weiblichkeitswelle« die Mode zu bestimmen: Haare und Kleider wurden wieder länger getragen, Taille und Busen erneut betont und damit die strikt schmale, »maskuline« Silhouette aufgegeben. Daran konnte die nationalsozialistische Modepropaganda, ohne allzu intensiven ideologischen Überzeugungsaufwand, anknüpfen, als sie 1933 begann, eine »deutsche Mode« für die »deutsche Frau« auszurufen. Eine »deutsche Frisur«

303 Allein für die jüdischen Gewerbebetriebe gibt die Datenbank *Jüdische Gewerbetriebe in Berlin 1930–1945* Auskunft. In ihr sind (Januar 2018) insgesamt 8.024 Betriebe gelistet (mit Besitzerangabe, Art des Geschäftes, Adresse, Gründungsjahr, Jahr der Liquidierung), davon 2.710 für die Textil- und Bekleidungsbranche. Alle daraus von mir ermittelten 171 Betriebe der Hutbranche sind zwischen 1933 und 1940 liquidiert worden. 81 davon, also nahezu die Hälfte, waren zwischen 1918 und 1938 gegründet worden; 109 befanden sich in Berlin-Mitte, um den Hausvogteiplatz und den Spittelmarkt herum, dem Berliner Konfektionszentrum, sowie in Kreuzberg. – Detaillierte Angaben zum Datenbankprojekt und seinen Grundlagen s. http://www2.hu-berlin.de/djgb/www/find (letzter Zugriff 11/2020); vgl. auch Kreutzmüller, *Ausverkauf*, S. 106f.

304 St. K. [Stephanie Kaul], Die Hüte werden wieder interessanter. *Die Dame* 58 (1930/1931), 8, S. 18f.

sollte den verfemten Bubikopf ablösen, wobei gleichzeitig und in paradoxer Weise der Bubikopf als »arteigene Kunst« (um-)definiert wurde.

Ab 1933 wurden die mehrheitlich jüdischen Besitzer der Konfektions- und Hutfabrikationsbetriebe und Modeschaffende von den Nationalsozialisten zunehmend in ihrer Geschäftsausübung behindert und schließlich vertrieben, allein 4.000 Juden aus dem Berliner Bekleidungsgewerbe in Vernichtungslager deportiert und dort ermordet. Die Nationalsozialisten waren bestrebt, die Kleidermode ihrem »neuen« Bild der Frau anzupassen. Alles, was sie einer »Vermännlichung der Frau« zuordneten (Kurzhaarschnitt, geradlinige Kleiderschnitte mit einem Hang zur Androgynität, die Rundungen des weiblichen Körpers ignorierende Silhouette), sollte eliminiert werden. Im Herbst 1933 annoncierte Karstadt, »das Deutsche Kaufhaus«, unter der Überschrift *Parole Deutsche Mode*: »In unseren Schaufenstern und in den Spezial-Abteilungen zeigen wir, was die künftige Deutsche Mode erstrebt. Nicht Luxusmodelle, nicht Auswüchse wesensfremder Kleidungskünstler, sondern DEN Hut, DEN Mantel, DAS Kleid für die Deutsche Frau von Geschmack zeigen wir in zeitgemäßer Preisstellung«.[305]

Die kurzen Haare der Frauen verschwanden nach 1933 jedoch keineswegs aus dem Alltagsbild, genauso wenig galten sie plötzlich als unmodern. Doch der Hype und die Aufregung, der Reiz des Neuen und des Überraschenden waren vorüber. Das faschistische Frauen- und Modebild vermochte indes nicht, die Mehrheit der Frauen umstandslos dem Ansinnen der neuen Machthaber nach einer »deutschen Frisur« zu unterwerfen. Nicht wenige blieben, soweit sie praktische Erwägungen, Eigen-Sinn und Selbstbestimmtheit leiteten, beim »Bubikopf«. Und der Damenhut blieb, wenn auch in abgewandelter Form, für die »gut angezogene« Frau bis weit in die 1950er Jahre ein Muss. Das galt übrigens auch für den Herrenhut.

Gleichwohl erwies sich der Bubikopf als Massenphänomen, oder genauer die Mode des Bubikopfes in seiner massenhaften weiblichen Gefolgschaft, als einigermaßen kurzlebig – ein knappes Jahrzehnt nur, mit seinem Kulminationspunkt in den Jahren 1926 und 1927. Aber nicht nur im Bewusstsein heutiger Zeitgenossinnen prägten Bubikopf und Topfhut das Erscheinungsbild der modernen Frau in der Weimarer Republik wesentlich länger.

305 *Göttinger Tageblatt* vom 16./17.09.1933. Abgedruckt in: Bruns-Wüstefeld, *Lohnende Geschäfte*, S. 175.

BUBIKÖPFE TRAGEN SCHMUCK

Die prägnanten Kurzhaarschnitte legten die bis dahin weniger betonten Gesichtslinien und -konturen frei. Ohren, Stirn, Hals und Nacken gerieten nun stärker in den Blick, und in Korrespondenz mit der Mode der auch am Rücken weit ausgeschnittenen, ärmellosen Kleider ergaben sich ganz neue Möglichkeiten, weibliche Anmut, Schönheit und Selbstbewusstsein zu unterstreichen – durch zeitgemäßen Schmuck der verschiedensten Art. »Die herrschende halsfreie Mode erfordert unbedingt die mehrfach umschlungene, schmeichelnde Perlenkette, der Bubenkopf die kleidsame Umrahmung des Gesichts durch Ohrgehänge, die betont weiblich das oft Allzustrenge des kurzen Haarschnitts mildern«, heißt es in einem zeitgenössischen Magazin. Die Industrie greife diesen neuen Trend selbstverständlich auf und komme ihm mit künstlerischem Verständnis entgegen. Das mache zum einen den Frauen Freude und schaffe zum anderen vielen Tausenden Arbeit.[306]

»Demokratisierung des Luxus« und »kulturelles Unterscheidungsvermögen«

Der »flüchtige« Modeschmuck der Zwischenkriegszeit bewegte sich zwischen der »Demokratisierung der Mode« einerseits und »Mode als Distinktionssystem« (K. Heinze) andererseits.

»Echter« Schmuck aus hochwertigen Materialien wurde über Generationen in den Familien gehütet und weitervererbt. Er galt als Luxusgut, Kapitalanlage und Privileg der vermögenden Oberschicht und blieb bis nach 1900 weitgehend das ästhetische Maß von Schmuck. Mit »Luxus«, so hat Wolfgang König in seiner Studie zum »Wertewandel« des Automobils ausgeführt, seien erst einmal Güter und Dienstleistungen gemeint, die sich nur eine Minderheit leisten könne. Auch zeichne sich Luxus dadurch aus, dass er keine unmittelbare Notwendigkeit habe und daher, im strengen Sinn, überflüssig sei.[307] Im Spannungsfeld »echter« Schmuck vs. Modeschmuck kann Max Webers Formulierung von der »Demokratisierung des Luxus« klärend sein. Luxus, so Weber, werde dem-

306 E. Wendriner, Schmuck die große Mode. Fotograf: Laszlo Willinger. *Das Magazin* 4 (1927/28), 43, S. 1970-1976, S. 1971.
307 König, Das Automobil in Deutschland, S. 117.

nach zunehmend als »notwendiger Konsum« empfunden[308] und beschränke sich folglich nicht mehr allein auf die vermögende Oberschicht.

In den Jahrzehnten nach der Jahrhundertwende standen nicht mehr allein die aus teuren, hochwertigen Materialien (Gold, Platin, Diamanten, Edelsteine) gearbeiteten Schmuckunikate den verschönernden Ansprüchen zur Verfügung. Vielmehr kam der auffallende, mitunter auch provozierend-avantgardistische Schmuck des Art Déco in den Blick. Und damit deutete sich ein Wertewandel im übertragenen Sinne an. Die halbindustriell, aus preiswerten Materialien gefertigten modischen Schmuckstücke in hoher Stückzahl wurden für Frauen breiter gesellschaftlicher Schichten zugänglich. Junge, modebewusste Frauen konnten sie preiswert erwerben, und so wurde dieser Schmuck bald Teil ihres alltäglichen Lebens. Zwischen und auch innerhalb der sozialen Schichten galt das in durchaus unterschiedlichem Maß.

Die massenhafte Produktion von Konsumgütern nach dem Ersten Weltkrieg habe den kulturellen Konsum zwar scheinbar demokratisiert, konstatiert Karen Heinze. Das, was als »Demokratisierung der Mode« (Kleidung, Schmuck, Frisuren) zu beobachten war, habe gleichzeitig jedoch ein neues Problem hervorgebracht: das des (mangelnden) kulturellen Unterscheidungsvermögens (der vielen). Modemagazine der 1920er Jahre, allen voran *die neue linie*,[309] hatten es sich deshalb auf die Fahnen geschrieben, dieses ästhetisch-kulturelle Urteilsvermögen zu schärfen, das heißt, ihre Leserinnen und Leser in Geschmacksfragen und »modischem Taktgefühl« so zu schulen, dass sie in der Lage seien zu erkennen, was ein »jeweils sozial angemessenes Produkt« (für sie) sei.[310]

Ein »kulturelles« beziehungsweise »sozial angemessenes Produkt« konnte ein Kleid sein, ein Armband, ein Parfüm. Das »modische Taktgefühl«, angeblich ein »weiblicher Instinkt«, leite die Frau bei der Entscheidung, zu welcher Gelegenheit, wann und wo und wie sie etwas trägt – »wobei alles Aufsehenerregende zu vermeiden« sei und »sie [die Frauen] sich nicht von Ungewöhnlichem faszinieren lassen« sollen, wie es in einem zeitgenössischen Kommentar hieß.[311]

Das allerdings entsprach, vor allem Mitte der 1920er Jahre, so gar nicht dem Verhalten und der Praxis der vielen modebewussten, experimentierfreudigen Frauen, noch nicht einmal denen der »oberen Schichten«! Denn gerade das Un-

308 Max Weber sprach von einem Luxus, der als notwendiger Konsum empfunden werde, und sah in ihm die »entscheidende Wendung zum Kapitalismus«. Vgl. Weber, *Wirtschaftsgeschichte*, S. 266.

309 *die neue linie*. Leipzig, Berlin [1.] 1929/30-[14.] 1942/43. Dieses Magazin war auf ein bildungsbürgerliches Publikum zugeschnitten.

310 Vgl. dazu Heinze, Geschmack, Mode und Weiblichkeit, S. 67.

311 Anonym, Modisches Taktgefühl. *die neue linie* 2 (1930), 1, S. 31.

gewöhnliche, das Überraschende, auch das Provozierende zeichnete Mode aus und gehörte zum grundlegenden Modeverständnis vieler Frauen.

Ohne an dieser Stelle die oft zitierte und in diesem Zusammenhang grundlegende Studie *Die feinen Unterschiede*[312] des französischen Soziologen Pierre Bourdieu ausführlich zu referieren, sei nur so viel angemerkt: Bourdieu betrachtete »Geschmack« als »sozialen Sinn«, als ein Unterscheidungsvermögen, das es einem erlaube zu erspüren, was zu einem passt. Maßgeblich für dieses Gespür sei die soziale Herkunft, zu der immer ein bestimmter Habitus gehöre. So entstehe Zugehörigkeit zu einem bestimmten sozialen Feld. Mittels kultureller Unterscheidungspraktiken (»Lebensstil«) klassifizierten sich die Akteure, grenzten sich voneinander ab, distinguierten sich. Bourdieu unterschied drei Dimensionen des Geschmacks: (1) die Dimension des legitimen Geschmacks (der reine, natürliche Geschmack der oberen Klassen), (2) die Dimension des mittleren Geschmacks (der prätentiöse Geschmack der Neureichen), (3) die Dimension des populären Geschmacks (der angestrengte Geschmack der Kleinbürger).

Die »Demokratisierung der Mode«, einer Mode also, an der Frauen aller sozialen Schichten in den Weimarer Jahren partizipierten konnten (kurze Kleider, Bubikopf, Modeschmuck etc.), erlebte Ende der 1920er Jahre eine deutlich wahrnehmbare Gegenbewegung. 1929 versuchten unter anderem die einflussreichen Modejournalistinnen Stephanie Kaul und Johanna Thal in *Die Dame* dieser Debatte Argumente zu liefern. Die alten (Mode-)Distinktionen sollten entlang der bestehenden Klassengrenzen wiederhergestellt – und damit zurechtgerückt – werden.

Als Stichwörter dienten Kaul Individualisierung, Geschmack, Kultiviertheit, Vorbildhaftigkeit: »Individualisierung der Mode an Stelle der Typisierung. Kleider in Form und Schnittart, wie sie nur von Frauen getragen werden können, die ein eigenes Auto besitzen. Es kann bei einigermaßen konsequenter Entwicklung dieser Bewegung wieder jene Schichtung der Gesellschaft entstehen, die die Entwicklung der letzten Jahre fortgenommen hatte. Jene Art der Geselligkeit, des Luxus, des Anziehens, der Lebenshaltung, die eine bestimmte Klasse vorbildlich macht in allen Fragen des Geschmacks. Da wieder einzelne, kultivierte Frauen von Stil und Niveau allein und einzig bestimmend sind. So werden sie im besten Sinne vorbildlich für das Gros, die Menge der übrigen Frauen. Es wird entstehen. Die individuelle Dame, die sich freigemacht hat von der Allgemeinheit, Typisierung und Normierung.«

Und weiter schreibt Kaul: »Nach Jahren strenglinigster Einfachheit und größter Zurückhaltung im Stoffverbrauch, nach vielen Saisons einer puritani-

312 Bourdieu, *Die feinen Unterschiede.*

schen Genügsamkeit werden diesmal zum erstenmal wieder Kleider geschaffen. Die neuen Modelle machen aus dem Girl eine Dame, die sich freigemacht hat von der Allgemeinheit, Typisierung und Normierung.«[313]

Auch die amerikanische Germanistin Mila Ganeva konstatiert, dass die Hinwendung der Mode zu mehr Weiblichkeit am Ende der 1920er Jahre als Reaktion auf die »gleichmachenden« Modeströmungen der Jahre zuvor zu verstehen ist, »auf die vorangegangene Nivellierung des individuellen Erscheinungsbildes von Frauen im Verlauf der Demokratisierung von Mode«. Soziale Differenz und Klassenhierarchie wären in Zeiten erschwinglicher, massenproduzierter modischer Kleidung nahezu unsichtbar geworden und würden nun, durch die besondere Betonung von Eigenwilligkeit und persönlicher Identität, wieder erkennbar. Damit würde, so Ganeva, »die Modernität der Mode einerseits als ein unwiderruflicher Bruch mit jahrhundertealten Schönheits-Traditionen und Kulturpraktiken interpretiert, andererseits als erneute Bestätigung des uralten Bedürfnisses nach weiblicher Schönheit in Gestalt von Individualität gesehen.« In der Modedebatte um 1929 sei diese doppelte Erkenntnis von Modejournalistinnen im Verbund mit der *Haute Couture* erstaunlich klar reflektiert worden. Kleider und Haare wurden länger, reiche Verzierungen tauchten wieder auf und die Kleiderschnitte betonten die natürlichen Formen des weiblichen Körpers anstatt sie zu verstecken. »All diese Veränderungen sind als unmittelbare Reaktion auf die vorhergehende Tendenz der Demokratisierung und Vereinheitlichung zu sehen.«[314]

Echt-Schmuck – Mode-Schmuck

Der Schmuckdesigner Walter Lochmüller aus Schwäbisch Gmünd kommentierte 1930 treffend die Wünsche moderner Frauen, die gerne und in vielfältiger Weise mit Traditionen zu brechen bereit waren: Sie liebten Schmuck, »der gerade heute passt, zu diesem Kleid, diesem Puder, dieser Schminke. Freilich wird die moderne, sachliche Frau nicht den »kuranten« [gängigen] Schmuck tragen, der echten imitiert – den tragen Dienstmädchen –, sondern den sachlichen, der seine Herkunft nicht verbirgt.«[315]

Madame d'Ora, österreichische Mode- und Gesellschaftsfotografin in Paris, beklagte in einem der wenigen zeitgenössischen Artikel zum Thema Modeschmuck nicht nur die Kurzlebigkeit dieser Art von Schmuck, sondern auch die mit »echtem« Schmuck verbundenen Traditionen, die verloren zu gehen droh-

313 Stephanie Kaul, Zur Psychologie der neuen Mode. *Die Dame* 57 (1929), 1, S. 82 f., S. 82.

314 Ganeva, *Women in Weimar Fashion*, S. 73 f.

315 Zitiert nach Weber-Stöber.

ten. »Echter« Schmuck, teuer und kostbar, befand sich meist in Familienbesitz. Er wurde vererbt, teilweise auch als finanzielles Investment genutzt. In d'Oras Text deuten sich die gesellschaftlichen Umbrüche und Verwerfungen an, die mit der Lebensweise moderner Frauen nach dem Ersten Weltkrieg einhergingen. So fragte d'Ora, wo wohl die »Familienstücke« geblieben sein mochten. »Mit dem Schmuck verband sich die Vorstellung des wohlgeordneten Lebens, der Loge im Theater, der Familienporträts im Salon von Lenbach, Liebermann, der Hausbälle, der Equipage vor der Türe, der alten livrierten Diener und der großen Mitgift der Haustöchter. Heute ist Schmuck Mode, die unstabilste Angelegenheit des Umfassens, des Besitzwechsels und der Sorgen. Man erkennt heute in dem Schmuckstück nicht mehr den Besitzer, wohl aber die Jahreszahl. Denn es kommt aus der Mode, genau so rasch wie der Hut, das Kleid, die Tasche, zu denen es zu passen hat. Da liegen sie zu Haufen, die Schmuckstücke in den ›second-hand‹-Geschäften der Rue de Provence, mit den kostbaren Signaturen von Cartier, Lacloche usw. Kurzes Leben hatten sie. Gekauft im Aufflackern der Börse. Uhrarmbänder mit Diamanten besetzt. Als mode passé. Jadepfeile, die niemand mehr tragen will. Die große Uhrkette, nicht mehr up to date. Aber auch eine Unmenge Clips liegen bereits da. Rasch, rasch, solange sie noch getragen werden. […] Ich stehe oft vor solchen Geschäften. Es liegt viel verpfuschtes Leben in der Auslage. Und es scheint mir, als könnten nicht nur Perlen, sondern auch Diamanten Tränen bedeuten.«[316]

Ein gutes Stück über d'Oras Ausführungen einer privaten Halböffentlichkeit (Hausbälle, Soirées, Theaterlogen) hinaus geht eine Beobachtung, die sich auf den Schmuck des berühmten französischen Schmuckgestalters René Lalique (1860-1945) bezieht. Sie befasst sich mit dem ausgesprochen intimen Umgang mit wertvollem Designerschmuck – ganz im Gegensatz zum Modeschmuck, der als Accessoire auch tagsüber und vor allem in der Öffentlichkeit getragen wurde. Laliques Schmuck sah man weder auf der Straße noch im Theater, noch auf großen Soiréen. Das bestätigte, dass die Kundinnen des Meisters seine Absichten klar erkannt und akzeptiert hatten. »Denn Lalique will kein Paradegeschmeide schaffen, das den Reichthum der Trägerin veranschaulicht, einen intimen Schmuck, der im engen Kreise getragen werden und vor allem seine Besitzerin selbst dauernd erfreuen soll.«[317]

(Mode-)Schmuck wurde nach dem Ersten Weltkrieg zu einer Ware, die ihren Anteil daran hatte, dass sich die alten gesellschaftlichen Strukturen mehr und mehr auflösten, sich neue zu entwickeln begannen. Ein sozialer Wan-

316 d'Ora, Schmuck. *Die Dame* 58 (1930/31), 22, S. 5-8, S. 7f. – Madame d'Ora (Künstlername von Dora Kallmus, 1881-1963) arbeitete in Paris, seit 1927 mit eigenem Atelier, als Modefotografin für *Die Dame* und große Pariser Modehäuser.

317 Zitiert nach Becker, Mode-Schmuck, S. 243.

del setzte ein, der soziale Unterschiede verwischte, keinesfalls jedoch aufhob. Das Schmuckgewerbe hatte diese »Nische im Übergang« erkannt und genutzt und traf damit das persönliche Lebensgefühl und die Sehnsüchte einer neuen Frauengeneration, ihrer Kundinnen. Als entsprechend antiquiert, zumindest vordergründig, galt der historische, ererbte Echt-Schmuck, wenn er auch im Hintergrund seinen Wert behielt.

Eine ganz andere Sichtweise zu d'Oras Eloge auf den »Familienschmuck« hat Gabriele Tergit 1929 zu den weiblichen Empfindungen in einer Glosse formuliert: Empfindungen, die sich mit Modeschmuck verbanden, selbst wenn es sich nur um billigen Glasschmuck von der Straße handelte. Faszinierend ist ihr Blick auf die demokratisierende Zeit und die sich entwickelnde Eigenständigkeit von Frauen, die quasi in der Ehrlichkeit und Offenheit von Glasperlen kulminieren: »›Meine Damen, hier ist der neuste Modeschick. Was in Paris drei und vier Mark kostet, kostet hier eine Mark. Das muß jede Dame tragen, in den apartesten Farben, rot und schwarz oder blaßlila und grün, das ist kein Schund, das ist kein Ramsch. Das ist der neueste Modeschick. Das ist der letzte Schick aus Paris.‹ So spricht der Mann auf der Straße. Über seinem Arm hängen die Ketten, Chrysopras und Aquamarin und Topas und im Grunde alles Glas. Man steht dabei, und sämtliche Gefühle unserer Urmütter steigen in uns auf. Schmuck war ein Zeichen von Reichtum. Die Perlkette der Frau war das Aushängeschild für den Geldschrank des Mannes. Der Brillantohrring bewies seine Kreditfähigkeit. Als das Rock- und Blusenzeitalter anbrach, konnte man sicher sein, daß die Demokratie nicht mehr fern sein würde. Als die falschen Perlen möglich waren, war sie zwar noch nicht da, aber näher gerückt. Eins der Privilegien der verwöhnten Frau, geschmückt zu sein mit der Süße und Melancholie der Perlen, war immerhin gebrochen. Noch immer aber waren sie ein Beweis für das Liebäugeln mit dem Reichtum und einem Mangel an Sinn für Qualität. Noch war etwas vom mystischen Zauber der königlichen Perlen auch an der Imitation für drei Mark hängen geblieben, mit dem man sich zugleich mit der Kette schmückte. Jetzt erst, wo es ehrlich und offen das Glas tut, der bunte Kiesel fast, hat der Schmuck heimgefunden zu seiner Bestimmung, ist ehrlich geworden. Der Schmuck der Frau ist nicht mehr der Bankausweis des Gatten, sie selber ist es, die sich schmückt, mit ihrem Geschmack, mit dem bunten Christbaumbehang, der zum Knabendreß die Lockung fügt. ›Hier, meine Herrschaften, findet jede Dame, was sie braucht, jede Kette eine Mark. Das ist kein Schund, das ist kein Ramsch, das ist der neueste Modeschick.‹«[318]

Der Modeschmuck hatte jedoch in der zeitgenössischen Modepresse zunächst kein positives Image. Häufig war zu lesen, die Schmuckmode tauche in

318 Gabriele Tergit, Die gläserne Lockung. *Berliner Tageblatt*, 8.6.1929.

der Zeit auf, die den Bubikopf brachte und werde hoffentlich auch mit ihm verschwinden. Zwar wurden die neuen Trends immer mal wieder in künstlerischen Fotoserien dem Lesepublikum vorgeführt, dabei aber bedauernd hervorgehoben, dass es sich um Unechtes, nicht Authentisches handele und mit dem bisher geschätzten, wertvollen »echten« Gold- und Perlenschmuck, den die Großmutter der Enkelin weitergebe, nichts gemein habe. Aber welche junge Büroangestellte konnte und, vor allem, wollte sich noch damit schmücken? Dem veränderten Zeitgeschmack wurde immerhin mit der Feststellung begegnet, dass der »einfachen« Frau im Grunde genommen nun dieselben Möglichkeiten zur Verfügung stünden. »Durch Wohlfeilheit [ist] die Möglichkeit gegeben, es den Oberen gleichzutun. Schmucktragen ist längst eine Angelegenheit des täglichen Lebens. Die moderne Schmuckindustrie hat sich auf diese soziale Idee erheblich umgestellt, und Talmi ist die große Mode geworden.«[319] Beim Modeschmuck der 1920er und 1930er Jahre ging es jedoch keineswegs um billige Nachahmung von Echtschmuck, also *Talmi*, sondern um grundsätzliche Alternativen in Form und Materialien, in Fertigungs- und Vertriebsmethoden.

Der Blick auf zeitgenössische Modezeichnungen und -fotos, Werbeanzeigen, künstlerische Porträts der Neuen Sachlichkeit oder Filmplakate zeigt, dass Ohrgehänge, lange Perlenketten (*Sautoirs*) für das Dekolleté wie für den Rücken, breite Armreifen und Ringe, die auch über langen Handschuhen getragen wurden, Broschen oder Clips am Jackenrevers oder an der Ärmelmanschette zum Gesamtbild modebewusster Frauen gehörten. Für die Abendtoilette schmückten sie sich zudem mit einem Diadem aus Strass, und manche zeigten sich mit fein gearbeiteter Zigarettenspitze aus Bernstein, Schildpatt oder Onyx (siehe Abbildung 51, S. 179).

Was ist Modeschmuck?

Mit »Modeschmuck« ist hier zunächst der Schmuck des Art Déco[320] gemeint, auch wenn es unter dem Schmuck des Jugendstils (in Frankreich *Art Nouveau*), des *Arts and Crafts Movements* und der *Wiener Werkstätte* bereits »Schmuck der Moderne« gab. Im Gegensatz zu Schmuckstücken aus der Zeit des Kaiserreichs, dem sogenannten »echten« Schmuck, gefertigt aus Perlen, Gold, Silber, Edelsteinen und Diamanten, der zumeist als Einzelanfertigung (Unikat) eines

319 Ruth Feiner, Talmi die große Mode. *Revue des Monats* 4 (1929/30), 4, S. 434f., S. 435.
320 Art Déco (Art décoratif – ›dekorative Kunst‹), eine Bewegung der Designgeschichte zwischen 1920 und 1940. – In Paris hatten 1925 die französischen Juweliere auf der Ausstellung »Exposition Internationale des Arts Décoratifs et Industriels Modernes« mit ihren schmückenden Schöpfungen Zeichen gesetzt und in deutschen Kreisen für hohe Aufmerksamkeit und Nachahmung gesorgt.

namentlich bekannten Meisterbetriebs, eines Goldschmiedes, Juweliers oder Designers und daher zu einem entsprechend hohen Preis zu kaufen war, zeichnete sich der Modeschmuck durch gänzlich neue, preiswerte Materialien (u. a. Perlmutt, Email, Elfenbein, Bakelit, Galalith, Lucite, Chrom, Glas, Messing, Tombak, Nickel, Horn, Lack, Textilfaser[321]) und serielle, (teil-)maschinelle Fertigung in hoher Stückzahl aus, entworfen von Kunsthandwerkern ganz unterschiedlicher Prägung. Auf Grund ihres erschwinglichen Endpreises sollten und konnten die modischen Schmuckstücke in ihrer unendlichen Vielfalt weite Verbreitung finden (siehe Abbildung 52, S. 179).

Walter Benjamin hat sich mit der Reproduzierbarkeit von Kunstwerken, zu denen die elaborierteren Schmuckstücke der 1920er und 1930er Jahre zu zählen sind, kritisch auseinandergesetzt. Zwar biete die entstehende kollektive Ästhetik die Möglichkeit der Entwicklung hin zu gesellschaftlicher Emanzipation, berge aber auch die Gefahr, politisch vereinnahmt zu werden, wie er es am Aufstieg des Faschismus festmachte. Vor allem aber verliere das Kunstwerk seine Aura, die gerade in der Einmaligkeit bestehe.[322]

Modebewusste Frauen der 1920er und 1930er Jahre, darunter auch die vielen berufstätigen, geringverdienenden, schätzten es, sich, unabhängig von etwaigen Geschenken des Ehemanns oder Freundes, vom eigenen Geld und nach eigenem Geschmack ihre Lieblingsstücke für ganz unterschiedliche Gelegenheiten selbst aussuchen und vor allem: leisten zu können – eine »Demokratisierung des Luxus«.

Eine eindeutige Trennlinie zwischen dem Tragen von »echtem« Schmuck und Modeschmuck hat es naturgemäß nicht gegeben, vielmehr waren hier die Übergänge fließend und Entwicklungsprozesse (Materialien, Fertigungstechniken) lassen sich erkennen, eine Gleichzeitigkeit, ein Nebeneinander. Das drückte sich auch in verschiedenen Preisniveaus aus, denn auch das Angebot an Modeschmuck hatte seine distinkten Segmente, die auf entsprechende Einkommensverhältnisse und damit auch auf gesellschaftliche Schichten ausgerichtet waren. Dennoch galt für die Kleidung wie für den Schmuck: es war nicht mehr ohne Weiteres eindeutig auszumachen, welcher sozialen Schicht jemand angehörte. Distinktionen in der Kleidermode konnten nur noch in der Qualität der Stoffe beziehungsweise der Materialien sowie an deren Verarbeitung festgemacht werden, nicht mehr aber am Schnitt oder an der Formgebung.

Seine ersten großen Erfolge feierte der Modeschmuck in Frankreich, zunächst verbunden mit den Namen René Lalique (um 1900), in den 1920er und

321 Zu den einzelnen Materialien vgl. das Glossar in Weber-Stöber, *Art-Déco-Schmuck*, S. 330-344.

322 Benjamin, Das Kunstwerk im Zeitalter seiner technischen Reproduzierbarkeit.

1930er Jahren mit Coco Chanel und Christian Dior. Aber auch in den USA, Deutschland und Italien fand er große Resonanz und wurde zum integralen Part der Kleider-, Hut- und Frisurenmode.[323]

Wenn heute vom Schmuck der Zwischenkriegszeit die Rede ist, begegnen uns nebeneinander Begriffe wie Modeschmuck, »unechter« Schmuck, Art-Déco-Schmuck, (unechte) Bijouterie oder *costume jewelry*.[324] Allen Termini sind folgende Merkmale gemeinsam:

- die Schmuckstücke wurden aus wenig(er) wertvollen, sogenannten »unechten« Materialien (z.B. falschen Perlen, imitierten Edelsteinen, Kunststoffen, Email, Glas, Porzellan) hergestellt und in Silber oder preisgünstigen Metallen bzw. Metalllegierungen gefasst;
- jedes Modell wurde in größerer Stückzahl seriell und maschinell in zeitgemäßem (modernem) Design produziert, im Gegensatz zur bis dahin üblichen Einzelstückfertigung z.B. der *Wiener Werkstätte* nach der Jahrhundertwende. Nur sehr selten war es mit einem Firmen-Stempel markiert und damit keinem Hersteller oder Designer zuzuordnen;[325]
- Modeschmuck wurde passend zur jeweiligen (Kleider-)Mode entworfen, die von Saison zu Saison wechselte.[326] Folglich wurde Modeschmuck schnell »unmodern«;
- durch die Verwendung der neuen, preiswerten Materialien und die auf hohe Stückzahlen gerichteten Fertigungsmethoden und Distribution ergaben sich Preise, die auf eine breite Käuferinnenschicht zielten;
- Modeschmuck war leicht zugänglich und erreichbar. Besonders in den Kauf- und Warenhäusern konnte die Palette der Schmuckstücke von jeder Interessentin in den Auslagen angeschaut, das passende Schmuckstück »ausprobiert« und schließlich eine Kaufentscheidung vor Ort getroffen werden.

323 Zur Entwicklung des Modeschmucks vgl. Weber, Möller, *Mode und Modeschmuck 1920–1970 in Deutschland.*

324 Einen ausgezeichneten Überblick zum Modeschmuck bietet Weber-Stöber, *Art-Déco-Schmuck.* Darin: Tendenzen und Wegbereiter des neuen Stils, internationale Ausstellungen, Schmucktypen, Materialien, internationale Schmuckzentren, Werkstätten, Designer, Markenzeichen.

325 Allerdings legte die Firma Fahrner/Braendle großen Wert auf den Erkennungswert ihrer Produkte: »nur echt mit der Plombe«.

326 Anne-Barbara Knerr wendet ein, dass der allgemein übliche Begriff »Modeschmuck« auf die Schmuckschöpfungen von Idar-Oberstein, einem der vier Schmuckzentren Deutschlands, nicht wirklich passe. Dort orientierte man sich nicht zuerst an der Kleidermode. Denn dafür hätte der Schmuck zu den großen Modeschauen eben schon »da« sein müssen. »Wirklichen Modeschmuck« habe es nur in der Haute Couture gegeben, »wo die Modeschöpfer selbst passenden Schmuck zu ihrer Kollektion entwerfen konnten«, wie z.B. Coco Chanel. Knerr, *Idar-Obersteiner Modeschmuck*, S. 1.

Schmuck der Moderne

Das, was in den Bubikopf-Jahren den Modeschmuck ausmachte, hatte seine Anknüpfungspunkte in den Schmuckformen um 1900. Die vielfältigen technischen und materiellen Vorgaben und Verfahren, besonders aber die künstlerischen Einflüsse des Jugendstils, des französischen *Art Nouveau* und der *Wiener Werkstätte* prägten den Modeschmuck nach 1920 auf die eine oder andere Weise. Maßgeblich und unmittelbar beeinflusst wurde seine Formensprache von den Prinzipien des Bauhauses.

Jugendstil

Die Formen des Jugendstilschmucks nahmen sowohl Bezug auf die belebte Natur (stilisierte Libellen, Schmetterlinge, Ranken, Blüten- und Blattformen) als auch auf die unbelebte (Wasser, Wellen). Ebenso waren figürliche Assoziationen, insbesondere schöne Frauenköpfe mit wallendem Haar, populär. Mehr und mehr setzten sich abstrakte Designs durch. Insgesamt zeichnete sich der Jugendstil-Schmuck durch elegante Rundungen, teilweise Mehrgliedrigkeit bei Broschen und Anhängern und eine verhaltene (Mehr-)Farbigkeit aus. Verwendung fanden Silber, Onyx, Email, Opal und Perlmutt.

Wiener Werkstätte

Von wesentlich radikalerer Modernität als der Jugendstil, beeinflusst vom englischen *Arts and Crafts Movement*, waren die teilweise streng linear-geometrischen Schmuck-Entwürfe der *Wiener Werkstätte*.[327] Zu den bekanntesten Designern gehörten Dagobert Peche (1887-1923), Josef Hoffmann (Architekt und Designer, 1870-1956), Koloman Moser (Grafiker und Kunsthandwerker, 1868-1918), Eduard Wimmer-Wisgrill (1882-1961) und Carl Otto Czeschka (1878-1960). Gehämmertes, getriebenes und teilweise mit Gold patiniertes Silber wurde zu Ketten, Halsbändern, Ringen und Broschen verarbeitet. Als farbgebende Schmucksteine dienten Achate, Karneole, Malachite und Amethyste, aber auch Lapislazuli, Opale, Mondstein und Korallen.

Wodurch sich die einzelnen Schmuckepochen wesentlich unterschieden, war ihre Klientel, die Konsumentinnen. Während sich im Jugendstil wie auch

327 Die Wiener Werkstätte GmbH, gegründet 1903, war eine Produktionsgemeinschaft bildender Künstler. 1932 erfolgte die Liquidation. – Vgl. Staggs (Hg.), *Wiener Werkstätte jewelry*. – Mit der besonderen Rolle von Frauen als Trägerinnen von Schmuck, als Musen von Designern oder als Entwerferinnen von Modeschmuck im frühen 20. Jahrhundert befasst sich Zorn Karlin et al. (Hg.), *Maker & muse*.

Abb. 35 Naum Slutzky, Armreif aus verchromtem Silber, 1931

während der 1920er und 1930er Jahre Schmuckdesigner und -hersteller an eine breite Schicht von Käuferinnen und Käufern wandten und ihre Stücke medial vermarkteten, sozusagen »öffentlich« anboten, blieb die *Wiener Werkstätte* mit ihren weitgehend als Unikate angefertigten edlen Schmuckstücken einem betuchten »inneren Zirkel« vorbehalten, der als elitär und eben gerade nicht als »demokratisch« bezeichnet werden kann. »Der Kundenkreis der Wiener Werkstätte«, so beschreibt es Janis Staggs, Ausstellungskurator in New York, »rekrutierte sich aus einer kulturell feinsinnigen und wohlhabenden Gesellschaftsschicht. Viele Aufträge ergaben sich aus Freundschaften, Familienbeziehungen oder beruflichen Verbindungen. […] Frauen, die Schmuck der Wiener Werkstätte trugen, galten als unabhängig und fortschrittlich, oft kombinierten sie ihn mit Reformkleidern.«[328] Gustav Klimt war regelmäßiger Kunde und kaufte zahlreiche bedeutende Schmuckobjekte für seine Gefährtinnen, insbesondere für seine Vertraute Emilie Flöge.

328 Staggs, Ein elitärer Kreis, S. 41.

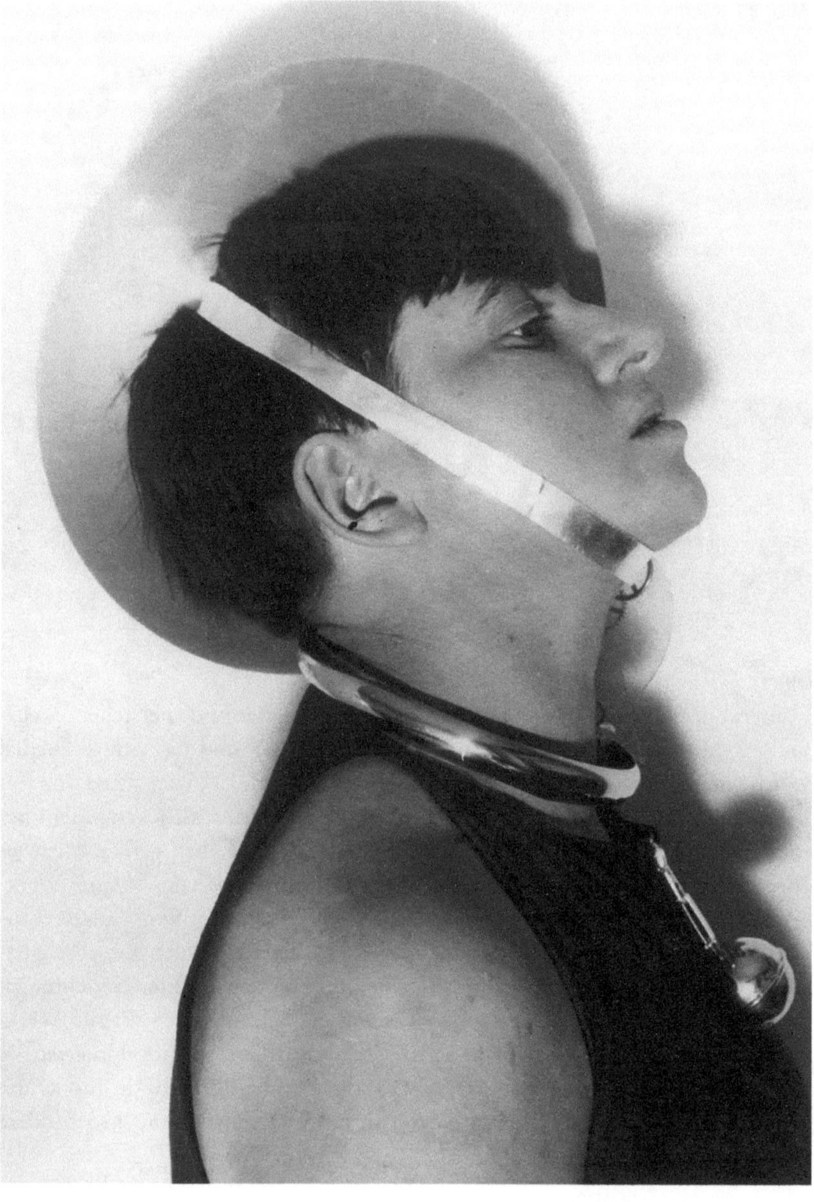

Abb. 36 Marianne Brandt, *Selbstporträt, mit Schmuck für ein Fest in der Bauhaus-Metallwerkstatt,* 1929. Brandt (1893–1983), deutsche Designerin, Fotografin, Malerin und Bildhauerin. Mit ihren Produktentwürfen in der Metallwerkstatt – einige werden als Design-Klassiker noch heute nachgebaut – zählt sie zu den bekanntesten Bauhauskünstlern.

Bauhaus

Im Gegensatz zur *Wiener Werkstätte*, deren Vertreter gerade in der Schmuckgestaltung einen wichtigen kunsthandwerklichen und künstlerischen Ansatz pflegten, spielte das Entwerfen und Herstellen von Schmuck in den Werkstätten des Bauhauses eine untergeordnete Rolle. Naum Slutzky[329] experimentierte mit neuen, stark reduzierten Formen und preisgünstigen Materialien. Seine Unikate (Halsketten, Armreifen, Ringe und Broschen, aber auch Lampen und Teekannen) sollten als Modelle für die industrielle Produktion dienen.

In künstlerischer und handwerklicher Hinsicht aber hatte die avantgardistische Formen- und Farbensprache, wie sie am Bauhaus entwickelt wurde, einen nicht zu unterschätzenden Einfluss auf die moderne Schmuckgestaltung der 1920er und 1930er Jahre. Die Reduktion auf geometrische Grundformen wie Kugel, Kegel, Quadrat, Dreieck und Rhombus kennzeichnete auch den deutschen Modeschmuck und folgte darüber hinaus den Bauhaus-Grundsätzen nach Funktionalismus und sparsamem Einsatz passender Materialien. Die Bauhaus-Ideen in ihrer Abwendung von Dekor und Ornament wurden in den Ausbildungsstätten für Gold- und Silberschmiede in den deutschen Schmuckzentren Hanau, Idar-Oberstein, Pforzheim, Schwäbisch Gmünd und Burg Giebichenstein bei Halle von Designern und Gestaltern begierig aufgenommen.

Art-Déco-Schmuck aus Pforzheim und Idar-Oberstein

Liebhaberinnen von Modeschmuck erwarteten ein vielfältiges Angebot, modische Aktualität, einfache Kaufentscheidung durch Überprüfbarkeit im Geschäft oder im Kaufhaus und nicht zuletzt einen erschwinglichen Preis. Für die Firmen, die insbesondere nach der Weltwirtschaftskrise auf Modeschmuck gesetzt hatten, bedeutete das: extrem hohe Flexibilität und Stilsicherheit in der Formgebung sowie rationelle technische Fertigung. Materialkenntnis spielte ebenso eine Rolle wie die Bereitschaft, neue, preisgünstige Materialien und Techniken im Umgang mit Metallen zu entwickeln und damit zu experimentieren (Verchromung, Legierungen, Überzüge, zum Beispiel das im galvanischen Verfahren hergestellte Doublé, die Neusilberlegierung Alpacca, die Bronze-Zinn-Legierung Tombak und Messing).

Beispiele dreier deutscher Firmen, die sich neben den französischen Avantgardisten entwickelten und den Schmuck des Art Déco – mit seinen Wurzeln

329 Naum Slutzky (1894-1965) entstammte einer ukrainischen Goldschmiedefamilie. Nach seiner Lehrzeit wurde er 1912 Goldschmied in der Wiener Werkstätte, ab 1919 Lehrer und später Meister für Industriedesign am Weimarer Bauhaus. – Dazu Rudolph, *Naum Slutzky*.

im Jugendstil (das Beispiel Theodor Fahrner) – wenn auch nur zu relativ kurzer Blüte brachten, sollen zeigen, wie innovativ, kreativ und unverwechselbar neue Designideen umgesetzt wurden. Diese orientierten sich zumeist an industriellen Formen, wie es Geist und Bilder der Zeit nahelegten. Ketten, Anhänger und Armreifen sollten modern, raffiniert einfach und überraschend zugleich wirken, durften auch provozieren, so, wie es der Mode immanent war. Das musste jedoch nicht bedeuten, dass auch ihre Fertigung ohne Aufwand war. Manche dieser elaborierten Stücke, vor allem Schmuck der sich stark am Bauhaus orientierenden Firma Jakob Bengel in Idar-Oberstein, stehen für diese Eigenschaften und Qualitäten.

Gustav Braendle/Theodor Fahrner Nachf. (Pforzheim)

Theodor Fahrner jun. (1859-1919) war gelernter Stahlgraveur. Er wurde zum Protagonisten des Designerschmucks in Deutschland und gilt als Wegbereiter des Jugendstil-Schmucks. Die Ringfabrik seines Vaters baute er zu einer der kreativsten Schmuckfirmen Europas aus. Schon um 1900 trug der Fahrner-Schmuck aus Pforzheim zur »Demokratisierung des Luxus« bei und machte ihn mit seinem Gewandschmuck (Gürtelschnallen, Broschen, Hutnadeln, Manschettenknöpfen) zum Kennzeichen des modernen Schmucks in Deutschland.[330] Fahrner selbst verstand sich als »Künstlerfabrikant«, beschäftigte für die Fahrner-Entwürfe einzelne Designer und verband seine künstlerischen Vorstellungen mit den Methoden und Techniken der industriellen Fertigung, eine Liaison, die andere Schmuckhersteller als nicht machbar und auch nicht wünschenswert ansahen. Er stellte seine Entwürfe auf internationalen Ausstellungen (u. a. der Pariser Weltausstellung von 1900) vor und wurde mit verschiedenen Auszeichnungen geehrt.

Nach dem Tod Theodor Fahrners 1919 kaufte Gustav Braendle (1883-1952), Pforzheimer Juwelier, die Bijouteriewarenfabrik Theodor Fahrner.[331] Bis 1979 wurde sie unter dem Namen Bijouteriewarenfabrik Gustav Braendle/Theodor Fahrner Nachf. weitergeführt. »Fahrner Schmuck« blieb somit als Markenzeichen erhalten. Das Produktionsprogramm von 1921/22 hatte »vornehmer Markasit- und Silberschmuck in Verbindung mit Email und Halbedelsteinen, Halsbänder, Anhänger, Broschen, Nadeln, Pendeloques (= Ohrgehänge und Anhänger in Tropfenform), Gürtel« gelautet.[332] Die Zahl der Mitarbeiter war

330 Becker, Mode-Schmuck, S. 242.
331 Vgl. Leonhardt, Zühlsdorff (Hg.), *Theodor Fahrner.*
332 Weber, Geschichte der Bijouteriewarenfabrik, S. 158.

von ca. 50 (1920) auf 250 bis 300 (1925-1930) gewachsen, verringerte sich später jedoch wieder auf 70 bis 80 (1934-1939).[333]

»Fahrner Schmuck auch für den Herrn« annoncierte Braendle Ende der 1920er Jahre, womit vor allem *Chatelaines* gemeint waren, dekorative Anhänger, mit denen Uhren und andere kleine Gegenstände an der Kleidung befestigt wurden, und farbige Manschettenknöpfe.[334] Als einzige deutsche Schmuckfirma bewarb Braendle ab Mitte der 1920er Jahre seine Schmuckkollektion in mehrfarbigen, teils ganzseitigen und grafisch ambitionierten Anzeigen in den Modezeitschriften *Die Dame*, *die neue linie* und *Querschnitt* und präsentierte sie auf der Leipziger Messe (Specks Hof). »Für jedes Kleidungsstück in Form und Farbe der passende Fahrnerschmuck«, so annoncierte die Firma 1930 in *Die Dame* ihre Ketten und Armbänder, ganz im Sinne der Philosophie von *costume jewelry*. In Berlin, wo die führenden Modehäuser ausnahmslos ihren Sitz hatten, ließ Gustav Braendle im Hotel Adlon sowie im Palasthotel in Dresden seine Novitäten bei Modeschauen von Filmschauspielerinnen vorführen. Zur Werbestrategie gehörte freilich auch der ausdrückliche Hinweis, dass nicht der »Allerweltsgeschmack« befriedigt werden solle, denn »die Dame der Gesellschaft will nicht das haben, was alle haben, sie bevorzugt das Besondere und Ausgefallene«.[335] Bei durchschnittlich 150 RM Monatsverdienst einer Büroangestellten war der Preis von 35 RM für ein einfaches Collier für sie exorbitant hoch. Aber die Firma bot auch wesentlich preiswerteren Schmuck an.

Die Jahre zwischen 1925 und Anfang 1930 waren, so zeigen erhaltene Musterbücher, die produktivsten der Firma Gustav Braendle. Der Umfang der lieferbaren Modelle nahm ab 1920 ständig zu. 720 Entwürfe für Broschen, Armreife, Anhänger und Colliers lassen sich allein zwischen August 1926 und September 1927 nachweisen.[336] Das verweist auf gute Geschäfte auf der Grundlage einer offensichtlich regen Nachfrage.

Henkel & Grosse (Pforzheim)

Christianne Weber, ausgewiesene Expertin für Modeschmuck und seine Geschichte, vermerkt, dass es Dank der Emanzipation des Modeschmucks vielen

333 Ebd., S. 160. Die Angaben beziehen sich auf Aussagen von Familienmitgliedern und ehemaligen Mitarbeitern, denn das Firmenarchiv war 1945 zerstört worden. Die Unterlagen aus der Nachkriegszeit kamen bei der Firmenauflösung 1979 abhanden bzw. wurden ebenfalls vernichtet.

334 *Die Dame* 56 (1929), 20, S. 60.

335 *Die Schaulade* 7 (1931), 2, S. 117.

336 Weber, Geschichte der Bijouteriewarenfabrik, S. 164.

Abb. 37 Henkel & Grosse, Halskette (Chrom und Galalith)

Frauen möglich war, »ein Vermögen zu tragen, das nichts wert ist«.[337] Dafür stehen am sinnfälligsten die Firmennamen Henkel & Grosse (Pforzheim) und Jakob Bengel (Idar-Oberstein), die aus den Kunststoffen Bakelit und Galalith[338] in Verbindung mit Metall formschöne, avantgardistische Armreifen, Colliers, Anhänger, Broschen und Ohrgehänge in allen nur denkbaren geometrischen Formen und Farbkombinationen auf den Markt brachten. Heute sind dies ausgesprochen wertvolle und rare Sammlerstücke.

In Pforzheim, dem aufstrebenden Zentrum der deutschen Schmuckindustrie am Rande des nördlichen Schwarzwalds, hatte 1907 Heinrich Henkel (1876-1941) mit seinem Schwager Florentin Grosse (1878-1953) aus dem thüringischen Dingelstädt ein Unternehmen gegründet: die »Gold- und Haar-Bijouterie-Fabrik Heinrich Henkel und Co.«. Angefangen hatten sie mit der Produktion von Schmuckstücken und Uhrenketten aus Flechthaar. Bald florierte das Geschäft, man gewann Preise und Medaillen. Als Florentin Grosse

337 Weber-Stöber, Der große Traum von einer neuen Welt, S. 19.

338 In der Art-Déco-Schmuckproduktion der Firmen Jakob Bengel (Idar-Oberstein) und Henkel & Grosse (Pforzheim) spielte Galalith bis in die 1930er Jahre unter den Materialien eine wichtige Rolle.

nach Kriegsende 1918 den Betrieb wieder übernahm, führte er neue Produktlinien ein, die zur beginnenden Zeit des Jazz und Charleston und dem Lebensgefühl von jungen Großstadtfrauen passten: Handtaschen mit »Panzerketten« aus Neusilber (Alpacca) und Zigarettendosen. Schon bald veränderte die Söhne-Generation wiederum das Profil der Firma, nun unter dem Namen Henkel & Grosse. Nach dem wirtschaftlichen Einbruch auf Grund des Börsenkrachs von 1929 und der Weltwirtschaftskrise entschloss man sich, die Produktpalette ganz neu auszurichten: hochwertiger Modeschmuck, *costume jewellery*, der die aktuellsten modernen Entwürfe mit der Verwendung von Galalith, künstlerischen Formen und technischer Funktionalität zusammenbringen sollte. Indem neue, d. h. europäische Märkte angesteuert wurden, verschob sich der Absatz von den Grossisten zu den Bijouterien und Einzelhändlern.

»Das neuartige Modeschmuck-Design von Henkel & Grosse«, so beschreibt es Vivienne Becker in ihrer kurzen Firmengeschichte, »erregte weiterhin Aufmerksamkeit, nicht nur bei Marcel Breuer, dem Leiter der Möbelwerkstatt am Bauhaus in Dessau, sondern auch das Interesse bedeutender Pariser Modehäuser, darunter Lanvin und Elsa Schiaparelli, mit denen Henkel & Grosse eine Zusammenarbeit begann.« Mit avantgardistischen Konzepten, mit Leidenschaft für technische Innovation und handwerkliche Präzision gelang es dem Unternehmen, »immer einen Schritt voraus zu sein«.[339]

Jakob Bengel (Idar-Oberstein)[340]

Die Ketten- und Bijouteriewarenfabrik Jakob Bengel in Idar-Oberstein, 1873 gegründet, war im Produktsegment Uhr- und Schmuckkettenherstellung auch international erfolgreich. Christianne Weber hebt hervor, dass sich die spätere Bengel-Schmuckproduktion der Jahre 1925 bis 1936, verglichen mit anderen Herstellern, durch eine außerordentliche Innovationskraft und ein hohes Maß an Individualität auszeichnete. Charakteristisch für diesen Modeschmuck sei die vorwiegende Verwendung von Chrom und Galalith gewesen, in Verbindung mit einem sachlich-kühlen Bauhausstil.[341]

339 Vivienne Becker, Firmengeschichte Henkel & Grosse, S. 23.

340 Zur Schmuckfirma Jakob Bengel: Lindemann (Hg.), *Bengel-Art-Déco-Schmuck*. – In ihrer Dissertation hat die Kunsthistorikerin Barbara-Anne Knerr zahlreiche Idar-Obersteiner Firmennachlässe bearbeitet, darunter auch von der Firma Jakob Bengel. Zudem dokumentiert sie an Hand von Musterbüchern Produktionsweisen und Formenvielfalt der Angebote (hervorragend ihre fotografische Präsentation von Schmuckobjekten). Vgl. Knerr, *Idar-Obersteiner Modeschmuck*; Lindemann (Hg.), *Zeitgeist*.

341 Weber-Stöber, Rede zur Ausstellungseröffnung, S. 1.

Die erst nach 2000 entdeckten Bengel-Musterbücher[342] enthalten zahlreiche Entwürfe der Details wie auch der Endprodukte und belegen einen beeindruckenden Reichtum an Formen, Farbkombinationen und Techniken. Auch dokumentieren sie das historische Fundament, auf dem der Bengel-Modeschmuck sich erst entwickeln und entfalten konnte – ein schier endlos variierendes Repertoire an Kettenmustern. Die einzelnen Kettenglieder wurden mit geometrischen Metallelementen verbunden, auf die farbige Galalithplättchen geschraubt oder geklebt waren.

Das bläulich-silbergrau glänzende Chrom in Verbindung mit dem matten Schimmer des geschliffenen Galalith in nuanciert abgestimmten Farbkombinationen – vorzugsweise Schwarz-Weiß, Blau-Rot – hatte eine besondere Eleganz und vornehme Ausstrahlung. Zudem besaß solch ein Schmuckstück im Stil der Bauhaus-Ideen mitunter die Anmutung, es entstamme der französischen Avantgarde-Schmuckproduktion. Das erhöhte noch einmal seine Wertschätzung bei deutschen Kundinnen. Exportiert wurde überwiegend nach Frankreich.

Die Firma Jakob Bengel produzierte auch nach 1933, in einer Zeit, in der künstlerische Innovationen in Deutschland nicht mehr gedeihen konnten, weiter fast ausnahmslos Stücke, die sich an den formalen Prinzipien des Art Déco orientierten. Das belegen die Musterbücher von 1924 bis 1939 ganz augenfällig. Wie manch andere Idar-Obersteiner Schmuckfabrik aber musste auch sie in einer Gratwanderung zwischen internationalen Trends und der Unterwerfung unter die »germanischen« Ansprüche der Nationalsozialisten eine Balance finden. Bereits 1933 hatte die *Deutsche Goldschmiedezeitung* einen Wettbewerb für Schmuckstücke mit Hakenkreuz ausgeschrieben. Im Kommentar dazu heißt es: »Nationaler Schmuck hat eine zweifache Aufgabe zu erfüllen: den Träger zu schmücken und von seiner positiven Einstellung zum neuen Deutschland Kunde zu tun.«[343] Einige wenige Zugeständnisse an den »deutschen Schmuck für die deutsche Frau«, die nach 1933 aufgefordert wurde, mit allen »Extravaganzen« Schluss zu machen, sind überliefert. Christianne Weber nennt ein sehr pragmatisches Beispiel: »Bei der Firma Jakob Bengel verstand man äußerst geschickt mit dem Thema umzugehen, wie die Entwürfe im Musterbuch beweisen: Es wurden kleine, z.T. dreifarbige Galalith-Hakenkreuze produziert, die man an einer kleinen Öse an der ganz normalen Halskette als Anhänger befestigen konnte – wenn man wollte oder die Notwenigkeit es gebot.«[344]

342 Ein Beispiel: http://www.jakob-bengel.de/home/wp-content/uploads/2015/07/Jakob-Bengel-Privee-2.jpg (letzter Zugriff 11/2020).

343 Weber-Stöber, *Jakob Bengel*, S. 53.

344 Ebd., S. 54.

Der Art-Déco-Schmuck von Jakob Bengel wirkt zweifellos auch heute noch zeitlos schön und attraktiv. Zeitlosigkeit gehörte ursprünglich nicht zu den Attributen des Bengel-Schmucks, vielmehr war es die absolute und damit vergängliche Aktualität im Zusammenspiel mit der jeweiligen Mode. Das unverwechselbare Design des Jakob-Bengel-Schmucks animiert heute die Sammlercommunity und lässt sich auch nach 90 Jahren noch weltweit vermarkten, wie es die Firma Jakob Bengel Idar-Oberstein (JBIO), gegründet 2015, konzipiert. JBIO hat sich darauf konzentriert, Schmuck ganz in der Tradition und nach den Originalentwürfen von Jakob Bengel zu kreieren und herzustellen. Das neue, wiederbelebte Interesse zeigt sich auch in dem Willen, die originalen Bengel'schen Produktionsstätten in Idar-Oberstein zu erhalten, zu reaktivieren und der Öffentlichkeit zugänglich zu machen.[345]

Avantgardistische Elemente im Modedesign (einschließlich des Bubikopfs, der Hüte, des Modeschmucks), in der Formgebung von Alltagsgegenständen, in darstellender Kunst und Fotografie wirkten transnational – wie auch das Bild, das die zeitgenössischen Medien (Filme, Magazine, Werbung) von der »Neuen Frau« transportierten: »the modern girl around the world«. Paris blieb das bestimmende Modezentrum, das jedoch in einem beziehungsreichen Netz mit den je unterschiedlichen Ausprägungen der urbanen Zentren, von New York bis Shanghai, von Berlin bis Mexico-City, verankert war. Das Dessauer Bauhaus übt bis heute einen nachdrücklichen internationalen Einfluss aus. Paul Betts kann diese Determiniertheit und zeitliche Reichweite über viele Jahrzehnte in der Formgebung von Alltagsgegenständen eindrucksvoll zeigen.[346]

Waren in der Zwischenkriegszeit die sozialen Unterschiede in Deutschland keinesfalls aufgehoben, so wurden sie doch undeutlicher. Die »Neuen Frauen«, viele von ihnen berufstätig, hatten ihren maßgeblichen Anteil am Massenkonsum, aber auch am kulturellen Leben, nicht nur als passive Betrachterinnen und Zuhörerinnen, sondern in hohem Maße als aktive und vielbeachtete Künstlerinnen, als Modedesignerinnen, Fotografinnen, Tänzerinnen und Schauspielerinnen.[347] Modistinnen und einzelne Schmuckgestalterinnen (zeitgenössisch »Mustermacher«) waren an Entwurf, Produktion und Vertrieb der Hüte und Schmuckstücke beteiligt, Friseurinnen und Ladenmädchen in den Kaufhäusern waren, stärker als je zuvor, als Dienstleisterinnen im öffentlichen Raum präsent. Die vielen Näherinnen in den Hutfabriken oder die Heimarbeiterinnen beim Schmuckhersteller Jakob Bengel hingegen blieben weitgehend unsichtbar. Und auch wenn das international stilgebende Bauhaus an der Oberflä-

345 Industriedenkmal Jakob Bengel, http://www.jakob-bengel.de (letzter Zugriff 11/2020).
346 Betts, *The Authority of Everyday Objects.*
347 Vgl. u. a. die Porträts von Bleitner, *Frauen der 1920er Jahre.*

che als »Männerbetrieb« angesehen wird, haben Frauen als Weberinnen (Gunta Stölzl, Anni Albers, Hilde Rantzsch, Margaretha Reichardt), Fotografinnen (Lucia Moholy, Etel Mittag-Fodor, Florence Henri), Wandmalerinnen (Lou Scheper-Berkenkamp) oder als Designerin in der Metallwerkstatt (Marianne Brandt) innovative und herausragende Werke hinterlassen – handwerklich wie künstlerisch.[348] In ihrer Sichtbarkeit und Erinnerung allerdings wurden sie im Gegensatz zu den Meistern des Bauhauses lange benachteiligt.

Und schließlich: Das Schmücken von Frauen durch Männer, das großzügige Schenken von Schmuck und Modeartikeln und die damit einhergehende Definitionsmacht eines männlich geprägten Frauenbildes »beendeten« nicht wenige Frauen dadurch, dass sie die Arbeit an ihrer Erscheinung und ihrer Art zu leben in die eigenen Hände nahmen und – nicht selten provozierend – selbst bestimmten, wie sie gesehen werden wollten. »Der Schmuck der Frau ist nicht mehr der Bankausweis des Gatten«, hatte Gabriele Tergit ironisch geschrieben. Dieser weibliche Eigen-Sinn der 1920er und frühen 1930er Jahre erwies sich indes nicht als nachhaltig, wie die Entwicklungen der nachfolgenden Jahrzehnte eindrucksvoll zeigen.

348 Vgl. dazu Müller, *Bauhaus-Frauen*.

Abb. 38 Onchi Kôshirô, *Girl with Mirrors*, 1929. Onchi Kôshirô (1891-1955) war ein japanischer Holzschnittkünstler und Bucheinband-Gestalter.

Abb. 39 Anita Rée, *Bildnis Hildegard Heise*, 1928. Anita Rée (1885-1933), Malerin der Neuen Sachlickeit, gehört zu den »verfehmten« Künstlerinnen. Im April 1933 wurde sie von der Hamburgischen Künstlerschaft als »artfremdes Mitglied« diffamiert und ausgeschlossen. Im Dezember 1933 nahm sie sich das Leben. – Hildegard Heise (1897-1979) war eine deutsche Fotografin der Neuen Sachlichkeit.

Abb. 40 L'Oréal, Anzeige [um 1920]

Abb. 41 Jeanne Mammen, *Die Rothaarige* (auch bezeichnet als *Gedanken beim Friseur*), um 1928

Abb. 42 Jeanne Mammen, *Die schöne Frau*, 1926

Abb. 43 Heinrich Herzig, *Das ist der rote Lippenstift*, 1927. Notenheft-Cover zum gleichnamigen Slowfox

Abb. 44 Brigitte Helm im Stummfilm *Metropolis.* Filmplakat von Werner Graul, 1927

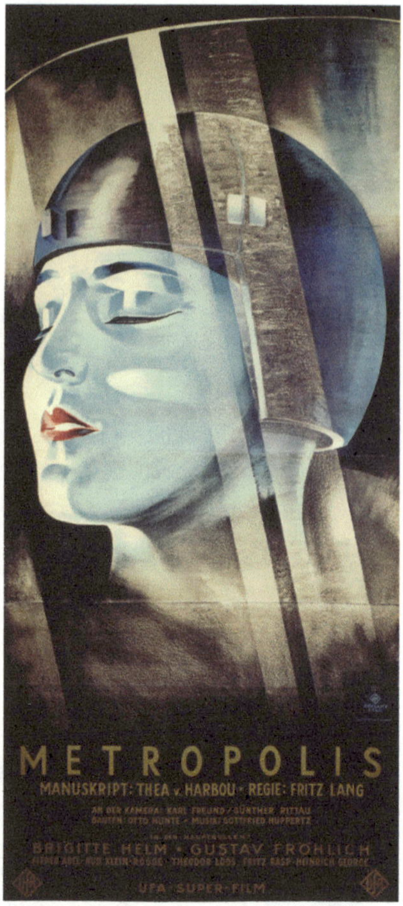

Abb. 45 Werbung der Elida Parfümerie A.G., um 1926

Abb. 46 Colleen Moore, 1926

Abb. 47 Lotte Laserstein, *Russisches Mädchen mit Puderdose*, 1928

Abb. 48 Otto Dix, *Bildnis der Journalistin Sylvia von Harden*, 1926

Frisch, fromm, fröhlich, frei!

(J. Mammen)

„– und nu sich bloß nich schenieren, Meechens! Wenn eener überhaupt bemerkt, daß wa Weiber sind, is er eben 'n Schwein!"

Klopitz!" Onkel Sam rennt zu Klopitz, aber der hat auch nur dem Pusedow geliehen, weil er sein Freund ist, und lebt selbst nur von Schulden. Onkel Sam rennt zu dessen Gläubiger und hört wieder dasselbe: er forscht unermüdlich weiter und weiter, aber jeder Gläubiger ist selbst wieder Schuldner, alle leben nur von Schulden, und schließlich hat Onkel Sam fast alle Einwohner der Stadt befragt, ohne auf den Endgläubiger gestoßen zu sein, von dessen Geld sie alle leben. „Oder", fragt sich Onkel Sam, „leihen sie sich hier etwa alle im Kreise, der letzte wieder vom ersten, und praktisch hat keiner was? Aber das ist doch einfach unmöglich!" Und Onkel Sam tut den letzten Schritt. Noch bleiben zwei Einwohner der Stadt, die er nicht befragt hat. Er eilt zu dem vorletzten: „Sie sind der Gläubiger von Herrn Trotelkeit?" — „Gewiß!" sagt der, „leider Gottes, meine dämliche Gutmütigkeit! Dabei lebe ich selbst nur von Schulden!" Onkel Sam bleibt die Spucke weg. „Ja", sagt der Mann, „wenn mir nicht mein Freund Hans Geld geliehen hätte ..." — „Was!?" brüllt Onkel Sam auf, „mein Neffe Hans?? Der elende Schriftsteller, der selbst nur auf meine Kosten lebt — ??" Und da prallt er erkenntnisschwer zurück: „Also bin ich es, der hier die ganze Stadt finanziert ..." Natürlich wurde Onkel Sam im Städtischen Krankenhaus unentgeltlich behandelt!

273

Abb. 49 Jeanne Mammen, »*Frisch, fromm, fröhlich, frei!*«, 1931/1932
Die Bildunterschrift lautet: »– und nu sich bloß nich schenieren, Meechens! Wenn eener überhaupt bemerkt, daß wa Weiber sind, is er eben 'n Schwein!« – ein vermutlich persiflierend-karikierender Hinweis der *Simplicissimus*-Redaktion auf die von vielen Männern verachtete »vermännlichte« oder lesbische Frau, als deren sichtbarstes Zeichen vielen der Bubikopf galt.

Abb. 50 Rudolf Schlichter, *Damenkneipe*, um 1925

Abb. 51 Jupp Wiertz, *Vogue – Das Parfüm dieses Winters*, 1928. Jupp Wiertz, [d.i. Joseph Lambert Wiertz] (1888-1939), Gebrauchsgrafiker, Plakatkünstler und bedeutender Vertreter der deutschen Reklamekunst

Abb. 52 Ludwig Hohlwein, »*Trage Schmuck – Du gewinnst*«, 1925

Abb. 53 Heinrich Herzig, Notenblattcover, 1924. Herzig (1887-1964) war ein Schweizer Grafiker.

Abb. 54 Notendeckblatt, 1924. Design des österreichischen Gebrauchsgraphikers Otto Dely (1884-1945)

Abb. 55 Loreley

Abb. 56 Loreley

Abb. 57 Loreley

Abb. 58 *Die Lorelei*

Abb. 59 *Moderne Lorelai!*. Das Gedicht von C.K. will zum Bildinhalt nicht recht passen. Statt »der Scheere blanken Stahl, es fallen die goldenen Locken«, »schwingt« die »Lorelai« einen Stilkamm, mit dem sie den blonden Bubikopf kämmt. Lai ist eine altdeutsche Bezeichnung für Felsen.

Abb. 60 *Die bubiköpf'ge Lorelei*

Abb. 61 *Die moderne Lorelei!*

Abb. 62 *Warnung*

Abb. 63 Jungfer Loreley

Abb. 64 Einst sang dort oben wunderbar …

Abb. 65 Frida Kahlo, *Selbstbildnis mit abgeschnittenem Haar*, 1940

Abb. 66 Frida Kahlo, *Selbstbildnis mit Zopf*, 1941

Abb. 67 Jupp Wiertz, *Frauen und Mädchen! Sammelt Frauenhaar!*, 1918

Abb. 68 Eui-Jip Hwang, *Pale Like Her*, 2017

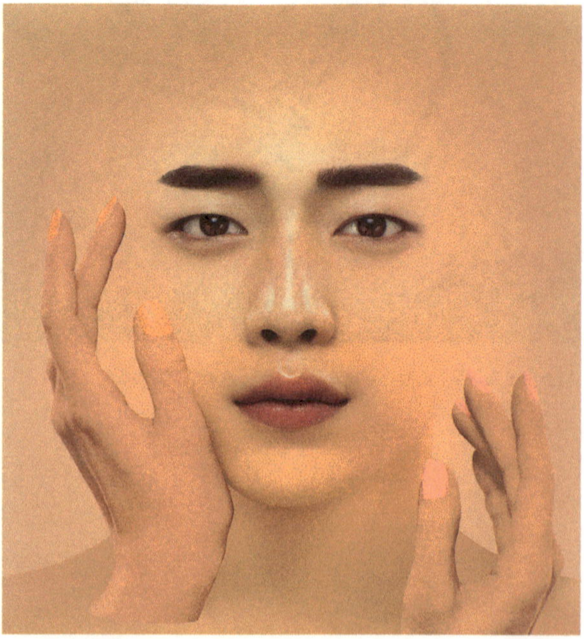

»JEDE GNÄDIGE, JEDE LEDIGE TRÄGT DEN BUBIKOPF« – UNTERHALTUNG UND SATIRE

Die Debatte um das revolutionär kurz geschnittene Frauenhaar, besonders heftig geführt um die Mitte der 1920er Jahre, spiegelte sich auf besondere Weise in der Populärkultur der Weimarer Jahre wider, in Karikaturen, im Kabarett, in Schlagertexten, Filmen, Romanen wie in zahllosen Schwänken. Die modische Frisur war enthusiastisch aufgenommen worden von den einen, verspottet, abgelehnt und geächtet von den anderen.

Gerade wegen dieser gegensätzlichen Bewertungen hatte es der Bubikopf einigermaßen leicht, Eingang in die Schlagerwelt, das volksnahe Theater sowie in das Repertoire der Anekdoten und Witze der Wochenendausgaben von Tageszeitungen zu finden. Er durfte, beim Wort genommen, rücksichtslos ins Lächerliche gezogen werden, war dem Klamauk ebenso ausgesetzt wie der Übertreibung, aber auch den Zweifeln und Ängsten, wo das noch hinführen sollte mit den modernen jungen Frauen.

Thematisiert wurde nicht in erster Linie der radikale Haarschnitt an sich, sondern das, was sich allgemein mit kurzem Frauenhaar verband und als Nonplusultra der neuen Weiblichkeit gesehen oder auch gefürchtet wurde: die Androgynität, die nicht nur äußerliche Auflösung der Geschlechtergrenzen. In Zusammenhang damit stand auch die angeblich drohende Ent-Sexualisierung der Frau. Denn dem langen Haar, das aus seiner gebändigten Form als Hochfrisur, Haarknoten oder Zopf beim Lösen und Herablassen in Bewegung gerät und auf die Schulter fällt, wurde eine starke sexuelle Wirkung zugeschrieben. Kurze Haare bedeuteten daher in den Augen konservativer Männer den Verlust weiblicher Attraktivität. Und so wurde der Bubikopf in den 1920er Jahren auch als Botschaft und sichtbares Zeichen für die Vermännlichung der Frau gelesen, sei es in der äußeren Erscheinung, im Arbeitsleben oder in der Lebensführung. In der Folge würde das, so die Unterstellung, unweigerlich eine gewisse Verweiblichung des Mannes nach sich ziehen – und damit, letzten Endes, der Auflösung einer distinkten binären Geschlechterordnung Tür und Tor öffnen.

Weiblichkeitsbilder

Das deutsche *Girl* und die androgyne Frau nach dem Vorbild der französischen *Garçonne*, galten als sportlich, erfolgreich und selbstbestimmt, im beruflichen wie im privaten Leben. Idealtypisch wurde das *Girl* in zeitgenössischen Modemagazinen so porträtiert: langbeinig, knabenhaft schmale Hüften, kleine Brüste – eine gesunde, optimistisch ins Leben schauende, selbstbewusste Person, allem Neuen gegenüber aufgeschlossen. Zu ihrem modischen großstädtischen Look gehörte maßgeblich das kurz geschnittene Haar, der legendäre Bubikopf.

Die »Neuen Frauen«, wie sie uns in den Figuren von Irmgard Keuns und Vicki Baums Romanen[349] begegnen, sind von diesem Idealtypus oder vielmehr: diesem Stereotyp jedoch einigermaßen entfernt. Die reale Lebenswelt der allermeisten Frauen sah weit weniger leichtfüßig und glamourös aus. Statt sich hauptsächlich mit Schönheitsarbeit und Mode zu beschäftigen, mit der Aufmerksamkeit heischenden Wirkung auf andere also, hatten sich junge Arbeiterinnen und Tausende von sogenannten kleinen weiblichen Angestellten vor allem den Anforderungen und der Mühsal zu stellen, den eigenen Lebensunterhalt zu verdienen und ihren Alltag zu bewältigen. Aleksandra Kollontai, die russische Revolutionärin, nennt sie »den ›fünften‹, bisher unbekannten Typ von Heldinnen« und meint damit das Heer der Ledigen, deren hohe Zahl auch in den vielen Kriegstoten des Ersten Weltkrieges ihren Grund hatte. In ihrem Essay »Die neue Frau« von 1919 beschrieb Kollontai diese »Heldinnen« mit nachdrücklicher Emphase:

»Die ledigen Frauen, das sind Millionen in graue Kleidung gehüllte Figuren, die sich in endlosem Zuge aus den Arbeitervierteln kommend nach den Werkstätten und Fabriken, nach den Stationen der Ringbahnen und Elektrischen hin bewegen in jener Stunde vor Tagesanbruch, in der die Morgenröte noch mit der nächtlichen Finsternis kämpft. Die ledigen Frauen, das sind jene Zehntausende junger oder schon welkender Mädchen, die sich in den großen Städten in einsamen Zimmerkäfigen einnisten und die Statistik der ›selbständigen Haushalte‹ vermehren. Es sind die Mädchen und Frauen, die ununterbrochen den dumpfen Kampf um das Leben führen, die ihre Tage auf dem Kontorstuhl absitzen, die auf die Telegraphenapparate tippen, die hinter den Ladentischen stehen. Ledige Frauen, das sind die Mädchen mit frischen Seelen und Köpfen voll kühner Phantasien und Pläne, die sich in die Tempel der Wissenschaft und der Kunst drängen, die mit geschäftigen, männlichen Schritten die Trottoire bevölkern, auf der Suche nach billigen Stunden und schriftlichen Gelegenheitsarbeiten.«[350]

Die Wirkungskraft der modernen jungen Frauen bildete sich in vielerlei zeitgenössischen Bildern und Texten ab. Ein frühes Gedicht von Peter Huchel gewährt uns – in starken (Natur-)Metaphern – zunächst einen wehmütigen Blick in die Vergangenheit, in die Zeit vor dem Ersten Weltkrieg: auf die »zop-

349 Irmgard Keun, *Gilgi, eine von uns* (1931), *Das kunstseidene Mädchen* (1932), Vicki Baum, *Stud. chem. Helene Willfüer* (1928).

350 Kollontai, Die neue Frau S. 9ff.

figen Mädchen der Wälderjahre«. Gleichzeitig aber lassen die Zeilen etwas von Huchels Faszination erahnen, die mit dem Wandel der jungen Mädchen zur »Knäbin der Städte« einherging. Die »gekürzten Haare« beziehungsweise das »geopferte Haar« werden zur zentralen Aussage und zum Symbol für die tiefgreifenden Veränderungen der Ansichten von »Weiblichkeit« und zeigen uns hier die moderne Frau als »Schmaltier der Boulevards«.

Die Knäbin
Birken und nackte Mädchen am Wasser,
aber Birken sind schlanker und blasser.
Steigen die Mädchen weiß in den See,
bleiben Birken, Knabe und Reh.

Zopfiges Mädchen der Wälderjahre,
Knäbin der Stadt heut, du kürztest die Haare,
äugig und Reh der Untergrundbahn,
katzig und samtig in Pelz getan.

Seidigen Mond, Perlmutt unter Strümpfen,
steigen ins Auto kurzröckig Nymphen.
Zuckender Sterne Reklame im Haar,
gehn wir zigeunern in Kino und Bar.

Fern deinen Zöpfen und Mutterjahren
wird dich das Flugzeug geschmeidiger fahren,
Knäbin der Städte, geopferten Haars,
rehhüftig, Schmaltier der Boulevards![351]

Dieses Faszinosum eines gänzlich neuen Frauentyps begegnet uns übrigens weitaus öfter aus der Sicht von Männern als von Frauen. Franz Hessel (1880-1941), überzeugter Flaneur und wacher Beobachter des Lebens auf den Straßen Berlins, beschrieb die »Nachkriegsberlinerin« als »junge Avant-Garde«. Sie, »die hurtigen, straffen Großstadtmädchen mit den unersättlich offnen Mündern«[352] »gehen so hübsch in ihren Kleidern ohne Gewicht, herrlich ist ihre Haut, die von der Schminke nur erleuchtet scheint, […] und die Selbstsicherheit, mit der sie paarweise durch das nachmittägliche Gewühl der Tauentzienstraße und

351 Huchel, *Die Knäbin* (1927). – Peter Huchel (1903-1981), deutscher Lyriker und Redakteur. – Der Hinweis auf Huchels Gedicht fand sich bei Aneka Meier, Weimar bodies, S. 129 f.

352 Hessel, Der Verdächtige, S. 23. – Franz Hessel (1880-1941), deutscher Schriftsteller, Übersetzer und Lektor.

Abb. 69 *Menschen am Sonntag*: Christl und Brigitte beim Picknick am Wannsee (1929)

des Kurfürstendamms treiben«.[353] Auch Kasimir Edschmid beschwor die mitreißende Selbsterfindung und -inszenierung der in materieller Unabhängigkeit lebenden Neuen Frauen.[354]

Am anderen Ende des breiten Spektrums an Bildern von Weiblichkeit bewegen sich die beiden Protagonistinnen des bemerkenswerten Films *Menschen am Sonntag*,[355] eines der letzten Stummfilme der Neuen Sachlichkeit (1929/1930). Er schildert das Lebensgefühl junger Menschen im Berlin der Weimarer Republik. Die unspektakuläre Geschichte ist rasch erzählt: Sommer 1929; der Weinverkäufer Wolfgang trifft am Bahnhof Zoo auf Christl, die als Komparsin beim Film arbeitet. Nach längerem Zögern spricht er sie an. Sie trinken gemeinsam einen Kaffee und verabreden sich für den kommenden Sonntag zu einem Ausflug an den Wannsee. Wolfgang bringt den Taxifahrer Erwin mit, der sich am

353 Hessel, Von der Mode, S. 50.
354 Edschmid, *Nizza und die Frauen*, S. 11.
355 *Menschen am Sonntag*. Ein Stummfilm von Robert Siodmak (Regie), Billie/Billy Wilder (Drehbuch), Eugen Schüfftan (Kamera), Erwin Splettstößer, Brigitte Borchert, Christl Ehlers, Wolfgang von Waltershausen (Darsteller). – Das Originalnegativ ist verloren gegangen, eine vollständige Kopie der Originalfassung nicht erhalten. Die restaurierte (kürzere) Fassung erschien als DVD-Video: München: United Software Media 2007.

Abend vorher mit seiner Freundin, einem Mannequin, zerstritten hatte, und Christl wiederum hat ihre Freundin Brigitte dabei, die unter der Woche als Schallplattenverkäuferin arbeitet. Es dauert nicht lange, bis Wolfgang mit Brigitte anbandelt und beide in den Grunewald entschwinden.

Die Bubiköpfe Christl und Brigitte, beide hübsch (aber nicht unbedingt schön, wie ein zeitgenössischer Filmkritiker anmerkte), machen sich offensichtlich weder beim Baden im See noch mit nassen Haaren beim Picknick oder später beim Techtelmechtel auf dem Waldboden die allergeringsten Gedanken oder Sorgen um den Zustand ihrer Frisuren. Weder Wasser, Wind noch Sonne müssen sie scheuen. Wolfgang kann Christls Haarschopf augenscheinlich einiges abgewinnen, immer wieder fährt er ihr zärtlich durch die Haare. Kurze Frauenhaare, so wird hier über die bewegten Bilder vermittelt, sind alltags- und wochenendtauglich, und das in jeder Beziehung! Sie passen perfekt in die Zeit und zu diesen jungen Frauen.

Die Besonderheit dieses Films liege, so der Filmkritiker Claudius Seidl, in der »Lässigkeit und Luftigkeit«, mit der diese jungen Menschen versuchten, sich so zu bewegen, wie sie das auch ohne die Präsenz der Kamera getan hätten. Auch dadurch unterschied sich dieser Film radikal von vorangegangenen Stummfilmen, insbesondere was die weiblichen Stars anbelangt. Die vier Darsteller, als Schauspieler gänzlich ungeschult, »hatten dabei eine physische Präsenz, eine Körperlichkeit, wie man sie sonst nur in amerikanischen Filmen sah«. Und so offenbare sich ihre Schönheit erst im »Ungeplanten« und »Nichtgewollten« und erreiche auf diese Weise eine imponierende Wirklichkeitsnähe: ein Dokument, ja, aber keine Dokumentation.[356]

Das literarische Kabarett – Resonanzboden kultureller Veränderungen

Besonders in Berlin zeigte die »Volksseele« ihre, wenn auch nicht ungeteilte, Begeisterung für die Bubiköpfe, die synonym für eine bestimmte weibliche Lebensweise standen, aber auch die Ressentiments gegenüber den ungewohnten »Ansichten« des Weiblichen präsentierten, dazu die beiläufig eingestreuten Frivolitäten, die mit der modernen »neuen Frau« assoziiert wurden. Das alles bot sich zum Vergnügen eines auf Amüsement erpichten Publikums geradezu an.

Literaten, Kabarett- und Schlager-Texter wie auch Librettisten und Verfasser von Schwänken beschäftigten sich geradezu obsessiv mit der Großstädterin, besonders der »neuen Berlinerin«, und nahmen dabei Bilder und Themen auf, die allenthalben für Gesprächsstoff sorgten und Druckerzeugnisse der Boule-

356 Claudius Seidl, Das Versprechen eines Anfangs (Momente des deutschen Films II). *FAZ*, 21.02.2010.

vardpresse füllten. Dabei fand die Ambivalenz sexueller Orientierung auf der Kleinkunstbühne, insbesondere dem literarischen Kabarett, das kulturelle Entwicklungen kritisch kommentierte, einen adäquaten Resonanzboden. Und so liefen die Bilder von Androgynität, Schlankheitssucht, weiblicher Homosexualität, Unabhängigkeit der Frau und nicht zuletzt der Eigen-Sinn der »Neuen Frau« als Subtext von Satiren fast durchgängig mit.

Als Beispiel sei hier eine Satire genannt, die in Berlin große Aufmerksamkeit errang: »Diese schlank gehetzte Zeit« der Nachkriegsjahre habe »aus der Not ihrer Magerkeit die Tugend einer Mode« gemacht, so ist in Wilhelm Speyers Roman *Charlott etwas verrückt* von 1927 zu lesen.[357] Die Magerkeits-Mode und das Schlankheitsdiktat, beides eng verbunden mit dem androgynen Erscheinungsbild mancher Großstadtfrau, hatten Marcellus Schiffer und Mischa Spoliansky, bekannte und überaus beliebte Künstler der 1920er Jahre, zu der Satire *Die Linie der Mode* (1923) inspiriert, Schiffers wohl bekanntestemWerk:

Die Linie der Mode

Es steht in dem Fenster der Menschheit zur Schau eine magere Frau unbeweglich.
Es hat zum Kostüm ihr der Stoff nicht gereicht, was oben sie zeigt ist recht kläglich.
Sie kann sich nicht brüsten, sie hat keine Brust, ein Leibchen ist Hülle des Leibes!
Sie hat keine Hüften, sie hat keine Lust, dieser Restbestand eines Weibes.
Sie spreizt ihre Arme, sie dreht sich im Kreis.
Was will sie? Was hat sie? Was kann sie? Wer weiß?
Wer ist dieses Ausrufungszeichen der Not? Welch' Abgesandter vom Tode?
Man weiß nicht, ist es der Hungertod? Oder die neueste Linie der Mode?

Es raset ein Auto durch Dick und durch Dünn! Erleuchtet von außen und innen.
Das Auto, das rast zum Saisonbeginn. Doch sitzet kein Fahrgast darinnen!
Es hält vorm Theater, dem modischen Haus. Man wittert schon rings die Reklame!
Ein Fahrgast so gut wie nichts steigt heraus. Dieses Nichts, das war eine Dame!
Sie spreizt ihre Arme, sie dreht sich im Kreis.

357 Wilhelm Speyer, *Charlott etwas verrückt.* 1927, Neuausg. 2008, S. 10. – Wilhelm Speyer (1887-1952), Schriftsteller.

Was will sie? Was hat sie? Was kann sie? Wer weiß?
Wer ist dieses Ausrufungszeichen der Not? Welch' Abgesandter vom Tode?
Die Dame, das ist der Geistestod! Genannt auch die Muse der Mode.

Eine vornehme Dame trägt zu Markt ihre Haut, sie leistet sich leicht das zu bieten.
Die Mode, die hat sie der Halbwelt geklaut! Sehr viel ist da nicht zu vermieten!
Doch denkt sie geschäftlich mit häuslichem Geist, man muß sich mit Liebe ergänzen.
Man hat dieses Vorrecht, damit man beweist, daß selbst jede Vornehmheit Grenzen!
Sie spreizt die Arme, sie dreht sich im Kreis.
Was will sie? Was hat sie? Was kann sie? Wer weiß?
Wer ist dieses Ausrufungszeichen der Not? Welch' Abgesandter vom Tode?
Man weiß nicht, ist es der Liebestod? Oder die schickeste Schickse der Mode.[358]

Schiffers Songs blieben, so interpretiert es Alan Lareau, »strictly on the surface; their superficiality is a sarcastic reflection of the shallowness and emotional emptiness of the modern city dweller. His most famous song for this cabaret, ›Die Linie der Mode‹ [The Shape of Fashion] is characteristic for his style of satire. He uses a dry, fractured language to caricature the fashion industry in the person of a stylishly dressed woman who is the talk of the town. In the modern society world anything unconventional seems chic, as here a woman who is so scrawny she can barely be seen is considered indescribably sophisticated.«[359]

Allerdings hatte erst die Darstellung der Diseuse Margo Lion,[360] Schiffers aus Frankreich stammende Frau, die Satire zu dem gemacht, was Max Herrmann-Neiße eine »bizarre Persiflierung«[361] nannte: überschlank und hauteng in lange schwarze Seide gewandet, das Gesicht kalkweiß und den Mund nahezu schwarz geschminkt, das kurze Haar glatt zurückgekämmt. Margo Lion trat auf den Brettern der *Wilden Bühne* nicht vordergründig in einer Maskerade auf – sie brachte eine weibliche Erscheinung auf die Bühne, die ihr als Person entsprach.

358 *Die Linie der Mode* (1923). Musik: Mischa Spoliansky, Text: Marcellus Schiffer, Performance: Margo Lion. – Der erste Vers war abgedruckt in: *Die Dame* 51 (1923/1924), 23 (Aug. 1924), S. 13. Vollständiger Text mit Noten in: Danielczyk, *Diseusen in der Weimarer Republik*, S. 310f.

359 Lareau, *The Wild Stage*, S. 98.

360 Margo Lion (1899-1989), gebürtig Marguerite Hélène Constantine Barbe Elisabeth Lion, französische Diseuse und Schauspielerin.

361 Herrmann-Neiße, *Kabarett*, 1929.

In ihrer Untersuchung zu den Diseusen der Weimarer Republik zeigt Sandra Danielczyk, dass Lion selbst zum »Restbestand eines Weibes« wurde, zur »reich illustrierten Statistin« neben den männlichen »Paten des literarisch-zeitkritischen Kabaretts« (Klaus Budzinski[362]). Indem sie, wie auch die Diseuse Blandine Ebinger, in und mit ihren Chansons die Weiblichkeitstypen der Zeit – die »Neue Frau«, das *Girl*, die Berliner Göre, den Vamp, die Mignon, die Jungfrau, die Braut – parodierte und förmlich zerriss, beeinflusste und prägte Margo Lion gerade durch ihre Darbietung und Interpretation den großstädtischen Diskurs um diese Erscheinungsform von Weiblichkeit.[363]

Uneindeutige Geschlechterzugehörigkeit

Mit sarkastischer Anspielung verwies Schiffer auf das weibliche Sexualleben, das »sündige« Berlin, die allgegenwärtige Prostitution, das Leben in den Nachtbars für Frauen und die Lesbenklubs, von denen es in Berlin mehr als hundert gab: »Die Mode, die hat sie der Halbwelt geklaut! Sehr viel ist da nicht zu vermieten!«. Von solcherart kompromisslosem, beißendem Spott und seinen metaphorischen Zuspitzungen – bezogen auf die weithin noch »unbekannte« neue Frau – lebte das literarische Kabarett der Metropole. Und mit seinen changierenden, anzüglichen Darbietungen in *Die Katakombe*, *Wilde Bühne* oder *Schall und Rauch* zog es das vorwiegend bürgerlich-intellektuelle Publikum in seinen Bann.

Marcellus Schiffer (Text) und Mischa Spoliansky (Musik) kreierten gemeinsam auch »*War ein Maskulinum und ein Femininum*« (1926),[364] in dem sie die Zweideutigkeit oder vielmehr die Uneindeutigkeit der Geschlechterzugehörigkeit verhandelten. Sie wurde in den großen Städten in ganz neuer Weise öffentlich wahrgenommen und in den Nachtbars und gesellschaftlichen Nischen auch gelebt und gefeiert. Konservative Kreise beobachteten dieses Verwischen der Geschlechtergrenzen nicht selten mit Empörung und Abscheu. Für aufgeklärtere Zeitgenossen aber waren gerade diese zunächst nur angedeuteten Geschlechterfacetten in ihrer Ambivalenz von besonderer Anziehung. Und für sie war eine Dame im Smoking, mit Schlips, Monokel und Herren(haar)schnitt zwar eine dekadente, jedenfalls auffällige Erscheinung – sie wurde aber mit keiner besonderen Verachtung bedacht.

362 Vgl. u. a. Klaus Budzinski, Die Muse mit der scharfen Zunge.

363 Danielczyk, *Diseusen*, S. 9.

364 Zum Kabarett in Berlin vgl. Jelavich, *Berlin Cabaret*; vgl. zum literarischen Kabarett und zu einzelnen Akteuren der Weimarer Jahre: Lareau, Lavender Songs. *Popular Music & Society* 28 (2005), 1, S. 15-33; Trageser, *»Es liegt in der Luft eine Sachlichkeit«*; Stahrenberg, *Hot Spots von Café bis Kabarett.*

Abb. 70 Frieda Riess, *Margo Lion beim Vortrag eines Couplets, Kabarett »Wilde Bühne«,* (Berlin), 1923

Auch Willy Rosen, Kabarettist, Komponist, Texter und einer der bekanntesten Unterhaltungskünstler der Weimarer Jahre, widmete sich in »Du siehst ja aus wie ein Mann, mein Schatz« der vermeintlichen äußeren Angleichung der Geschlechter – und tat dies in herrlicher Übertreibung.

Viel mehr aber als die »Vermännlichung« der Frau wird die Befürchtung angedeutet, dass die Frau für den Mann an sexueller Attraktivität einbüßt, und damit sein sexuelles Verlangen und auch sein Selbstbewusstsein Schaden nehmen könnte. Der Bubikopf für ältere Frauen – gemeint sind damit bereits die Vierzigjährigen – wurde gesellschaftlich immer wieder in Frage gestellt, oder gleich rigoros abgelehnt. Wie gesehen, rieten häufig selbst die Friseure vom Bubikopf ab.

Du siehst ja aus wie ein Mann, mein Schatz!

Evelin, meine Braut war sehr schön gebaut,
und ihr Haar, wunderbar blond seit einem Jahr.
Neulich sagte Evelin: Ich hab' zuviel Kalorien.
Gott und jetzt, Gott und jetzt, ich sprach ganz entsetzt:
Du siehst ja aus wie ein Mann, mein Schatz!
An dir ist gar nichts mehr dran, mein Schatz!
Futsch sind deine Locken, die schönen,
und du bist so schlank, direkt zum abgewöhnen.
Du siehst ja aus wie ein Mann, mein Schatz!
Ich trau mich gar nicht mehr ran, mein Schatz!
Nur am Abend zu Hause, da merkt man genau:
Du bist 'ne süße entzückende Frau!
Aber du siehst ja aus wie ein Mann, mein Schatz –
wie ein Mann, mein lieber Schatz!

Übers Jahr, das ist klar: trägt man gar kein Haar!
Denn dann sind, wie bei Herrn, Glatzen sehr modern!
Neulich fragte mich Herr Grau: Wer ist jener Herr in blau?
Und ich sprach: Der Herr in blau – das ist meine Frau!
Du siehst ja aus wie ein Mann, mein Schatz …
Neulich – vor meinem Haus – sah ich 'ne süße Maus.
Bubikopf – Schimmi-Schuh – ich verlor die Ruh'!
Doch die Sache war sehr dumm: Plötzlich drehte sie sich um
und es stand vor mir da meine Großmama!
Du siehst ja aus wie ein Mann, mein Schatz …[365]

365 *Du siehst ja aus wie ein Mann, mein Schatz.* Text, Musik und Interpretation: Willy Rosen. Berlin-Wilmersdorf 1926. – Willy Julius Rosen (1894 [Wilhelm Julius Rosen-

Abb. 71 Notenblattcover, 1927

Schlager, Couplets und Kabarettsongs lebten vom Ambiente der Bars, Kneipen, Kabaretts und Cafés, den *hot spots*, den Brennpunkten sozial-kulturbildender Aktivität,[366] vor allem aber vom Fluidum und von der Performance der Vortragenden. Das galt in ganz besonderem Maße für Claire Waldoff, den Star der Unterhaltungskunst der Zwanzigerjahre.

Claire Waldoff, obwohl nicht gebürtige Berlinerin, brachte den Berliner Jargon, die »Berliner Schnauze«, zusammen mit ihrer modulationsfähigen Stimme in unnachahmlicher Weise auf die Bühne. Und sie war vertraut mit dem, worüber sie sang: Zusammen mit anderen lesbischen Frauen amüsierte sie sich im Damenklub *Pyramide*, der sich Mitte der 1920er Jahre regelmäßig im *Toppkeller* in einem Hinterhof in Schöneberg traf. Claire erinnert sich: »Zwischendurch erschienen mit großem Hallo begrüßt die Koryphäen der damaligen Zeit: die hinreißende Tänzerin Anita Berber und Celly de Rheydt und die schöne Susu Wannowsky und ihre Korona. Jeden Montag stieg diese ›Pyramide‹ in der Schwerinstraße um neun Uhr abends ab; es war das typische Berliner Nachtleben mit seiner Sünde und Buntheit.«[367] Und dort, vor diesem Frauenpublikum, hatte das Lied von der verrufenen Hannelore mit seiner lesbischen beziehungsweise bisexuellen Note eine ganz besondere Anziehungskraft und erlebte Stürme der Begeisterung.

Hannelore, schönstes Kind vom Hall'schen Tore

Hannelore! Hannelore!
Schönstes Kind vom Hall'schen Tore!
Süßes, reizendes Geschöpfchen
Mit dem schönsten Bubiköpfchen!
Keiner unterscheiden kann,
Ob du 'n Weib bist oder 'n Mann!
Hannelore! Hannelore!
Schönstes Kind vom Hall'schen Tor!

Hannelore trägt ein Smokingkleid
Und einen Bindenschlips.
Trägt ein Monokel jederzeit
Am Band von Seidenrips.
Sie boxt, sie foxt, sie golft, sie steppt,

baum]–1944; im KZ Auschwitz-Birkenau ermordet). Mit der Machtübergabe an die Nationalsozialisten war Rosen ein Auftrittsverbot in Deutschland erteilt worden.

366 Stahrenberg, *Hot Spots*.

367 Zitiert nach Claudia Schoppmann, Claire Waldoff (1884-1957), 2004. In: Ingeborg Boxhammer, Christiane Leidinger, *Online-Projekt Lesbengeschichte*, https://www.lesbengeschichte.org/bio_waldoff_d.html (letzter Zugriff 11/2020).

Und unter uns gesagt, sie neppt!
Besonders so im Mai.
Es hat mir einer anvertraut:
Sie hat 'n Bräutjam und 'ne Braut
Doch dies bloß nebenbei.

Viele Jahrzehnte später üben die literarisch ambitionierten Kabaretttexte mit ihren Vertonungen einen Reiz aus und stehen, wenn auch zeitgemäß überformt und interpretiert, für das, was die Zwanzigerjahre künstlerisch und gesellschaftlich ausmachte.[368]

Bubikopf-Ohrwürmer

Schlager wie *Die Oma trägt jetzt einen Bubikopf*, *Großmama, lass dir die Haare schneiden!*, *Die Loreley hat heut' noch keinen Bubikopf* oder *Mach dir doch 'nen Bubikopf*[369] waren nicht nur bei Radiohörern und Grammophonfans als Evergreens ständig präsent – besonders wenn sie von beliebten Künstlern wie Friedrich Hollaender, Max Kuttner, Claire Waldoff oder Willy Rosen interpretiert wurden. Auch beim abendlichen Vergnügen erfreuten die Schlager als Foxtrott- und Shimmy-Rhythmen das tanzbesessene Berlin, in unzähligen Bars, Ballsälen oder auf den Tanzböden im Lunapark, dem Vergnügungspark in Berlin-Halensee.

Der harmlose Liedtext *Die Loreley hat heut' noch keinen Bubikopf* thematisiert das gewiss nur selten einträgliche Geschäft des Songschreibens – unter dem Zwang, fortwährend auf der Suche nach der »flotte[n], kesse[n] Sache« sein zu müssen (»Willst du Geld zusammenraffen und zwar äußerst schnell, mußt du Schlagerlieder schaffen, Mensch, sei or'ginell!«). Die Themen lagen förmlich auf der Straße, und zur »kessen Sache« gehörte der Bubikopf der Loreley!

Nicht unerwähnt bleiben soll ein gesanglicher Stoßseufzer, der sich auf das Dauerfeuer der Werbung für die allerneueste Mode der Kurzhaarfrisur bezog. Dieser allgegenwärtigen Werbung war kaum zu entgehen, und die Frauen setzten sie, das wird hier unterstellt, blind um, mit der Begründung: »ach Bubikopf ist heut doch so modern!« Diese Persiflage sollte aber gerade *nicht* dazu

368 Vgl. zum Beispiel Ute Lemper, Berlin Cabaret Songs. Matrix Ensemble Robert Ziegler. 1996.

369 *Die Oma trägt jetzt einen Bubikopf.* Gesungen von Max Kuttner; Text: W. Nieveling/ Otto Franz Krauß. Gabriel Formiggini Orchester 1926. – *Großmama, laß dir die Haare schneiden!* Foxtrot 1928. Gesungen von Hermann Feiner. Dajos Béla & Orchester. – *Die Loreley hat heut' noch keinen Bubikopf.* Text: Peter Herz, Musik: Leo Ascher. Wien: Musikverlag Friedrich Scheibl, 1930. – *Mein Mädel trägt keinen Bubikopf.* Musik: Hans Otten. Gerhard Eberle mit Orchester. Homocord 1928.

einladen, so denke ich, die »alten Zöpfe abzuschneiden«. »Warum denn keinen Zopf?«, hieß die Suggestivfrage mit dem abschließenden, missbilligenden Ausruf »Ausgerechnet Bubikopf!« (Siehe Abbildung 53, S. 180):

Mach dir doch 'nen Bubikopf!
Mach dir doch 'nen Bubikopf!
Wer trägt heut' noch Hängezopf?
Bubikopf, ach Bubikopf ist heut doch so modern!
Bubikopf, ach Bubikopf hab' ich so gern! Ach!
Mach dir doch 'nen Bubikopf!
Wer trägt heut' noch Hängezopf?
Bubikopf, ach Bubikopf, warum denn keinen Zopf?
Ausgerechnet Bubikopf![370]

Deutlich wird hier eine gewisse Ambivalenz in der Frage, welcher Haarlänge der Vorzug gegeben wird.

Ganz in das Zentrum des folgenden Schlagers rückte der Bubikopf als ultimative, hochmoderne und perfekt gestylte Frisur für Frauen aus allen sozialen Schichten, also sowohl für »die Gnädige«, die elegante Dame, zumeist verheiratet und ausgestattet mit finanziellen Ressourcen und Hauspersonal, als auch für »die Ledige«, das junge Ladenmädchen oder die wenig kaufkräftige Stenotypistin. »Der Bubikopf für alle« wies hier über gesellschaftliche Schranken und Altersgrenzen hinaus. In der gesellschaftlichen Realität ergaben sich durch die schichtenübergreifend beliebte und damit soziale Hierarchien nivellierende Frisur scheinbare Nachteile – zu Ungunsten der »Gnädigen«. Doch tatsächlich ließ sich der Klassenunterschied durch andere Komponenten (Kleidung aus hochwertigen Materialien, elaboriertes Make-up, Auto, Mitgliedschaft im Tennisclub etc.) leicht wieder herausstellen, nicht zuletzt durch einen kunstvollen Haarschnitt, der auf einen professionellen Friseur schließen ließ (siehe Abbildung 54, S. 180).

Jede Gnädige, jede Ledige
Jede Gnädige, jede Ledige trägt den Bubikopf so gern.
Denn es ist heut' hochmodern, man lässt die Haare hinten scher'n.
Ondulier'n, shampoonier'n, und ein bisschen wegrasier'n,
um die Ohrn kurz geschoren und die tolle Lockenform.
Jede Gnädige, jede Ledige trägt den Bubikopf so gern,
weil's bequem, angenehm und modern.[371]

370 *Mach dir doch 'nen Bubikopf!* In: Walter Kollo, *Die tanzende Prinzessin*. Foxtrot. Text: Willi Kollo, Musik: Walter Kollo. Bohème-Orchester 1924.

371 *Jede Gnädige, jede Ledige trägt den Bubikopf*. Text: Theodor Waldau (»Wauwau«), Musik: Hermann Leopoldi, Robert Katscher. Wien 1924.

Das *Girl* und die »Neue Frau« in Deutschland trugen den Bubikopf, die *flapper* in Amerika den Bob, die modernen Frauen in Frankreich den *Garçonne* und die *Pelonas* (die »Kahlköpfigen«) in Mexiko waren stolz auf ihre hart erkämpften kurzen Haare. Junge Frauen in den großen Städten der Welt waren frisurenmäßig nur unwesentlich voneinander zu unterscheiden. Und auch die Widerstände gegen diese selbstbewusst reklamierte (kurze) Haarlänge waren überall auf der Welt ähnlich, wenn auch mit unterschiedlichen kulturellen und religiösen Konnotierungen.

»Industrial comedies« im Industriezeitalter

Nicht nur musikalisch begleitete das Modethema Bubikopf den Alltag, sondern auch beim abendlichen Vergnügen und beim sonstigen, reichhaltigen Unterhaltungsangebot für die Großstädter. Berlinerinnen und Berliner gingen gern und in großer Zahl ins Theater, und auch in kleineren Städten zog es das Publikum dorthin.

Die vor dem Ersten Weltkrieg noch weitgehend privat betriebenen Hoftheater in der Provinz waren 1919 vom Reichstag verstaatlicht worden. Die Besitzer wurden entschädigt, die Theatereinrichtungen zunächst an den Höchstbietenden verpachtet und die Schauspieler aus öffentlichen Kassen bezahlt. Stadttheater, die im Kaiserreich als Pachtbetriebe geführt worden waren, wurden nach 1919 kommunalisiert. Die Kommunen aber, denen die Bühnen nun oblagen, waren nahezu bankrott und daher auf staatliche Subventionen angewiesen.[372] Unter diesem wirtschaftlichen Druck und angesichts eines sich wandelnden Publikumsinteresses mussten die Theatereinrichtungen, zumal kleinere Betriebe, grundlegende Veränderungen vornehmen und neue Akzente setzen.

Berlin wuchs in der Gründerzeit und der Weimarer Republik rapide. 1920 zählte Großberlin mehr als vier Millionen Einwohner und damit zu den fünf größten Städten der Welt. Dieses Wachstum habe, so stellt der amerikanische Theaterwissenschaftler William Grange fest, eine bis dahin beispiellose Nachfrage nach Unterhaltung für ein bürgerliches, prosperierendes Publikum (Banker, Manager, Grundstücksmakler, Unternehmer) bewirkt. Ganz besonders beliebt waren Komödien, »industrial comedies«, wie Grange sie nennt, »geeignet für das Industriezeitalter«[373] – und für ein Massenpublikum.

372 1920 betrugen die Zuschüsse des Preußischen Staates 9 Mio. RM, allein zwischen 1926 und 1929 stiegen die Subventionen auf 12,360 Mio RM (40%). Zur Verstaatlichung der Theater: Becker, *Inszenierte Moderne*, S. 47 ff. Er untersuchte auch das Publikum (Angestellte, Arbeiter, Geschlecht) des Unterhaltungstheaters.

373 Grange, *Comedy in the Weimar Republic*, S. 15.

Provinzbühnen, wie auch die kleineren Berliner Theater, konzentrierten sich fast gänzlich auf Unterhaltung und führten in großer Zahl Komödien auf. Die Spielpläne waren zunehmend von Lustspielaufführungen geprägt. Während der Weimarer Republik feierten insgesamt 900 Komödien Premiere, weit mehr, als alle anderen Genres zusammengenommen. Nie zuvor seien Lustspiele derart beliebt gewesen, so Grange. Manche von ihnen wurden über eintausend Mal allein in einer Spielzeit aufgeführt. »In the Weimar Republic, no longer was the industrial comedy merely a commercial triviality; in many cases, it became the German theater's lifeblood.«[374]

Woher rührte diese enorme Popularität? Ein Blick auf die Ausstattung von Bühne, Inszenierung und Technik bezüglich der aufgeführten Stücke gibt Hinweise. So bestanden die meisten Komödien selten aus mehr als zwölf Rollen, die durchschnittliche Provinzbühne konnte sich schlicht keine weiteren Schauspieler für eine Spielzeit leisten. So bedeutete solch ein Stück kein unnötiges finanzielles Risiko für die Veranstalter. Nur wenige Komödien sahen mehr als drei Kulissenbauten auf der Bühne vor. Zwischen den Akten gab es in der Regel keinen Ortswechsel, erst recht nicht innerhalb einer Szene, das hätte das Tempo beeinträchtigt. Auf Pausen wurde verzichtet, damit sich die Handlung in schneller Abfolge von Spielsituationen entwickeln konnte. Das stellte an die technische Bühnenausstattung kaum Ansprüche, und so waren diese Stücke selbst im kleinsten Schauspielhaus spielbar. Ambitionierte Bühnenbilder hätten den Zuschauer nur von der heiteren Handlung abgelenkt, die meist in einem einzigen Raum irgendwo in einer Provinzstadt spielte. Dort widerfuhr den Figuren ihr humoristisch verpacktes Missgeschick, wobei sich auf der Bühne immer dieselben Türen öffneten, mit immer neuen Überraschungen. Raffinierte Lichteffekte waren nicht vorgesehen, wie auch spezielle oder teure Requisiten nicht benötigt wurden. Die allermeisten Kostüme bestanden aus der üblichen Kleidung der Zeit. In ihrer Aussage waren die Komödien generell unpolitisch. Das Publikum zum Lachen zu bringen war das vorrangige Ziel, Pathos und ›tiefere Bedeutung‹ waren somit verzichtbar. »Enthüllungen, Verkehrung ins Gegenteil und Verwechselungen von Personen waren das Handwerkszeug und der eigentliche Stoff der inhaltlichen Dramaturgie und wesentliche Elemente der komischen Gattung.«[375]

Auch wenn die neue Haarmode ihren Siegeszug in den Großstädten begonnen hatte, so war das Phänomen »Bubikopf«, zumindest medial, längst auch in der Provinz angekommen. Stückeschreiber für das Boulevardtheater bezogen aus der facettenreichen Frisur-Debatte Anstöße zu mancher Bubikopf-Bur-

374 Ebd.
375 Ebd., S. 16f.

leske. Die aufsehenerregende, kontrovers bewertete kurze Frauenfrisur eignete sich offenbar hervorragend für diese Art komödiantischer Stücke und Verwirrspiele, zumal in der Hoch-Zeit des Bubikopfes und auf dem Höhepunkt der Bubikopf-Kontroverse in den Jahren 1925 bis 1928. So konnte das ganze Arsenal an Für- und Wider-Argumenten und Stereotypen der Zeit, die den Bubikopf betrafen und begleiteten, hier optimal seinen Ausdruck finden. Diese Gegensätze, ohne große Zwischentöne, erleichterten dem Publikum die Orientierung: Tradition vs. Moderne, »Herrschaft« vs. Dienstpersonal, Anständigkeit vs. Lasterhaftigkeit, Alt vs. Jung, Männliche Definitionsmacht vs. weibliche Unterwerfung. Die kurzen, anspruchslos strukturierten und materiell unaufwändigen Schwänke fanden in erschwinglichen Heftchen Verbreitung und gelangten massenhaft zur Aufführung. Auf der Textebene haben sie nur zum Teil in Bibliotheken und Archiven »überlebt«.[376]

Die originale Inhaltsangabe eines dieser Bubikopf-Schwänke (Fritz Stein, *Der Bubikopf*) mit Personal und Regieanweisung zeigt, wie das Publikum unterhalten und nicht zuletzt zum Lachen gebracht werden sollte. Welche Argumente werden ausgetauscht? – Wer bestimmt das Geschehen? – Wer setzt wen mit seinen Meinungen, Erwartungen und Handlungen unter Druck? – Welche Einstellungen befinden sich im Wandel? – Wer lässt sich umstimmen, wer gibt nach? – Was und vor allem wer bleibt »auf der Strecke«? – Und schließlich, wer oder was siegt am Ende?

»Inhaltsangabe: Anne-Maries Verlobter, Assessor Rudolf, trotzt mit ihr, weil sie sich keinen Bubikopf schneiden läßt. Ihre Mutter, die verwitwete Frau Postdirektor [Aurora Hasenpfeffer], ist über ein derartiges Ansinnen empört. Irma, Anne-Maries Freundin, erscheint mit Bubikopf, weil ihr der Assessor sagte, die moderne Haartracht müsse ihr vortrefflich zu Gesicht stehen. Anne-Marie ist eifersüchtig, während die Frau Postdirektor Irma zu verstehen gibt, daß ihre Anwesenheit nicht mehr erwünscht sei. Bald darauf tritt die junge Frau Dr. Bülow ein, als Arzt-Gattin ließ sie sich aus gesundheitlichen Gründen ebenfalls einen Bubikopf schneiden. Da die anderen Kränzchen-Schwestern noch nicht anwesend [sind], besorgt sie schnell noch einen Gang. Inzwischen sind Frau Gänseklein und Frau Lämmlein gekommen. Nun geht es hurtig über den Bu-

376 In der Deutschen Nationalbibliothek Leipzig finden sich zahlreiche Texte, zum Beispiel: Max Dietzel, *Um einen Bubikopf.* [1927]; Peter Gradlitz, *Die Bubenkopf-Banditen.* [um 1925]; Josef Hofmann, *Frauenlist oder Der Kampf um den Bubikopf.* 1924; L. von Keil, *Der Bubikopf im Weltgeschehen.* 1927; Rolf Kiefer, *Der Bubikopf.* 1925; Curt Kraatz, Max Neal, *Bubiköpfe.* [um 1930]; Lajos Luria, *Die Glatze und der Bubikopf.* 1926; Richard Nutzinger, *Der Bubikopf.* [1928]; Georg Pfeifer, *Der Bubikopf und andere »Dummheiten«.* [1931]; Felix Renker, *Der Bubikopf.* [1930]; Joe Weyermoor, *Ein gefährlicher Bubikopf.* 1926.

bikopf der Frau Doktor her. Mittlerweile ist Anne-Marie verschwunden. Von Eifersucht geplagt, läßt sie sich einen Bubikopf frisieren, was den Erfolg hatte, daß sie ihr Rudolf versöhnend wieder in die Arme schließt. Als sie glückstrahlend zur Mutter heimkehrt, sind alle Damen bis auf die Frau Doktor über die Missetat ganz entsetzt. Bald stellt sich aber heraus, daß sich auch Frau Gänseklein und Frau Lämmlein im geheimen einen Bubikopf schneiden ließen. Die Frau Postdirektor ist sprachlos. Da man ihren alten Anschauungen nur mit Spott begegnet, entfernt sie ihren Haarschopf [Perücke] und paradiert ebenfalls mit einem Bubikopf. Der Bubikopf ist siegreich auf der ganzen Linie. Ein famoser Schwank, der großen Lacherfolg auslöst.

> *Personen:* Frau verw. Postdirektor Aurora Hasenpfeffer; Anne-Marie, ihre Tochter; Irma, Anne-Maries Freundin; Frau Ober-Postsekretär Gänseklein; Frau Post-Sekretär Lämmlein; Frau Dr. Bülow, Arzt-Gattin; Lina, Mädchen bei Frau Hasenpfeffer.
> *[Regieanweisung:]* Sämtliche Damen müssen Bubikopf-Frisur tragen, die Darstellerinnen, deren Rollen vorerst andere Haartracht verlangt, müssen solche durch Perücken vortäuschen.«[377]

Die Dramaturgie arbeitet mit Übertreibung, Anzüglichkeiten, grotesken Situationen, mit Diktaten und Verboten und schließlich weiblicher Raffinesse, am Ende setzt sich der Bubikopf durch. Deutlich wird: Nicht immer aber waren es die Männer, jung oder alt, die sich gegen den modernen Haarschnitt ins Zeug legten, ganz im Gegenteil! Und nicht immer waren es die jungen Frauen, die sich zum Bubikopf bekannten.

377 Fritz Stein, *Der Bubikopf.* Schwank in 1 Akt. Leipzig 1926. 19 S.

DIE LORELEY SCHNEIDET SICH EINEN BUBIKOPF

Eines der bekanntesten politischen Lieder des 19. Jahrhunderts in Deutschland ist zweifellos »Die Wacht am Rhein«. Es beginnt mit den Versen:

> Es braust ein Ruf wie Donnerhall,
> Wie Schwertgeklirr und Wogenprall:
> Zum Rhein, zum Rhein, zum deutschen Rhein!
> Wer will des Stromes Hüter sein?[378]

Auf die Frage nach dem Hüter des Stromes lässt sich folgendermaßen antworten: Mit dem Niederwalddenkmal von 1883, des oberhalb von Rüdesheim gelegenen kolossalen Monuments zur Erinnerung an die Reichsgründung nach dem gewonnenen Deutsch-Französischen Krieg von 1870/71, hat die wehrhafte Germania ihren unübersehbaren und herausgehobenen Platz über dem Rhein eingenommen. Die Sockelinschrift des Denkmals lautet: »Zum Andenken an die einmuethige, siegreiche Erhebung des deutschen Volkes und die Wiederaufrichtung des deutschen Reiches 1870-71«. In diesem Kontext scheint der Refrain des populären Liedes den Ton stolzer Selbstgewissheit und Selbstzufriedenheit aufzunehmen. Er endet beruhigend und ermutigend zugleich mit den Zeilen

> Lieb' Vaterland, magst ruhig sein,
> Fest steht und treu die Wacht am Rhein!

Ohne den geringsten Zweifel würde Germania den deutschesten aller deutschen Flüsse fortan gut behüten und seine vielbeschworene Romantik bewahren. Weniger sichtbar, aber in verbreiteten volkstümlichen Überlieferungen als Mythenfigur nicht minder fest verankert, ist eine andere Hüterin des Rheines, die Loreley, eine Nixe, die der Legende nach auf einem Felsen zwischen den aufragenden Steilhängen bei Sankt Goarshausen thront. Ihren verzaubernden Gesang bezahlen die Flussschiffer, die nur ihr, der wunderschönen Jungfrau, Aufmerksamkeit schenken, nicht aber den gefährlichen Rheinfelsen und Strudeln, mit dem Leben.

378 *Die Wacht am Rhein* (Text von Max Schneckenburger, 1840). In: Moßmann, Schleuning: *Alte und neue politische Lieder*, S. 76.

Die Loreley galt als Inbegriff weiblicher Schönheit und Anmut, verführerisch und unnahbar, betörend von Gestalt und mit ihrem Gesang. Heinrich Heine setzte 1823 der Loreley ein poetisches Denkmal:[379]

Die Lore-Ley
Ich weiß nicht was soll es bedeuten,
Dass ich so traurig bin;
Ein Märchen aus alten Zeiten,
Das kommt mir nicht aus dem Sinn.

Die Luft ist kühl und es dunkelt,
Und ruhig fließt der Rhein;
Der Gipfel des Berges funkelt
Im Abendsonnenschein.

Die schönste Jungfrau sitzet
Dort oben wunderbar;
Ihr goldnes Geschmeide blitzet,
Sie kämmt ihr goldenes Haar.

Sie kämmt es mit goldenem Kamme
Und singt ein Lied dabei;
Das hat eine wundersame,
Gewaltige Melodei.

Den Schiffer im kleinen Schiffe
Ergreift es mit wildem Weh;
Er schaut nicht die Felsenriffe,
Er schaut nur hinauf in die Höh.

Ich glaube, die Wellen verschlingen
Am Ende Schiffer und Kahn;
Und das hat mit ihrem Singen
Die Lore-Ley getan.

Gegen Ende des Jahrhunderts, verstärkt nach der Kriegsniederlage von 1918, wurde der Mythos Loreley vor dem Hintergrund eines Überdrusses an deutsch-

379 Heine, Die Lore-Ley. In: Ders., *Historisch-kritische Gesamtausgabe der Werke*. Bd. 1 Buch der Lieder, S. 206 ff. – Es sind über 40 Vertonungen von Heines Gedicht überliefert, darunter die wohl bekannteste von Friedrich Silcher. – Vgl. zur Figur der Loreley auch Clemens Brentano, *Zu Bacharach am Rheine* (1801).

nationalem Pathos mehr und mehr zur Zielscheibe von Satire und Ironie,[380] unter anderem visualisiert auf massenhaft zirkulierenden Bildpostkarten, sogenannten Scherzkarten, die sich allen nur denkbaren Themen und Sujets annahmen. Diese bunten Karten hatten ab dem letzten Drittel des 19. Jahrhunderts eine große Popularität erfahren und wurden zu einem überaus beliebten, weil auch preiswerten Kommunikationsmittel, bald auch zu begehrten Sammelobjekten.

Eine Reihe solcher Scherz- und Spottkarten nahmen die Loreley ins Visier. Wie kaum eine andere (Märchen-)Figur bot sie sich an, die sichtbaren Veränderungen des weiblichen Rollen- und Erscheinungsbildes ab 1900, und besonders in den 1920er Jahren, in seinen Präsentationen persiflierend und karikierend ins Bild zu setzen. Das »schöne« Bild der »Neuen Frau« wurde demontiert und gleichzeitig ihre selbstbewussten, eigensinnigen Handlungsweisen veranschaulicht. Dabei ließ sich die Loreley als eine überkommen empfundene deutsche Mythentradition dekonstruieren – mit einem gewissen Sarkasmus, durch Übertreibung, Stereotype, Verfremdung, Überhöhung und nicht zuletzt mit Ironie und Humor. Indem die Verehrung der Loreley und schließlich ihre Transformation zur »Neuen Frau« der Lächerlichkeit preisgeben werden, wird ein tiefgreifender, vielleicht auch beängstigender und verunsichernder Wandel erkennbar.

In der Debatte um den Bubikopf, der untrennbar mit dem Image der »Neuen Frau« verbunden ist, spiegeln sich in den Karikaturen auf Postkarten die unterschiedlichsten Deutungen, die abgeschnittenem Frauenhaar gegeben wurden.

Das Herablassen des langen Haares als Einladung zu Intimität

Todbringende Gefahr und verführerische Reize – beides geht von der Jungfrau Loreley aus. Bei Heine bleibt unerwähnt, was in bildlichen Darstellungen der Zeit fast durchgängig zu finden ist: Das goldene Haar der Loreley fiel ausgesprochen üppig und vor allem überaus lang aus, oft ihren Körper umspielend, ihn fast gänzlich umhüllend (siehe Abbildung 55, S. 181).

Langes Frauenhaar erotisiere das Haupt, betont die Kulturwissenschaftlerin Caroline Cox, mache es zu einem aufreizenden Körperteil von unbändiger Sexualität, weshalb es in manchen Kulturen im wahrsten Sinne des Wortes verhüllt wird. Noch heute wird der *Sheitel*, eine Perücke, von manchen jüdisch-orthodoxen verheirateten Frauen getragen. Das »potentiell sinnliche Haar« soll

380 Dazu Cepl-Kaufmann, »…ergreift es mit wildem Weh«; Jutta Assel, Georg Jäger, *Orte kultureller Erinnerung. Die Loreley*. Stand August 2013. http://www.goethezeitportal.de/wissen/topographische-ansichten/orte-kultureller-erinnerung-die-loreley.html (letzter Zugriff 11/2020).

so vor den »lüsternen Blicken« der Männer geschützt werden. Ausgenommen bleibt einzig der Ehemann.[381] Zu denken ist auch an das Kopftuch muslimischer Frauen.

Der nicht zuletzt erotisch-sexuelle Bedeutungshorizont von langem Frauenhaar wird auch von Elisabeth G. Gitter unterstrichen. Je üppiger das Haar, desto stärker sei die damit implizierte sexuelle Einladung. Die volkstümlichen, literarischen und psychoanalytischen Traditionen stimmen darin überein, dass die Fülle des Haares ein Indiz für starke Sexualität ist, ja, sogar Lüsternheit bedeutet.[382] Langes Haar, wehend und in Bewegung, ganz besonders beim Öffnen der zuvor gebändigten Frisur, hat demzufolge eine starke sexuelle Wirkung und Symbolik, gilt als Vorstufe zum Sex. Aus dieser Perspektive musste kurz geschnittenes Frauenhaar als gänzlich unerotisch anmuten, als Inbegriff von »Ent-Weiblichung« bzw. »Vermännlichung« der Frau.

Erst im Laufe des 19. Jahrhunderts wurde das zuvor üblicherweise verborgene lange Haar der Frau wieder sichtbar, wurde jedoch nicht selten mit Pornographie in Verbindung gebracht. Zur Mitte des Jahrhunderts steht das lange Haar im Zentrum vielerlei künstlerischer Darstellungen. In Edgar Degas' Werk etwa spielt die intime morgendliche oder abendliche Toilette, vor allem das Kämmen des langen Haares, eine herausgehobene Rolle. Auch die Präraffaeliten beschäftigten sich vielfach mit diesem Sujet.

Die Pracht und das Kämmen des langen Haares der Loreley verflüchtigten sich jedoch mit den aufkommenden Karikatur-Postkarten um 1900, besonders in den »Bubikopf-Jahren« der Zwischenkriegszeit. Kurz nach der Jahrhundertwende war mit dem Mythos der Loreley als unnahbare Schöne satirisch aufgeräumt worden, indem ihr Bild ins Gegenteil verkehrt wurde. Die Loreley, vom Mythos befreit, tritt uns als Mensch gegenüber.

Diese Entwicklung lässt sich gut an neun ausgewählten Scherzpostkarten verdeutlichen: Wir sehen auf Abbildung 56 (S. 182) eine hässliche Alte, vor deren Erscheinung der Bootsmann erschrickt. Die Loreley starrt entgeistert auf einen übergroßen, defekten »goldenen Kamm«,[383] der kaum mehr zu nutzen ist, denn er hat bereits etliche Zinken verloren, ein Zeichen für den Verlust von Weiblichkeit und Attraktivität. Diese Loreley ist keineswegs mehr begehrens-

381 Cox, Widdows, *Hair & Fashion*, S. 17. – Vgl. auch das Märchen »Rapunzel« der Brüder Grimm, in dem der Königsohn den Zauberspruch ruft: »Rapunzel, Rapunzel, laß dein Haar herunter.« Daraufhin lässt Rapunzel die Haarflechten herunter und der Prinz steigt zu ihr hinauf in den Turm.

382 Gitter, The Power of Women's Hair.

383 Zur Kulturgeschichte und Symbolik des Kammes: Er steht als Symbol für die Schönheit bzw. sexuelle Anziehungskraft von Frauen, aber auch für etwas Undurchdringliches. Durch das Kämmen wird etwas in Unordnung Geratenes in Ordnung gebracht.

wert, von ihr geht keinerlei erotische Verführungskunst aus – im Gegenteil. Hier können die Heine-Verse nur noch als komödiantischer Kontrast wirken.

Auf Abbildung 57 (S. 182) ist die Loreley nach alter Fasson in ein langes Gewand mit Rüschen gekleidet, aber statt der Harfe hält sie einen Spiegel in der Hand.[384] Darin schaut sie sich selbstgefällig, aber auch selbstkritisch an. Mit geschürzten Lippen bespiegelt sie sich selbst, während sie ihre bereits kurz geschnittenen, recht strähnig wirkenden Haare kämmt. Von einer besonderen Verführungskunst der »schönsten Jungfrau« kann auch hier keine Rede sein.

Bei den nachfolgenden Loreley-Darstellungen nehmen Drastik, Hohn und Spott noch deutlich zu. Das überlieferte Bild der Loreley, die die höchste Form ihrer Schönheit und Weiblichkeit, nämlich ihr langes, wallendes Haar, zur Schau stellt und kämmend pflegt, wird hier ad absurdum geführt, indem sie sich freiwillig, meist sogar selbst ihres Haares entledigt. Die Selbstinszenierung und das erwünschte Selbstbild der »Neuen Frau« werden durch den Spiegel in der Hand verdeutlicht. Auch wenn Heines Verse auf manchen Postkarten noch gedruckt sind, so nimmt die Diskrepanz zwischen Text und bildlicher Darstellung durch die ironische Brechung zu.

Auf Abbildung 58 (S. 182) ist eine dralle Blondine zu sehen, leicht vulgär wirkend. Sie kämmt ihr kurzes blondes Haar, das nach der neuesten (Bubikopf-) Mode mit einem Pony geschnitten ist. Ihr üppiger Busen, die auffällige Unterwäsche sowie die Pantoffeln an den Füßen – im vollständigen Kontrast zur unnahbaren Schönheit der Loreley – versetzen den Schiffersmann auf dem Rhein augenscheinlich in Angst und Schrecken. Schockiert wendet er seinen Blick ab, droht vor Schreck über Bord zu gehen. In dieser Darstellung wird auch die Verknüpfung von Bubikopf und Prostitution aufgenommen.

Von der Loreley scheint kaum mehr Gefahr für das männliche Geschlecht auszugehen, aber auch keinerlei Attraktivität. Männer kommen jedenfalls nicht mehr ins Bild. So wird die Loreley der neuen Zeit (siehe Abbildung 59, S. 182) explizit mit dem Bubikopf inszeniert: Fröhlich singend mit weit geöffnetem Mund, die aufgeklappte, übergroße Handtasche neben sich auf dem Felsen, modische Armreifen an beiden Handgelenken der nackten Arme und bekleidet mit einem typischen kurzen Kleid der Zeit, das nur bis an die Knie reicht und so die prallen Beine freigibt, während die Füße in knallroten, hochhackigen Spangenschuhen stecken. Der Bubikopf ist korrekt geschnitten: hinten kürzer als vorne, die Ohrläppchen freilassend. Die Loreley scheint, zufrieden in den Spie-

384 Der Spiegel gilt als zweideutiges Symbol, einerseits als Zeichen der Eitelkeit und der Wollust, andererseits symbolisiert er Selbsterkenntnis, Klugheit und Wahrheit. Er dient auch der Selbst- und Alltagskontrolle des Menschen.

gel schauend, sich selbst genug zu sein. Ihr goldener Kamm, Symbol für Schönheit und sexuelle Anziehungskraft der Frau, hat bereits einige Zinken verloren.

Zu lesen ist dieses Bild als Karikatur im doppelten Sinne: zum einen als Gegen-Bild und despektierliche Persiflage der betörenden, langhaarigen Sirene, zum anderen als Kritik an der »Neuen Frau«. So plump und zerzaust sahen sich moderne junge Frauen, zumal in den Metropolen, sicher nicht. Schlank und sportlich zu sein, dazu eine gewisse Eleganz, waren vielmehr Ziel und modisches Gebot der Stunde. Ein unbekannter Dichter, C.K., reimte zu dieser Karte:

Mit kniefreiem Röckchen
Und Strümpfen spinnwebfein
Sitzt heut die Jungfrau droben
Auf ihrem Felsgestein.
Sie schwingt in der Rechten
Der Scheere blanken Stahl
Es fallen die goldenen Locken
Im Abendsonnenstrahl.
Es singen die Nixen im Chore –
Fort mit dem alten Zopf,
Nun kämmt dem Lai seine Lore
Am Rhein den Bubikopf.

Wer greift zur Schere?

Wer aber ist der Verursacher, der Akteur für den entscheidenden Wandel vom langen zum kurzen Frauenhaar und damit zum unterstellten Verlust an weiblicher Schönheit, zumindest ihres wichtigsten Attributes – wie es die Verächter und Gegner des Bubikopfes sahen?

In Abbildung 60 (S. 183) ist es ein Friseur, der, satanisch lächelnd, einen Kamm ins Haar hinter das Ohr gesteckt, die Schere ansetzt. Der Rest des ellenlangen blonden Haars der eleganten Dame wird ihr gleich zum Opfer fallen. Sie, modisch geschmackvoll gekleidet mit Spangenschuhen und fließendem, ärmellosen Gewand, strahlt glücklich in den Handspiegel, sie freut sich offensichtlich auf ihr neues Aussehen. Über den Spiegel kommuniziert sie – augenscheinlich zustimmend, fast verschwörerisch – mit dem Friseur. Weit unten im Tal hebt der Schiffer die Arme, mit welcher Intention, ob protestierend oder zustimmend, ist nicht zu erkennen. Sein Kahn aber scheint gerade in den Fluten des Rheins zu versinken. Der Text auf der Rückseite, noch ganz dem Duktus von Heines Loreley-Lied verpflichtet, liest sich folgendermaßen:

Die schönste Jungfrau sitzet
Dort oben wunderbar
Ihr goldenes Geschmeide blitzet
Und goldig leuchtet ihr Haar
Sie kämmt es nicht mehr mit dem Kamme
Die Zeiten sind vorbei
Es grüßt jetzt die bubiköpf'ge
Moderne Loreley.

Mit gleichem Text, aber mit abgewandeltem Motiv kämmt »Die moderne Loreley« auf Abbildung 61 (S. 183), sichtlich mit sich im Reinen, ihr abgeschnittenes blondes Haar. Sie nimmt Abschied von überkommenen Zeiten und deren Symbol, dem langen Haar.

Auf einer weiteren Scherzpostkarte ist »Die Loreley (von heute)« (hier nicht abgebildet) ebenfalls mit dem Kämmen des bereits abgeschnittenen blonden Haares beschäftigt. Sie zeigt sich leicht bekleidet und wippt keck mit den hochhackigen Schuhen. Mit dem abgeschnittenen Haar in der Hand wirkt sie ein bisschen wehmütig, bereut ihren Schritt aber offensichtlich nicht. Unter dem blonden Zopf verbirgt sich bereits ein dunkelhaariger Kurzhaarschnitt. Dunkle Bubikopffrisuren waren bei Frauen besonders beliebt, weil sie dem Gesicht vermeintlich mehr Ausdruck und Kontur verliehen. Hier werden sie mit dem »goldenen Haar« der Loreley aus alter Zeit kontrastiert. Indes, von dieser harmlosen, nun aber sichtbaren Frauengestalt geht in moderner Zeit keinerlei Gefahr mehr aus, wie uns Max Saalfeld ausdrücklich wissen lässt. Außerdem regeln Richtbeamte (Wasserschutzpolizisten) zuverlässig den Schiffsverkehr am Loreleyfelsen:

Die Loreley (von heute)
Wer hat nicht schon mal gehört
Von der Jungfrau Loreley,
Die den Schiffer oft betört
Mit raffinierter Singerei?

Die Behörde kann nichts wollen,
Denn man kriegt sie nie zu seh'n, –
Daß nun nichts passiert, so sollen
Richtbeamte dort jetzt steh'n.

Mag man oben sich frisieren,
Singen, daß es nur so gellt.
Diese Maid, – man kann passieren
Ohn', daß man in's Wasser fällt.

Ähnlich wie auf Abbildung 62 (S. 183) ist der Bootsführer angesichts der bubiköpfigen Loreley auf Abbildung 63 (S. 183) unabwendbar dem Untergang geweiht, aber hier wird, wenn auch wohl zu spät, eine unmissverständliche Warnung an ihn und alle Männer gerichtet:

Schiffer achte auf dein Steuer,
Wenn dir ist dein Leben teuer;
Gerate nicht in Flamm und Feuer
Vor dem blonden Ungeheuer!

Sei vernünftig Mensch und bohre
Wie Odysseus Wachs in's Ohre.
Schau beileibe nicht empore
Nach der falsch koketten Lore,

Denn der raffinierten Fei
War's von jeher einerlei,
Ob durch ihre Singerei
Ein Menschenleben geht entzwei.

Außerdem geht dabei immer
Auch dein Nachen noch in Trümmer,
Abgesehen, daß du nimmer
Glück hast bei dem Frauenzimmer.

Es geht nicht mehr einzig um die äußerlichen Attribute der modernen, der bubiköpfigen Loreley, sondern um ihre unrühmlichen Charaktereigenschaften: raffiniert ist sie, falsch, kokett und menschen- wie männerverachtend. Das war auf die Bubikopffrauen gemünzt!

Abschließend seien noch zwei Postkarten-Karikaturen der »Jungfer Loreley« (Abb. 63 und 64, S. 183) einbezogen, die beide das Abschneiden »alter Zöpfe« thematisieren. Der alte Zopf steht umgangssprachlich abwertend für etwas, das altbekannt, aber veraltet und also nicht mehr als modern gilt. Die Redewendung »alte Zöpfe abschneiden« bezieht sich auf die Befreiung von nicht mehr zeitgemäßen Vorstellungen und Ideen.[385] In den märchenhaften Darstellungen ist die Loreley stets mit offenem, wehendem Haar zu sehen, nie aber mit einem geflochtenen Zopf. Der Zopf galt indes, insbesondere nach 1933, aber auch schon in den 1920er Jahren und weit über alle politischen Grenzen hinaus, als »deutsche« Frisur. Zu spät die Warnungen, möchte man rufen, denn hier greift

385 Mehr zum Ursprung und zur Bedeutung des Wortgebrauchs »Zopf abschneiden« in: *Deutsches Wörterbuch* von Jacob und Wilhelm Grimm [DWB] [in 33 Bdn]. 1984, Repr. d. Ausg. Leipzig 1854, Bd. 32, Sp. 80.

die Loreley selbst zur Schere, sorgt also eigenhändig für ihre Befreiung vom lästigen alten Zopf. Sie wirft nicht nur den alten Mythos samt Lyra und goldenem Kamm, sondern vor allem das überkommene Frauenbild mit all seinen Konnotationen über Bord – und den Männern vor die Füße. Unter dem blonden Zopf kommt auch hier ein dunkler Bubikopf zum Vorschein.

Hans von Norden textete für den »Gruß vom Rhein« mit der »Jungfer Loreley« – bis auf den Bubikopf in ihrer traditionellen Anmutung – wie folgt:

Wozu denn heut' noch Hängezopf!
Die ganze Welt trägt Bubikopf.
Und weil nun alle drauf verpicht,
Selbst Jungfer Loreley spricht:
»Genug vom grausamen Spiel!
Was dort herunter fliegt –
Ist heut' zu viel!«

Auf Abbildung 64 (S. 183) schleudert eine übermütige, rotwangige Blondine mit überdimensionaler Schere in der linken Hand ihren abgeschnittenen Blondzopf dem lachenden jungen Bootsführer entgegen, der nun nicht mehr droht, in den Fluten des Rheins umzukommen. Der Text erzählt von vergangenen Zeiten und wie sie sich geändert haben – durch handelnde Frauen:

Einst sang dort oben wunderbar
Die schönste Jungfrau mit wehendem Haar
Im goldenen Abendscheine.

Nun ist verschwunden der blonde Zopf
Die Loreley mit dem Bubikopf
Winkt dir vom Felsen am Rheine.

In den Fluten versank der Locken Pracht.
Der Schiffer hat sich davon gemacht,
Vertrank all sein Weh beim Weine.

Ganz in diesem Geiste reimte Erich Kästner 1932 in seinem satirischen Gedicht »Handstand auf der Loreley« ironisch über die veränderten Zeiten:

Die Loreley, bekannt als Fee und Felsen,
ist jener Fleck am Rhein, nicht weit von Bingen,
wo früher Schiffer mit verdrehten Hälsen,
von blonden Haaren schwärmend, untergingen.

Wir wandeln uns. Die Schiffer inbegriffen.
Der Rhein ist reguliert und eingedämmt.

Die Zeit vergeht. Man stirbt nicht mehr beim Schiffen,
bloß weil ein blondes Weib sich dauernd kämmt.

Die Loreley trug von nun an Bubikopf!

Wie ein freches Locken – die weibliche Befreiung vom männlichen Begehren

Die Schöne auf dem Felsen begegnet uns im Mosaik der Bildpostkarten nicht als Frau, sondern als Bild einer Frau, als Weiblichkeitsbild. Sie scheint für den werbenden Mann mehr als nur die Todesdrohung bereitzuhalten – verhöhnt und bestätigt in Form des abgeschnittenen Zopfes. Es erscheint ein komplexes Bild des männlichen Begehrens und der weiblichen Abwehr. Der Mann unten (im Boot) ist auf Distanz zu ihr oben (auf dem Felsen im Wasser), und somit ist er, wie auch der Betrachter der Postkarte, Publikum eines Vorganges, nämlich des Haarkämmens und Haarschneidens. Beides betrifft scheinbar nur die Loreley selbst, zielt aber auf ihn. Und umgekehrt ist sie Zuschauerin des Scheiterns seines Begehrens, gespiegelt in eben dieser Geste – des Haarkämmens und Haarschneidens – im Rückzug auf sich selbst. Das bisherige Geschlechterverhältnis als »alter Zopf« wird von ihr »abgeschnitten«. Die Loreley-Postkarten werden so gesehen zu einer Mahnung an beide Geschlechter, von Grenzüberschreitungen abzusehen. Sie warnen vor dem Missverständnis im Begehren von Mann und Frau.[386]

386 Diese Überlegungen entwickelten sich aus einem Gespräch mit Dorothe Malli.

»25.7.40. MUTTER LÄSST SICH EINEN BUBIKOPF SCHNEIDEN« – ERINNERUNGEN, FAMILIENGEDÄCHTNIS, AUSNAHMESITUATIONEN

Bubikopf-Geschichten um das revolutionäre, zunächst nur sehr zögerlich, später massenhaft ins öffentliche Bild drängende kurze Frauenhaar haben sich in persönlichen Erinnerungen, Tagebuchaufzeichnungen, (Auto-)Biographien, Briefen, Poesie- und Familien(foto)alben sowie mündlichen Überlieferungen als etwas Bedeutsames, Außergewöhnliches, Merkenswertes des eigenen wie des Familienlebens eingewoben. Diese Geschichten spiegeln wie in einem Kaleidoskop die unterschiedlichen sozialen und kulturellen Milieus wie auch die wirtschaftlichen Bedingungen der Zeit. Und wesentlicher: sie verdeutlichen die Wertvorstellungen, in den urbanen Zentren wie punktuell in der Provinz. Sie stehen für die gegensätzlichen, jedenfalls uneinheitlichen Haltungen der Generationen und Geschlechter gegenüber dem Bubikopf in den Jahren nach dem Ersten Weltkrieg.

Einerseits gab es die Sehnsucht von Frauen, modisch »dazuzugehören«, nicht länger »ausgeschlossen« zu sein vom allgemeinen Frisurentrend, aber viele waren auch unsicher, wie das »neue Selbst« einen aus dem Spiegel wohl anschauen würde: fremd oder noch vertraut? Nicht selten folgte dem Gang zum Friseur große Enttäuschung über das erhoffte Ergebnis, dazu kam die Angst vor Zurückweisung oder gar handfester Strafe durch Eltern, Partner, Vorgesetzte. Auf der anderen Seite konnte die modische, das Aussehen radikal verändernde Frisur ein ungeahntes Glückgefühl freisetzen, ließ ein völlig neues Selbstwertgefühl entstehen und die Bewunderung durch andere spüren, eine Freiheit, die auch Unabhängigkeit und Erwachsenwerden bedeutete, wie es im »Geburtstag eines Bubenkopfes«[387] zum Ausdruck kommt:

Papa war dagegen, Mama war dagegen.
Die ganzen Verwandten versagten den Segen,
Sie nannten es liederlich, dumm und verwegen,
Und sagten, das würde ihr nie verziehen.
Das Geld hat ihr schließlich die Köchin geliehen.

Das war ihre erste persönliche Handlung.
Im Spiegel erschaut sie versöhnliche Wandlung.

387 My, Geburtstag eines Bubenkopfes. *Berliner Illustrirte Zeitung* 34 (1925), 37, S. 1159.

Aus schlaksigem Halbwuchs, das nie in ein Kleid paßt,
Ward plötzlich ein Fräuleinchen, das in die Zeit paßt.
Der Schnitt macht sie jünger, und macht sie auch reifer.
Es schnippelt der Künstler mit Schere und Eifer.
Dann wird noch der Nacken scharf ausrasiert,
Worauf ja die Wirkung durchaus basiert.

Gebobbt ist die Liese. Nun wird sie nach Haus geh'n.
Sie fragt sich gelassen: Wie mag das wohl ausgeh'n?
Sie ließ zwar der aschblonden Haare so viel.
Doch hat sie nun Linie. Und hat Profil.
Müssen die Eltern nicht selber sagen,
daß man das Haar nicht vergebens abschnitt?
Werden sie schelten? Werden sie schlagen?
Oder beginnt heut ein Lebensabschnitt?

Nicht selten aber trafen andere die Entscheidung, artikulierten Wünsche, Erwartungen bis hin zu Forderungen, denen Folge zu leisten war, oder es gab Verbote, aus welchen Gründen auch immer.

Wer es sich unter den »Bubenköpfen« leisten konnte, nahm eines der professionellen Fotoateliers in Anspruch, um sich, ganz wie die Filmschauspielerinnen auf ihren Autogrammkarten, wirkungsvoll ablichten zu lassen. Diese Ateliers, die in den 1920er Jahren zahlreich neu entstanden, wurden häufig von Fotografinnen geführt. Das sichtbare Ergebnis im Postkartenformat ließ sich an Freundinnen und Freunde verschicken und war für das Selbstimage offenbar von großer Bedeutung. Auch private Aufnahmen vom aufregenden neuen Haarzustand fanden nicht selten ihren Weg in die beliebten Poesiealben.

Frauenhaar – Hoheitsgebiet des Mannes

Anders als bei der § 218-Kampagne »Mein Bauch gehört mir« und dem öffentlichen Bekenntnis »Wir haben abgetrieben!« in den 1970er Jahren, als Frauen in der Bundesrepublik politisch forderten, selbst darüber zu entscheiden, ob sie abtreiben oder nicht, fand sich bei meinen Recherchen kein Hinweis darauf, dass sich in den 1920er Jahren Frauen organisiert und öffentlich zu ihrem Recht bekannt hätten, allein darüber zu befinden, ob und wann sie sich ihr Haar abschneiden lassen. Allerdings wurde sowohl in privaten Aufzeichnungen wie in Berichten kritischer (Mode-)Journalistinnen der Zeit die weibliche Entscheidungsfreiheit in Sachen Haarlänge immer wieder beschworen, denn ganz unstrittig war, dass das Haar ein wesentlicher, bedeutungsgeladener Teil des eigenen Körpers ist und damit unverletzbar bleiben muss: mein Körper gehört

Der Bubikopf.

Schon lang' genug tönt's uns im Ohre
Die Haare lang – kurz der Verstand,
Drum haben endlich mit Humore
Wir uns dem Kurzschnitt zugewandt.
Ihr Mädchen alle und ihr Frauen
Brecht mit verzopfter Tyrannei,
Laßt nur im Bubikopf auch schauen
Modern und schick und frank und frei.

Schimpft man „unweiblich" und so weiter
Und ärgert sich an unserem Schopf,
„Des Weibes Würde" sprechet heiter,
„Die steckt im Herzen, nicht im Zopf."
Ihr Männer, braucht nur eure Augen
Und haltet mit der Neuzeit Schritt –
Soll heut' ein Mädel für euch taugen –
Nur Pagenkopf und Herrenschnitt.

Doch wenn so einem armen Tropfe
Das Herz sich für den Zopf erwärmt,
So baumele er ihm selbst am Kopfe,
Dann fühlt er doch, wofür er schwärmt.
Doch daß wir Mädchen unserem Schatze
Nicht ähnlich werden gar zu sehr,
Euch Männern bleibt als Trost die Glatze,
Denn danach steht uns kein Begehr.

Frieda Mehler.

Nr. 445

Abb. 72 Frieda Mehler, *Der Bubikopf*

mir – bis in die Haarspitzen! Das sahen indes viele Männer (Väter, Ehemänner) gänzlich anders.

Mit Ironie und Spott, gerichtet an die Männerwelt, nimmt das Gedicht »Der Bubikopf« auf einer Scherzpostkarte dieses Thema auf. Es vermittelt auch das neue weibliche Selbstbewusstsein vieler Frauen Mitte der 1920er Jahre:

»In wie vielen Familien spielt sich nicht diese kleine Tragödie ab«, fragte die *Berliner Illustrirte Zeitung*, »daß eines Tages allen Verboten zum Trotz die Tochter mit kurz geschnittenem Haar erscheint. Die erzürnten Eltern fahren das junge Fräulein an: ›Das ist der Anfang von allem Schlechten, und wohin wird das führen?‹« Aber, so heißt es weiter, solche Umwälzungen in der Haartracht habe es immer gegeben, und immer waren die Eltern entsetzt und glaubten den Anfang vom Ende gekommen.[388]

Hohn, Spott, Witze, Persiflagen und Karikaturen, einschlägige Schlager und drastische Boulevardstücke begleiteten nicht nur am Rande die ausgiebig geführten gesellschaftlichen Auseinandersetzungen um den Bubikopf – sie waren ihr wichtiger, integraler Bestandteil. Die Botschaften erreichten via Radio, Filmen, Magazinen und der Tagespresse breiteste Schichten der Bevölkerung und machten den Bubikopf zu einem der am kontroversesten diskutierten Themen der Zeit.

Familiäre Streitigkeiten und Differenzen darüber, welche Haarlänge für Frau, Tochter oder Freundin angemessen sei, liefen nicht immer so glimpflich ab, wie in einer der Persiflagen in der *Berliner Illustrirten Zeitung*. Sowohl Arturs Gemahlin als auch seine Tochter setzen sich mit ihrem Wunsch »Bubikopf« raffiniert gegen Ehegatten und Vater durch:

> Klingt der Fall nicht offensichtlich – Heut schon beinah vorgeschichtlich? – Die Gemahlin sagte: »Artur, – Antiquiert ist meine Haartour; – Drum lass' ich mir Bubi schneiden; – Ganz bestimmt wird es mich kleiden!« – Artur sprach voll raschen Hasses – Von frivoler Kopfbekleidung, – Drohte ernsthaft mit der Scheidung – »Also laß es!«
> Und die Tochter (Unterprima) – Kam gelaufen: »Vater, sieh ma, – Dieser alte blöde Knoten – Wirkt doch geradezu verboten!« – Sprach Papa, schon ahnungsblaß: – Liebes Kind, was schert mich das?« – Wollte ihn das Kind belehren: – Aber, Vater, m i c h soll's scheren! – Andre tragen doch bereits – Bubiköpfe.« […] »Solche Ziegen! – Kannst ein Bubikopfstück kriegen! – Morgen fährst du in die Schweiz – In die strengste Schulpension!«

388 Der Bubenkopf. Die Alten gegen die Jungen. *Berliner Illustrirte Zeitung* 34 (1925), S. 1648.

Artur, der anfangs noch vehement ablehnt, verbietet, droht und wütet, lenkt schließlich ein und kann dem Bubikopf schließlich sogar etwas abgewinnen.[389]

Langes Frauenhaar galt weithin als Besitz, zumindest als Hoheitsgebiet des Mannes (Freund, Ehemann, Vater, Arbeitgeber, Pfarrer). Deutsche Boulevardblätter und Magazine, aber auch die Innungszeitschrift *Deutsche Allgemeine Friseur-Zeitung* wurden nicht müde, besonders haarsträubende Episoden und Anekdoten, vor allem aus dem Ausland, zu kolportieren. Nicht ohne Hintergedanken, denn indirekt sollte damit zum Ausdruck gebracht werden, wie »gefährlich« ein nicht genehmigter Bubikopf für Ehe, Familie und Arbeitsverhältnis sein kann, welche Verwerfungen daraus folgen können.

Besonders anschaulich ist der folgende Artikel aus der *DAFZ*: »Hat ein Gatte juristisch das Recht, seiner Frau das Abschneiden der Haare zu verbieten? Die Frage wurde in Paris den Richtern des ersten Seinetribunals zur Entscheidung vorgelegt und in positivem Sinne beantwortet. Der Advokat des Klägers hielt ein glänzendes Plädoyer, worin er auf den geschichtlichen Prozeß hinwies, der bei Apulejus zitiert ist: der Eselverleiher, der einen Kunden mittags im Schatten des entliehenen Grautieres sitzen sah, behauptete, er sei ihm zu einer Erhöhung der Leihgebühr verpflichtet; er habe ihm wohl den Esel, nicht aber seinen Schatten überlassen. Die Richter waren damals der Ansicht, zu einem anständigen Esel gehöre auch sein Schatten; so müßte man, meinte der Advokat, auch heute zu dem Schlusse kommen, zu einer Frau gehören lange Haare, und der Gatte habe das Recht, sich einer solchen ›Selbstverstümmelung‹ zu widersetzen [...]. Der Richter stellte sich auf den Standpunkt, daß der Mann eine Frau mit langen Haaren geheiratet habe, und daß für die meisten Männer die Haarpracht eine Hauptattraktion bilde; er könne somit fordern, daß seine Frau die langen Haare als wesentliches Attribut ihrer selbst beibehalte.«[390]

In Dijon hatte ein Vater gar gegen einen Friseur geklagt, weil dieser seiner noch unmündigen Tochter ohne seine Erlaubnis einen Bubikopf geschnitten hatte. Die dortige Friseur-Innung hatte daraufhin beschlossen, von jeder Kundin, die in Zukunft den Friseurladen betrat, um sich die Haare abschneiden zu lassen, eine beglaubigte Ermächtigung des Vaters oder Gatten zu verlangen.[391] Diese Nachricht hatte die Redaktion der *DAFZ* vermutlich in der Absicht abgedruckt, die Berliner Friseure, die in ihrer Mehrzahl dem Bubikopf kritisch gegenüberstanden, zu entsprechender Vorsicht zu mahnen. Und in der Tat: Die *Neueste Post* vermeldet im Januar 1925 für Berlin: »Manche Friseure verlangen

389 Der Siegeszug des Bubikopfes. Verse von My, Zeichnungen von Paul Simmel. *Berliner Illustrirte Zeitung* 35 (1926), 4, S. 101 f.

390 Bubikopf und Eherecht. *DAFZ* 40 (1924), 22, S. 543.

391 Bubikopf nur gegen Erlaubnisschein. *DAFZ* 41 (1925), 22, S. 703.

eine Altersbescheinigung, bevor sie Bubiköpfe schneiden, weil sie Unannehmlichkeiten mit den Eltern befürchten.«[392]

Wie nachhaltig sich Anschauungen zu langem beziehungsweise kurzem Haar von Mädchen und jungen Frauen in der Familie erwiesen, zeigt sich in den Ritualen und Traditionen am Übergang von Kindheit zum Erwachsenenalter – der Zeit der Konfirmation, Kommunion oder Bar Mitzwa also, des Schulabschlusses, des Beginns der Lehre. Heidi Rosenbaum, Soziologin, hat in einer ausführlichen Untersuchung zum Kinderalltag im Nationalsozialismus unter anderem zu den Bereichen Frisuren und Kleidung männliche und weibliche Stimmen versammelt. Sie basieren auf zahlreichen Zeitzeugengesprächen, die den Alltag von Kindern in vier Milieus in der niedersächsischen Provinz beleuchten: dem gehobenen Bürgertum einer Universitätsstadt (Göttingen), der Arbeiterschaft einer Kleinstadt (Hannoversch Münden), einem protestantischen Industriedorf (Volpriehausen) und einem katholischen Dorf (Obernfeld im Eichsfeld).

Fotos aus den 1930er Jahren, so Rosenbaum, vermitteln den Eindruck großer Gleichförmigkeit der Kinder und Jugendlichen, und das liegt ganz wesentlich an deren Frisur: kleine Mädchen trugen eine große Schleife auf dem Kopf, etwas ältere Mädchen dagegen Zöpfe oder einen Bubikopf. Die zu Zöpfen geflochtenen und damit »ordentlichen« Haare waren die »klassische« Mädchenfrisur der Zeit. Sie wurden entweder lang hängend getragen, als »Affenschaukeln« oder zu »Schnecken« über den Ohren gedreht. Viele Mädchen träumten von langen, dicken Zöpfen. In den verschiedenen Varianten waren Zöpfe sichtbares Zeichen der Kindheit. Erst zur Konfirmation oder mit Beginn der Tanzstunden wurden die Haare ein wenig gekürzt und üblicherweise zu einem Mozartzopf geflochten. Manchmal waren die Übergangsstufen bis zum kurzen Haar der Nackenknoten oder das Nest auf dem Kopf. Mehrere Frauen erinnerten sich, dass ihre Väter entschieden dagegen waren, dass ihre heranwachsenden Töchter kurze Haare trugen, denn lange Haare waren der Inbegriff von Weiblichkeit. Die in den 1920er Jahren modern gewordenen Bubikopffrisuren wurden vielfach mit dem Bild der »Neuen Frau« verbunden – für eher konservative Männer hatte das einen unangenehm emanzipatorischen Beigeschmack. So wollten sie ihre Töchter keinesfalls sehen.

Hinsichtlich der Frisuren unterschieden sich die Kinder in dem industriell geprägten Dorf Volpriehausen bei Uslar nicht von denen aus anderen Orten und Milieus. Die meisten Mädchen trugen ab der Einschulung Zöpfe, die sie

392 Ehetragödien durch den Bubikopf. Historischer Zeitungsartikel: *Neueste Post*, 04.12.1925.

üblicherweise nach der Schulentlassung und Konfirmation abschneiden ließen. »Alle kriegten 'nen Bubikopf.«[393]

Erinnerungen und Familiengedächtnis

Im Folgenden sollen individuelle Reminiszenzen einzelner Personen das bisher Dargestellte erweitern und vertiefen. Dazu beginne ich mit der Frisur meiner Mutter bzw. diesbezüglichen Familienfotos und meinen eigenen Erinnerungen.

Johanna (Mücke) Schwarze (1911-2003) – eine Bubikopf-»Karriere«

Als ich das erste Mal ein Familienfoto betrachtete, das meine Mutter mit ihren vier fein herausgeputzten Geschwistern in einem Leipziger Fotoatelier zeigt, war ich fasziniert vom ungewöhnlichen Haarschnitt der kleinen Johanna (genannt »Mücke«) Schwarze. Das dreijährige dunkelhaarige Mädchen mit den dunkelbraunen Augen trug, die etwas abstehenden Ohren freilassend, eine präzis-kantig geschnittene Kurzhaarfrisur, also das, was man einige Jahre später mit dem Begriff Bubikopf bezeichnen sollte. Und: Dieser Friseur verstand offensichtlich schon lange »vor der Zeit« etwas von Schnitttechnik!

Diese um 1914/15 für Mädchen ganz und gar ungewöhnliche Frisur war, so vermute ich, den unangepassten, eigenwilligen und reformerischen Auffassungen meines Großvaters Paul Schwarze, Zahnarzt in Leipzig, zu verdanken. Er bevorzugte das Praktische, war allem Neuen gegenüber herzlich aufgeschlossen und scherte sich keinen Deut darum, »was die Leute sagen« oder »was man so tut«. Selbst ein begeisterter Radfahrer, ermöglichte er seinen Kindern, auch den Mädchen, sehr früh das Radfahren. Am besten ließ es sich mit Lederhosen (auch für die Mädchen) radeln: »Mücke« im Outfit eines Jungen, von den Haaren bis zur Hose.

Die Haare wuchsen, und spätere Fotos, von ca. 1925, zeigen das junge Mädchen mit Zöpfen und Schleifen. Um 1927 herum, zur Hoch-Zeit des Bubikopfes also, ließ sich meine Mutter in Begleitung ihrer ältesten Schwester (*1900) im südlich von Leipzig gelegenen Zwenkau, wo die Schwarzes ein Sommerhaus besaßen, die Haare abschneiden. Ob der Kurzhaarschnitt auf eigenen Wunsch erfolgte oder weil Mücke der schwesterlichen Überredungskunst nicht standgehalten hatte, lässt sich nicht mehr eruieren. Ihr Tanzstundenpartner, mit dem sie sich später verlobte und der mein Vater wurde, schäumte vor Wut, denn er war nicht um seine Meinung, schon gar nicht um sein Einverständnis gebeten worden. Für ihn lagen offensichtlich weibliche Schönheit und Attraktivität

393 Rosenbaum, *»Und trotzdem war's 'ne schöne Zeit«*, S. 223 f., S. 491 ff.

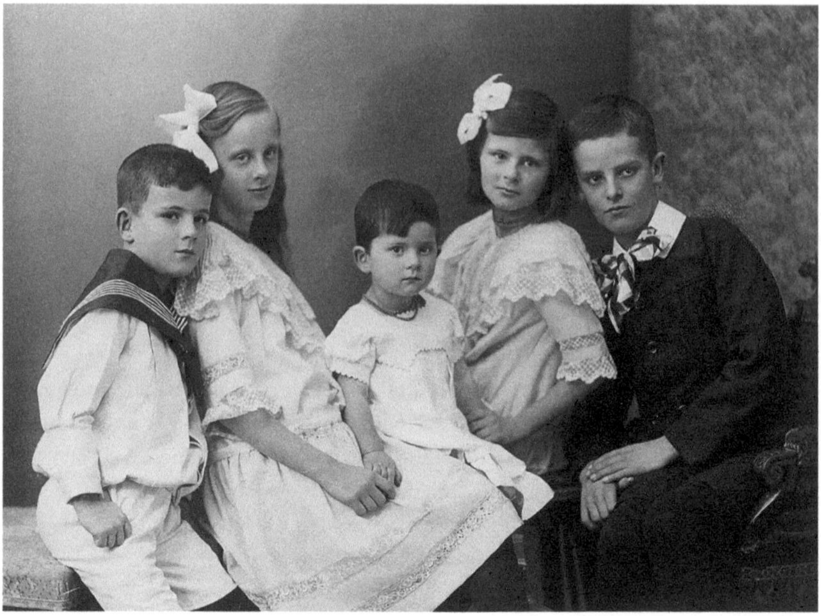

Abb. 73 Die Schwarze-Kinder (um 1914)

einzig in den langen Haaren seiner Angebeteten, und er meinte zumindest ein Mitspracherecht zu haben, was mit diesen geschah.

Bis zur Hochzeit meiner Eltern im Jahr 1938 ließen sich die Haare längst wieder zu einem Nackenknoten zusammenführen, einer Frisur, die im Übrigen sehr genau den Vorstellungen der Nationalsozialisten entsprach, allerdings durchaus nicht bei allen jungen Frauen auf Beifall stieß.

Im Sommer 1952 teilte meine Mutter einer Freundin brieflich mit, dass sie sich »heute, zusammen mit den beiden Mädels« (zehn und zwölf Jahre) die Haare habe abschneiden lassen. Ihre wesentlich jüngere Schwester war begeistert! Meine Schwester und ich hatten bis dahin die üblichen »Affenschaukeln« getragen. Ob ich über den Verlust der langen Haare traurig war, erinnere ich nicht, wohl aber, dass ich noch einige Jahre das sorgfältig mit einem Band zusammengehaltene Haarbündel in einer Schachtel verwahrte.[394] Ich nahm es hin und wieder mit einer gewissen Wehmut zur Hand, strich darüber und kämmte es vorsichtig. Die dunklen Haare behielten ihren eigentümlichen rötlichen

394 Nicht selten findet sich in Erinnerungen eine Bemerkung, dass das abgeschnittene Haar beziehungsweise der Zopf, mit Seidenbändern liebevoll zusammengebunden, in Seidenpapier gewickelt und in einer Schachtel verwahrt wurde. Als wichtiger Teil des Ichs sollte es, zumindest eine Zeitlang, nicht verloren gehen.

Abb. 74 Johanna (Mücke) Schwarze (um 1925). Beide Fotos Adolph Richter, Leipzig-Lindenau

Schimmer, der dem Erbe meiner norwegischen Urgroßmutter zugeschrieben wurde. Irgendwann habe ich die Haar-Erinnerung bei einem der zahlreichen Umzüge ausrangiert.

Mücke Müller blieb bis zum Ende ihres langen Lebens ihren kurz geschnittenen, zwischenzeitlich auch dauergewellten Haaren mit Stolz treu.

Madeleine de Laporte (1903-1999)

Familienfotoalben geben darüber Auskunft, was an Erinnerungen festgehalten werden soll: Kinderalltag, Schulanfang, Hochzeit, Feste, Arbeit, Urlaube. In einem der Alben der Familien de Laporte/Lange finden sich mehrere lose eingelegte Fotografien aus dem Jahre 1927, als die Bubikopfmode auf ihrem Höhepunkt war. Sie zeigen eine junge, schöne Frau im Seitenprofil: Madeleine de Laporte.[395] Diese Fotos sind laut Madeleines Tochter Anita[396] von einer Fo-

395 Madeleine de Laporte, 1903 in Antwerpen geboren. Sie war hugenottischer Abstammung aus der Gegend von Nîmes.

396 Ich bedanke mich bei Anita Ruhnau, geb. Lange (*1932), die mir liebenswürdigerweise diese Fotos ihrer Mutter zugänglich gemacht hat.

Abb. 75 und 76 Madeleine de Laporte, 1927

tografin in einem Atelier angefertigt worden, wie sie in den 1920er Jahren in großer Zahl entstanden waren.

Was die beiden hier gegenübergestellten Porträts, die beim selben Anlass entstanden, interessant macht, ist die spielerische »Verwandlungskunst«, die die namentlich nicht bekannte Fotografin ihrer Kundin offensichtlich vorgeschlagen hatte. Laut Madeleine war die Fotografin nach eigenem Bekunden »lesbisch«, so geht jedenfalls die Erzählung. Das spiegelt sich im Porträt unten mit dem dezidiert ausgearbeiteten oder wenigstens optisch hergestellten »Herrenschnitt« (zurückgekämmtes Haar, freie Stirn), zusätzlich »androgynisiert« durch eine weit heruntergebrannte Zigarette. Der Herrenschnitt bedeutete einen wichtigen Code für die Geschlechteridentität von Lesben. Wie der zukünftige Ehemann (die Heirat fand im Jahr 1928 statt) das ungewöhnliche Foto aufgenommen beziehungsweise ob er es überhaupt zu sehen bekommen hat, ist nicht bekannt.

Tomi Ungerer (1931-2019) – Alice löst einen Skandal aus

In den Erinnerungen an den Vater und dessen große Liebe, seine Frau Alice, deren Schönheit ihn zu zahlreichen Zeichnungen und Fotografien inspiriert hat, schreibt Tomi Ungerer: »Als Alice sich einen Bubikopf schneiden ließ, löste sie einen handfesten Skandal innerhalb der Familie aus.« Die ältere Schwester Marguerite, Frau eines Evangelisten, tadelte in einem Brief diesen Schritt: »Meine liebe Alice, Lest doch noch einmal im Kapitel 11 des ersten Briefs an die Korinther (1 Kor. 11,6,15) die Verse 6 und 15 [397]. Zu Zeiten von Jesus und seinen Aposteln schnitt man den ehebrecherischen Frauen zur Strafe die Haare ab. Es ist also eine Schande für eine Frau, kurze Haare zu haben. Heutzutage ist es keine Schande mehr, sondern eine Mode; eine Mode, die es noch nie zuvor gegeben hat. Alle Christen, die sich an das Wort Gottes halten, können diese so ganz gegen die Natur gerichtete Art nur verurteilen. Mit tiefem Mitleid für all die jungen Mädchen und Frauen, die sich von der Mode tyrannisieren lassen, gehe ich durch die Straßen. Wo ist die einstige Sittsamkeit geblieben? Was bleibt noch zu verbergen. Diese Mode, die fast den ganzen Körper der Frau nackt ausstellt, ist nur eines der vielen Zeichen der Dekadenz der ganzen Welt, das Ende nähert sich mit großen Schritten.«[398]

397 1. Korinther (Der *Erste Brief des Apostel Paulus an die Christen in Korinther*), Mann und Frau im Gottesdienst: Die Frage der Kopfbedeckung. In: *Die Bibel.* Das Alte Testament. Schlachter Übersetzung – Version 2000. Das Neue Testament und die Psalmen. *Neue Genfer Übersetzung.* 2. Aufl. Friedrichshafen 2013.

398 Ungerer, *Es war einmal mein Vater*, S. 106. – Jean-Thomas »Tomi« Ungerer (1931-2019), französischer Grafiker, Schriftsteller und Illustrator. Die Ungerers lebten in den 1920er Jahren in Straßburg.

Sittenlos, willenlos, der Mode blind verfallen und durch sie tyrannisiert, unchristlich und dekadent – das waren die immer gleichen Versatzstücke und Zuschreibungen, mit denen die Kirchen und religiösen Glaubensgemeinschaften zu Felde zogen – in der Hoffnung, Mädchen und Frauen, die »dem Bubikopf verfallen« waren, wieder auf den Pfad der Tugend und vor allem des Glaubens zurückzuführen.

Wibke Bruhns (1926-2019) – Moderne gegen Bewahrendes

Anhand von Briefen, Tagebüchern und weiteren Schriftstücken hat die Journalistin Wibke Bruhns die Geschichte ihrer Familie väterlicherseits rekonstruiert. Sie stieß bei ihren Recherchen auf Hinweise, wie ihre Mutter Else (1899-1987) zu ihrem Bubikopf gekommen war und welche Reaktionen das in der Familie hervorgerufen hatte:

»Wenigstens hat Else an der neuen Mode ihre Freude – taillenlose Kleider kaschieren ihre kinder-geschädigte Figur, kurz sind sie, was ihre schönen Beine zur Geltung bringt, die Topfhüte entheben sie ihrer Sorgen um die Frisur. Sie kommt aus Berlin mit einem Bubikopf zurück, was in Halberstadt, besonders am Bismarckplatz Befremden hervorruft – dunkel ahne ich, daß Ideologie im Spiel ist, Großstadt gegen Kleinstadt, ›Moderne‹ gegen Bewahrendes. Einer Zeitungsnotiz aus der Zeit entnehme ich, daß der Verein ›Deutschtum im Ausland‹ Bubikopf-Mädchen als ›andershaarig‹ ausschließt. Jedenfalls gibt es Krach zwischen Schwiegermutter Gertrud und Else über den ›Leichtsinn‹, Else verbittet sich Unterstellungen, und nachdem seine Vermittlung bei Gertrud scheitert, nimmt HG [Hans Georg] seine Frau samt Bubikopf massiv in Schutz.«[399]

Elses Verhalten war nicht untypisch. Die Reise von Halberstadt nach Berlin hatte sie vermutlich auf sich genommen, weil es in der Provinzstadt keinen im Bubikopf-Schneiden bewanderten oder dazu gewillten Friseur gab. In der Anonymität der Großstadt, fern von Familie, Freunden und gesellschaftlicher Beobachtung, ließ es sich leichter ans Ziel kommen.[400] Erst zu Hause in Halberstadt kam es zur Konfrontation.

399 Bruhns, *Meines Vaters Land*, S. 221. – Wibke Bruhns, geb. Klamroth, Journalistin und Autorin, jüngstes von fünf Kindern. – HG: Hans Georg Klamroth (1898-1944), Mitglied der NSDAP und der SS, als Abwehroffizier am 15. August 1944 wegen Hoch- und Landesverrats angeklagt und elf Tage später in Plötzensee hingerichtet. Else Klamroth, seine Frau (1899-1987).

400 Vor einigen Jahren erzählte mir eine Friseurin, welche »Ungeheuerlichkeit« sich eine ihrer Großtanten als junge Frau in einem Dorf bei Göttingen in den Augen des Vaters hatte zu Schulden kommen lassen. Sie war ohne Ankündigung ins mehr als 100 Kilometer entfernte Hannover gefahren und hatte sich dort ohne väterliche Erlaubnis die Haare abschneiden lassen. Daraufhin wurde sie aus dem Haus gejagt – wie es auch

Monika Maron (geb. 1941) – der jüdische Großvater mit Sinn fürs Neue

Wie anders und konträr zu allgemeinen Anschauungen und Verhaltensmustern Wünsche und Sehnsüchte, Akzeptanz und Vorlieben bezüglich des Bubikopfes beziehungsweise Zopffrisuren in drei Generationen innerhalb einer einzigen Familie aussehen konnten, beschreibt die Schriftstellerin Monika Maron in *Pawels Briefe*, den Erinnerungen an ihren jüdischen Großvater Pawel: »Auf dem Foto, das in meinem Zimmer hing, ist meine Großmutter nicht älter, als ich jetzt bin, vielleicht sogar einige Jahre jünger. Sie sieht aus wie eine richtige Großmutter, oder besser, wie meine Generation meint, daß eine richtige Großmutter aussieht: runde, kräftige Arme, die sie gerade in eine Spülschüssel taucht, eine gestreifte Schürze über einer dicken Wolljacke; das dunkle Haar zu einem schweren Dutt gesteckt, wenn sie ihn öffnete, fiel ihr der Zopf bis in die Kniekehlen, sagt Hella [Monika Marons Mutter]. Ich bin sicher, daß meine Großmutter sich niemals die Haare gefärbt hätte wie Hella und ich. Sie hat auch nicht geraucht und Alkohol getrunken. Um den Zopf habe ich meine Großmutter beneidet; auch meine Mutter und meine Tante Marta habe ich um die Zöpfe beneidet, die sie als Kinder tragen durften, sie sagten: tragen mußten. Natürlich hat Hella mir nicht verboten, die Haare wachsen zu lassen, aber sobald es auch nur so lang war, daß es rechts und links über meinen Ohren mittels Zopfspangen zu kleinen Pinseln gerafft werden konnte, setzte sie das ganze mütterliche Folterinstrumentarium von Bitten, Spott und Drangsal ein, bis ich meine Sehnsucht nach den langen Zöpfen aufgab und ihr gestattete, die Haare abzuschneiden; und niemals, sagt Hella, hätte ich danach nicht geweint. Hella hatte sich mit vierzehn Jahren ihren Bubikopf erkämpft und meinen auch. Zöpfe an ihrer eigenen Tochter hätte sie nicht ertragen können. Meine Großeltern reisten in den vierunddreißig Jahren zwischen ihrer Einwanderung [1904] und ihrer Ausweisung [1939] ein einziges Mal nach Polen [1929]. Mein Großvater, der, wie Hella sagt, immer Sinn fürs Neue hatte, steckte seiner Tochter kurz vor der Reise Geld für den Friseur zu. Meine Großmutter rief bei der Rückkehr in ihrem gebrochenen Deutsch: Jerre eine du, was soviel heißt wie: du Göre, du!«[401]

Ob Monika Maron sich den Wunsch nach Zöpfen oder zumindest langem Haar erfüllt hat, als sie der Haarschneide-Diktatur ihrer Mutter Hella entwach-

einer ledigen Schwangeren passieren konnte. So jedenfalls wird es noch immer in ihrer Familie erzählt.

401 Maron, *Pawels Briefe*, S. 22 f. – Pawel Iglarz, *1879, Jude aus Iglarz/Ostrow, und Josefa, seine (katholische) Frau, lebten seit 1904 in Berlin. Hella (1916-?), jüngstes Kind, aufgewachsen als Proletarierkind in Neukölln (Schillerpromenade). Monika Maron (geb. Iglarz), einziges Kind von Hella. Sie ist Schriftstellerin.

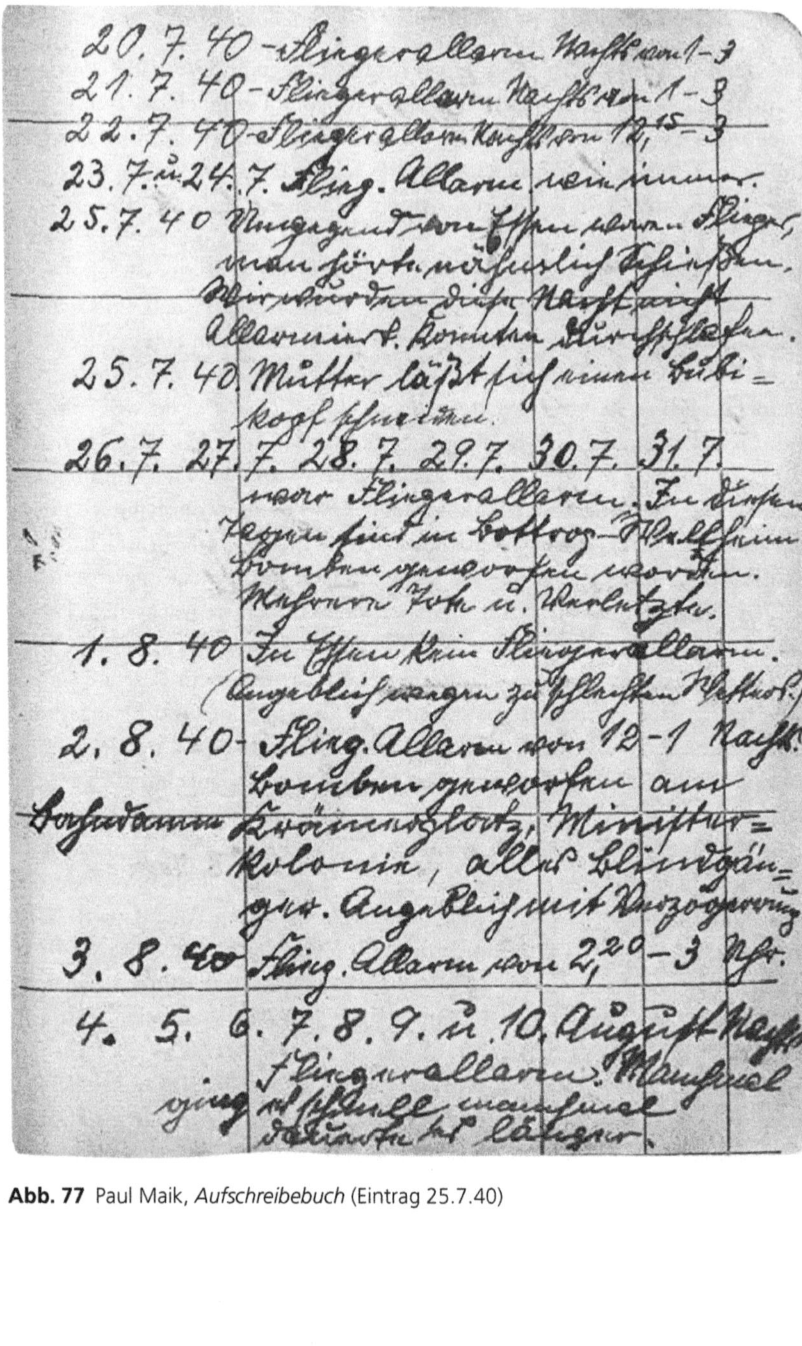

20.7.40 – Fliegerallarm Nachts von 1–3
21.7.40 – Fliegerallarm Nachts von 1–3
22.7.40 – Fliegerallarm Nachts von 12,15–3
23.7. u. 24.7. Flieg. Allarm nein immer.
25.7.40 Vergangene Nacht waren über Essen Flieger, man hörte nächtlich Schießen. Wir wurden diese Nacht nicht allarmiert. Konnten durchschlafen.
25.7.40 Mutter läßt sich einen Bubikopf schneiden.
26.7. 27.7. 28.7. 29.7. 30.7. 31.7. war Fliegerallarm. In diesen Tagen sind in Bottrop-Welheim Bomben geworfen worden. Mehrere Tote u. Verletzte.
1.8.40 In Essen kein Fliegerallarm. (Angeblich wegen zu schlechtem Wetter.)
2.8.40 – Flieg. Allarm von 12–1 Nachts. Bomben geworfen am [illegible] Kronenplatz, Minister-Kolonie, alles Blindgänger. Angeblich mit Verzögerung.
3.8.40 Flieg. Allarm von 2,20–3 Uhr.
4. 5. 6. 7. 8. 9. u. 10. August Nachts Fliegerallarm. [illegible]

Abb. 77 Paul Maik, *Aufschreibebuch* (Eintrag 25.7.40)

sen war, wissen wir nicht. Dem jüdischen Großvater Pawel jedenfalls, der der neuen Haarmode derart aufgeschlossen, ja, zugewandt war und »immer Sinn fürs Neue« zeigte, gebührt hier allergrößte Beachtung, denn mit seiner unterstützenden Haltung entsprach er nicht dem in der Alltagswirklichkeit ganz überwiegend zutreffenden Befund, dass Männer den Bubikopf eher ablehnten denn guthießen.

Paul Maik (1891-1978) – mitten im Bombenkrieg das Bubikopf-Ereignis

Ein gänzlich überraschendes Bubikopf-Notat vom Sommer 1940 findet sich im Aufschreibebuch von Paul Maik, der als angelernter Industriearbeiter bei den Stahlwerken Krupp in Essen beschäftigt war. Sein Notizbuch, das er von 1919 bis kurz vor seinem Tod führte, gibt Auskunft über die sozialen und materiellen Verhältnisse eines Industriearbeiters im Ruhrgebiet. Es enthält Notierungen von Situationen, Ereignissen und Begebenheiten des persönlichen Alltags, aber auch von allgemeinen politischen und kulturellen Vorkommnissen, zeigt kulturelle Praxen, Erfahrungsräume, Einstellungen, Wahrnehmungs- und Deutungsmuster. Das sind viele Jahrzehnte aufgeschriebener Alltagsgeschichte – ein Register persönlicher wie historischer Daten: von Arbeit und Freizeit, Familie, Wohnen, von Krankheit und Gesundheit, Wetter, Gartenarbeit oder Lebensmittelpreisen, von lokalen wie internationalen Ereignissen, von Sport, Politik und wieder vom Krieg mit täglichen Luftangriffen ist die Rede – in Spalten nebeneinander geordnet, die eine Gleichzeitigkeit ausdrücken. Und mitten unter den Notizen zum täglichen Bombenkrieg in Essen im Juli 1940 hält er fest: »Mutter [das ist seine Frau] läßt sich einen Bubikopf schneiden«.[402]

Maik enthielt sich in seinen Aufzeichnungen jeglicher bewertenden Empfindungen und Emotionen. Ausmalende Adjektive finden sich durchgängig nicht. Entsprechend bleibt leider gänzlich offen, wie er diesen nüchtern notierten Tatbestand des Bubikopf-Schneidens aufgenommen hat: war er von dem Vorhaben seiner Frau unterrichtet, hatte er sie vielleicht sogar zu diesem Schritt ermuntert, war er überrascht, erfreut, irritiert, ärgerlich? In jedem Fall aber war wohl der Bubikopf, selbst in der außerordentlichen Situation des Bombenkrieges und angesichts der offiziellen Diffamierung des Bubikopfes durch die Nazis als jüdische Haartracht, ein Ereignis, das Maik festhalten wollte.

402 Handschriftliches Notizbuch Paul Maik (1891-1978), Krupparbeiter. Es wurde die Schreibweise des Autors übernommen. – Siehe dazu Lüdtke, Writing time – using space.

Ausnahmesituationen

Ein ganz besonderer, sehr individueller Aspekt kurzer Frauenhaare soll hier Erwähnung finden – ein Aspekt, der sich im Übrigen keineswegs auf die Zeit der 1920er Jahre beschränkt.

In persönlichen Krisensituationen oder infolge eines emotional tiefen Einschnitts in das eigene Leben treffen Frauen nicht selten spontan die Entscheidung, beziehungsweise gehen einem Impuls nach, ihr langes Haar abschneiden zu lassen oder selbst zur Schere zu greifen. Nach der Diagnose einer schweren Erkrankung, dem Verlust eines geliebten Menschen, in der Zeit nach der Trennung vom (Ehe-)Partner wird mitunter nicht nur der Wunsch nach einem radikal veränderten Äußeren plötzlich übermächtig, sondern auch das Bedürfnis, ein Exempel zu statuieren – für sich selbst und andere. Das Abschneiden der Haare bedeutet dann häufig auch das Signal eines Neubeginns.

Emma Gilbey Keller beschreibt ihren *trauma cut*[403] so: »After my dad died, I got on the train to London and went straight to get my hair cut very short. My grief at my father's death was enormous. I was completely engulfed by it. My bob cut back to my ears was its sign. The contrast strikes me now as I write about it. Long, long hair at the birth of my daughter; short, short hair at the death of my father.«[404]

Der amerikanischen Therapeutin Christy Beck zufolge ist es völlig normal, in außergewöhnlichen Stresssituationen die eigene äußerliche Erscheinung verändern zu wollen – als Akt der Selbstfürsorge und als »Stärkungsmittel«. Mit dieser Investition in das Selbst ließe sich der unmittelbare Schmerz lindern.[405]

Kaum etwas verändert das Aussehen, vor allem das Gesicht, aber auch die gesamte Körpersilhouette so nachdrücklich wie der Wechsel von einer Langhaar- zu einer Kurzhaarfrisur. Neben einem radikalen Wechsel des eigenen Images mag dabei in einzelnen Fällen auch eine Rolle spielen, sich, wenn auch vielleicht nur unbewusst, »ein für alle Mal« vom männlich geprägten Weiblichkeitsideal, stellvertretend dem langen Haar, zu trennen, die männliche Definitionsmacht über den eigenen Körper aufzukündigen. Im übertragenen Sinne kann dieser Schritt auch meinen: die Beziehung zu dem einmal geliebten Menschen »abzuschneiden«.

403 In amerikanischen Internet-Foren und Blogs wird das Phänomen von betroffenen Frauen auch als *big chop* bezeichnet.

404 Gilbey Keller, My Thick Hair, S. 92.

405 Katherine Ellen Foley, *It's totally normal – and may be even useful – to cut off all your hair to deal with loss*; https://qz.com/1002590/its-totally-normal-and-even-useful-to-cut-off-all-your-hair-to-deal-with-loss/ (letzter Zugriff 11/2020).

Die radikale Veränderung des eigenen Selbstbildes[406] mag im Einzelfall Triebfeder und Reaktion sein. Nach einer Zeit der Trauer, Verwundung und Verunsicherung können ein wieder erstarkendes Selbstvertrauen und Selbstwertgefühl dem äußeren »neuen Selbst« zusätzlich innere Stabilität und Freiheit verleihen – bis hin zu dem Wunsch und schließlich der Entscheidung, das kurze Haar wieder wachsen zu lassen.

Frida Kahlo (1907-1954) – Selbstbildnisse mit abgeschnittenem Haar

Ein berühmtes Gemälde der mexikanischen Malerin Frida Kahlo[407] verarbeitet eine solche Ausnahmesituation künstlerisch.

Kahlos »Bilder mit ihrem schrecklichen autobiografischen Gehalt« (Cees Nooteboom), in denen sie sich fast ausschließlich mit sich selbst beschäftigte, mit ihren grenzenlosen körperlichen und seelischen Schmerzen und Leiden,[408] haben auf manchen Betrachter eine verstörende Wirkung. Aber vor allem sind es ihre Selbstporträts, die im Bildgedächtnis haften bleiben. Sie zeigen sie fast ausnahmslos mit besonders kunstvoll drapiertem, tiefdunklem, mit Seidenbändern und Perlen geschmücktem Haar. Seit 1929 war sie mit dem Maler Diego Rivera[409] verheiratet, den sie abgöttisch liebte, der ihr aber selten treu war. Ende 1939 kommt es zur Trennung, offiziell in gegenseitigem Einvernehmen, für Frida Kahlo aber ungeheuer schmerzlich.

Das Bild *Selbstbildnis mit abgeschnittenem Haar* (siehe Abbildung 65, S. 184) zeigt Frida auf einem einfachen Stuhl sitzend, und statt eines der bunten Kleider der Tehuana-Tracht, die Diego Rivera so sehr an ihr mochte, trägt sie einen viel zu großen dunklen Herrenanzug, der, so lässt sich vermuten, wohl Rivera gehört. Auf dem blutroten Boden vor der hell getünchten Wand sind Strähnen und Büschel schwarzen Haares verteilt, auch über den Stuhlsprossen und um die Beine des Stuhles herum. Einer der Zöpfe liegt auf ihrem Oberschenkel. Sie hält die Schere noch in der rechten Hand. Nur die Ohrringe erinnern an die

406 In der Bubikopf-Debatte Mitte der 1920er Jahre fiel von Seiten der Bubikopf-Gegner vereinzelt das Wort »Selbstverstümmelung«, gemünzt auf Frauen, die sich freiwillig die Haare kurz schneiden ließen oder sie sich gänzlich abrasierten. Vgl. Wöll, Kopf oben, S. 65.

407 Frida Kahlo de Rivera (geboren als Magdalena Carmen Frida Kahlo y Calderón), mexikanische Malerin (1907-1954).

408 »Sie [ist] die erste Frau in der Kunstgeschichte, die mit absoluter und schonungsloser Aufrichtigkeit, und man könnte sagen, mit gelassener Grausamkeit, diejenigen allgemeinen und besonderen Themen aufgriff, die ausschließlich Frauen betreffen.« (Diego Rivera). Zitiert nach Kettenmann, *Frida Kahlo*, S. 51.

409 Diego (María de la Concepción Juan Nepomuceno Estanislao de la) Rivera (y Barrientos Acosta y Rodríguez) (1886-1957), mexikanischer Maler.

vormals »weibliche« Frida. Und über der mit tödlichem Ernst schauenden Frau mit dem kurzen, zurückgekämmten Haar finden sich die Zeilen:

> »Mira que si te quise, fué por el pelo, ahora que estás pelona, ya no te quiero.« (»Schau, als ich dich wollte, war es wegen deines Haares, aber jetzt, wo du kahl [*pelona*] bist, will ich dich nicht mehr.«[410]

Kurz nach der Scheidung schrieb Frida Kahlo an ihren Freund und zeitweiligen Liebhaber Nickolas Muray:[411] »Ich muß Dir schlechte Neuigkeiten berichten: Ich habe mir die Haare abgeschnitten, und ich sehe aus wie eine Fee. Nun ja, ich hoffe, es wird wieder wachsen.«[412]

Das Haar wuchs wieder, die Versöhnung mit Rivera führte Ende 1940 zur erneuten Heirat. Die abgeschnittenen Haare begannen im *Selbstbildnis mit Zopf* (1941) (siehe Abbildung 66, S. 185) abermals »lebendig« zu werden. »Das eng am Kopf anliegende Haar ist straff zurückgekämmt, eine mit roten Wollbändern verflochtene Haarschleife wie ein zusätzlicher Kopfschmuck hinzugefügt. Diese wilden Haarbüschel sind kaum zu bändigen, so daß sie an verschiedenen Stellen züngelnd aus dem Geflecht ausbrechen.«[413] Die Haarschleife mit den abgeschnittenen, dann eingeflochtenen Haaren erscheint im *Selbstbildnis mit Zopf* als schmückende, jedoch vom eigenen Haar isolierte Ergänzung. Noch sind die seelischen Wunden, die die Trennung hinterlassen hat, nicht gänzlich verheilt.

Die eng aufeinander bezogenen Gemälde zeigen eindrucksvoll die wechselseitige Beziehung von symbolischer Kraft des Frauenhaars und dem Erleben und Fühlen dieser Frau, von Qual und Vergeltung, von Befreiung und Hoffnung und, ja, auch von Liebe.

410 Vers eines mexikanischen Schlagers. – Übersetzung zitiert aus Cees Nooteboom, Das Reh und der Froschkönig. Besuch in einem Totenhaus. Frida Kahlo und Diego Rivera. *FAZ*, 06.11.1999, Nr. 259, S. VI.

411 Nickolas Muray (1892-1965), amerikanischer Fotograf ungarischer Abstammung und Sammler zeitgenössischer mexikanischer Kunst. Muray schuf ausdrucksstarke, farbintensive Fotoporträts der Mexikanerin.

412 Zitiert nach Herrera, *Frida Kahlo*, S. 86. Schon einmal, 1935, hatte sich Kahlo nach einer Trennung von Rivera die Haare abgeschnitten (vgl. *Selbstportrait mit lockigem Haar*).

413 Kettenmann, *Frida Kahlo*, S. 55.

MODEHÖRIGKEIT, GOTTLOSIGKEIT, »JÜDISCHES FRECHGESICHT« – ABLEHNUNG UND STIGMATISIERUNG DES BUBIKOPFS UND SEINER TRÄGERINNEN

Das Äußere der »Neuen Frau«, einschließlich der Bubikopf-Frisur sei, schreibt Ute Scheub, mehr als nur eine Modeerscheinung gewesen, »fast schon eine Weltanschauung.«[414] Und die blieb nicht ohne Folgen. In dieser Weltanschauung spiegelten sich vielerlei ideologische Zuschreibungen, die zur Ächtung des Bubikopf führten, seine Verbreitung aber keineswegs aufhalten oder gar verhindern konnten. Betrachtet man die teilweise erbitterte Ablehnung, den Widerstand und die Schmähungen gegenüber dem kurz geschnittenen Frauenhaar, so treten antifeministische und antisemitische Einstellungen, unterschiedliche Motive sowie Absichten und Strategien hervor.

Vereinzelte »Bubiköpfe« waren lange vor der Modewelle der 1920er Jahre in den europäischen Metropolen zu sehen. Kurze Haare wurden von einzelnen »Damen der höheren Gesellschaft« oder von Frauen aus Künstler- oder homoerotischen Kreisen getragen, jenen, denen es entweder nichts ausmachte, oder deren Ziel es war, als extravagant, oder eben als lesbisch aufzufallen. Erst als mehr und mehr junge Frauen ihre langen Haare abschneiden ließen, artikulierten sich Befremden, Entrüstung, Missfallen, später auch Furcht vor diesem neuen Weiblichkeitsbild, der androgynen Frau. Befeuert wurden diese Einstellungen durch die Tagespresse und Journale, die sich genüsslich über Gerüchte, Vermutungen und Mutmaßungen der missliebigen Vorbilder und Quellen dieser »fremdartigen« Frisur ausließen: wahlweise das Weltjudentum, der Bolschewismus, die weibliche Homosexualität oder die Prostitution, mitunter wurden auch Insassinnen von Frauengefängnissen und -zuchthäusern genannt.

Zu Beginn der Weimarer Republik wirkten noch ungebrochen die patriarchalischen Strukturen der Gesellschaft, und es lag nicht im männlichen Interesse, der Emanzipation und Befreiung von Frauen das Feld zu überlassen. Das bedeutete, bezogen auf Frisuren der Mädchen und Frauen: ohne vorherige Genehmigung durch Vater, Ehemann oder auch Arbeitgeber war es nicht ratsam, sich den Zopf abschneiden zu lassen. Umso erstaunlicher ist es im Nachhinein, mit welcher Hartnäckigkeit, dann auch Dynamik und Durchsetzungskraft sich Frauen zum Schritt des Abschneidens der Haare entschlossen, sich den Bubikopf aneigneten und ihn mit Stolz trugen – massenhaft und vielfältig. Das

414 Scheub, *Verrückt nach Leben*, S. 7.

Revolutionäre am Bubikopf lag in der massenhaften Umsetzung, durch alle gesellschaftlichen Schichten hindurch.

Aber auch von Seiten der Frauen gab es offenbar Kritik: »Frauenbünde«, so ein Zeitgenosse, »die politisch rechts eingestimmt sind, protestieren entrüstet gegen den Bubikopf, verdammen auch den kurzen Rock – ohne allerdings auf ihn zu verzichten, man trägt ihn nur eine Handbreit länger als jene, deren Seelen verloren sind. Was lange nicht mehr zu verzeichnen war, tritt wieder ein: Bischöfe und Pfarrer wettern von der Kanzel herab gegen Bubikopf und kurzen Rock. Alldieweil beides schamlos sei!«[415]

Auch gab die Bubikopf-Mode mitunter Anlass zu Beschwerden von Kunden, die nicht von diesen kurzhaarigen Verkäuferinnen bedient werden wollten, wie auch manche Patientinnen und Patienten in den Krankenhäusern etwas gegen Krankenschwestern mit kurzen Haaren einzuwenden hatten. Das führte zu Vorsichtsmaßnahmen der Arbeitgeber, sei es aus rein geschäftlichen Erwägungen oder aus persönlicher Abneigung. Im Israelitischen Asyl des Jüdischen Krankenhauses Köln zum Beispiel kam es 1928 zu einem »Bubikopf-Konflikt«, der über die Presse publik wurde und Differenzen zwischen den konservativen und liberalen Einstellungen der jüdischen Gemeinde sichtbar werden ließ. Zwei im Asyl tätige Schwestern, Mitglieder des Vereins für jüdische Krankenpflegerinnen, hatten sich einen Bubikopf schneiden lassen. Der Vorsitzende des Kuratoriums hatte daraufhin von seinem Hausrecht Gebrauch gemacht und, so die Presse, »die beiden Sünderinnen aus dem Tempel hinausgeworfen«. Die *Rheinische Zeitung* wies jedoch ausdrücklich darauf hin, dass in den jüdischen Krankenhäusern in Berlin, Frankfurt und Hamburg keine derartig »verzopften« Anschauungen vorherrschten.[416]

Schmähgedichte und -texte der unterschiedlichsten Art sollten modebewusste Mädchen und Frauen, die, so die Unterstellung, der Mode völlig unkritisch gegenüberstanden oder ihr sogar hörig seien, zur Umkehr bewegen und sie wieder auf den Pfad der Tugend zurückleiten – oder ihnen doch wenigstens vor Augen führen, dass sie etwas Unrechtes, Unpatriotisches und gänzlich Unerwünschtes taten. In diesem Sinne sind die folgenden Zeilen zu lesen:

415 Friedrich Wendel, *Die Mode in der Karikatur*. Kap. XIV. Kurzer Rock und Bubikopf, S. 275-291, S. 286.

416 Becker-Jákli, *Das jüdische Krankenhaus in Köln*, S. 245 f.

Frau Mode

Du Frauenseele, ach, merkst Du es nicht,
was für ein Geist aus der Mode spricht!

Siehst Du das Netz nicht, das Dich umgarnt!
Höre die Stimme, die heute Dich warnt!

Entsage der Schande, der Schmach, dem Schein,
wage! und sage entschlossen: Nein!

Was nicht geziemend in Schritt und Schnitt,
das weise von Dir, – mache nicht mit!

Zerbrich die Kette, sei frei und rein!
und unverlierbare Schönheit ist Dein![417]

Susanne Breuss macht in diesem Zusammenhang auf eine divergierende männliche Stimme aufmerksam, die allerdings in der Minderheit blieb. Der österreichische Architekt und Kulturpublizist Adolf Loos (1870-1933), der sich kritisch mit Phänomenen des Alltagslebens auseinandersetzte, hielt es »grundsätzlich für eine Frechheit, wenn sich Männer anmaßten, aufgrund ihrer persönlichen erotischen Vorlieben den Frauen die Haarlänge vorzuschreiben«. Mit der Ansicht, nur das lange Frauenhaar sei »normal«, ja, der weiblichen Natur entsprechend, konnte Loos vor dem Hintergrund historischer und interkultureller Vergleiche überhaupt nichts anfangen. Der Kulturkritiker befand lakonisch: »Weshalb aber lange Haare weiblich und kurze männlich sein sollen – darüber mögen sich die alten Weiber unter den Männern den leeren Kopf zerbrechen.«[418]

Priester der katholischen Kirche sowie ein Teil der evangelischen Pfarrer, vor allem aber Vertreter orthodoxer Religionsgemeinschaften brandmarkten nicht allein die kurz geschnittenen Frauenhaare als solche, sondern assoziierten damit entsprechende Handlungsweisen und Einstellungen ihrer Trägerinnen. Sie bezichtigten die kurzhaarigen Mädchen und Frauen der Gottlosigkeit, der Schamlosigkeit und Lasterhaftigkeit, warfen ihnen Modehörigkeit vor und verlangten unter Androhung von Strafen das Einhalten der Gottesgebote.

Die Kirchenmänner beriefen sich dabei auf den ersten Brief des Paulus an die Korinther im Neuen Testament. Zum »Verhalten der Frau im Gottesdienst« heißt es dort: »Eine Frau aber entehrt ihr Haupt, wenn sie betet oder prophetisch redet und dabei ihr Haupt nicht verhüllt. Sie unterscheidet sich dann in

417 Eva von Tiele-Winckler, um 1930. Tiele-Winckler (1866-1930) war eine schlesische Diakonissin in führender Position in der Diakonie. – Es ist nicht zuverlässig belegt, dass dieses Gedicht tatsächlich von ihr stammt (Auszug).

418 Breuss, Der radikale Schnitt.

keiner Weise von einer Geschorenen. Wenn eine Frau kein Kopftuch trägt, soll sie sich doch gleich die Haare abschneiden lassen. Ist es aber für eine Frau eine Schande, sich die Haare abschneiden oder sich kahl scheren zu lassen, dann soll sie sich auch verhüllen.« (1 Kor 11,5-6) Der Mann jedoch, heißt es weiter, dürfe sein Haupt nicht verhüllen, weil er Abbild Gottes sei. Im Korintherbrief wird die christliche Geschlechterhierarchie deutlich: »Ihr sollt aber wissen, dass Christus das Haupt des Mannes ist, der Mann das Haupt der Frau und Gott das Haupt Christi.« (1 Kor 11,3) Und man möchte hinzufügen: Der Mann wurde nicht für die Frau geschaffen, sondern die Frau für den Mann.

Priester verwehrten mancherorts Frauen, die kurz geschnittenes Haar trugen, die Teilnahme am Gottesdienst und an den Sakramenten. Angesichts der gewaltigen und wachsenden Zahl an Frauen mit Bubikopf, die in die Kirchen strömten, sah sich die katholische Kirche, genauer der Vatikan, 1930 zum Einlenken veranlasst – was einer Kapitulation gleichkam: »For one moral and two practical reasons the Roman Catholic authorities at the Vatican decided last week that bobbed hair shall not exclude women from Catholic churches or from the Sacraments. The practical considerations were: 1) that hair-bobbing is now so general that it would be impossible to bar all women with shorn hair; 2) that Catholic women ordinarily wear hats or veils in church. The moral point was finer: women may be admitted to churches if their hair dress is not ›harmful to the integrity of Christian morals‹.«[419] Interessant ist die Wortwahl: nicht von kurz geschnittenem Haar ist hier die Rede, sondern von geschorenem (shorn hair). Das gebührte einer Ehebrecherin.

Um der Missbilligung und Ächtung von Seiten der Kirche Nachdruck zu verleihen und um die »Andershaarigen«, wie Frauen mit androgynem Haarschnitt auch genannt wurden,[420] wieder auf den »rechten Weg« zu bringen, kursierten in deutschen Kirchengemeinden entsprechende Pamphlete. Aus einer Suchanzeige nach einer Broschüre mit dem Titel »Bubikopf – Gottesdienst« der Neuapostolischen Kirche ist zu schließen, dass der Stammapostel Hermann Niehaus (1848-1932) 1928 darin die »Vision« einer Schwester veröffentlicht hatte. Dieser Vision zufolge seien viele Seelen bei ihrer Ankunft im Jenseits an den verschiedenen Kontrollstationen zurückgewiesen worden und hätten die Himmelspforte nicht passieren dürfen, weil sie auf der Erde einen Bubikopf getragen hatten. Dieser »Bubikopf-Gottesdienst« wurde in Form einer Druckschrift zahlreichen Amtsträgern übergeben und als göttliche »Offenbarung«

419 Religion: Bobbed Hair. *TIME Magazine* (Monday, June 2, 1930).
420 Mode in einer anderen Zeit oder Warum unsere Mode nunmal so ist. 24. Mai 2013. https://www.diefeder.net/wordpress/mode-in-einer-anderen-zeit-oder-warum-unsere-mode-heute-nunmal-so-ist/ (letzter Zugriff 11/2020).

den Gemeindeangehörigen zur Kenntnis gebracht.[421] Eine andere Stimme im Forum *Glaube & Kirche* fügt hinzu: »Die ›Bubikopf-Stories‹ sind mir von meinen Eltern überliefert worden. Schwestern, die sich einen Bubikopf hatten schneiden lassen, mussten zu Zeiten des Apostels Otto Steinweg[422] vor den Altar kommen, um diese Sünde extra vergeben zu bekommen.«[423]

Um die Sichtweise mancher Kirchenvertreter in ihrer Radikalität nachvollziehen zu können, sind die Schriften zweier amerikanischer fundamentalistischer Kirchenführer, G.C. Brewer und John R. Rice, hilfreich.

Grover Cleveland Brewer (1884-1956) gehörte im 20. Jahrhundert zu den bekanntesten Priestern der *Church of Christ* in den USA. Seine hitzige und konfrontativ angelegte Rhetorik zeigte sich in seiner Schrift *Costums and Christianity. With a Special Discussion of Bobbed Hair.*[424] Er galt als ausgemachter Anti-Femininist und schrieb den mutmaßlichen kulturellen Niedergang Amerikas der Emanzpation von Frauen zu.[425]

Brewer schrieb, dass manche (Ehe-)Männer gebobbtes Haar nicht mögen würden, und er empfahl den Ehefrauen, darauf Rücksicht zu nehmen und von ihrem Wunsch nach einem Bob Abstand zu nehmen. Sein Argument lautete, der Bob sei unbiblisch. Die Geschlechter seien verschieden, sie wiesen nun einmal »unterschiedliche Eigenheiten und Wesensarten« auf. Diese zu pervertieren sei eine der schlimmsten Gräueltaten, ein Fehler und eine Sünde, denn so zerstöre man die sekundären Geschlechtsmerkmale. Und langes schönes Frauenhaar fiel ihm zufolge in die Kategorie sekundäres Geschlechtsmerkmal. Das Abschneiden selbst zerstöre dieses Kennzeichnen zwar noch nicht, aber das Schneiden eines Männerhaarschnitts eben doch. Denn offensichtlich zeige sich hier der Versuch, das Aussehen des anderen Geschlechts nachzuahmen, das eigentliche Geschlecht zu verbergen oder zu verstecken. Das könne von rechtschaffen denkenden Menschen nicht als schicklich empfunden werden: »Es wird von Jehovah verurteilt.«[426] Abschließend zieht Brewer noch einmal alle moralischen Register und schlussfolgert drastisch: »Wenn das Haareschneiden tendenziell dazu führt, der Religion abzuschwören oder die Bibel anzuprangern, die Geschlechterdifferenzen außer Acht zu lassen oder zu leugnen, dann

421 Forum »Glaube & Kirche«. Eine Plattform zum religiös orientierten Gedankenaustausch: Suche Broschüre über den »Bubikopf-Gottesdienst«. Von König und Herold, 04.12.2005.
422 Apostel J. Otto H. Steinweg (1864-1937), neuapostolischer Geistlicher des Apostelbezirks Braunschweig.
423 Forum *Glaube & Kirche.*
424 Brewer, *Costums and Christianity.*
425 Brewer, *Autobiography*, Kap. 3.
426 Brewer, *Costums and Christianity*, S. 7.

wäre es besser, unsere Frauen würden sich die Köpfe abschneiden statt ihre Haare.«[427]

John Richard Rice (1895-1980), Evangelist und Pastor der Baptisten sowie der Gründungsherausgeber von *The Sword of the Lord*, einer einflussreichen fundamentalistischen Zeitung, beschäftigte sich in seinem Buch *Bobbed Hair, Bossy Wives and Women Preachers*[428] ausführlich mit kurz geschnittenem Frauenhaar und dem, was »wahrhaftige Christinnen« davon zu halten hätten. Stolz berichtete er, dass Hunderte von Frauen aufgrund seiner Predigten sich ihr Haar wieder hätten lang wachsen lassen, zerrüttete Ehen habe das wieder zusammengeführt, widerborstige Ehefrauen seien durch Gottes Wort bekehrt worden und nun bereit, sich wieder ihren Männern unterzuordnen.[429] Auch wenn Gott die Haarlänge nicht inch-genau vorgebe, müsse es doch auf jeden Fall ungeschnitten bleiben. Langes Haar sollte das Symbol der frommen Frau bleiben, die sich nicht gegen Gott oder ihren Ehemann auflehnt.[430]

Rice drückte das aus, was auch vielen konservativen und national gesinnten Männern in Deutschland in den Weimarer Jahren aus der Seele gesprochen hätte: »Oh, ihr Frauen, was habt ihr alles aufgegeben, als ihr eure Weiblichkeit verloren habt! Als ihr euer Haar abgeschnitten habt, habt ihr auch euren Charakter abgeschnitten. Eure Auflehnung gegen die göttliche Autorität, wie ihr sie auch gegen Ehemann und Vater habt walten lassen, führt dazu, all das zu verlieren, was Frauen am meisten schätzen: wenn du von anständigen Männern geachtet und respektiert werden willst, wenn du Geborgenheit und Liebe und unverbrüchliche Zuneigung suchst, dann bitte ich dich inständig, den Platz einer Frau einzunehmen! Kleide dich wie eine Frau, nicht wie ein Mann. Verhalte dich wie eine Frau.«[431]

Rices Weltanschauung basierte auf der Unterordnung der Frau unter den Mann. Selbiges galt für Brewer. Zu diesem Zweck bedürfe es der männlichen Kontrolle, notfalls auch der Unterdrückung der Frau. Tatsächlich ging es also weniger um Gott bei Rice, sondern in erster Linie um den Mann. Frauen sollten ihr Haar lang tragen, weil er es so wollte. In diesem Denksystem bedeutete kurz geschnittenes Haar folgerichtig ein Zeichen der Rebellion gegen Väter und Ehemänner. De facto ging es also um die Geschlechterordnung.

427 Ebd., S. 16.
428 Rice, *Bobbed Hair, Bossy Wives and Women Preachers.*
429 Ebd., S. 8.
430 Ebd., S. 71.
431 Ebd., S. 78 f.

Der Bubikopf-Skandal 1926 in Letcher County, Kentucky

Mehr als nur ein Kuriosum wird anhand des *Bobbed-Hair-Scandal* sichtbar, der im Jahr 1926 in Whitesburg, Letcher County, Kentucky seinen Anfang nahm und nicht nur die überregionale Presse auf den Plan rief, sondern auch William J. Fields, den zuständigen Gouverneur des Bundesstaates Kentucky, zum Handeln zwang. Wie eine simple Frisur einen derartigen Sturm der Entrüstung entfachen konnte, blieb anfangs auch vielen Zeitgenossen ein Rätsel. Der Skandal selbst jedoch, mehr noch das nachfolgende Gerichtsverfahren und die weiteren Schritte der Akteurinnen, dokumentieren, wie ein mutiges Mädchen aus den *Apalachian Mountains* sich mit einer spektakulären Tat erfolgreich gegen einen Pfarrer zur Wehr setzte.[432]

Das *Courier Journal* (Francfort, Kentucky) berichtete am 28. und 30. Mai 1926 ausführlich über den Skandal: Der Gouverneur von Kentucky hatte den Gefängniswärter von Letcher County angewiesen, die 20-jährige gebobbte Martha Bates aus dem Gefängnis freizulassen und ihr die Reststrafe von 40 (von insgesamt 90) Tagen zu erlassen. Bates hatte einen Geistlichen, den Aushilfspfarrer Reverend Arlie Brown, geohrfeigt, nachdem der im Gottesdienst behauptet hatte, die Bubikopf-Mode ruiniere die Welt. »Es ist meine Überzeugung, dass die körperliche Attacke durch die ungerechtfertigte Kritik des Rev. Arlie Brown von der Kanzel herab gegenüber allen Frauen, die einen Bubikopf tragen, provoziert worden ist«, so die Begründung des Gouverneurs.

Ein Blick zurück: Martha Bates, Tochter einer bekannten Whitesburger Familie, hatte einen Gottesdienst in Thornton Gap besucht, in dem Reverend Brown in seiner Predigt ausgeführt hatte, der Weg von Frauen mit kurz geschnittenen Haaren führe geradewegs in die Hölle. Die später von Martha Bates erteilte Ohrfeige wuchs sich in der Kirche fast zu einer Massenschlägerei aus. Gemeindemitglieder drängten sich um die Kanzel, Unterstützerinnen des Mädchens auf der einen Seite, Unterstützer des Pfarrers auf der anderen. Viele in der aufgebrachten Menge hielten die Hände an den Gesäßtaschen, und der Pfarrer »vermutete, sie hätten Pistolen dabei und wüßten sie auch zu gebrauchen«.

Während der Pfarrer anschließend behauptete, er habe keinerlei derartigen Anspielungen bezüglich Bubikopfträgerinnen gemacht, erklärte Miss Bates gegenüber der *Associated Press* von Whitesburg: »Ich ging dorthin, wo er stand und fragte ihn, ob er glaube, dass alle Frauen, die kurze Haare tragen, unan-

432 Patricia Brashear, Ben Luntz, *The Bobbed-Hair-Scandal*. – Bob-Haired Girl Slapper Is Freed. Fields Orders Release of Letcher County Miss from Jail. Repr. of an article from May 29, 1926. Louisville, Kentucky, *Courier Journal*. http://wright-bates.com/bobbedhair_scandal.htm (letzter Zugriff 11/2020).

ständige Frauen seien. Und er antwortete: ja, so heißt es im Evangelium. Daraufhin schlug ich ihm, so heftig ich nur konnte, ins Gesicht. Ich sagte ihm, dass nicht das Haar eine Frau ausmache. Wir müssen gegen solche Teufel kämpfen. Wenn wir Bubikopf-Frauen eine Gewerkschaft hätten, gäbe es solche Reden nicht.«[433]

Wenige Tage später lieferte das *Courier Journal* in einem weiteren Bericht aufschlussreiche Hintergründe: Einige weibliche Angestellte des *State Parliament*, die meisten mit gebobbtem Haar, aber auch einige der Staatsbeamten hatten einen Fonds gezeichnet, der für alle etwaig enstehenden Kosten eines Gerichtsverfahrens in der Causa Miss Bates genutzt werden sollte. Der Gouverneur, der angeblich nicht bemerkt haben wollte, dass nahezu alle Frauen seines Büros ihr Haar kurz trugen, konnte ebenfalls für den Bubikopf-Fall gewonnen werden. Und Reverend Brown? Er hatte, offensichtlich in Unkenntnis der kulturellen Gepflogenheiten, die Reaktion einer jungen toughen Frau unterschätzt. Er verließ Dodge City, zog sich nach Louisville zurück und bemühte sich, den unliebsamen Vorfall hinter sich zu lassen.[434]

Für die Einordnung des *Bobbed-Hair-Scandal* lohnt ein Blick auf die Akteurinnen und Akteure in der US-amerikanischen Provinz: das männliche Geschlecht in der Person des unglücklich agierenden, auf das Evangelium pochenden, letztlich aber scheiternden Reverend Brown sowie des zwar streng gläubigen Methodisten, in Modedingen offensichtlich unerfahrenen oder zumindest naiv auftretenden Gouverneur Fields, der in dieser gerichtsrelevanten Angelegenheit sein eigenes (politisches) Süppchen zu kochen schien. Und die Frauen: Allen voran die junge, couragierte und alles andere als hinterwälderisch agierende Martha Bates. Dazu die bubiköpfigen Büroangestellten des State Capitol von Kentucky, die sich nicht nur mit Bates offensiv solidarisierten, sondern zusammen mit ihren männlichen Kollegen zur Tat schritten und einen Unterstützungsfonds ins Leben riefen. Nicht zu unterschätzen ist hier die Rolle der Medien, der überregionalen Zeitung, die sich auf die Seite der Angreiferin stellte und als wichtiger Teil der Öffentlichkeit Martha Bates eine Stimme gab.

Und schließlich: hier, in Kentucky, hatten sich am Ende die Frauen durchgesetzt – und auch der Bubikopf war siegreich geblieben.

433 Ebd.

434 Francfort Girls Subscribe to Fund As Fields Probes Letcher County Case. Reprint of an article from the May 30, 1926 Louisville, Kentucky, *Courier Journal*. http://wright-bates.com/bobbedhair_scandal.htm (letzter Zugriff 11/2020).

»Arischer Zopf« – »jüdischer Bubikopf«

Die Negativkonnotation des Bubikopfs, der seit Beginn der 1920er Jahre im Ruch stand, ein russisches (»verlauste Russinnen«) oder auch amerikanisches Übel (»Indianerland«) zu sein, fiel mit der Zuschreibung »jüdisch« deshalb auf fruchtbaren Boden, weil er von deutschnationalen Konservativen und völkischen Kreisen als zutiefst »undeutsch«, darüber hinaus als nichtarisch empfunden und damit vehement abgelehnt wurde. 1921 hatte die *Völkische Rundschau* (Frankfurt a.M.) mit Bezug auf den Ersten Weltkrieg den – noch wenigen – bubiköpfigen Mädchen und Frauen mit ihrer »undeutschen Narretei« zugerufen: »Deutsche Frau! Wache auf! Wirf die Judenmode von Dir und schwöre allem welschen [d.h. französischen] Plunder Fehde! Rette Dich und durch Dich den deutschen Mann.«[435]

Gedichtpostkarten mit ähnlichen deutschtümelnden Wertungen waren im Umlauf. Die »deutsche Lorelei« mit ihrem langen, blonden, wallenden Haar galt als Inkarnation der schönen deutschen Frau, als Sinnbild der Weiblichkeit. Entsprechend unpatriotisch und undeutsch verhielten sich demnach jene Frauen, die sich für einen Bubikopf entschieden.

Der Slogan »Arisch ist der Zopf – jüdisch ist der Bubikopf« markiert am eindrücklichsten das Gegensatzpaar »arisch – jüdisch« aus Sicht der völkischen Weltanschauung. Der Bubikopf galt in konservativen, nationalistisch gesinnten Kreisen als »Judenfrisur«. In ihrer psychoanalytischen Arbeit zum deutschen Antisemitismus führen Elisabeth Brainin und Marieta Zeug aus, dass sich darin »die Überlegenheit der deutschen, völkischen Frau gegenüber der dekadenten, städtischen Jüdin« ausdrückte. »Wenn wir den Zopf als phallisches Symbol verstehen, so zeigt diese Parole mit ihrer Gegenüberstellung von ›phallischer‹ deutscher Frau und ›kastrierter‹, ›beschnittener‹ Jüdin, wie narzistische Überlegenheitsgefühle der Abwehr von Kastrationsangst dienen. Zugleich weckt das Schlagwort entsexualisierte Bilder einer blonden, erdverbundenen Natürlichkeit, rassischer Reinheit, die nichts mit dem Schmutz und der Dekadenz des städtischen Lebens gemein hat, und die zur Erhaltung der ›Reinheit des Volksganzen‹ prädestiniert.«[436]

Ganz besonders drastisch offenbart sich die völkische Sichtweise auf die Bubikopf-Mode und damit das androgyne Frauenbild der Weimarer Jahre in der antisemitischen Wochenzeitung *Der Stürmer*.[437] Der Historiker Peter Zinke nutzte das Hetzblatt als zentrale Quelle für seine Studie über Antisemitismus

435 *Völkische Rundschau*, 13.8.1921.

436 Brainin, Zeug, Arisch ist der Zopf – Jüdisch der Bubikopf, S. 11 f.

437 *Der Stürmer* (April 1923–Februar 1945), gegründet und herausgegeben vom NSDAP-Gauleiter in Franken, Julius Streicher (Nürnberg).

Bub oder Mädel?

Eins will in den Kopf nicht 'nein:
daß Ihr, als Meisterstück der Schöpfung,
dem Meister pfuscht in's Werk hinein
mit Eurer Bubiköpfung.

Des Meisterstückes schönste Zier,
war's nicht der lange Zopf?
Heut wollt den lieben Herrgott Ihr
hinstellen gar als Tropf?

Statt Mädel wollt Ihr Buben sein,
mit Bubentracht Euch zieren?
Wie paßt das in die Schöpfung 'nein!
Prüft Euch auf Herz und Nieren!

Wer in der Not des Vaterland's
sich kleidet überspannt-modern,
ich sage frei heraus es ganz:
Dem fehlt im Herz der deutsche Kern!

Eins fehlt: das ist die starke Hand,
die Euch treibt aus dem Modejoch!
Noch sind wir kein Indianerland!
Deutschland ist immer Deutschland noch!

Und wenn gleich tausend Narren singen
und preisen Eure Buberei,
für mich wird ewig neu erklingen
vom Rhein — die deutsche Lorelei!

Fritz Steinmetz.

Abb. 78 Fritz Steinmetz, *Bub oder Mädel?*

während der Weimarer Republik in Franken.[438] Er dokumentiert darin auch die Bubikopf-Debatte, insbesondere in Form von Zuschriften der Leserinnen und Leser im *Stürmer-Briefkasten* (1924-1927). Dort wird einerseits darauf hingewiesen, dass es Privatsache sei, »die Haare auf die eine oder andere Art zu tragen«; es sei deshalb selbstverständlich, »daß die Aufnahme in die Hitlerpartei nicht von der Haartracht abhängig gemacht« werde.[439] Andererseits könne die Modeerscheinung des »Bubikopfs«, so eine andere Stimme, »mit dem hergebrachten deutschen Gefühl kaum in Einklang gebracht werden«.[440]

Gegen alles, was dem »undeutschen oder jüdischen Wesen« das Wort rede, zog der *Völkische Frauenbund Nürnberg* (gegründet 1924) unerbittlich zu Felde. Der Bubikopf sei purer Bolschewismus, und die neue Haartracht verkörpere zudem »die neue, unsittliche Anschauung von Liebe und Ehe«. Für ein »jüdisches Frechgesicht« möge der Bubikopf passend sein, für ein »deutsches Mädchen« nicht. »Bolschewismus« und »jüdisch sein« gehörten in dieser Sicht untrennbar zusammen. Der »schandmäßige Haarschnitt« sei überdies früher ein ausschließliches ›Vorrecht‹ der »weiblichen Zuchthausinsassinnen« gewesen. Mit einem verbalen Rundumschlag polemisierte der *Völkische Frauenbund* gegen die jüdischen »Feinde«. So war die Rede vom »Modemacher-Juden« oder vom »Ullstein-Juden« mit seiner *Berliner Illustrirten Zeitung*, die als »Juden-Mode-Puppe« bezeichnet wurde.[441]

An dieser Stelle ist es sinnvoll, einen Begriff einzubeziehen, der in der Debatte um den Bubikopf, genauer, seine Ablehnung, stets eine latente Rolle spielte: der »Kulturbolschewismus«. Carl von Ossietzky hatte sich damit 1931 in der *Weltbühne*, der Wochenschrift der radikaldemokratischen bürgerlichen Linken, in kritisch-ironischer Weise auseinandergesetzt: »Auch in der heutigen krisenhaften Zeit geht die Razzia nach dem Feind, den man für alles belangen kann. Mit einem neuen Schlagwort sucht man den Feind, der das alles angerichtet hat, zu kennzeichnen, zu erfassen: deshalb verfemt man ganze Menschenklassen. […] Das herrschende Schlagwort von heute heißt: ›Kulturbolschewismus‹ und wird in ein paar Jahren schon ebenso absurd und unverständlich erscheinen wie das Schnüffeln nach den ›Reichsfeinden‹ und andern willkürlich gewählten Trägern des bösen Prinzips. […] Es handelt sich also um ein devastierendes Schlagwort, leicht zu handhaben von Demagogen und Ordnungsrettern, von Kunst- und Strafrichtern. Wollen wir es näher bestimmen, so tappen wir allerdings im dicksten Finstern.«[442]

438 Zinke, Der »jüdische« Bubikopf.
439 *Der Stürmer*, Nr. 2/1927, nach Zinke, S. 125.
440 *Der Stürmer*, Nr. 3/1927, nach Zinke, S. 126.
441 *Der Stürmer*, Nr. 13/1927, nach Zinke, S. 131 f.
442 von Ossietzky, »Kulturbolschewismus«, S. 559 f.

Eckhard John, Musikhistoriker, setzt Jahrzehnte später für den Bedeutungszusammenhang des Begriffs andere Akzente. »Kulturbolschewismus« habe nur am Rande gegen die Künste gezielt. Vielmehr sei es um den Kampf gegen die »sexuelle Entfesselung« gegangen, wie er sich im *Völkischen Beobachter*[443] artikulierte: ein »hemmungslos sexuelles Sichausleben«, das den »deutschen Geist verwirren und deutsche Seele zerstören« sollte. Also ein Kampf gegen die Sexualreformbewegung, gegen die Bestrebungen für eine freiere Sexualität, gegen die Emanzipation der Frau. Der Begriff »Kulturbolschewismus« beruhte nach John bei näherer Betrachtung auf tiefsitzenden Ängsten, wie etwa die Begriffe Modernitätsverweigerung, Antiintellektualismus oder Kulturpessimismus nahelegten. »War die Grundlage der Denkfigur ›Kulturbolschewismus‹ die Angst vor sexueller Enttabuisierung, Frauenemanzipation und Antimilitarismus und somit der Kampf um die Aufrechterhaltung männlich-militärisch strukturierter Herrschaft, gestaltete sich die Liste der Phänomene, die mit diesem Schlagwort angegriffen wurden, extrem vielfältig.«[444] In diese Liste der diffamierten Phänomene gehörte auch der Bubikopf, der als weibliche Chiffre der Moderne und der Emanzipation der Frau wahrgenommen wurde.

Herabsetzungen und Zuschreibungen bezüglich kurzer Frauenhaare, meist nicht näher begründet, hatten eine beträchtliche emotionale Reichweite und waren gesellschaftlich tief verankert. 1924 berichtete die *Allgemeine Thüringische Landeszeitung* von Anrempeleien von Straßenpassantinnen in Weimar[445] und darüber, dass bekannte Weimaraner beschimpft und beleidigt worden seien, weil sie für Juden gehalten wurden. Vor allem junge Frauen wurden wegen ihres Bubikopfes beschimpft. »Offensichtlich erwarten Nationalsozialisten entweder Dutt, Zöpfe oder Gretchenfrisur. Kurzhaarschnitt bei Frauen steht für Amerikanismus, Emanzipation, Moderne und ist von Übel.«[446] In den Prozessen des *Internationalen Militärgerichts in Nürnberg* ab Herbst 1945 wurden entsprechende Aussagen aus dem *Stürmer* herangezogen. Das Auftauchen des Bubikopfes in den 1920er Jahren »sei ein Komplott gewesen, um die gesunden deutschen Sitten und die noch solidere deutsche Hausfrau zu zerstören«.[447]

443 Der *Völkische Beobachter* war von Dez.1920 bis 30. April 1945 das publizistische Parteiorgan der NSDAP.

444 John, Was heißt »Kulturbolschewismus«?, S. 70f.

445 Weimar ging mit überdurchschnittlich vielen nationalsozialistischen Wählern aus der thüringischen Landtagswahl 1924 hervor.

446 Weimar als nationalsozialistisches Experimentier- und Paradefeld. http://www.schreiben10.com/referate/noi/Politik/weimar-als-nationals151224232317.php (letzter Zugriff 11/2020).

447 *Der Stürmer*, 5 (1927), 19. Januar 1927. Zitiert nach: Davidson, *The Trial of the Germans*, S. 45.

Wie der *Stürmer* widmete sich auch der österreichische *Hakenkreuzler* dem »Kulturkampf«. Eine Abwehr des Bubikopfes sei die »Abwehr deutschen Geistes gegen fremde Vergewaltigung«.[448] Selbst wenn den Bubiköpfen die Zöpfe wieder wachsen sollten, blieben sie für immer geschoren. Dies »suggeriert überdies eine Unwiderruflichkeit«, urteilt Wolfgang Duchkowitsch, Wiener Publizistikprofessor, »die mit der ›Logik‹ der ›Rassenschande‹ von Julius Streicher korrespondiert«.[449]

Nicht nur *Der Stürmer* hetzte gegen alles vermeintlich Jüdische. Auch die Turnverbände in Deutschland und Österreich hielten sich in ihrer Vereinspresse damit nicht zurück. All das, was den rechtsgerichteten Kreisen der Gesellschaft und der völkischen Presse fremd, unliebsam, verachtenswert oder gegen ihre eigenen Überzeugungen war, wurde ohne Umschweife »den Juden« zugeordnet und als ihnen wesensgemäß gebrandmarkt. Vom Ausbruch des Ersten Weltkrieges bis zum »Schandfrieden« von Versailles über den »allgemeinen kulturellen Niedergang« bis zu den »modernen ›Buhltänzen‹, den ›Bubikopf‹ und die Prostitution, für die ›entartete‹ deutsche Kunst, Musik und Dichtung« wurden sie verantwortlich gemacht.[450]

Ganz besonders intensiv nahm sich Mitte der 1920er Jahre die Verbandspresse der völkischen Turnverbände *Deutsche Turnerschaft* (gegr. 1868), *Deutscher Turnverband* (gegr. 1919) und *Deutscher Turnerbund 1919* des kurzen Haarschnitts an, wie Martin Klement zeigen kann.[451] Eingebunden in die Debatte um die gesellschaftliche Rolle der Frau ging man von grundlegenden seelischen und körperlichen Unterschieden zwischen Mann und Frau aus. Die »ideale weibliche Gestalt« sahen die Verfasser der Artikel in der »ergebenen Gattin, duldenden Mutter und allen ›Modetorheiten‹ abholden ›Hüterin des stillen Heims‹.«[452]

Das offizielle Motto des *Deutschen Turnverbands* und des *Deutschen Turnerbunds 1919* lautete: »Rassenreinheit – Volkseinheit – Geistesfreiheit«. Zu den typischen körperlichen Merkmalen einer »Rasse« gehöre die Beschaffenheit des Haares, und »kurzes, krauses, meist schwarzes« und struppiges Haar sei eine Eigenart der semitischen Rasse. Das fand seinen Ausdruck in Schmähnamen wie »Judikopf«, »Judenkopf«, »Negerkopf«. Auch in den Turnvereinen wurde der Bubikopf mit homosexuellen Neigungen in Verbindung gebracht. Zudem verwandle der Bubikopf Frauen nicht nur körperlich, äußerlich, sondern auch geistig in Männer, wodurch die traditionelle (dichotome) Geschlechterordnung

448 *Hakenkreuzler*, Folge 15 = Heuert/Juli 1926, S. 3 f.; zitiert nach Duchkowitsch, Nichts für Frau »Zimperlich« und Herrn »Schlappschwanz«, S. 41.
449 Duchkowitsch, Nichts für Frau »Zimperlich«, S. 42.
450 Luh, *Der Deutsche Turnverband in der Ersten Tschechoslowakischen Republik*, S. 57 f.
451 Klement, Streit um den Bubikopf.
452 Ebd., S. 196.

noch umfassender in Frage gestellt werde. Der Bubikopf wurde als »rassische Entartung« gesehen, als Ausdruck volksbedrohender »Vermännlichung« und moralischer Entgleisung. Diese »Dirnenhaartracht« kennzeichne die Außenseiterinnen: Verbrecherinnen, Bediente (Dienerinnen), Kranke und »schlechte Weiber«. So war es nur noch ein kleiner Schritt bis etwa zum Verbot der Teilnahme von Turnerinnen mit Bubikopf an Festumzügen oder bei Turnfesten.[453] In den Turnhallen des *Deutschen Turnerbunds* lautete die Aufschrift »Deutsches Mädel, sei gescheit; jedes Judenmädel trägt den Bubenschädel«, entsprechend deutlich fiel die Empfehlung für den Zopf aus.[454]

Kleidung und Haartracht für Turnerinnen wurden von Männern festgelegt. Bei einem Gauturnfest des völkischen *Turnerbundes in Sachsen* war für Turnerinnen mit kurzen Haaren die Teilnahme am Festzug untersagt, ebenso das Antreten bei Wettkämpfen, übrigens schon im Jahr 1925. »Die Leitung betrachtet diese Selbstverstümmelung für jedes erwachsene Mädchen oder jede Frau im allgemeinen und für eine deutsche Turnerin im besonderen als eine Schande und will die Art von Weiblichkeit nicht in ihren Reihen.«[455]

Auffallend sind nicht nur die ideologischen Schnittmengen von Turnverbänden und katholischer Kirche bezüglich der Stellung und Aufgabe der Frau wie auch der Ablehnung und Ächtung des Bubikopfes. Der *Deutsche Turnerbund 1919*, von seinen liberalen Anfängen zum Deutschnationalismus konvertiert, wollte »die Jugend zu strammen Deutschen« erziehen. In diesem Verständnis bedeutete das: antiklerikal und antisemitisch (Andreas Luh). Aber wie in der katholischen Kirche auch waren Verbote und Ausschlüsse von Frauen mit Bubikopf nicht auf Dauer zu halten, und so wurden sie von der obersten Turnverbandsstelle schließlich annulliert. Zum einen hatten sie die Turnerinnen keineswegs davon abgehalten, sich einen Bubikopf schneiden zu lassen, zum anderen hatte ihr Ausschluss negative Folgen für die Vereinskasse. Zudem wurde die anfängs geschmähte Kurzhaarfrisur zu Ende der 1920er Jahre allgemein mehr oder weniger akzeptiert oder zumindest toleriert. Nicht wenige Frauen wendeten sich nach den Bubikopf-Jahren aus freien Stücken und vielleicht auch aus eigenem Überdruss – und entsprechend der nun aktuellen internationalen Mode – den längeren, »weiblicheren« Frisuren und Kleidern zu.

453 Ebd., S. 202.
454 Hanisch, *Männlichkeiten*, S. 390.
455 Wöll, Kopf oben, S. 65. – Kommentarlos hatte die Verbandszeitung der CDTÖ (*Christlich-deutsche Turnerschaft Österreichs*) diesen Bericht (1925, Nr. 10) aus der Zeitschrift *Sonntagsglocke* übernommen, in dem als Schlusssatz noch der antisemitische Reim »Deutsche Maid, sei gescheit: nur das Judenmädel trägt den Pudelschädel!« steht. Auch ein Jahr später wurde beim Bundesturnfest des *Deutschen Turnerbundes* 1926 in Wien den »Trägerinnen der Bubikopfhaartracht« eine Teilnahme verboten.

FRAUENHAAR ALS ROHSTOFF UND WARE

Von jeher war Frauenhaar als Material für Perücken und Haarteile von unschätzbarem Wert. Perücken wurden bereits im alten Ägypten getragen, sowohl von Männern wie von Frauen. Im Barock dienten sie insbesondere den Männern als Statussymbol. Hergestellt wurden sie zumeist aus Ziegen- und Rosshaar, teilweise aus Hanf oder Flachs. Erst sehr viel später nutzte man Echthaar für die aufwändige Herstellung von Perücken und Haarteilen. Letztere waren vor allem Bestandteil der kunstvollen Frauen(hoch)frisuren im Biedermeier. Orthodoxen jüdischen Frauen, die verheiratet, geschieden oder verwitwet sind, schrieb und schreibt das jüdische Gesetz vor, ihr langes Haar vor den Augen anderer zu verbergen. Dazu dient, nicht zuletzt aus modischen Gründen, oftmals eine Perücke, der *Scheitel*.

Um an größere Mengen des benötigten Haares zu kommen, waren Perückenmacher in früheren Zeiten darauf aus, ihren Werkstoff möglichst kostenlos oder doch wenigstens für wenig Geld zusammenzutragen: in Gefängnissen und Irrenanstalten, auf Friedhöfen und Schlachtfeldern. Vor allem aber unter der armen Landbevölkerung gelangten Friseure an langes Frauenhaar, den Rohstoff ihrer Perückenmacherei.

Karl Emil Franzos, österreichischer Schriftsteller und Publizist (1848-1904), schreibt in einem seiner Reiseberichte über diese Facette des Haarhandels. Franzos war um 1900 auf seinen ausgedehnten Wanderungen durch Anhalt und Thüringen im Schwarzatal am Nordrand des Thüringer Schiefergebirges auf eine alte Schwämmleleserin getroffen, die ihm umständlich und in schwer verständlichem Thüringer Dialekt vom Haarhandel in dieser ärmlichen Gegend berichtete. Sie selbst habe ihr Haar einem wandernden Friseur für zwei Taler verkauft, es sei »geel g'wesen wie Gold und lang wie drei Kuhschwänz«. Die Frau habe davon erzählt, als wäre dieser Handel der Glanzpunkt ihres Lebens gewesen. Nun aber, so habe sie geseufzt, stünde solches Glück nicht mehr zu erwarten. »Warum nicht?«, wollte Franzos wissen. Weil die Welt immer schlechter werde, habe sie geantwortet.[456]

Auch anderswo und zu anderen Zeiten sahen sich junge Mädchen und Frauen gezwungen, sich von ihrem langen Haar zu trennen, so zum Beispiel Emily Wu, die 1958 in Peking geboren wurde. Sie hatte während der Hungersnot, die auf Mao Tse-tungs *Großen Sprung nach vorn* einsetzte, aus bitterer Ar-

456 Franzos, *Aus Anhalt und Thüringen*, Kap. 7: Im Schwarzatal.

mut ihre langen, schwarzen Haare verkauft, um sich die für den Schulbesuch benötigten Schuhe kaufen zu können. Bis zu ihrem neunten Lebensjahr hatte sie die Haare kurz getragen, ließ sie jedoch wachsen, als sie davon erfuhr, dass bodenlanges Frauenhaar für 100 Yuan verkauft werden konnte.[457]

Die Deutsche Frauenhaar-Sammlung

Schon bald nach Beginn des Ersten Weltkriegs, insbesondere im Zusammenhang mit der britischen Seeblockade (1914-1919), war Deutschland von lebens- oder industriewichtigen Rohstoffen abgeschnitten. Für das Kamelhaar, das bis dahin für Treibriemen, Filzplatten und -dichtungen, vor allem in U-Booten, verarbeitet worden war, musste dringend ein Ersatzstoff gefunden werden. Eine geeignete Option war Frauenhaar. Das Deutsche Rote Kreuz organisierte daraufhin *Die Deutsche Frauenhaar-Sammlung*. Zentrale Sammelstellen befanden sich in Magdeburg und Augsburg. Von dort wurden die Haarspenden an Industrieunternehmen weitergeleitet.

Unterstützt wurde die reichsweite Sammelaktion mit Plakataufrufen in Städten und Gemeinden. Der erste Entwurf des zeitgenössisch bekannten und erfolgreichen Werbegrafikers Jupp Wiertz suggerierte, dass sich insbesonders langes, abgeschnittenes Haar wie jenes der schwarzhaarigen Dame auf dem Plakat dazu eignete (siehe Abbildung 67, S. 186). Als sich aber zeigte, dass Mädchen und junge Frauen aus patriotischen Gefühlen heraus einem regelrechten Sammeleifer verfielen und tatsächlich ihr langes Haar mit großer Begeisterung für das Vaterland »opferten«, steuerte das Rote Kreuz um, denn diese Entwicklung sollte unter allen Umständen vermieden werden! Fortan wurde ausdrücklich für ausgebürstetes Haar (sogenanntes »Wirrhaar«) geworben und ausschließlich solches als Spende angenommen.

Ein anderes Plakat forderte, ziemlich uncharmant: »Sammelt ausgekämmtes Frauenhaar! Unsere Industrie gebraucht es für Treibriemen.« Vor allem Schülerinnen und Schüler engagierten sich, indem sie die Haarspenden von den Privathaushalten abholten. Dafür wurden sie teilweise vom Unterricht freigestellt.[458] Immerhin konnten bei den verschiedenen Sammelaktionen während des Ersten Weltkrieges mehrere hundert Tonnen zusammengetragen und der Industrie zugeführt werden.

457 Wu, Als ich 15 war, verkaufte ich mein schönes Haar. – Zum Vergleich: Wus fünfköpfige Familie lebte in der Verbannung von nur 50 Yuan im Monat.

458 Vgl. zu den beträchtlichen Mengen, die Schülerinnen und Schüler zusammentrugen, sowie zur Organisation der Sammelaktion: Kronenberg, *Kampf der Schule an der »Heimatfront« im Ersten Weltkrieg*, S. 88 ff.

1917 hatte die *Deutsche Allgemeine Friseur-Zeitung* eine Annonce der Berliner *Textil-Rohrprodukten-Handelsges. m.b.H.* veröffentlicht, in der Abfall-Haare (Menschenhaare, z.B. Frauenhaare, Stumpfen, alte Perücken, Zöpfe, Locken sowie Männerschnitthaare) »in jedem Quantum [...] zu wirklich höchsten Kassapreisen« gesucht wurden.[459] In der Haar-Einkaufs-Zentrale in Berlin wurden während der Inflationszeit (1914-1924) für 1 kg Frauenhaar 8.000 Mark geboten.[460] Die Friseure mussten gegen Ende des Ersten Weltkrieges unter diesen Umständen durchaus eine Beschlagnahmung sämtlicher Haar-Abfälle befürchten, und so versuchten sie, sich zumindest die »Erhaltung der besonders hochwertigen Teile« zu sichern, vor allem langes Haar, das sie dringend für Postiche- und Perückenarbeiten brauchten.[461]

Abgeschnittenes Frauenhaar

Abgeschnittenes Frauenhaar, das während der 1920er Jahre durch die massenhaft umgesetzte Bubikopf-Mode in großen Mengen anfiel, war also von einigem Wert. Manche Friseure, die in der Regel auch als Perückenmacher tätig waren, hofften auf einen baldigen Modewechsel, der dann wieder mehr »Haararbeiten« erfordern würde, und waren, wenn auch nicht in großer Zahl, aus diesem Grund daran interessiert, Frauen die Haare kurz zu schneiden. Das abgeschnittene Haar blieb gewöhnlich Eigentum des Friseurs.

Kundinnen, die es sich leisten konnten und sich in Anbetracht des Mangels an deutschen Experten in Paris die Haare schneiden ließen, sorgten so dafür, dass »das Ausland unser gutes deutsches Schnitthaar mit wenig Mühe einheimsen kann«. Rückblickend schrieb der Friseur Willy Ring im Jahr 1924, »daß es doch durchaus nicht notwendig war, unsere Kundinnen, die sich entschlossen haben, ihre Haare den Launen der Mode zu opfern, davon abzuraten. Denn die Zeit wird kommen, wo jedes Haar gebraucht wird, da sich auch die Bubimode überleben wird und dann muß schnell Postiche gearbeitet werden können.

459 *DAFZ* 33 (1917), 18, S. 186.

460 Willy Römer, Zahle für ein Kilogramm Frauenhaar 8000,- Mark. Berlin, Anfang der 1920er Jahre. Inventar-Nr.: WR_09735_01.

461 Frauenhaar als Kriegsrohstoff. *DAFZ* 33 (1917), 21, S. 211. – Die Haarverrechnungsstelle der Innung bei der *Deutschen Frauenhaar-Sammlung Magdeburg* gab den Kilogramm-Preis für »*Wirrhaar* für kriegstechnische Zwecke« mit 14 Mark an. – Unter der Überschrift »Die Beschlagnahme der Menschenhaare« war die »Bekanntmachung, betreffend Beschlagnahme und Meldepflicht von gesammelten rohen Menschenhaaren, vom 15. März 1918. Nr. W I 850/11.17. K.R.A.« abgedruckt. *DAFZ* 34 (1918), 7, S. 65 f., S. 66; Forts. 8, S. 81 f.; und kurz darauf, in Nr. 9 desselben Jahres, erschienen ganzseitige Annoncen von »amtlich bestätigten Großaufkäufern von Menschenhaaren« des Kgl. Preußischen Kriegsministeriums.

Dazu wollen wir fein säuberlich die abgeschnittenen Haare vor Mottenfraß geschützt aufbewahren.«[462]

Die Mode des Bubikopfs hatte sich jedoch keineswegs rasch überlebt, und so sanken die Preise für Frauenhaar ganz erheblich. In einem Bericht in der *DAFZ* wurde dazu ausgeführt, dass bis 1914 Paris und London die Hauptumschlagsplätze für Frauenhaar gewesen seien, für den Inlandsbedarf Leipzig und vor allem Laupheim bei Biberach in Württemberg.[463] Als Hauptlieferant der Rohware wurde Russisch-Polen genannt, später auch Frankreich, das über den eigenen Bedarf hinaus jährlich für rund 800.000 Mark Frauenhaar an Amerika lieferte, seinen Hauptbedarf jedoch aus China deckte. Allein die Stadt Kanton führte in manchen Jahren 60.000 bis 80.000 Kilo Frauenhaar aus. Nach Berechnungen aus England betrug das durchschnittliche Gewicht des Haares einer Frau 250 bis 300 Gramm.[464]

Ob Frauen ihr abgeschnittenes Haar selbst »zu Geld« machten, indem sie es nicht dem Friseur überließen, sondern aus dem Salon mitnahmen, ist freilich schwerlich auszumachen. Es liegt aber nahe, dass manche Kurzhaar-Freundin ihr eigenes abgeschnittenes Haar für eine spätere Perücke oder ein Haarteil bei ihrem Friseur in Auftrag gegeben hat und so den Preis entscheidend mindern konnte.[465]

Der Pariser Coiffeur Emile Long wusste im Jahr 1925 seinen deutschen Friseur-Kollegen von einer geradezu unglaublichen Boykott- und zugleich Erfolgsgeschichte zu berichten: »In Paris haben die Direktoren der Waren- und Modehäuser, der großen Verwaltungsbehörden, der ersten Banken und Versicherungsgesellschaften vereinbart, keine jungen Damen mehr zu beschäftigen, die sich das Haar schneiden ließen.« Wie haben sich die mehr als 10.000 jungen Frauen dazu verhalten – in Solidarität und mit kollektivem Eigen-Sinn? Alle ließen sich noch in derselben Woche ihr Haar abschneiden und sind mit einem Ersatz-Haarknoten (Chignon) zur Arbeit erschienen! Die Pariser Friseure und

462 Willy Ring, Bubenkopf-Haarschnitte. *DAFZ* 40 (1924), 11, S. 255.

463 Der aus Böhmen eingewanderte Josef Bergmann begründete 1873 einen Haarhandel in Laupheim. Das Haar wurde weiterverarbeitet zu Theater- und Fasnetperücken, Toupets, Bärten, Zöpfen, Haarpräparationen. Im Zweiten Weltkrieg wurde die Firma arisiert (*Württembergische Haarfabrik*). Die jüdischen Eigentümer wanderten in die Vereinigten Staaten aus. 1952 wurde der Betrieb rückübereignet und besteht noch heute.

464 Bubikopf und Frauenhaarhandel. *DAFZ* 41 (1925), 4, S. 110.

465 Beispiel für die Kostenberechnung einer modernen Kurzhaarperücke für Damen: Materialkosten (85 Gramm Kraushaar verschiedener Längen): 17,20 Mark; Tüll, Seidenband, Filetnetz: 6,50 Mark; Arbeitslohn Knüpferin: 20,00 Mark; Zeichnung, Einrichten, Wasserwellen, Frisieren: 7,50 Mark – zusammen 51,20 Mark plus 50% allgemeine Geschäftsunkosten (Selbstkostenpreis 76,80 Mark) plus 50% Gewinn (Verkaufspreis 115,20 Mark). Siehe Henkel, *Meisterprüfung*, S. 103.

Perückenmacher hatten in einer Tag-und-Nacht-Aktion zehntausend Chignons anfertigen müssen, und zwar genau aus dem Haar, das kurz zuvor der Schere zum Opfer gefallen war. »Das war vor einem halben Jahre«, berichtete Long weiter, und da »diese jungen Damen ihre Arbeit gut verrichteten, ihre falschen Chignons aber nicht sehr geschickt anbrachten, so daß das Publikum das Ende der natürlichen Haare an allen Ecken hervorlugen sah, haben die Herren Direktoren ihre Anweisung zurückgezogen und auf deren Ausführung verzichtet.«[466] Zum Vorschein kamen allenthalben kunstgerechte Schnitte und tadellose Kurzhaarfrisuren.

Auch heute, 2021, ist die große Nachfrage nach Echthaarperücken, Toupets und Haarteilen ungebrochen. Ein Dokumentarfilm von 2012 widmet sich dem heutigen Haarhandel und seiner globalen Vernetzung bis hin zum Endprodukt.[467] Größter Haarlieferant ist Indien und dort besonders die Pilgerstadt Tirupati, wo Inderinnen in einem Tempel ihr langes Haar opfern. Das indische Haar ist zumeist dunkel und zudem von sehr guter Qualität, frei von chemischen Zusätzen, da es üblicherweise ausschließlich mit Kokosöl gepflegt wird. Es muss für die Abnehmer in Europa, USA und Japan weiterverarbeitet werden. Dafür wird es zu den Haarhändlern in Spanien und Italien transportiert, während in Deutschland und den USA die »Monturen«, d. h. der Unterbau für Toupets und Haarteile, entsprechend den Kundenwünschen entworfen und gefertigt und die dazu passenden Haare ausgesucht werden. Schließlich übernehmen Firmen in China (insbesondere in Shenzen) das Knüpfen des Zweithaares. Dafür wird jedes Haar einzeln in die Vorlage geknüpft, bis zu 100.000 Knoten pro Perücke. Dafür braucht eine geübte Näherin sieben Tage und verdient im Monat etwa 100 Euro.[468]

»Rohstoff« Menschenhaar aus den Konzentrationslagern, 1943–1945

Ein besonders perfides, verabscheuungswürdiges Kapitel in diesem Zusammenhang ist die industrielle Verwertung von Menschenhaar in den Konzentrationslagern der Nationalsozialisten. Im Gegensatz zur Sammlung und Verwertung von Frauenhaar im Ersten Weltkrieg handelte es sich hier nicht um ausgekämmtes Haar oder Schnitthaar aus den Frisiersalons, sondern um gewaltsam

466 E[mile] Long, Zur Mode in Paris. *DAFZ* 41 (1925), 11, S. 355 f.

467 *Ware Haare. Das weltweite Geschäft mit der Schönheit.* Ein Film von Tilman Achtnich. Sendetermin 28.11.2012 (SWR).

468 Tilman Achtnich, Sarah Weiss, Haare als Ware; http://www.daserste.de/information/wissen-kultur/w-wie-wissen/sendung/2012/haare-als-ware-100.html (letzter Zugriff 11/2020).

abgeschnittenes oder geschorenes Haar weiblicher KZ-Häftlinge oder, wie im KZ Auschwitz, von den Leichen der Ermordeten.

Unter der Tarnbezeichnung *Aktion Reinhardt* wurden von Juli 1942 bis Oktober 1943 über zwei Millionen Juden sowie rund 50.000 Roma aus den Distrikten des Generalgouvernements in die Vernichtungslager Treblinka, Belzec und Sobibor verschleppt und dort ermordet. Ein wichtiger wirtschaftlicher Aspekt der *Aktion Reinhardt* war die »Sachverwertung«. Das betraf sämtliche Gegenstände, Bekleidung, Schuhe, Wertgegenstände wie Uhren, Schmuck, Füllfederhalter, Geld, Zahngold, aber auch Lebensmittel, Medikamente und Kinderwagen – und eben auch Frauenhaar. Was bei den Judentransporten in die Vernichtungslager anfiel, wurde akribisch gesammelt, sortiert, erfasst, weitergeleitet, zunächst an die SS-Standortverwaltung Lublin. Von dort wurde es in das SS-Wirtschaftsverwaltungshauptamt in Berlin transportiert und schließlich verwertet.[469]

In Claude Lanzmanns Film *Shoah* von 1985 erinnert sich Abraham Bomba, überlebender Friseur aus Czestochowa, an den »Friseursalon« von Treblinka, eines der Arbeitskommandos. Dort arbeiteten 17 ausgebildete Friseure, die sich unter den Lagerinsassen fanden. Der Friseursalon war vollständig mit Spiegeln ausgekleidet. Die jüdischen Frauen mussten sich auf Holzbänke setzen, siebzig pro Schub, »nackt und zu Tode erschrocken«. Mit vier Scherenschnitten wurde all ihr Haar abgeschnitten, »man schnitt so, hier … und da … diese Seite … diese Seite, and it was all finished.« Zwei Minuten, nicht mehr. Nur Kamm und Schere kamen zum Einsatz, ausdrücklich keine Haarschneidemaschinen. So wurden die Frauen in ihren letzten Lebensmomenten getäuscht. Sie sollten glauben, »dass es sich um einen normalen Haarschnitt handelt, wie ihn Herrenfriseure eben machen.« (Bomba)[470]

Eintreffenden Frauen gewaltsam die Haare abzuschneiden war in den nationalsozialistischen Vernichtungs- und Konzentrationslagern gängige Praxis, so auch im KZ Auschwitz. Am 6. August 1942 hatte Richard Glücks[471] auf Anweisung des Chefs des SS-Wirtschafts-Verwaltungshauptamts (WVHA), SS-Ober-

469 Zur Organisation der Raubgutverwaltung vgl. Berger, *Experten der Vernichtung*, insbes. das Kap. Das Raubnetz. Die »Endstelle der Aktion Reinhardt«. Diebstahl, Korruption und Zentralisierungsversuche der »Sachverwertung«, S. 177ff.

470 Lanzmann, Der Friseur von Treblinka, S. 153.

471 Richard Glücks (1889-1945) war SS-Gruppenführer und Generalleutnant der Waffen-SS, ab November 1939 Leiter der Inspektion der Konzentrationslager. Als Chef der Amtsgruppe D im SS-Wirtschafts- und Verwaltungshauptamt verwaltete Glücks ab März 1942 das gesamte Konzentrationslager-System. Am 10.05.1945 nahm er sich das Leben.

gruppenführer Pohl,[472] ein Rundschreiben an die Kommandanten aller Konzentrationslager versandt: »Betrifft: Verwertung der abgeschnittenen Haare.« In diesem geheimen Papier war angeordnet worden, dass das in den Konzentrationslagern anfallende Menschenschnitthaar der (industriellen) Verwertung zuzuführen sei. In den zu beliefernden Firmen sollten die Haare zu Industriefilzen verarbeitet und zu Garnen versponnen werden. Aus ausgekämmtem und abgeschnittenem Frauenhaar wurden unter anderem Haargarnfüßlinge für U-Bootbesatzungen und Haarfilzstrümpfe für Eisenbahner hergestellt. »Es gibt keinen Zweifel«, schreibt Andrzej Strzelecki, »dass das Haar von Auschwitz-Opfern und Opfern anderer Konzentrationslager genutzt wurde, um Filz, Garne, Haarstoffe, Strümpfe und Socken herzustellen. Aussagen von Überlebenden, Erinnerungen, wissenschaftliche Forschungen sowie einige Gerichtsverfahren belegen, dass Menschenhaar in Seilen und Stricken (auf Schiffen), Matratzen und Kleidungsstücken Verwendung fand.«[473] Die den Frauenleichen abgeschnittenen Haare wurden verschiedenen Firmen zugeleitet und für Rüstungszwecke verarbeitet, u.a. in zeitverzögernden Zündungsvorrichtungen für Bomben.[474]

Glücks hatte die Lagerkommandanten angewiesen, das Haar weiblicher Häftlinge nach der Desinfektion zu lagern, das Männerhaar sollte dagegen nur ab einer Länge von 20 mm verwendet werden: »Um durch das Längerwachsen der Haare die Fluchterleichterung zu verhindern, muss dort, wo der Kommandant es für erforderlich hält, eine Kennzeichnung der Häftlinge in der Weise erfolgen, dass mit einer s c h m a l e n Haarschneidemaschine mitten über den Kopf eine Haarbahn herausgeschnitten wird. Es wird angestrebt, die Verwertung der in allen Längen anfallenden Haare durch die Errichtung eines Verwertungsbetriebes in einem KL [Konzentrationslager] durchzuführen. Die Mengen der monatlich gesammelten Haare, getrennt nach Frauen- und Männerhaaren, sind jeweils zum 5. eines Monats, erstmalig zum 5. September 1942, nach hier zu melden. gez. Glücks, SS-Brigadeführer.«[475]

Im November 1942 war Ajzyk (Itzig) Kalniak aus dem polnischen Lomza nach Auschwitz deportiert und dort für das *Jüdische Sonderkommando* eingeteilt worden. Mit ca. 15 anderen Juden arbeitete er in einem Kommando zur

472 Oswald Ludwig Pohl (1892-1951) war SS-Obergruppenführer und General der Waffen-SS. Als Leiter des WVHA war er maßgeblich an der Durchführung des Holocausts beteiligt. Pohl wurde als Kriegsverbrecher während der Nürnberger Prozesse zum Tode verurteilt und 1951 hingerichtet.

473 Strzelecki, The Plunder of Victims and Their Corpses, S. 261.

474 Ebd., S. 262 (Bl. 14.889/S. 285). – In anderen Konzentrationslagern wurden den weiblichen Häftlingen die Haare abgeschnitten, bevor sie in den Gaskammern ermordet wurden, vgl. unter anderem Lanzmann, Der Friseur von Treblinka.

475 Rundschreiben Richard Glücks an die KZ-Kommandanten vom 06.08.1942.

Verarbeitung der Haare der Ermordeten.[476] Sein Mithäftling Filip Müller erinnert sich an die Arbeit im Haartrockenraum: »Frauenhaare der verschiedensten Farben und Schattierungen von Schwarz über Kastanienbraun und Blond bis zu Grau in verschiedener Länge waren auf einer Fläche von vielleicht 150 Quadratmetern auf dem warmen Ziegelboden ausgebreitet, der sich über den Öfen des darunterliegenden Krematoriums befand. Zwischen den Wänden waren Wäscheleinen gespannt, auf denen nasse Haare wie Wäsche zum Trocknen aufgehängt waren. Man hatte sie vorher in einer verdünnten Salmiaklösung gewaschen, um sie von Schmutz und anderen Verunreinigungen zu säubern. Wenn sie einigermaßen trocken waren, wurden sie noch eine Zeitlang auf den warmen Fußboden gelegt. Dann kämmten sie einige Häftlinge mit Metallkämmen auf zwei Tischen und stopften sie in Papiersäcke.«[477]

Ein anderer Häftling, Karol Bienas, berichtete später: »Wir haben das Frauenhaar von Haarnadeln und anderen Gegenständen gesäubert, dann mit unseren Händen durchgekämmt und in Säcke verpackt für den Abtransport.«[478]

Die Lagerverwaltungen von elf Konzentrationslagern waren im Januar 1943 angewiesen worden, das so gewonnene Haar zur Verwertung an deutsche Firmen im Reichsgebiet weiterzuleiten. Soweit bekannt, handelte es sich um folgende Firmen: Alex Zink Filzfabrik in Roth bei Nürnberg, Bremer Wollkämmerei in Bremen-Blumenthal, Paul Reimann in Friedland (Niederschlesien), Teppichfabrik G. Schaeffler AG in Katscher (heute Kietrz), Färberei Forst AG in Forst an der Lausitzer Neiße, Firma Held in Friedland, Bezirk Breslau.[479] Zu liefern war zum extrem niedrigen Kilopreis von 0,50 Reichsmark. In einem Bericht des SS-WVHA-Chefs Pohl vom 6. Februar 1943 ist die Mitteilung enthalten, dass sich unter den 800 Waggonladungen mit Materialien, die von den Juden in den Lagern Auschwitz und Majdanek stammten, auch 3.000 kg Frauenhaar befanden.

476 Ajzyk Kalniak wurde am 07.10.1944 beim Häftlingsaufstand im Lager Auschwitz getötet.

477 Klee, *Auschwitz – Täter, Gehilfen, Opfer*; Ajzyk (Itzig) Kalniak.

478 Ebd., Karol Binas.

479 Zur Firma Held vgl. Fritz Bauer Institut: Mitschnitte Prozessprotokolle; 1. Frankfurter Auschwitz-Prozess, »Strafsache gegen Mulka u.a.«, 4 Ks 2/63. Landgericht Frankfurt am Main. Vernehmung des Zeugen Leopold Heger; 88. Verhandlungstag, 11.9.1964; http://www.auschwitz-prozess.de/ (letzter Zugriff 11/2020): »Vorsitzender Richter: Ja, das kann ich nicht lesen, was da draufsteht, aber hier zum Beispiel: ›Besichtigung des Haarverwertungsbetriebs der Firma Held in Friedland, Bezirk Breslau. Ich genehmige hiermit die Fahrt mit einem Pkw des SS-Obersturmführers Schwarz von Auschwitz nach Friedland zur Besichtigung des Haarverwertungsbetriebs Held in Friedland, Bezirk Breslau.‹ Haben Sie [Mulka] auch genehmigt.« – Robert Mulka (1895-1969) war Adjutant von Höß, dem Lagerkommandanten des KZ Auschwitz und Leiter der Fahrbereitschaft.

Als die sowjetischen Truppen 1945 das Lager Auschwitz befreiten, entdeckten sie 293 Säcke mit Menschenhaar, die jeweils ungefähr 20 kg wogen, sowie 12 Säcke zu je ungefähr 88 kg, insgesamt also rund sieben Tonnen. Offensichtlich hatte der SS die Zeit nicht mehr gereicht, sie zur industriellen Weiterverwertung auf den Weg zu schicken oder sie zu vernichten. Die Säcke trugen die Aufschrift »KL AU« (Konzentrationslager Auschwitz).

Firmengeschichte – die schwierige Aufarbeitung der NS-Zeit

Bis heute bekennen sich einzelne der teilweise noch existierenden Firmen nicht zu diesem Teil ihrer Geschichte, zu ihrer Mitwirkung an der industriellen Verwertung von Menschenhaar. Zu nennen sind hier die Firma Schaeffler AG und die 1973 in Konkurs gegangenen Alex Zink Filzfabrik. Mehr als sechzig Jahre nach Kriegsende hatte sich der Verdacht erhärtet beziehungsweise bestätigt, dass der seinerzeitige Teppichhersteller Schaeffler in Katscher größere Mengen von Haaren vergaster KZ-Häftlinge als Rohmaterial eingelagert und zu Geweheballen verarbeitet hatte. Beides war 1945 auf dem Firmengeländer sichergestellt und später dem Staatlichen Museum Auschwitz zugeführt worden.[480] Dazu schreibt Andrzej Strzelecki, der vor mehr als zwanzig Jahren polnische Quellen untersucht hat: »Haar aus Auschwitz wurde an die Teppichfabrik G. Schoffler AG [Schaeffler AG! H.L.] in Kietrz (Katscher), gelegen in der Region Opole nahe Auschwitz, geliefert. Nach der Befreiung von Kietrz wurden in der Fabrik mindestens 1.950 kg offenbar menschlichen Haares entdeckt. Die Analyse des Haares im August 1946 bestätigte, dass es sich um menschliches Haar handelt. Aller Wahrscheinlichkeit nach stammte zumindest ein Teil des Rohmaterials der Firma aus Auschwitz.«[481]

Dokumente aus dem Wirtschaftsverwaltungshauptamt (WVHA) der SS vom Januar 1943 belegen zweifelsfrei, wohin die Haare aus elf Konzentrationslagern geliefert werden sollten: aus den Lagern Groß-Rosen, Stutthoff und Majdanek an die Färberei Forst AG und die Firma Paul Reimann in Friedland. Die Haare aus Buchenwald, Dachau, Flossenbürg, Mauthausen, Neuengamme, Ravensbrück, Sachsenhausen und Natzweiler sollten »baldigst an die Firma Alex Zink Filzfabrik AG, Roth b. Nuernberg zum Versand zu bringen« sein. Haarliefe-

480 Vgl. dazu unter anderem die Meldung von Hans Michael Kloth, KZ Auschwitz-Birkenau. Verarbeitete Schaeffler Haare der Opfer? *Spiegel Online, Einestages*, 01.03.2009; Nils Klawitter, Spur nach Auschwitz? *Der Spiegel* 12 (2009), 16.03.2009.

481 Strzelecki, The Plunder of Victims and Their Corpses, S. 260f.; Ders., Die Verwertung der Leichen der Opfer; Berg, The Nazi Rag-Pickers and Their Wine; Grazyna Gintner, Nicht nur Schaeffler nutzte Haare für die Produktion. http://suite101.de/article/schaeffler-war-nicht-der-einzige-nutzniesser-a62416#.VrsBbKQwfIU (letzter Zugriff 11/2020).

rungen aus dem KZ Buchenwald (2.500 kg) und aus Flossenbürg (mindestens 500 kg) sind verbürgt. Vorsichtige Schätzungen für die anderen KZs gehen von rund 10.000 kg gelieferten Menschenhaars an die Firma Zink AG aus.

Der Erbe des verstorbenen Firmenchefs Alex Zink beruft sich weiterhin darauf, dass die Haare »gegen den Willen von Zink geliefert worden seien und nie verarbeitet bzw. nicht wissentlich verarbeitet worden« seien, unter anderem mit der Begründung, Frauenhaar eigne sich nicht für die Filzverarbeitung, da es »zu glatt« sei.[482] Nach neuen Recherchen des *Nürnberger Instituts für NS-Forschung und jüdische Geschichte des 20. Jahrhunderts* verdichten sich jedoch die Hinweise, dass auch in Roth mit den Haaren von KZ-Opfern Geld verdient wurde.

Die französische Abfallverwertungspolitik orientierte sich in den Jahren 1939 bis 1945 in hohem Maße an der Praxis im nationalsozialistischen Deutschland. In einer Zusammenstellung von Abfallmaterialien für die Jahre 1942-1945 werden insgesamt 437 Tonnen Haare gelistet. Das Vichy-Regime betrieb zwischen 1940 und 1944 ein eigenes Haarsammelprogramm.[483] Ob es sich dabei auch um (gewaltsam geschorenes) Haar aus den französischen Sammel- und Durchgangslagern (Drancy, Gurs, Beaune-la-Rolande) handelte, ist bisher nicht untersucht worden.

Buchstäblich bis zum letzten Haar sind KZ-Häftlinge und die Leichen der Ermordeten vom nationalsozialistischen Regime in menschenverachtender Weise ausgebeutet und geschändet worden.

482 Zinke, »Es besteht nach wie vor dringender Bedarf«. – Die französische Abfallverwertungspolitik orientierte sich in den Jahren 1939 bis 1945 in hohem Maße an der Praxis im nationalsozialistischen Deutschland.

483 Vgl. dazu Denton, ›Récupérez!‹, S. 428.

OHNE HAAR, OHNE EHRE – GEWALTTÄTIGES HAARESCHEREN VON FRAUEN

Das gewaltsame Kahlscheren von Frauen während des Ruhrkampfes und des deutschen Faschismus, am Pranger wie in den Konzentrationslagern, betrachte ich als die Dunkelseite des selbstbestimmt-kurz geschnittenen Haares als Bubikopf. Ohne diese Praxis sexualisierter Gewalt kann über das Frauenhaar im 20. Jahrhundert sinnhaltig nicht diskutiert werden.

Als Frauen sich in den 1920er Jahren ihr langes Haar abschneiden ließen, wurde dies von konservativer männlicher Seite als »Entweiblichung«, gar als »Selbstverstümmelung« gesehen. Kulturwissenschaftler äußerten unter dem Eindruck der unübersehbar vielen Frauen mit Kurzhaarfrisuren im Alltag der Großstädte, dass diese Frauen in der Masse nicht mehr unterscheidbar seien, sich also »entindividualisierten«. Frauen sahen und empfanden ihr Selbst und ihre Handlungsweisen gänzlich anders – vielfältig und sehr persönlich. Die autonome Entscheidung über die Art, das eigene Haar zu tragen, das wie kein anderer Teil des Körpers gestaltbar und symbolhaltig ist, lässt keinen gewaltsamen Eingriff Dritter zu. Für die Art und Weise, wie ein Mensch sich selbst sieht beziehungsweise gesehen werden möchte, spielt die individuell gewählte oder kulturell vermittelte Frisur – die Haarlänge, die Haarfarbe, der Haarschnitt – eine zentrale Rolle. Haar bedeutet also stets sehr viel mehr, als ein bloßer Teil des eigenen Körpers zu sein. Deshalb unterliegt das Haar dem Recht auf körperliche Unversehrtheit.[484]

Haarschur als Strafe, Demütigung und Ausdruck der Machtstruktur

Was den Bubikopf-Frauen in den Zwanzigerjahren, zumeist von Männern, vorgeworfen worden war, nämlich das traditionell überlieferte Bild von Weiblichkeit durch Androgynisierung zerstört zu haben, wurde mit der gewaltsamen Haarschur in einen Akt der Strafe pervertiert, in Erniedrigung, Demütigung und Entehrung.

Über Formen physischer Gewalt in der Neuzeit, insbesondere im 20. Jahrhundert, haben Historikerinnen und Historiker intensiv geforscht. Dazu schreiben

484 »Das ungewollte Abschneiden der Haare einer Person ist eine Form der Körperverletzung« und wird bestraft. So legt es der Bußgeldkatalog 2018 fest: https://www.bussgeldkatalog.com/haare-abschneiden-koerperverletzung (letzter Zugriff 11/2020). Von einer psychischen Verletzung ist dort nicht die Rede.

Thomas Lindenberger und Alf Lüdtke: »Gewalt wird körperlich erfahren – Gewalt wird von Körpern an Körpern ausgeübt. Gewalt ist gleichermaßen historische Erfahrungsweise und historische Handlungsform. Denen, die sie erleiden, bereitet sie Schmerz und darüber hinaus: Angst. Angst vor andauernden oder wiederkehrenden Schmerzen, in letzter Konsequenz vor dem gewaltsamen Tod. Denen, die sie ausüben, bringt und bedeutet sie Übermacht. Zumindest im Moment gewährt sie auch Lust: Die ›Täter‹ weiden sich an den Qualen und Ängsten der anderen, der ›Opfer‹; sie genießen den Reiz, über deren Körper und Leben zu verfügen.«[485]

Wie lässt sich die Haarschur, die uns aus vielerlei durch Gewalt und Terror gekennzeichnete Perioden der Geschichte übermittelt ist (Hexenprozesse, Französische Revolution, NS-Prangerstrafe, Haarschur in den Ländern Europas während der Befreiung von der deutschen Okkupation, in den Konzentrationslagern), definitorisch einordnen? Anders als Fußtritte, Ohrfeigen oder Prügel verursacht diese Form von »Bestrafung« erst einmal keinen unmittelbaren körperlichen Schmerz, wird nicht in erster Linie »körperlich« erfahren, wenn auch ein Teil des Körpers beschädigt wird. Demzufolge wäre die gewaltsame Haarschur eine *nichtphysische* Gewalt.

Nicht allein der Körper des Menschen erleidet Schmerzen, sondern auch seine Psyche. Und vor allem darauf hatten es die Täter vor Ort und jene »am Schreibtisch« beim gewaltsamen Scheren des Kopfhaares wie der Schamhaare abgesehen, oft einhergehend mit körperlicher Gewalt: auf die Zerstörung des weiblichen Selbst – bei lebendigem Leibe. Von jeher wurde Haar eine magische Kraft zugeschrieben, als Sitz des Lebens, der Kraft, der Virilität, ja, der Seele betrachtet. Indem man einem anderen Menschen das Haar abschnitt, so legt Nicole Tiedemann dar, erlangte man Macht über ihn.[486] Diese Ausübung von Macht zeichnet sexualisierte Gewalt aus – Macht von Männern über Frauen.

Die Praxis des Haarscherens in den Jahrzehnten der Hexenverfolgung in der Frühen Neuzeit kennen wir unter anderem aus der 1631 veröffentlichten Kampfschrift *Cautio Criminalis oder Rechtliches Bedenken wegen der Hexenprozesse* des Jesuiten Friedrich Spee:[487] »Soll nämlich eine Angeklagte der Tortur oder Peinlichen Frage unterworfen werden, dann führt sie der verrufene Henker zuerst in einen benachbarten Raum beiseite und schert ihr die Haare vollständig ab oder sengt sie mit einer Fackel weg, und zwar nicht nur auf dem Kopf oder unter den Achseln, sondern auch dort, wo sie ein Weib ist. Der

485 Lindenberger, Lüdtke, Einleitung. Physische Gewalt – eine Kontinuität der Moderne, S. 7.

486 Tiedemann, *Haar-Kunst*, hier das Kap. Haarschur als Machtsymbol, S. 122-132, S. 122.

487 Deutsche Übers. 1647.

Zweck ist der, daß kein Zaubermittelchen im Haar versteckt bliebe, das sie gegen die Folter unempfindlich machen könnte.«[488] »Zauberweiber«, Ehebrecherinnen, Prostituierte wurden mit der Haarschur bestraft.

Scherenklubs im Ruhrkampf

Die disziplinarischen Verfahren bei Vorkommnissen im Rhein-Ruhr-Gebiet Anfang der 1920er Jahre fielen exakt in jenen Zeitraum, in dem Julius Streichers Hetze im *Stürmer* gegen »jüdische Rassenschändung« ihren Anfang nahm.[489] Als es zwischen 1923 und 1925 im sogenannten Ruhrkampf darum ging, die Erfüllung alliierter Reparationsforderungen nach dem Ersten Weltkrieg zwischen dem Deutschen Reich und den Siegermächten umzusetzen, wurde das Ruhrgebiet von französischen und belgischen Truppen besetzt. Deutschen Frauen war es bei Strafe verboten, mit Besatzungssoldaten Umgang zu haben. Ihr Verhalten gegenüber Soldaten der Besatzungsarmee unterlag strenger Beobachtung. Sogenannte »Scherenklubs«, bestehend aus jungen deutschen Männern, machten Jagd auf Frauen, die sich mit französischen oder belgischen Besatzungssoldaten[490] eingelassen hatten. Mitglieder der »Scherenklubs« schnitten den Denunzierten die Zöpfe ab, oft auch das gesamte Kopfhaar, bis auf die Wurzeln. Sie misshandelten sie auch körperlich und machten ihre Namen auf Listen öffentlich. Innerhalb weniger Wochen sollen allein aufgrund der Feststellungen der Münsteraner Zensurstelle »rund 6000 Weiber an den Pranger« gebracht worden sein.[491]

Ein zeitgenössischer Bericht aus Hückeswagen (Oberbergischer Kreis) zeigt allerdings die Grenzen dieser Alltagspraxis auf, denn die französische Besatzungsmacht reagierte auf derartige, aus ihrer Sicht illegale Handlungen scharf und demonstrierte wirkungsvoll, wer hier die Macht innehatte. Am 26. April 1923 hatte die *Bergische Volkszeitung* eine Anzeige veröffentlicht mit dem Inhalt, »daß der Scherenklub von heute ab rücksichtslos seine Tätigkeit aufnehmen wird [...] gegen das schamlose Treiben hiesiger Weibsleute im Verkehr mit französischen Soldaten«. Zwei Tage später ging beim Bürgermeister eine Verfügung vom befehlsführenden französischen General zu Hückeswagen ein. Darin teilte er der Bevölkerung mit, dass er im Falle irgendeiner vom Scherenklub unternommenen oder eingeleiteten Handlung unverzüglich nachfolgende Strafmaßnahmen ergreifen würde: u. a. der Stadtgemeinde Hückeswagen eine Geldstrafe von 10.000.000 Mark auferlegen; den Schuldigen verhaften und vor das

488 Zitiert nach Antoni-Komar, »Die Ohren ganz nackt und frey«, S. 219.
489 Ebd.
490 Darunter auch schwarze Soldaten aus den Kolonien.
491 Krüger, »Aktiver« und passiver Widerstand im Ruhrkampf 1923, S. 127.

Kriegsgericht zu Düsseldorf stellen.[492] Damit waren die Machtverhältnisse im besetzten Ruhrgebiet eindeutig geklärt.

Sich einlassen mit dem Feind: die Frau am Pranger – kahlgeschoren

Die Vollstreckung der Todesstrafe durch Verbrennen auf dem Scheiterhaufen, Erhängen auf dem Dorfanger oder durch das Fallbeil stand in vielen historischen Epochen am Ende einer Bestrafung oder Aussonderung. Zuvor sollten durch Folter Geständnisse erpresst und das »Vergehen« der Angeklagten am Pranger öffentlich zur Schau gestellt werden, zusätzlich entehrt und gedemütigt durch eine Haarrasur – zur Abschreckung, aber auch zum voyeuristischen Ergötzen der Zuschauer und Zuschauerinnen. In seiner Beschäftigung mit der Prangerstrafe macht Franco Ruault deutlich, worum es dabei im Kern ging. »Es erstaunt […] wenig, dass diese verhöhnende Strafform [der Haarschur] gegen Frauen weder an die politische Zeit des Nationalsozialismus, noch an bestimmte Formen der Diktatur gebunden ist, sondern Ausdruck der Herrschaftspraktiken des Patriarchats bleibt.«[493]

In dieser Weise – in einem rituellen Ablauf und mit intendierter Drohung sowie Abschreckung – ist in vielen Ländern Europas während der Phase der Befreiung von der deutschen Besatzung Jagd auf Frauen gemacht worden, die sich mit dem Feind »eingelassen« hatten – ganz gleich, in welcher Form.[494] Das galt ebenso für die Zeit des Spanischen Bürgerkriegs[495] und, in je unterschiedlichem Ausmaß, auch schon für die Zeit der Okkupation durch die Deutschen (in Norwegen zum Beispiel Anfang 1940, in Frankreich bereits im Sommer 1943).[496]

Die folgende Szene, die die dänische Historikerin Anette Warring dokumentiert hat, hatte sich in Kopenhagen ereignet: »An einem Abend im Mai 1945 bahnten sich sieben Männer ihren Weg ins Haus zweier Frauen. Die Frauen hatten angeblich intime Beziehungen mit Angehörigen der [deutschen] Be-

492 Wilhelm Blankertz, Die letzte Franzosenzeit in Hückeswagen. http://www.bgv-hueckeswagen.de/veroeffentlichungen/aufsatzeblankertz/Die%20letzte%20Franzosenzeit%20in%20Hueckeswagen.pdf (letzter Zugriff 11/2020). – Blankertz (1870-1953) war von 1904 bis 1932 als Lehrer in Hückeswagen tätig.

493 Ruault, *»Neuschöpfer des deutschen Volkes«*, S. 343. – Ruault, Politikwissenschaftler, forscht zu sexualisierten Gewaltformen im Nationalsozialismus.

494 Nach Victor Turner, britischer Sozialanthropologe, haben Rituale immer einen prozesshaften Charakter und sind demzufolge aus einer zeitlichen Perspektive zu untersuchen. Turner, *Das Ritual.* 2000.

495 Ernst Hemingway, *Wem die Stunde schlägt.* Stockholm 1941 (Orig. *For Whom the Bell Tolls.* New York 1940).

496 Dazu auch Drolshagen, *Nicht ungeschoren davonkommen.*

satzungsmacht gehabt. Die bewaffneten Eindringlinge waren Mitglieder des Widerstands. Die Frauen wurden zu einem nahegelegenen Luftschutzbunker gebracht. Nach einem kurzen Verhör schnitt man ihnen zunächst mit einer Schere das Haar ab, anschließend wurden mit einer Haarschneidemaschine die Köpfe kahl rasiert. Allmählich kamen immer mehr Männer in den Bunker. Sie begannen den Frauen die Kleider auszuziehen und ihnen mit schwarzer Lackfarbe Hakenkreuze auf den entblößten Rücken und die Brüste zu malen. Die beiden Frauen wurden dann auf die Straße getrieben und mussten, ohne dass es ihnen erlaubt war, sich selbst zu bedecken, an hundert oder mehr Zuschauern, die sich dort versammelt hatten, vorbei defilieren. Diese stürzten sich unter Gejohle und Verhöhnung auf die Frauen.«[497]

Für Frankreich hat der Historiker Fabrice Virgili mit seiner bahnbrechenden Untersuchung *La France ›virile‹* die jahrzehntelange Tabuisierung der *femmes tondues* (geschorenen Frauen) in der französischen Öffentlichkeit durchbrochen. Er kommt zu dem Schluss, dass das Kahlscheren von Frauen als ein Akt sexualisierter Gewalt schwer zu übersehen gewesen sei. Es wurde im ganzen Land praktiziert und von einem beträchtlichen Teil der Bevölkerung sowohl erlitten als auch mitangesehen. Die Art, wie sich diese Form der Gewalt entwickelt habe, erlaube uns heute zu analysieren, in welcher Weise die Gesellschaft kollektiv und individuell in der Konfrontation mit Gewalt antwortet.[498]

Virgili beschreibt den angesammelten Volkszorn, der sich 1944/45 bei der Befreiung Frankreichs Luft machte und dazu führte, dass Tausende Frauen geschoren wurden – als Bestrafung und Zeichen der Ächtung für »horizontale Kollaboration« mit dem (deutschen) Feind. Es sind vielschichtige Motive, die sich in der Gesellschaft in Denunziation und Haarrasur als Macht- und Erniedrigungsritual niederschlugen. Da sei zum einen die Rache für das persönlich erfahrene Leid unter der deutschen Besetzung und der kollaborierenden Vichy-Regierung zu nennen sowie der Neid auf unterstellte Vorteile, die sich die »Deutschenflittchen« (*filles à boche*) durch die Liaison mit dem Besatzer gesichert hätten. Es ging auch um die Wiederherstellung der »nationalen Ehre« wie auch um »Säuberung des französischen Volkes« von der Besudelung durch den »Gestank der deutschen Infektion«, letzten Endes, auch hier, um »Schädlingsbekämpfung«. Die *Ächtung* der »Feindinnen« sollte durch die Haarrasur für alle sichtbar werden, die Kollaborateurinnen mit ihren kahlen Köpfen für längere Zeit aus der Gesellschaft ausgeschlossen bleiben.

497 Warring, Intimate and Sexual Relations, S. 88.
498 Virgili, *Shorn Women*. Introduction, S. 3; vgl. auch Gugglberger, Den Feind lieben.

Mit dem Verlust des (langen) Haares verliere die Frau die »Macht der Verführung«, die Attraktivität für den Mann.[499] Mit der mutmaßlichen Entweiblichung durch die Haarschur, so das Kalkül der Täter, war die Frau nicht länger eine Frau, sie wurde nicht mehr begehrt. Und sie verlor ihren Platz in der Geschlechterordnung. Auf die Entweiblichung folgte ihre Entpersönlichung. Ihrer weiblichen Attribute beraubt, wurde die Delinquentin äußerlich verunstaltet, und ihr nun hässliches Äußeres passte sich ihrem inneren Zustand an »Hässlichkeit« an. Durch die Haarschur wurde die von innen nach außen gekehrte Verschandelung der Frau öffentlich zur Schau gestellt. Auch sollte sie ihr Selbstbewusstsein, ihr Selbstwertgefühl verlieren.

Und schließlich das Motiv der männlichen Macht: Die französischen Männer hatten die Deutschen im Felde nicht abwehren können und damit ihre Frauen den männlichen Besatzern überlassen. Mit der Bestrafung der »Deutschenflittchen« hätten die französischen Männer die Herrschaft über die französischen Frauen zurückerobert und die alte (patriarchalische) Ordnung symbolisch wiederhergestellt. Virgilis These lautet: Indem die Frauen *dekonstruiert* wurden, wurden die Männer *rekonstruiert*.[500]

Während der zwangsweisen Haarrasur und bei der demonstrativen Zurschaustellung zeigten die geschorenen französischen Frauen in der Regel keine sichtbaren Emotionen, ließen sich mit versteinertem Gesicht und in aufrechter Haltung vorführen, wie Andreas Wysling in seinem interaktiven Beitrag zeigt.[501] Was diese »seelische Folter«, Erniedrigung und Stigmatisierung in ihrem Inneren anrichtete, lässt sich nur erahnen. Die nach außen gezeigte Empfindungslosigkeit im Moment des Geschehens mag ein Akt des Selbstschutzes gewesen sein wie auch eine Form von Eigen-Sinn und Selbstbeherrschung dem Täter gegenüber, dessen Zugriff sich die Frauen zwar nicht entziehen konnten, sich aber gegen die intendierte Zerstörung ihres Selbst zur Wehr setzten. Erst

499 Während der Bubikopf-Debatte fand sich auch dieses Argument. Wichtig aber ist im Blick zu behalten, dass planvoll und selbstbestimmt kurz geschnittenes Haar, als Kurzhaarfrisur, keinesfalls gleichbedeutend ist mit gewaltsam geschorenen Haaren!

500 Vgl. dazu Andres Wysling, Frankreichs geschorene Frauen. *NZZ Digital*, 16.08.2017. https://www.nzz.ch/international/die-befreiung-beginnt-mit-einer-hexenjagd-frankreichs-geschorene-frauen-ld.1305283 (letzter Zugriff 11/2020). Zu einer entsprechenden Beurteilung kommt auch die amerikanische Historikerin Mary Louise Roberts; vgl. Roberts, *What Soldiers Do*.

501 Wysling zeigt zeitgenössische Fotos aus Frankreich und kurze YouTube-Filme, die diesen Befund unterstreichen, ebenso ein längeres YouTube-Gespräch mit Fabrice Virgili: »Passé Présent: Les Femmes Tondues à la Libération«. – Mary Louise Roberts bemerkt zu solcherart Haarschur-Fotos, dass die meisten von entsetzten amerikanischen GIs stammen, die zwar mit den Französinnen auch nicht zimperlich umgingen (Prostitution, sexueller Tauschhandel), gleichwohl aber erschrocken waren über die Bestrafungsaktionen der Franzosen.

später brachen sich Schmach und innere Verletzungen Bahn, oft in Verbindung mit einer Sprachlosigkeit, aus Angst, von der eigenen Familie verstoßen zu werden.

»Rassenschande«

Das »Einlassen von Frauen mit dem Feind« in Kriegs- und Besatzungszeiten des 20. Jahrhunderts war aus Sicht der Angreifer wie der okkupierten, später dann befreiten Länder ein Vergehen, das in aller Härte zu ahnden war. Speziell in Deutschland gerät dabei die sogenannte »Rassenschande« in den Blick, die auf die Vermischung »deutschen« Blutes mit dem »fremden« des Feindes, vor allem des jüdischen, abzielt.

In dem antisemitischen Wochenblatt *Der Stürmer* wurden bereits 1926/27 wiederholt Karikaturen abgedruckt, die eine junge Frau mit Bubikopf in Begleitung eines elegant gekleideten Mannes zeigten, den der Betrachter wegen des allgegenwärtigen Stereotyps der Hakennase sofort als lüsternen jüdischen Verführer identifizieren konnte und sollte. »Es tut mir in der Seele weh', wenn ich dich in d e r Gesellschaft seh'!«, lautete eine der Unterschriften.[502] Und »Arierinnen«, die derartigen Umgang pflegten, einen jüdischen Mann gar ehelichten, »beschmutzten« damit die »deutsche Frauenehre«. Sie mussten sich moralische Vorhaltungen wie diese gefallen lassen:

> Schmach über dich, du blondes Mädchen,
> Daß aus den Männern du erwählst,
> Den Fremdling deines deutschen Volkes
> Den Juden, und dich ihm vermählst [...].
> In Wahrheit strebt, du Deutschgeborne,
> Dein Blut zu fremdem Blute nicht.
> O prüfe dich im tiefsten Innern,
> Du fühlst es und der Zauber bricht.[503]

Der Stürmer hatte die Bezeichnung »Rassenschande« schon früh propagandistisch und im Sinne der nationalsozialistischen Ideologie radikal eingesetzt. Im »Gesetz zum Schutze des deutschen Blutes und der deutschen Ehre«, dem sogenannten »Blutschutzgesetz«, einem der beiden Nürnberger Rassegesetze[504]

502 *Der Stürmer* 21/1927. Zitiert nach Zinke, Alljuda, S. 134.
503 Ebd., S. 132f.
504 Das Reichbürgergesetz beendete die staatsrechtliche Gleichheit der deutschen Bürger, indem es zwei neue Kategorien schuf, den »Staatsangehörigen deutschen oder artverwandten Blutes« (»deutschblütig«) sowie den »Reichsbürger«, dem allein die vollen politischen Rechte zustanden. Ohne Rechtsstatus blieben Juden und »Zigeuner«.

(erlassen am 15. September 1935), wurde die Eheschließung sowie der außereheliche Geschlechtsverkehr zwischen Juden und Nichtjuden verboten. So sollte die »Reinhaltung des deutschen Blutes« sichergestellt werden. Während des Krieges wurde das Gesetz auf Kontakte mit Zwangsarbeitern und Kriegsgefangenen ausgeweitet – besonders auf Polen und Russen. Ein Verstoß gegen dieses Gesetz, als »Rassenschande« definiert, wurde mit Gefängnis und Zuchthaus bestraft. Die Historikerin Ute Frevert fügt dem hinzu, dass »nicht nur im NS-Deutschland, das die Politik der ›Rassenreinheit‹ auf die Spitze trieb«, [...] der Schutz der nationalen Ehre an den des ›Blutes‹ und den weiblichen Körper gekoppelt« war.[505]

In Nazideutschland, sowohl in den vom Naziregime besetzten Ländern allgemein als auch speziell in den Konzentrationslagern, ging es darum, Frauen zu bestrafen – auf Grund angeblicher Delikte, deren sie vermeintlich überführt worden waren. Die »Deliquentinnen« galt es zu demütigen, sie ihrer Weiblichkeit zu berauben, ihr Selbstbild, ihre Persönlichkeit, ihre Individualität zu zerstören. Die Haarschur sollte ihnen das nehmen, was als Inkarnation von Weiblichkeit galt: das lange Haar. Der Verlust des Haares sollte ihnen ihre Würde nehmen, sie entehren und als geschändete Frauen der höhnenden Öffentlichkeit preisgeben.

In seiner Studie zur »Volksgemeinschaft als Selbstermächtigung« befasst sich Michael Wildt eingehend mit den Begriffen »Ehre« und »Ehrverlust«. »›Ehre‹ als soziale Praxis der Ungleichheit und Herstellung von sozialer Ordnung fügte sich nahtlos in die nationalsozialistische Praxis, die bürgerliche Gesellschaft der Gleichheit zu zerstören und eine Volksgemeinschaft der rassistischen Ungleichheit zu errichten. Dabei kam die Offenheit des Begriffs, der auf der einen Seite für die inkludierende, aber durchaus abstufende und soziale Hierarchien bekräftigende Bedeutung der ›Ehrbarkeit‹ stand und auf der anderen Seite die harte Ächtung und Exklusion derjenigen bedeutete, die der ›Schande‹ bezichtigt wurden, der nationalsozialistischen Absicht entgegen, das moralische Normensystem radikal zu verändern. Die ›Ehre‹ war in der Tat das geeignete Medium, um die ›Volksgemeinschaft‹ durchzusetzen. Kaum ein anderer Begriff zeigt die Verbindung von Sprache und gesellschaftlicher Machtpraxis deutlicher.« Seit dem Mittelalter zeige sich, so Wildt weiter, dass es vor allem um die Ehre der patriarchalen Ordnung und um die Einhaltung patriarchaler Sexualnormen ging, deren Verletzung Ehrenstrafen nach sich zogen.[506] Konsequenterweise wurde zumeist Frauen die »Ehre abgeschnitten«.

505 Frevert, *Die Politik der Demütigung*. Frevert hat die politischen Rituale öffentlicher Herabsetzung und Erniedrigung in historischer Perspektive untersucht, nicht nur bei Frauen.

506 Wildt, *Volksgemeinschaft*, S. 258

Kurz nach Kriegsbeginn im September 1939 hatte Hitler in einer Anordnung festgelegt, »daß in jedem Falle ein Kriegsgefangener, der sich mit einer deutschen Frau oder einem deutschen Mädel eingelassen hat, erschossen wird und daß die Frau bzw. das Mädel in irgendeiner Form öffentlich angeprangert werden soll und zwar durch Abschneiden der Haare und Unterbringung in einem Konzentrationslager. Bei der erzieherischen Auswirkung solcher Maßnahmen muß die Partei weitestgehend eingeschaltet werden.«[507] Daraufhin wies Heinrich Himmler, Reichsführer SS und Chef der Deutschen Polizei sowie Reichskommissar für die Festigung deutschen Volkstums, in einem internen Schreiben die Staatspolizeistellen und weitere ihm untergebene Dienststellen im Januar 1940 an, deutsche Frauen, die dem zuwiderhandelten, »bis auf weiteres in Schutzhaft zu nehmen und für mindestens ein Jahr einem Konzentrationslager zuzuführen«. Als »gröbliche Verletzung des gesunden Volksempfindens« sei jeglicher gesellschaftliche Verkehr anzusehen. Eine örtlich zuvor durchgeführte öffentliche Anprangerung und zwangsweise Kopfschur sollten polizeilich nicht verhindert werden.[508]

Das öffentliche Demütigungsritual der »Rassenschänder« in Form eines »Prangerumzugs« folgte, ob in der Stadt oder auf dem Land, einer von oben angeordneten Choreographie. Vorausgegangen war die Denunziation; es folgte die Inhaftierung; später, auf dem Marktplatz, hielt zunächst ein lokales NSDAP-Parteimitglied vor heimischem Publikum aus Nachbarn, Arbeitskollegen, Familienmitgliedern, mitunter auch dorthin beorderten Schulkindern, eine Schmährede; auf einem hölzernen Podest, dem Pranger, nahm der örtliche Friseur das Kahlscheren der Angeklagten vor; anschließend wurde der Kahlgeschorenen ein Plakat umgehängt mit Aufschriften wie »Polendirne«, »Ich bin aus der Volksgemeinschaft ausgestoßen!« oder »Ich bin eine ehrlose Frau«; anschließend wurde sie durch die Straßen gejagt, der allgemeinen Verachtung und Pöbelei preisgegeben; und schließlich zurück ins Gefängnis verbracht; später zumeist in das Frauenkonzentrationslager Ravensbrück deportiert. Bei der kleinsten widerständigen Geste bekam die Delinquentin »verschärfte Maßnahmen« mit auf den Weg, was in Ravensbrück in der Regel Prügelstrafe bedeutete.[509] Während dieses gesamten Ablaufs waren, und das ist wichtig zu erwähnen,

507 Zitiert nach Hesse, Springer, *Vor aller Augen*, S. 118.

508 Stiftung Topographie des Terrors (Hg.), *Topographie des Terrors*. 2010, Dokument auf S. 265.

509 Brigitte Reimann hat die Liebesbeziehung der jungen, verheirateten Bäuerin Kathrin mit dem russischen Kriegsgefangenen Alexej mit ihren bitteren Folgen literarisch verarbeitet. Dies., *Die Frau am Pranger*. Berlin 1962. – Vgl. auch Ruault, Für eine Liebe so bestraft.

»breite Bevölkerungsschichten als Zuschauer in den Stigmatisierungsprozess eingebunden«, schreibt Alexandra Przyrembel.[510]

Die geschorenen Frauen in den Konzentrationslagern

Während in Frankreich die »Deutschenflittchen« entehrt und stigmatisiert wurden, wurde das Haarescheren in den deutschen Konzentrationslagern als Bestrafungsritual praktiziert. Die Haarschur weiblicher Häftlinge ist nicht isoliert zu betrachten, sondern im Kontext mit anderen Methoden physischer wie symbolischer Gewalt, mit Demütigungs- und Erniedrigungsritualen. Helen Ernst, Häftling im KZ Ravensbrück, spricht von der »Systematik, mit der alles auf unsere geistige und seelische Vernichtung hinarbeitete«.[511]

Die Gewaltstrukturen, der Dienstalltag von SS-Aufseherinnen und deren Handlungsräume in Konzentrations- und Vernichtungslagern sind in den letzten Jahren untersucht worden.[512] Anhand der Analyse und Bewertung von NS-Dokumenten, Gerichtsakten, Interviews mit Überlebenden und der Erinnerungsliteratur ergibt sich ein komplexes Bild hinsichtlich individueller Machterfahrung und Selbstermächtigung der Handelnden. Die weiblichen Erfahrungen erlittener Stigmatisierung und Entwürdigung durch die praktizierten Rituale wie dem Haarescheren,[513] von Frauen wie auch von Männern, wurde bei diesen Untersuchungen zumeist nicht explizit in den Blick genommen.

Das, was wir über die Haarschur wissen, vor allem, welche Wirkung sie auf die Lagerinsassinnen hatte, kennen wir aus Interviews mit Überlebenden der Konzentrationslager sowie aus ihren autobiographischen Texten.[514] Darüber hinaus vermitteln künstlerisch verarbeitete Erinnerungen in Form von Zeichnungen und Gedichten die erlittenen Demütigungen durch den geschorenen

510 Przyrembel, *»Rassenschande«*, S. 71. Vgl. zum Ritual der »Prangerumzüge« (seit 1935) das Kap. Die öffentlichen »Anprangerungen« der »Rassenschänder«, S. 65-83; Frevert, *Die Politik der Demütigung,* besonders S. 60-71.

511 Ernst, Rückblick, S. 147. – Helen Ernst war von 1940 bis 1944 in Ravensbrück inhaftiert.

512 Mailänder Koslov, *Gewalt im Dienstalltag*; Zürcher, *»Wir machten die schwarze Arbeit des Holocaust«*; Eschebach (Hg.), *Das Frauen-Konzentrationslager Ravensbrück*; Helm, *Ohne Haar und ohne Namen*; Schwartz, *»Weibliche Angelegenheiten«*.

513 Nicht gemeint ist hier das Abschneiden von Frauenhaar im Rahmen der *Aktion Reinhardt* (Juli 1942 bis Oktober 1943) zum Zwecke der »Sachverwertung«.

514 Besonders aufschlussreiches Material bietet das Video-Archiv »Die Frauen von Ravensbrück«. https://www.videoarchiv-ravensbrueck.de/ (letzter Zugriff 11/2020). Dort sind Interviews mit Frauen einsehbar, die zwischen 1933 und 1945 in den Konzentrationslagern Moringen, Lichtenburg und/oder Ravensbrück inhaftiert waren, insbesondere solche Interviews aus der umfangreichen Sammlung der Filmemacherin Loretta Walz, die in den Jahren 1980 bis 2010 aufgezeichnet worden waren.

Kopf.[515] Einige dieser individuellen Erfahrungen werden im Folgenden aufgerufen, um darüber Auskunft zu geben, wie Verlust und Entstellung die Gefühle und die Existenz inhaftierter Frauen ganz unterschiedlicher Herkunft und gesellschaftlichen Hintergrunds getroffen haben.

Für die Neuankömmlinge bedeuteten die Prozeduren bei der Ankunft im Lager wie das Entkleiden, Duschen, die medizinische Untersuchung sowie das Haarescheren einen Schock. Am prägendsten war die Trennung von allem Privaten (Familienfotos, Schmuck) und die erniedrigende Begutachtung durch die SS-Ärzte. »Ich könnte einzelne Erlebnisse schildern – aus ihrem Zusammenhang gerissen würden sie wirken, als wären sie Ausnahmeerscheinungen, und sie waren doch tägliche, grauenvolle Wirklichkeit.« So fasst Helen Ernst ihre Erinnerungen an Ravensbrück zusammen. »Angefangen von der unzureichenden Bekleidung, dem schlechten Essen, der 12stündigen Arbeitszeit [...] bis zur Seelen- und Nervenfolter der Postsperre, der zwangsweisen Zerreißung der noch bestehenden Bindungen an Mann und Kinder, der ständigen Demütigung und Erniedrigung durch das schmutzige Ausfragen der SS-Leute – war alles dazu angetan, unseren Willen zu brechen und uns zu zermürben.«[516]

Der Akt des Haarescherens war, aus Sicht der Lagerverwaltung in Ravensbrück, zunächst einmal eine allgemeine hygienische Maßnahme gegen Läuse. Dahinter stand jedoch eindeutig das Ziel, den ankommenden Deportierten ihre Weiblichkeit und Individualität zu nehmen, und zwar umgehend – und radikal. Zumeist wurde die Haarschur von Funktionshäftlingen[517] ausgeführt.[518]

Für die eigentliche Praktik der Haarschur im Lager sind keine eindeutigen Muster oder festgelegten Regelungen auszumachen. Manchmal wurden alle Frauen eines Transportes geschoren, vorrangig diejenigen, die wegen des Verkehrs mit »Fremdvölkischen« und somit wegen »Rassenschande« nach Ra-

515 France Audoul, *Ravensbrück. 150 000 femmes en enfer* (darin: Dépouillées et tondues – Entlaust und kahlgeschoren); Violette Rougier-Lecoq, *Témoignages Ravensbrück.* 36 dessins à la plume. Paris 1975 (Editions Les Deux Sirènes 1948) (darin: Welcome, Deux heures après); Ágnes Rajzai Lukács, *Auschwitz Nöi Tábor* 1946.

516 Ernst, Rückblick, S. 147. – Ernst pflegte gleichwohl Vorurteile gegen »völlig halt- und hemmungslose Asoziale, Berufsverbrecherinnen, Hysterische und geistig Anormale«, womit auch lesbische Frauen gemeint waren. Vgl. dazu Hájková, Den Holocaust queer erzählen.

517 Funktionshäftlinge wurden im Konzentrationslager-System als Aufseher im Arbeitseinsatz oder zu anderen Kontroll-, Ordnungs- und Verwaltungsaufgaben gegenüber Mitgefangenen eingesetzt. Sie erhielten Vergünstigungen, die ihre Chancen erhöhten, zu überleben. Ob sie ihre Haare behalten durften? Dazu gab es keine Regelung.

518 Im Kapitel »Die körperliche Strafe« bezieht sich Mailänder auf die Lagerordnung Ravensbrück (Bl. 42): In der Liste der zu verhängenden Strafen (Ordnungsstrafen; Arreststrafen; Körperliche Züchtigung) taucht die Rasur der Haare nicht auf. Mailänder Koslov, *Gewalt*, S. 381.

Abb. 79 France Audoul, *Dépouillées et tondues* (Entlaust und kahlgeschoren). France Audoul (1894-1977) war eine französische Malerin und Widerstandskämpferin der Résistance. Sie wurde von der Gestapo festgenommen und 1943 nach Ravensbück deportiert.

vensbrück deportiert worden waren.[519] »Daher liefen ungefähr 30 Prozent kahlköpfig umher.«[520] Aus Zeitmangel wurde auf die Schur mitunter verzichtet. Dann konnte, wer keine Läuse hatte, mit Glück seine Haare behalten.[521] Die für einen Transport ausgewählten Häftlinge wurden entlaust, wobei denjenigen, die Kopfläuse hatten (und das waren oft mehr als 50%), die Haare abrasiert wurden. Die »Glatze« konnte auch als Strafe für geringfügige Vergehen im Lager verhängt werden.

Elfriede Schneider erinnert sich an die Ankunft in Ravensbrück: »Dann sind mir meine Haare abgeschnitten worden. [...] Dann musste ich zum Doktor Rosenthal [...]. Der hat mich gefragt: ›Hast du schon mal einen Mann gehabt?‹

519 Vgl. dazu Charlotte Müller, *Die Klempnerkolonne in Ravensbrück*. – Die Landarbeiterin Müller war in Arendsee kahlgeschoren worden, angeklagt wegen »Rassenschande«, und später in Ravensbrück zu Prügelstrafe verurteilt.

520 Phillip, Phillip, Das Frauen-KZ Ravensbrück 1944–1945. In: »*... und dennoch blühten Blumen*«, S. 135 f.

521 Edith Sparmann. In: Walz, »*Und dann kommst du dahin an einem schönen Sommertag*«, S. 151.

Abb. 80 Ágnes Lukács, *Összebújva (Eng beieinander)*. 1946. In: Dies., *»Auschwitz Nöi Tábor«*.

Ich sagte: ›Nein‹. Da hat der mir eine ins Gesicht gehauen. [...] Dann kam die Untersuchung. Als ich rauskam, hab ich die anderen nicht wiedererkannt. Die haben alle die Haare ab gehabt.«[522] »Man nahm uns das Gefühl, ein Individuum zu sein. Wir dachten, ab jetzt sind wir wie Schafe. Die SS-Leute haben weiter geschrien und mit ihren Stiefeln nach den nackten Frauen getreten. [...] Vielen von uns wurden die Haare geschoren, mir nicht.«[523] Beim erschreckenden Anblick der kahlköpfigen Mithäftlinge wähnte sich manche im Männerlager, Frauen erkannten sich untereinander nicht mehr. Auch schienen die KZ-Häftlinge nach der Haarrasur geschlechtslos. Primo Levi sprach von einem *Neutrum*, zu dem Frauen – wie auch Männer – gemacht wurden.[524]

Die Entpersönlichung, das Gleichmachen der äußeren Erscheinung wie auch der Verlust des Weiblichen ist in vielen Erinnerungen präsent. Selbst Geschwister erkannten sich nicht mehr. Einer weiteren Stimme prägte sich die Anwesenheit von gewalttätigen Männern ein: »›Ausziehen! Schnell!‹ Ich schaute mich um. Der Raum war voll von Männern in den gestreiften Uniformen. Wir erstarrten. Wie konnten wir uns in Gegenwart der Männer ausziehen?! [...] Und dann wurde unser Haar geschnitten, brutal und ohne Gnade abgeschnitten, in Mengen auf den Boden fallend, nasse Klumpen. Ich zog mich in mich selbst zurück, um nichts sehen und nichts fühlen zu müssen. Was folgte, war noch grausamer. Mit Scheren rasierten sie unsere Köpfe, bis keine Haare *übrig blieben*. [...] Sie arbeiteten, als seien wir leblose Puppen, keine Menschen. [...] Wir sahen uns fassungslos an. Das waren völlig Fremde, die wir sahen, da war keine Ähnlichkeit zu unserem alten Selbst.«[525]

Die äußerliche Entstellung der Häftlinge durch die Rasur der Kopf- und Schamhaare, dazu die Häftlingsuniformen sollten sie ihrer sozialen Identität berauben, zumal in der Masse. Das betraf alle Lagerinsassinnen gleichermaßen, bedeutete aber für die jüdischen Häftlinge eine zusätzliche Erniedrigung und Entfremdung von ihren kulturellen und religiösen Bezügen. »Dort [im Arbeitslager Auschwitz] mussten wir uns ausziehen, vor den Augen männlicher Wächter. Für uns als orthodoxe Juden war das die schlimmste Demütigung. Die Männer rasierten uns sogar die Haare ab, nicht nur auf dem Kopf. Für uns Orthodoxe hat das Haar eine besondere Bedeutung. Wir verdecken es, weil es ein Geschenk für unseren Ehemann ist – nur er soll es sehen dür-

522 Elfriede Schneider, 18 Jahre, Nov. 1942. In: Walz, *»Und dann kommst du ...«*, S. 62 f.
523 Annette Eckmann. In: Walz, *»Und dann kommst du ...«*, S. 215 ff.
524 Levi, *Ist das ein Mensch?*, S. 179.
525 Madeleine Schulps, die in den Außenlagern des KZ Neuengamme inhaftiert war, beschreibt in ihrem Bericht »A Life on Hold – A Holocaust Memoir« (1999) die demütigende Einlieferungsprozedur im Vernichtungslager Auschwitz-Birkenau.

fen. Dann tätowierten sie uns die Nummern auf den Arm, bei mir war es die 52643.«[526]

An ein besonderes Detail erinnert sich Libusé Nachtmatová: Wenn SS-Männer in den Baderaum gekommen seien, habe eine nackte Frau normalerweise mit ihren Händen die Brust oder die Scham bedeckt. Die geschorenen Frauen hingegen hätten sich mit ihren Händen den Kopf bedeckt.[527]

Die offizielle Lagerordnung, an die sich das Aufsichtspersonal grundsätzlich zu halten hatte, war das eine, die Handlungsspielräume und die Inanspruchnahme dieser Spielräume das andere. So ist es zu erklären, dass das mitunter wiederholte Scheren von Frauen im Lageralltag durchaus als Strafe eingesetzt wurde, häufig wiederholt oder in Verbindung mit körperlichen Züchtigungen. Innerhalb der rigiden und brutalen Lagerstruktur Ravensbrücks mit ihren Bestrafungen wie auch Begünstigungen von Einzelnen oder Gruppen rebellierten und protestierten immer wieder Frauen, die sich untereinander solidarisierten. So konnten sie ihre Wehrlosigkeit, der sie als Individuum nichts entgegenzusetzen hatten, zumindest in Ausnahmefällen überwinden. Mit solchen Aktionen riskierten sie gleichwohl immer auch ihr Leben. In ihren verzweifelten Versuchen, ihre Ehre zu retten, griffen sie, wie die folgende Erinnerung belegt, durchaus zu Bestrafungen aus dem Arsenal des SS-Personals, hier dem gewaltsamen Haareschneiden eines Mithäftlings: »Einen großen Protest organisierten wir, als die Lagerleitung mit dem Vorschlag kam, dass eine, die freigelassen werden will, sich freiwillig für das Bordell melden sollte. Wir protestierten, denn wir Polinnen – politische Gefangene – fühlten uns beleidigt, wir marschierten abermals zum Lagerkommandanten. Wieder wurden wir bestraft: Blocksperre und Paketsperre, für wie lange auch immer. Wir sagten wieder, dass sie uns erschießen können, aber kein Recht haben, uns zu Prostituierten zu machen.« An diesen Vorfall erinnert sich ein weiterer Häftling: »Nur eine hat sich freiwillig gemeldet. Dafür wurden ihr zur Strafe von den anderen die Haare ganz kurz geschnitten.«[528]

Wie tief sich die Schmach des geschorenen Haares für alle Zeiten in die Gefühlswelt der Überlebenden eingegraben hat, verdeutlicht auch die Erinnerung von Emmie Arbel. »Eine Folge des Lagers war, dass ich nie unter vielen Menschen sein konnte. Ich kann es immer noch nicht ertragen, wenn Leute schreien oder sehr laut sind. Das Schlimmste aber ist, wenn ich junge Leute mit Glatze sehe. Als ich im Lager ankam und mir die Haare abrasiert wurden,

526 Bronia Brandman, »Die Männer rasierten mir die Haare ab, nicht nur auf dem Kopf. Dann tätowierten sie uns.« *Der Spiegel*, 5/2015 (02.01.2015).

527 Libusé Nachtmatová. In: Walz, »*Und dann kommst du …*«, S. 149.

528 Wanda Półtawska und Władysława Marczewska. In: Walz, »*Und dann kommst du …*«, S. 302.

bin ich weggelaufen, meine Mutter musste hinter mir her, und dabei wurde sie von den Deutschen geschlagen, die eigentlich mich schlagen wollten. Wenn ich heute jemanden ohne Haare sehe, dann schüttelt es mich.«[529]

Präsentierte und unterdrückte Weiblichkeit im Lageralltag von Ravensbrück

Was Entmenschlichung für jede Einzelne und was der erzwungene Verlust an Weiblichkeit für Frauen in der täglichen Realität der Konzentrationslager bedeutete, hat der italienische Schriftsteller Primo Levi aus eigenem Erleiden im KZ Auschwitz in seinem Gedicht *Ist das ein Mensch?* eindrücklich in Worte gefasst:

> Denket, ob dies eine Frau sei,
> Die kein Haar mehr hat und keinen Namen,
> Die zum Erinnern keine Kraft mehr hat,
> Leer die Augen und kalt ihr Schoß
> Wie im Winter die Kröte.[530]

Die Haarschur als symbolische, sexualisierte Gewalt, als Bestrafungs- und Demütigungsritual gegenüber Frauen zieht sich durch die Geschichte der letzten Jahrhunderte. Vergleichbar sind auch Motive und Ziele der Akteure geblieben, die in unterschiedlichen Gewaltperioden zum Tragen kamen: Destruktion von Weiblichkeit, speziell von weiblicher Schönheit, von Geschlechtlichkeit, Zerstörung der Individualität, des Selbstbilds und der Selbstbestimmtheit.

Johannes Schwartz hat sich in seiner Untersuchung *Weibliche Angelegenheiten. Handlungsräume von KZ-Aufseherinnen in Ravensbrück und Neubrandenburg* mit der Rolle befasst, die Weiblichkeit im Dienstalltag des Lagers Ravensbrück spielte, welche Praktiken zu ihrer Präsentation wie auch zu ihrer Unterdrückung angewendet wurden – auf Seiten der Aufseherinnen wie der Häftlinge.[531] Dabei ging es nicht um ein gesellschaftlich akzeptiertes, gar »objektives« Schönheitsideal der Zeit, sondern um das individuell empfundene Maß an Frau-Sein, das sich zuerst im Äußeren ausdrückte. Haare und Frisur waren dabei zentral.

Jegliche Form oder auch nur Andeutung einer Frisur war den Lagerinsassinnen indes streng verboten. Haare hatten, wenn sie nicht bereits geschoren worden waren, unter einem vorn geknoteten weißen Kopftuch zu verschwinden. Unnachgiebig und sadistisch machte sich eine der Aufseherinnen auf die »Jagd

529 Walz, »*Und dann kommst du …*«, S. 377.
530 Auszug des Gedichtes von Primo Levi *Ist das ein Mensch?* In: Ders., *Ist das ein Mensch?*, S. 27.
531 Schwartz, *Weibliche Angelegenheiten*, S. 237 ff.

nach Locken«, wie sich Margarete Buber-Neumann erinnert: »Während die Frauen unbeweglich auf der Lagerstraße standen, ging sie langsam, mit durchgedrückten Knien und betont strammen Bewegungen, genießerisch von Reihe zu Reihe und ließ ihre Blicke über die Köpfe der Frauen schweifen. Da entdeckte sie eine, deren Haare in leichten Wellen vorm Kopftuch hinausschauten. Die musste sofort hervortreten. Sie riss ihr das Kopftuch herunter, ohrfeigte sie und trat sie mit Stiefeln.«[532]

Ähnliche Vorkommnisse, die abschrecken sollten, beschrieb Maria Wiedmaier. »Hatte sich ein junges Mädel einige Haare aus den Augenbrauen gezupft, so konnte das für Schläge, ja sogar den Strafblock genügen. Versuchte ein junges Mädchen, sich durch irgendetwas ein wenig hübscher zu machen, so riss sie [die Aufseherin Mandl] ihm die Kleider vom Leibe. Einmal zog sie einen Häftling in der strengsten Kälte auf die Lagerstraße vor dem ganzen Appell, also über 10.000 Frauen nackt aus und prügelte die Frau.«[533]

Allein die KZ-Aufseherinnen durften sich auf den »Bühnen« des Appellplatzes und der Lagerstraße weiblich präsentieren. Dazu nutzten sie unter anderem die Frisierstube, die im Sommer 1942 in einem Gebäude außerhalb des Konzentrationslagers für sie eingerichtet worden war. Die Kundinnen, Aufseherinnen, Führer- und Unterführerfrauen, konnten sich von Funktionshäftlingen frisieren lassen, wie es der neuesten Mode entsprach: die sogenannte Olympiarolle oder, besonders beliebt, blondierte Dauerwellen. Edith Sparmann, die mit zwei anderen Häftlingen in der Frisierstube arbeitete, berichtete: »Unserer Aufseherin musste ich immer die neueste Frisur aus der Friseurzeitung machen. Dann hatte ich mir ausbedungen, dass, wenn sie modisch frisiert sein wollen, wir zumindest eine Zeitschrift kriegen müssen.«[534]

Das Diffamierende und Herabsetzende gegenüber den Gefangenen lag zum einen in der Symbolik der Macht, der alleinigen Definitionsmacht von Weiblichkeit, Schönheit und Frau-Sein. Sie stand allein dem weiblichen Aufsichtspersonal zu. Zum anderen äußerte sie sich in der tagtäglichen Konfrontation: die demonstrative Zurschaustellung der frisch frisierten Aufseherinnen vor Tausenden von Gefangenen, denen jeder kleinste Wunsch nach Hübsch-Sein, nach Fraulichkeit und jeder noch so winzige Versuch in dieser Richtung durch Ankündigung harter Strafen oder deren Vollzug im Keim erstickt wurde.

Gewalt- und Bestrafungsoptionen innerhalb der Machtstruktur des Lagers Ravensbrück standen Wehr- und Machtlosigkeit und das Ausgeliefertsein der weiblichen Häftlinge gegenüber. Bei genauerem Hinsehen hält der Eindruck

532 Buber-Neumann, *Als Gefangene bei Stalin und Hitler*, S. 285. Zitiert nach Schwartz, *Weibliche Angelegenheiten*, S. 237.

533 Ebd.

534 Walz, *»Und dann kommst du…«*, S. 153 ff.

einer eindeutigen Dichotomie allerdings nicht umfassend stand. Anweisungen der Lagerverwaltung wurden von einzelnen Aufseherinnen auf die eine oder andere Weise unterlaufen, wie die Untersuchungen von Mailänder und Schwartz belegen. Den Aufseherinnen standen abgeschwächte Formen von Strafen auf nichtangepasstes Verhalten zur Verfügung, und nicht alle beteiligten sich an den Misshandlungen von Häftlingen, oder sie verhielten sich ihnen gegenüber einigermaßen neutral. Dennoch überwogen Eigenmächtigkeit und Willkür der Aufseherinnen im Lageralltag.

Auf der anderen Seite gab es unter den weiblichen Häftlingen Gesten von sublimer Widerständigkeit bis hin zu Protesten und Interventionen, praktizierter Solidarität untereinander, demonstrativer Hinnahme und Ertragen von Züchtigungen und Strafen. Sie belegen eine Form nicht-gebrochener Selbstbestimmtheit. »Gerade für jene vom NS Verfolgte, für die das KZ bis auf Weiteres zum ›Gelände der Macht‹ geworden war, die also tagtäglich lebensbedrohlicher physischer Gewalt und totalem Herrschaftsanspruch ausgesetzt waren, erwies sich Eigensinn als die zum schieren Überleben notwendige Fähigkeit zur Selbst-Wahrnehmung und Selbst-Beeinflussung.«[535]

535 Lindenberger, Lüdtke, Eigensinn. Handlungsräume und Herrschaftspraxis; vgl. den Blog https://eigensinn.hypotheses.org (letzter Zugriff 11/2020).

AUSBLICK

Was ist aus dem Bubikopf geworden, nach nunmehr fast einhundert Jahren? Bubikopf-Bilder kommen auch heute noch immer als Erstes in den Sinn, wenn nach den typischen äußeren Charakteristika der »Neuen Frau« der 1920er Jahre gefragt wird.

Und der Bubikopf lebt! »Der Bob zählt definitiv zu einer der wichtigsten Trendfrisuren 2014« und »Long Bobs und Pixies stehen 2015 hoch im Kurs«, prognostizierte vor einigen Jahren in werbender Absicht das Friseurhandwerk.[536] Die aufmerksame Beobachterin sieht gegenwärtig jedoch ein ganz anderes Bild: Mädchen, auch kleine, ab ungefähr fünf Jahren, Teenager und jüngere Frauen tragen ihre Haare lang und offen, glatt, gewellt, gelockt, hochgesteckt als Dutt oder kunstvoll geflochten oder gedreht zu Zöpfen oder Pferdeschwanz in allen nur denkbaren Variationen. Der Kreativität sind keine Grenzen gesetzt, und nur selten hat dabei ein Friseur oder eine Friseurin Hand angelegt, noch nicht einmal bei den besonders kunstvollen Schöpfungen. »Am besten, wenn die Zwirbel, Knoten und Zöpfe mit der langen offenen Mähne kombiniert werden. Wenn sie die Gegensätze von Zügel und Zügellosigkeit zusammenbringt, dann ist das wie ein freches Locken. Das steht jeder gut.«[537] Kurzhaarfrisuren stehen überwiegend in der Gunst der älteren Frauen.

Mit den langen Frauenhaaren, die gegenüber einem Kurzhaarschnitt eine eindrucksvolle Variabilität bieten, kehren auch die sexuell konnotierten Zuschreibungen und weiblichen Gesten zurück, die von jeher mit dem langen Haar verbunden waren, sich aber in den Bubikopf-Zeiten verflüchtigt hatten. Das »freche Locken« scheint in der Mann-Frau-Beziehung wieder extrem wichtig: das langsame Herablassen des aufgesteckten, gebändigten Haares oder das Wickeln einer Haarsträhne um den Finger. Die Haare über die Schulter werfen, den Kopf auf die Seite legen oder nach hinten, um das Haar länger wirken zu lassen, es zu bewegen – das lässt sich allenthalben beobachten. Auch die Einschätzung junger Frauen, dass es Mut erfordere, die Haare kurz zu tragen,

536 Google, Suchwörter Frisur 2014. Kurz-Bob, Lang-Bob, Glamour-Bob, Pixie (Short Cut) und Garçon-Schnitt werden in »Das Große Haar-Spezial« in *Für Sie* (2018), 18/19, S. 26-31, als trendige Frisuren angepriesen, nicht ohne auf die notwendige »Begleitung« von Stylingcreme, Schaumfestiger, Wachs, Fixateur Mousse oder Strukturpaste hinzuweisen.

537 Claudia Becker, Alte Zöpfe? Von wegen. *Berliner Morgenpost*, 27.10.2010.

ob als *Bob* oder *Undercut*,[538] befördert das alte Klischee, kurzes Haar verweise darauf, entweder lesbisch, vom Mann verlassen oder in einer Krisensituation zu sein. Eine Journalistin mit Kurzhaarschnitt, die sich verweigert, eine »Agenda« vor sich her zu tragen, und darauf hinweist, dass von langhaarigen Frauen schließlich auch keine Begründung für ihre Frisur erwartet werde, schreibt: »Mein kurzes Haar hat mir schon viele Anmachsprüche eingebracht. Weniger von Männern allerdings. Ich weiß nicht, woran es liegt, aber Haarlänge und sexuelle Orientierung korrelieren für viele immer noch. Je kürzer, desto homo. Frauen mit kurzen Haaren müssen entweder lesbisch oder alt sein. Oder in einer Art Lebensumbruchphase.«[539]

Eine Beobachtung, die keinerlei analytischen Anspruch erhebt, mag den obigen Befund unterstreichen: Nach dem DFB-Pokalendspiel der Frauen zwischen dem SC Freiburg und dem VfL Wolfsburg am 1. Mai 2019 defilierten die Sportlerinnen beider Mannschaften am gratulierenden Bundespräsidenten Frank-Walter Steinmeier vorbei. Von den 60 Fußballerinnen im Alter zwischen 18 und 34 Jahren hatten 59 langes Haar und trugen dieses als Pferdeschwanz, geflochtenem Zopf oder Dutt – nur eine einzige Frau, die Schwedin Nilla Fischer, hatte kurzes Haar, einen auffälligen *Undercut.* Nilla Fischer (geb. 1984) ist bekennende Lesbe. Sie engagiert sich als eine der ersten Fußballerinnen überhaupt als Botschafterin für die LGBT (*Lesbian, Gay, Bisexual, Transgender*) und trägt auf dem Platz die Regenbogen-Armbinde.[540]

Dazu passend war der provokant-ironische und selbstbewusste Commerzbank-Werbe-Spot der DFB-Frauen vom 15. Mai 2019, der einige Wochen vor der Frauenfussball-WM medial für große Aufmerksamkeit sorgte: »Wir brauchen keine Eier, wir haben Pferdeschwänze.«[541]

Die innere Verfasstheit nach außen zu tragen, scheint für junge Frauen und Männer das Gebot der Stunde. Die Art, wie dabei das Haar und der Bart getragen werden oder was davon eliminiert wird, ist expressiv – emotional, politisch und sexuell aufgeladen. Die Fragen, die sich heute wie in den 1920er Jahren stellen, lauten: Wem »gehören« letztlich die Haare der Frau? Wer bestimmt über die Haarlänge? Wer definiert, wie Frauen ihr Haar tragen? Wessen Vorstellungen und Wünsche werden von wem realisiert und erfüllt? Ist es das Friseurhandwerk? Die Haarkosmetikindustrie? Der Freund, der Partner, der verbal

538 Englische Bezeichnung einer Frisur, bei der die Behaarung der unteren Kopfhälfte rasiert bzw. gekürzt wird, die Haare des Deckhaares aber erhalten bleiben.

539 Christina Rietz, Frauen mit Kurzhaarfrisur. Je kürzer, desto lesbisch? *Spiegel Online* 07.04.2015. http://www.spiegel.de/stil/kurzhaarige-frauen-leben-mit-stereotypen-und-vorurteilen-a-1025123.html (letzter Zugriff 11/2020).

540 Trotz Drohungen: Fischer kämpft gegen Homophobie. *ndr-Lesezeit*, 15.10.2018.

541 https://www.youtube.com/watch?v=fZL1D-ybye8 (letzter Zugriff 11/2020).

oder nonverbal seine Vorlieben äußert? Und welche Bezüge und Bewertungen bilden sich in den Frisuren von Frauen – und Männern – ab? Diese Fragen lassen sich, so hat es den Anschein, auch nach hundert Jahren Bubikopf nicht zu Gunsten der Frauen beantworten. Eigen-Sinn und emanzipatorische Schritte in Richtung Selbstbestimmtheit, die ihre Bubikopf-Vorgängerinnen der 1920er Jahre vielfach noch auszeichneten, scheinen, bezogen auf das eigene Haar, an Relevanz wieder verloren zu haben.

Unisex-Haarmode

Wenn in der Haarmode von einem Dutt (Haarknoten, *bun, chignon*) die Rede ist, denkt man unwillkürlich zuerst an eine Damenfrisur. Seit einigen Jahren nun ist eine Unisex-Haarmode im Alltag zu beobachten, die weltweit ihre Anhänger findet: der Männer-Dutt (*men bun*). Haarkosmetikfirmen wie Schwarzkopf oder L'Oréal beeilen sich, ihn zu bewerben, und haben sogleich auch die modischen Varianten im Blick: *half bun* (nur das Deckhaar als Knoten), Haar glatt nach hinten gekämmt (*sleek style*), *top knot* (Hoher Dutt).

Anders als zu den Zeiten des Tituskopfs Ende des 18. Jahrhunderts und des Herrenschnitts um 1926, als Frauen sich kurze Männerfrisuren »aneigneten«, deuten heute – im Umkehrschluss – weder Modewelt noch öffentliche Meinung den Männer-Dutt als eine »Verweiblichung des Mannes«. Im Gegenteil, so formuliert es etwa die Haarkosmetikfirma Schwarzkopf: »Vorbehalte über vermeintlich feminine Frisuren und Unisex-Looks kennt der moderne Mann nicht. Warum auch? Schließlich wurde der Dutt schon von tapferen Samurai-Kriegern getragen – männlicher geht es wohl kaum!«[542] In Kombination mit einem Voll- oder Drei-Tage-Bart kleide der *men bun* – Gleiches gilt für den Männer-Pferdeschwanz und den Männer-Zopf – junge, moderne, »echte & urbane Kerle«, strahle Lässigkeit, Verwegenheit und männliche Eleganz aus. Männer- und Frauenfrisuren lösen dank gewachsener gesellschaftlicher Offenheit und Toleranz im 21. Jahrhundert keine erhitzten Debatten mehr aus. Vielmehr bleibt Raum für Spaß, Amüsement und sogar Satire.[543]

Was in den 1920er Jahren die (Mode-)Magazine im Zusammenhang mit der Einführung des Bubikopfs und seiner Pflegeprodukte leisteten, spielt sich heute auf dem globalen Markt mit ungleich schnellerer Verbreitung via Sozialer Medien, Blogs und Foren ab. Gender- und altersspezifische, produktorientierte

542 Hoch im Kurs: Männer-Dutt. http://www.schwarzkopf.de/de/haarstyling/frisuren-maenner/maenner-dutt.html (letzter Zugriff 11/2020).

543 Gundula Bartels, Männer, lasst Euer Haar herab! *Der Tagesspiegel*,04.04.2015.

Werbespots werden mittels Algorithmen an die Konsumentinnen und Konsumenten getragen.

Androgyne Schönheit des Gesichts

Schönheit war in der Weimarer Republik für junge Frauen ein mehr als nur peripheres Thema. Sie entschied über gesellschaftliche Akzeptanz und beruflichen wie privaten »Erfolg«. Männlicher Schönheit – hier nicht synonym als Männlichkeitsideal zu verstehen – wurde medial dagegen kaum Aufmerksamkeit geschenkt. Der moderne »Neue Mann« rückte hinsichtlich seiner Attraktivität allenfalls in der Modewelt (Männermode), und auch dort nur am Rande, in den Fokus. Ob er sich schminken, ob er Schmuck tragen sollte, welche Frisur zum eleganten Nachmittagsanzug passte. Solche Fragen standen selten zur Diskussion.

Manches deutet darauf hin, dass sich das im 21. Jahrhundert wandeln wird. Schönheit als soziales Kapital spielt bei der allgemeinen Konkurrenz der Geschlechter um Anerkennung und Erfolg, zum Beispiel bei der Bewerbung um den gut bezahlten Job, wieder eine stärkere Rolle, nun auch für Männer.[544] In einer kompetitiven Gesellschaft gewinnt Schönheit als Statussymbol einen hohen Wert.

Unter der Ägide der im eigenen Land ansässigen Kosmetikfirmen, die ihr Potential auf dem Absatzmarkt zunehmend als ausgeschöpft betrachten, zeichnet sich in Südkorea eine Entwicklung ab, die auch für westliche Länder relevant werden dürfte: Das schöne Männergesicht, intensiv gepflegt und auch geschminkt, nähert sich dem weiblichen Schönheitsideal an. Beide sind gewissenmaßen im Prozess, zum androgynen Gesicht zu verschmelzen.[545] Der ideale Männerkörper bleibt davon unberührt.

Um nicht nur am Arbeitsplatz oder beim Rendezvous *chok-chok* (taufrisch) auszusehen, scheuen koreanische Männer weder Geld noch Mühe, bis hin zum zehnstufigen Pflegeprogramm: Ölreinigung, Schaumreinigung, Peeling, Toning, Essenceing, Treatmenting, Sheet Masking, Moisturizing, Eye Creaming,

544 Kosmetikfirmen buhlen auch hierzulande um Männer, die sich schminken. Sie sind die neuen Stars auf YouTube und Instagram.

545 Allgegenwärtige Vorher-Nachher-Poster erlauben in der südkoreanischen Hauptstadt Seoul keinen Zweifel daran, dass eine Schönheits-OP unbedingt angezeigt ist, will eine Frau dem nicht nur in Südkorea, sondern in ganz Asien einheitlichen, prestigebeladenen Schönheitsideal folgen: dem sogenannten »Bagel-Face« (Fantasiewort aus »Babyface« und »Glamour«). Frauen gelten als schön, wenn sie ein ovales Gesicht, große Augen, eine europäisch-doppelte Lidfalte, eine Stupsnase und einen makellosen, blassen Teint haben. In Gangnam-gu, einem Stadtbezirk von Seoul, konkurrieren 500 Kliniken für plastische Schönheitschirurgie miteinander.

SPF-ing – Letzteres schützt vor dem Bräunen der Haut durch Sonne, schließlich ist, wie bei Frauen auch, eine makellose, helle Haut erwünscht. Durchschnittlich ein Dutzend Pflegeprodukte im Monat nutzt der koreanische Mann,[546] und Make-up für Männer ist in Korea deutlich weniger stigmatisiert als in Europa. »Der Trend steht für einen grundsätzlich anderen Blick der Männer auf das eigene Geschlecht: Wo man früher zum Chirurgen ging, um möglichst maskulin auszusehen, will man heute androgyn wirken. Das neue Schönheitsideal ist der Mann mit Milchbubigesicht und Sixpack [Waschbrettbauch].«[547]

In den Berichten über diese neue Entwicklung taucht die Befürchtung, der Mann könne »verweiblichen«, nirgendwo auf. In den 1920er Jahren war dagegen die Maskulinisierung der Frau, nicht zuletzt wenn sie einen Bubikopf trug, hart kritisiert worden und blieb beständig Thema der Debatte.[548]

Eui-Jip Hwang, ein junger koreanischer Bildkünstler, der in New York lebt und arbeitet, kontextualisiert in einem Interview und in seinen visuellen Aussagen, mit welcher Motivation koreanische Männer nach einer androgynen, euro-zentristischen Schönheit, einer femininen Männlichkeit streben (siehe Abbildung 68, S. 186): Es ist das Streben nach einer modernen Identität. »It is an exploration of the changing landscape in today's South Korea that has resulted in a new representation of the Korean identity. The growing interest in cosmetics and the acceptance of facial-altering surgery have changed how Koreans portray themselves as ›modern‹. The project narrates the massive social influence of the Western world in South Korea. South Korea is now dominated by a mass media that praise the so-called Eurocentric beauty, and emphasises physical qualities that cannot be achieved naturally by many Koreans (blue eyes, for example).«

Seine eigene Intention und künstlerische Methode beschreibt Hwang folgendermaßen: »My approach to photography as an image-maker reacts to the imagery of the mass media, by deconstructing it. I am interested in learning the context of images that I gather from advertising. The photographic evidence I collect serves as a vehicle for debate and sharing information.«[549]

Mode ereignet sich nicht spontan, wie Elena Esposito dargelegt hat, sondern entwickelt sich, nicht selten mit Rückbezügen auf vergangene Moden – ein

546 In Südkorea liegt der Umsatz an Kosmetikprodukten bei gut einer Milliarde Euro. Das entspricht einem Fünftel des globalen Marktes.

547 Florian Siebeck, Schminken sich bald alle Männer wie die Koreaner? *FAZ Quarterly*, Ausg. 07 (Sommer 2018), S. 28 f., S. 28.

548 Ebd.

549 Eui-Jip Hwang (*1994) in einem Interview von Lou Tsatsas in *Fisheye Magazine* (französisches Fotomagazin) von 2018. https://www.fisheyemagazine.fr/en/discoveries/interview-discoveries/south-korea-hollywood-asia/ (letzter Zugriff 11/2020).

Prozess, der geplante und lancierte Elemente (Hersteller, Werbung, Medien) einschließt. Ohne die Bereitschaft zur Übernahme, Energien, Übereinkünfte, öffentliche und mediale Präsentationen der Sub- und Jugendkultur in Blogs und sozialen Medien wie Instagram hätten weder der *men bun* noch die Intimfrisur eine Chance. An diesem Mechanismus hat sich in den letzten einhundert Jahren nichts geändert. Mode wird zudem von denen, die ihr folgen, sich aneignen und sie tragen, mit Codes und Signalen unterschiedlichster Art »aufgeladen«. Das lässt sich für die Vergangenheit sagen – und wird wohl auch zukünftig gelten.

Aus heutiger Sicht und mit Blick auf die Zwischenkriegszeit bleibt eine Frage, die sich nicht leicht, zumal nicht generell beantworten lässt. Haben kurze Haare einen Wandel in den Lebensbedingungen und im Bewusstsein der Frauen bewirkt? Als sich Millionen von Frauen die Haare »bobbten«, war das einer »kulturellen Revolution« gleichgekommen.[550] Die maßgebliche Bedeutung der Bubikopfmode aber habe anderswo gelegen, so der Historiker Zdatny – nicht in der Länge oder im besonderen Schnitt der Haare, sondern in der Überschreitung der etablierten sozialen Grenzen. Das habe vielen Menschen Angst gemacht, hatte mit Androgynität jedoch wenig zu tun.[551]

Für Deutschland trifft diese Einschätzung keinesfalls zu. Denn die androgyne Frau mit ihrer markantesten Ausdrucksform, dem Bubikopf, stand im Mittelpunkt der erbittert geführten Debatte um die weithin empfundene Uneindeutigkeit beziehungsweise die befürchtete Auflösung der Geschlechtergrenzen.

Zdatny fragt weiter, ob der Gang zum Friseur überhaupt etwas mit Emanzipation zu tun gehabt habe. Zeitgenossen zogen die *mode à la garçonne* gern als Beweis für ein aktiveres weibliches Leben und »Unabhängigkeit« (independence) der »neuen« Frauen heran. Der Bubikopf sei nicht nur praktisch, sondern fraglos »verjüngend« gewesen und darin vor allem ein Symbol für Jugendlichkeit und Lebenskraft. »We are left with the impression of young women suddenly in the position of having both disposable income and the liberty spending it.«[552] Der massenhafte Konsum der Frauen aber habe sie in den »Abstieg des Konsumfetischismus« geführt und sie damit letztlich unfreier gemacht. Die *mode à la garçonne* habe am Ende sowohl kapitalistische wie patriarchalische Strukturen

550 Antworten zu Fragen zum Frauenhaar, die im Sinne von Materieller Kultur und Sozialgeschichte von Belang sind, könnten Auskunft geben über Strukturen der Gesellschaft, ihre Werte, über Konsumverhalten, Vorstellungen von Mode und Sauberkeit: Wie ist das Haar hergerichtet? Wird es lang gelassen oder kurz geschnitten? Wie oft wird es gewaschen? Kümmern sich Frauen um ihre Haare zu Hause oder gehen sie zum Friseur? Wie viel bezahlen sie dort? Lässt sich die Mehrzahl der Frauen die Haare ›machen‹ oder nur die privilegierten? Vgl. Zdatny (Hg.), *Hairstyles and Fashion*, Einleitung.

551 Zdatny, The Boyish Look, S. 372 ff.

552 Ebd., S. 376.

gestärkt, so Zdatnys Position. Wie also könne es daran etwas »Befreiendes« gegeben haben?

Derlei generelle Aussagen greifen hier nicht. Für »die vielen« lassen sich keine pauschal gültigen Zuschreibungen finden. In der kulturell ausgesprochen innovativen Zeit nach dem Ersten Weltkrieg haben Frauen, jüngere wie ältere, ihr Leben individuell und damit sehr unterschiedlich gelebt und erlebt – im Rahmen der Möglichkeiten einer nach wie vor paternalistisch-sexistischen Gesellschaft. Je nach persönlicher Lebenswelt befreiten sie sich von Konventionen, durchbrachen den männlichen Blick auf das, was als weiblich galt, eroberten den öffentlichen Raum, erweiterten ihre Bildungs- und Arbeitschancen oder fanden Alternativen zu Ehe und Mutterschaft. In diesem komplexen weiblichen Aufbruchs-Szenarium kommt dem Bubikopf weniger eine faktische als vielmehr eine hohe symbolische Kraft und Bedeutung zu. Und so wird er, vor allem in diesen starken Bildern, bis heute erinnert.

DANK

Was hat die »Neue Frau« der Weimarer Zeit eigentlich zu einer modernen, zu einer »neuen« Frau gemacht? Das war eine Frage, die mir vor Jahren interessant schien. Von den »weiblichen Symbolen der Modernität« (Zigarette, Auto, Fliegen, Boxen, kurzes Kleid, Bubikopf) blieb schließlich der Kurzhaarschnitt, der in der einschlägigen Literatur und im allgemeinen Bildgedächtnis vielfältige Erwähnung fand, für mich aber seltsam konturlos blieb. So begann ich zu sammeln, zu lesen, zu schauen. Ich hatte keinen Zeitdruck, keine inhaltlichen Vorgaben – ein kostbares Privileg – und konnte nach selbstgewähltem Tempo *privatissime* forschen und schreiben.

Auf meiner Reise durch das Bubikopf-Universum und bei der »allmählichen Verfertigung der Gedanken« (Heinrich von Kleist) habe ich, nach einem Berufsleben als Bibliothekarin, unterschiedlichste Bibliotheken aus der Perspektive der Nutzerin schätzen gelernt. Dort konnte ich ungestört und lustvoll arbeiten – »bei mir sein«. Das galt vor allem für die *Sammlung Modebild/Lipperheidesche Kostümbibliothek* in Berlin mit ihren unermesslichen Beständen zur Kulturgeschichte der Mode und einem umfangreichen Corpus an originalen Zeitschriften und Magazinen der 1920er und 1930er Jahre, in denen sich tatsächlich noch im Wortsinne »Blättern« lässt, und wo mir im Studiensaal der *Kostümbibliothek* über einen langen Zeitraum auf ungemein freundliche und hilfsbereite Art die schweren Bände der *Deutschen Allgemeinen Friseur-Zeitung* an meinen Arbeitsplatz getragen wurden.

Nicht überall erwiesen sich Kopier- und Scan-Modalitäten als benutzerfreundlich. Umso mehr profitierte ich von der weltweit fortschreitenden Digitalisierung an Bild- und Textmaterial. Die global vernetzten Online-Kataloge mit ihren Metadaten (Inhaltsverzeichnis, Rezensionen) bedeuteten wertvolle Informationsquellen. Das eine oder andere anschauliche, wenn auch nicht in jedem Fall repräsentative Fundstück aus der Zeit, eine seltene Bubikopf-Broschüre, Scherzpostkarten zur Loreley, Bubikopf-Gedicht-Postkarten, Haarschneidemaschine, Bobby-Pins, konnte ich erfolgreich ersteigern.

Unendlich dankbar bin ich für die große Unterstützung von Freundinnen und Freunden, für ihr immerwährendes Nachfragen, Zuhören, Ermutigen und hin und wieder ihr freundliches Drängen, »den Bubikopf« auch in schwierigen Zeiten nicht aufzugeben. Unschätzbar waren auch Hinweise auf Texte und Images oder deren Überlassung (Paul Steege, Chad Denton, Gretchen Elsner-Sommer, David Imhoof, Christian Janecke, Hans Medick, William Grange,

Dirk Schumann, Ita Heinze-Greenberg), zu denen ich sonst nur schwer Zugang gehabt hätte. Besonders die gedankliche Stimulation durch intensive Gespräche und Diskussionen, darunter die Einladungen zu den Forschungskolloquien an der Humboldt-Universität zu Berlin (Michael Wildt) und der Ruhruniversität Bochum (Stefan Berger, Philipp Müller), haben meinen Blick geschärft und mich wichtige Details in neuen Kontexten betrachten lassen.

Adelheid von Saldern und Martin Klement haben weite Teile des Manuskripts gelesen und sorgfältig kommentiert; einzelne Kapitel lasen Barbara Dankert, Lisa Grow, Karin Hausen, Felicitas Hentschke, Elissa Mailänder, Dorothe Malli, Alexandra Oeser, Peter Rosenthal, Tilmann Siebeneichner und Michael Wildt. Sie stellten Fragen, machten Vorschläge. Ihnen allen, Adalbert Hepp, Doris Bachmann-Medick für guten Rat und Jan Wernicke für mehr als nur technische Hilfe sei herzlich gedankt.

Entstanden ist das Bubikopf-Buch am heimischen Schreibtisch in Göttingen und bei *re:work*, dem Internationalen Geisteswissenschaftlichen Kolleg der HU zu Berlin, *Arbeit und Lebenslauf in globalgeschichtlicher Perspektive*. Dort war für viele Jahre mein intellektuelles Zuhause – mit unvergleichlich stimulierender Arbeitsatmosphäre und kulinarischen Höhepunkten. An das ganze Team: thanks so much, besonders Felicitas Hentschke, Farah Barakat, Andreas Eckert, Jürgen Kocka und auch Christopher Rißmann, der die Daten rettete, als mein Laptop plötzlich seinen Dienst versagte.

Ich danke dem Wallstein Verlag, dass er dieses querliegende Thema in sein Programm aufgenommen hat, und Ursula Kömen als Lektorin, dass sie sich so eindrucksvoll für den *Coupe à la Garçonne* engagiert hat. Und schließlich geht mein herzlicher Dank an Miriam Zlobinski, die erfahrene Bildredakteurin, mit der die gemeinsame Arbeit einfach Spaß gemacht hat.

Wie wäre es mir und dem Bubikopf wohl ergangen ohne die immerwährende Fürsorge und den vielfältigen Einsatz meiner Friedenauer Familie, Insa, Ingo und Anna Schrader? Und vor allem – wie ohne die kritisch-zugewandte Begleitung von Alf Lüdtke (1943–2019), meinem vertrauten Gegenüber in so vielen Jahren? Er hätte sich über dieses Buch sehr gefreut.

Göttingen, im Februar 2021 *Helga Lüdtke*

ABBILDUNGSNACHWEIS

Abb. 1 *DAFZ* 35 (1919), 1
Abb. 2 Alamy
Abb. 3 *DAFZ* 42 (1926), 6
Abb. 4 Lingner-Werke, Dresden, *Illustrirte Zeitung*, 1927-1929
Abb. 5 *Moden-Spiegel*, Okt. 1925
Abb. 6 *Uhu* 3 (1926/27), 9, Juni, S. 21.
Abb. 7 *Berliner Illustrirte Zeitung* 36 (1927), 28
Abb. 8 Verlag Ernst Herrmann, Dresden (Sammlung Helga Lüdtke)
Abb. 9 agk-images
Abb. 10, Fig. 1-7 Zeichnungen nach zeitgenössischer Schnittanleitung aus den USA, Ingo Schrader
Abb. 11 L'Oreal, Paris
Abb. 12 Bauhaus-Archiv Berlin/Nachlass Scheper, Berlin
Abb. 13 *Die Dame* 53 (1925/1926), 25
Abb. 14, 1-4 Christina Trupat, *Kopf-Arbeit*
Abb. 15 Ullstein Bild – Mirrorpix
Abb. 16 Bauhaus-Archiv, Berlin
Abb. 17 bpk / Akademie der Künste, Berlin, Kunstsammlung / Ellen Auerbach
Abb. 18 Underwood Photo Archives
Abb. 19 Mukhina College, St. Petersburg
Abb. 20 Ullstein Bild - Frieda Riess
Abb. 21 *Berliner Illustrirte Zeitung* 36 (1927), 46, Cover
Abb. 22 © Die Photographische Sammlung/SK Stiftung Kultur - August Sander Archiv, Köln; VG Bild-Kunst, Bonn.
Abb. 23 Deutsche Kinemathek – Marlene Dietrich Collection Berlin
Abb. 24 Paul Iribe, Museum für Kunst und Gewerbe Hamburg (MKG)
Abb. 25 Pierre-Narcisse Guérin, Museée de Louvre, Wikimedia Commons
Abb. 26 Ambroise Tardieu, Wikimedia Commons
Abb. 27 Deutsches Historisches Museum
Abb. 28 Walter & Konrad Feilchenfeldt / Courtesy Fotostiftung Schweiz, Sammlung Alexis Schwarzenbach, Zürich
Abb. 29 Jersey Heritage Trust / Bridgeman Images
Abb. 30 Postkarte *Die neuen Hüte* (Sammlung Helga Lüdtke)
Abb. 31 und Abb. 32 Georgine De Courtais, *Women's Hats, Headdresses and Hairstyles*
Abb. 33 Stadtmuseum Berlin
Abb. 34 Stiftung F.C. Gundlach
Abb. 35 Museum für Kunst und Gewerbe Hamburg (MKG)

Abb. 36 Bauhaus-Archiv, Berlin
Abb. 37 Henkel & Grosse, Tadema Gallery
Abb. 38 Museum of Fine Arts, Boston
Abb. 39 agk-images
Abb. 40 L'Oreal, Paris
Abb. 41 Anja Elisabeth Witte / Berlinische Galerie
Abb. 42 Stadtmuseum Berlin
Abb. 43 Kunstbibliothek / Knud Petersen
Abb. 44 Deutsches Historisches Museum / Friedrich-Wilhelm-Murnau-Stiftung
Abb. 45 akg-images
Abb. 46 *Photoplay. The National Guide to Motion Pictures*, Januar 1926
Abb. 47 bpk / Städel Museum
Abb. 48 akg-images / André Held
Abb. 49 *Simplicissimus* 35 (1931/32), 23
Abb. 50 akg-images
Abb. 51 Kunstbibliothek, SMB / Dietmar Katz
Abb. 52 Kunstbibliothek, SMB / Knud Peter Petersen
Abb. 53, 54 Sammlung Dora und Walter Labhart
Abb. 55 Wiener Kunst Nr. 505-5 B.K.W.1 (Sammlung Helga Lüdtke)
Abb. 56 Verl. Gustav Usinger, St. Goarshausen (Sammlung Helga Lüdtke)
Abb. 57 Ottmar Zieher, München (Sammlung Helga Lüdtke)
Abb. 58 Chrom Iris, Nr. 5073 (Sammlung Helga Lüdtke)
Abb. 59 Conrad Jacobi, Leipzig (Sammlung Helga Lüdtke)
Abb. 60 W. Demmler; Louis Glaser, Leipzig (Sammlung Helga Lüdtke)
Abb. 61 Ottmar Zieher, München (Sammlung Helga Lüdtke)
Abb. 62 Kunstanstalt Johannes Böttger, Köln-Sülz (Sammlung Helga Lüdtke)
Abb. 63 Verl. Johannes Böttger, Köln-Sülz (Sammlung Helga Lüdtke)
Abb. 64 Conrad Jacobi, Leipzig (Sammlung Helga Lüdtke)
Abb. 65 und Abb. 66 akg-images
Abb. 67 British War Museum
Abb. 68 Eui-Jip Hwang, New York
Abb. 69 Deutsche Kinemathek
Abb. 70 akg-images
Abb. 71 Sammlung Dora und Walter Labhart
Abb. 72 Kunstverl. G.m.b.H., Berlin-Schöneberg (Sammlung Helga Lüdtke)
Abb. 73 und Abb. 74 Privatfoto (Helga Lüdtke)
Abb. 75 und Abb. 76 Privatfoto (Anita Ruhnau)
Abb. 77 Haus der Essener Geschichte/Stadtarchiv, HdEG 643 NL Paul Maik Nr. 1
Abb. 78 Aug. Schöne, Hamburg (Sammlung Helga Lüdtke)
Abb. 79 Mahn- und Gedenkstätte Ravensbrück / Familie Martinon
Abb. 80 Ágnes Lucács, Magyar Zsidó Múzeum és Levéltár, Budapest

LITERATUR

Artikel aus Tages- und Wochenzeitungen sowie Zeitschriften der 1920er/1930er Jahre, zudem Internetquellen sind in den Anmerkungen vollständig verzeichnet und werden hier in der Regel nicht nochmals genannt.

Ankum, Katharina von, (Hg.), *Women in the Metropolis. Gender and Modernity in Weimar Culture.* Berkeley, Los Angeles, London 1997. (Dt. *Frauen in der Großstadt. Herausforderung der Moderne?* Dortmund 1999).

–, Karriere – Konsum – Kosmetik. Zur Ästhetik des weiblichen Gesichts. In: Claudia Schmölders, Sander L. Gilman (Hg.), *Gesichter der Weimarer Republik. Eine physiognomische Kulturgeschichte.* Köln 2000, S. 175-190.

Antoni-Komar, Irene, »Die Ohren ganz nackt und frey«. Zur Rezeption der Frisur à la Titus am Ende des 18. Jahrhunderts. In: Janecke (Hg.), *Haar tragen*, S. 209-231.

Audoul, France, *Ravensbrück. 150 000 femmes en enfer.* 32 croquis et portraits fait au camp 1944-1945. 22 compositions et textes manuscripts. Paris 1953 (1966).

Battle-Welch, Gerald, Luca P. Marighetti, *Vidal Sassoon und die Moderne.* In: Dies., *Vidal Sassoon und das Bauhaus.* Stuttgart 1992, S. 63ff.

Baumhoff, Anja, Frauen am Bauhaus – ein Mythos der Emanzipation. In: Jeannine Fiedler, Peter Feierabend (Hg.), *Bauhaus.* Köln 1999, S. 96-107.

Becker, Ingeborg, Mode-Schmuck oder das Problem der industriellen Fertigung von Luxus. In: Leonhardt, Zühlsdorff (Hg.), *Theodor Fahrner*, S. 236-259.

Becker, Tobias, *Inszenierte Moderne. Populäres Theater in Berlin und London, 1880–1930.* München 2014.

Becker, Vivienne, Firmengeschichte Henkel & Grosse. In: Dies. [et al.], *Henkel & Grosse. 100 Jahre Leidenschaft für Grossé + Bijoux Christian Dior.* [Anlässlich der Ausstellung »Zu Petticoat und Wespentaille – Modeschmuck der 1950er Jahre«. 17.9.–14.11.2010, Schmuckmuseum Pforzheim]. Stuttgart 2010, S. 20-27.

Becker-Jákli, Barbara, *Das jüdische Krankenhaus in Köln. Die Geschichte des israelitischen Asyls für Kranke und Altersschwache 1869–1945.* Köln 2004.

Beckers, Marion, Elisabeth Moortgat, *Yva. Photographien 1925–1938.* Hg. Das Verborgene Museum Berlin. Tübingen 2001.

–, Elisabeth Moortgat (Hg.), *Die Riess. Fotografisches Atelier und Salon in Berlin 1918–1932.* Ausstellungskatalog. Berlin 2008.

Bendix, Reimar, »Sie repräsentieren eine ganze Zeitepoche« – Dix' Bildnis der Journalistin Sylvia von Harden als Leitfigur einer neuen Kultur? In: Klaus-Dieter Weber (Hg.), *Verwaltete Kultur oder künstlerische Freiheit? Momentaufnahmen aus der Weimarer Republik 1918–1933.* Kassel 2002, S. 99-134.

Benjamin, Walter, Das Kunstwerk im Zeitalter seiner technischen Reproduzierbarkeit (erste dt. Fass. 1935). In: Ders., *Gesammelte Schriften.* Bd. I, Werkausg. Bd. 2, Rolf Tiedemann, Hermann Schweppenhäuser (Hg.). Frankfurt a. M. 1980, S. 431-469.

Berg, Anne, The Nazi Rag-Pickers and Their Wine. The Politics of Waste and Recycling in Nazi Germany. *Social History* 40 (2015), 4, S. 446-472.

Berger, Sara, *Experten der Vernichtung. Das T4-Reinhardt-Netzwerk in den Lagern Belzec, Sobibor und Treblinka.* Hamburg 2013.

Berneike, Christiane, *»Nichts ist unmöglich« – Anita Augspurg – eine biographische Recherche.* Frauen-Media-Turm. In: Frau ohne Herz. *Feministische Lesbenzeitschrift,* 33, 1994, S. 3-9.

Bertschik, Julia, Zopf mit Bubikopf. Modejournalismus im ›Dritten Reich‹ am Beispiel der Zeitschrift »Die Mode« (1941–1943). In: Erhard Schütz, Gregor Streim (Hg.), *Reflexe und Reflexionen von Modernität 1933–1945.* Berlin 2002, S. 273-292.

–, Vom Bubikopf zum Gretchenzopf? In: Dies., *Mode und Moderne. Kleidung als Spiegel des Zeitgeistes in der deutschsprachigen Literatur (1770–1945).* Köln 2005, S. 274-349.

Betts, Paul, *The Authority of Everyday Objects. A Cultural History of West German Industrial Design.* Berkeley, CA 2004.

Bleitner, Thomas, *Frauen der 1920er Jahre. Glamour, Stil und Avantgarde.* München 2014.

Bock, Ulla, Dorothee Alfermann (Hg.), *Androgynie. Vielfalt der Möglichkeiten.* Stuttgart 1999.

Bohle-Heintzenberg, Sabine, Einfach schön. Pudermoden und modische Puderdosen. In: Adelheid Rasche (Hg.), *Pailletten, Posen, Puderdosen. Modezeichnungen und Objekte der Zwanziger Jahre.* Ausstellungskatalog. Berlin 2009, S. 17-24.

Bourdieu, Pierre, *Die feinen Unterschiede. Eine Kritik der gesellschaftlichen Urteilskraft.* Frankfurt a. M. 1982 (Orig. *La Distinction. Critique sociale du jugement,* Paris 1979).

Bräuer, Birgit, Rainer Springhorn (Hg.), *Fräulein Haberbeck und ihre Hüte. Kreationen zwischen Jugendstil und Moderne.* Begleitbuch zur Ausstellung im Lippischen Landesmuseum Detmold. Detmold 2000.

Brainin, Elisabeth, Marieta Zeug, Arisch ist der Zopf – Jüdisch der Bubikopf. In: Dies. [et al.], *Nationalsozialismus – Nationalismus. Vorträge.* Frankfurt a. M. 1990, S. 7-31.

Brandman, Bronia, »Die Männer rasierten mir die Haare ab, nicht nur auf dem Kopf. Dann tätowierten sie uns.« *Der Spiegel,* 5/2015 (02.01.2015).

Breuer, Gerda, Elina Knorpp (Hg.), *Gespiegeltes Ich. Fotografische Selbstbildnisse von Frauen in den 1920er Jahren.* Berlin 2014.

Breuss, Susanne, Der radikale Schnitt. Wie der »Bubikopf« in den zwanziger Jahren sowohl die Geschlechterordnung als auch die politischen Anschauungen durcheinanderbrachte. *Wiener Zeitung* (19. Dez. 2009).

Brewer, G. C., *Costums and Christianity. With a Special Discussion of Bobbed Hair. Should Women Wear Men's Garments?* Austin, TX (um 1940).

–, *Autobiography.* Murfreesboro, TN 1975.

Bruhns, Wibke, *Meines Vaters Land. Geschichte einer deutschen Familie.* München 2004.

Bruns-Wüstefeld, Alex, *Lohnende Geschäfte. Die »Entjudung« der Wirtschaft am Beispiel Göttingens.* Hannover 1997.

Buber-Neumann, Margarete, *Als Gefangene bei Stalin und Hitler. Eine Welt im Dunkel.* München 2002 (1. Aufl. 1949).

Budzinski, Klaus, *Die Muse mit der scharfen Zunge. Vom Cabaret zum Kabarett.* München 1961.

Cahun, Claude, Suzanne Malherbe, Pierre MacOrlan, *Aveux nos avenus.* Paris 1930.

Caraglio, Martine, Kleider machen Lesben. In: Gertrud Lehnert (Hg.), *Mode, Weiblichkeit und Modernität.* Dortmund 1998, S. 266-279.

Carter, Erica, Frauen und die Öffentlichkeit des Konsums. In: Heinz-Gerhardt Haupt, Claudius Torp (Hg.), *Die Konsumgesellschaft in Deutschland 1800–1990.* Frankfurt a. M., New York 2009, S. 154-171.

Cepl-Kaufmann, Gertrude, »…ergreift es mit wildem Weh«. Kritik, Parodie und literarische Rezeption im 20. Jahrhundert. In: Mario Kramp et al. (Hg.), *Die Loreley. Ein Fels im Rhein; ein deutscher Traum.* [Historisches Museum am Strom – Hildegard von Bingen, Bingen: Mittelrhein-Museum, Koblenz]. Mainz 2004, S. 130-135.

Chadwick, Whitney (Hg.), *The Modern Woman Revisited. Paris Between the Wars.* New Brunswick, NJ 2003.

De Courtais, Georgine, *Women's Hats, Headdresses and Hairstyles,* New York 2006.

Cox, Caroline, Lee Widdows, *Hair & Fashion.* London 2005.

Dammann, Martin (Hg.), *Soldier Studies. Cross-Dressing in der Wehrmacht.* Berlin 2018.

Danielczyk, Sandra, *Diseusen in der Weimarer Republik. Imagekonstruktionen im Kabarett am Beispiel von Margo Lion und Blandine Ebinger.* Bielefeld 2017.

Daniger, Franz, *Die Kunst des Damenfrisierens. Vollständige Anleitung zur Erlernung des Damenfrisierens, vom einfachsten Handgriff bis zur Herstellung der schwierigsten Kunstfrisur nach einer neuen, leicht fasslichen Methode.* Berlin 1906; 3., vollst. umgearb., sowie durch zahlr. neue Abb. verm. u. verb. Aufl. 1920.

Davidson Eugene, *The Trial of the Germans. An Account of the Twenty-Two Defendants Before the International Military Tribunal at Nuremberg.* New York 1966.

Dehn, Günther, *Proletarische Jugend. Lebensgestaltung und Gedankenwelt der großstädtischen Proletarierjugend.* Berlin [1929].

Denton, Chad, ›Récupérez!‹ The German Origins on Recycling of French Wartime Salvage Drives, 1939–1945. *Contemporary European History* 22 (2013), Special Issue on Recycling in Twentieth Century Europe, S. 399-430.

Dogramaci, Burcu, Mode-Körper. Zur Inszenierung von Weiblichkeit in Modegrafik und -fotografie der Weimarer Republik. In: Michael Cowan, Kai Marcel Sicks (Hg.), *Leibhaftige Moderne. Körper in Kunst und Massenmedien 1918 bis 1933.* Bielefeld 2005, S. 119-135.

–, »Frauen, die ihr Geld selbst verdienen.« Lieselotte Friedlaender, der »Moden-Spiegel« und das Bild der großstädtischen Frau. In: Stephanie Bung (Hg.), *Garçonnes à la Mode im Berlin und Paris der zwanziger Jahre.* Göttingen 2006, S. 47-67.

–, Kreative Liaisons in Paris. Interferenzen von Mode, Kunst und Fotografie. In: Rainer Wenrich (Hg.), *Die Medialität der Mode. Kleidung als kulturelle Praxis. Perspektiven für eine Modewissenschaft.* Bielefeld 2015, S. 147-166.

Drolshagen, Ebba D., *Nicht ungeschoren davonkommen. Das Schicksal der Frauen in den besetzten Ländern, die Wehrmachtssoldaten liebten.* Hamburg 1998.

Drost, Julia, *La Garçonne. Wandlungen einer literarischen Figur.* Göttingen 2003.

Duchkowitsch, Wolfgang, Nichts für Frau »Zimperlich« und Herrn »Schlappschwanz«. Der Grazer »Hakenkreuzler« – 1926. In: Ders., *Medien: Aufklärung – Orientierung – Mißbrauch. Vom 17. Jahrhundert bis zu Fernsehen und Video.* Berlin, Münster 2014, S. 17-47.

Duden, Barbara, *Der Frauenleib als öffentlicher Ort. Vom Mißbrauch des Begriffs Leben.* München 1994.

Edschmid, Kasimir, Nizza und die Frauen. In: Ders., *Die Neue Frau. Erzählungen.* Berlin 1927 (Damenspende für den Presse-Ball 1927), S. 5-20.

Eiling, Alexander, Elena Schroll (Hg.), *Lotte Laserstein. Von Angesicht zu Angesicht.* Eine Ausstellung des Städel Museums, Frankfurt a. M. (19. Sept. 2018–7. März 2019), in Zusammenarb. mit der Berlinischen Galerie (5. April–2. August 2019). München, London, New York 2019.

Ernst, Helen, Rückblick. In: … *und dennoch blühten Blumen,* S. 147 ff.

Eschebach, Insa (Hg.), *Das Frauen-Konzentrationslager Ravensbrück.* Berlin 2014.

Esposito, Elena, Die Frivolität des Engagements und das Dilemma der ethnischen und frommen Mode. *F.A.Z. Quarterly,* 03, 2017, S. 82-85.

–, *Die Verbindlichkeit des Vorübergehenden. Paradoxien der Mode.* Frankfurt a. M. 2004.

Feilchenfeldt Breslauer, Marianne, *Bilder meines Lebens. Erinnerungen.* Wädenswil 2009.

Feldhaus, Kathrin, *Inszenierung von Geschlechteridentität. Wechselwirkung von Maskerade und Demaskierung im Werk von Diane Arbus.* Stuttgart 2008.

Ferber, Christian (Hg.), *Die Dame – ein deutsches Journal für den verwöhnten Geschmack, 1912 bis 1943.* Berlin 1980.

Fishman, Diane, Marcia Powell, *Vidal Sassoon. Fifty Years Ahead.* New York 1993.

Fitzgerald, F. Scott, Bernice Bobs Her Hair. In: Ders., *This Side of Paradise. Flappers and Philosophers.* New York 1996, S. 314-336 (Orig. New York 1920).

Fitzgerald, Zelda Sayre, Eulogy on the Flapper (1922); What Became of the Flappers? (1925). In: Matthew J. Bruccoli (Hg.), *The Collected Writings of Zelda Fitzgerald.* Tuscaloosa, AL, London 1991, S. 391 ff.; S. 397 ff.

Franzos, Karl Emil, *Aus Anhalt und Thüringen.* Berlin 1903.

Die Frau von Morgen wie wir sie wünschen. Von Max Brod [et al.]. Leipzig 1929 (neu hg. von Barbara Sichtermann u.d.T. *Wie Männer sich die Frau von morgen wünschen.* Berlin 2019).

Freedman, Alisa et al. (Hg.), *Modern Girls on the Go. Mobility, and Labor in Japan.* Stanford, CA 2013.

Frevert, Ute, Kunstseidener Glanz. Weibliche Angestellte. In: Soden (Hg.), *Neue Frauen,* S. 25-30.

–, *Die Politik der Demütigung. Schauplätze von Macht und Ohnmacht.* Frankfurt a. M. 2017.

Freyberg, W. Joachim, Hans Wallenberg (Hg.), *Hundert Jahre Ullstein, 1877–1977*. Bd. 2. Frankfurt a. M. 1977.

Friedman, Vanessa, ›You have to be mad, good, or both‹. Lunch with the FT: Vidal Sassoon. *Financial Times*, April 23/24, 2011.

Fromm, Erich, *Arbeiter und Angestellte am Vorabend des Dritten Reiches. Eine sozialpsychologische Untersuchung*. Bearb. u. hg. von Wolfgang Bonß. (Orig. *German Workers 1929 – A Survey, its Methods and Results*). München 1983.

Gabriela Herpell im Gespräch mit Vidal Sassoon. »Der Mut der Frauen wird chronisch unterschätzt«. *Süddeutsche Zeitung Magazin* (2010), H. 41.

Ganeva, Mila, *Women in Weimar Fashion. Discourses and Displays in German Culture, 1918–1933*. Rochester, NY 2008.

–, Beauty Contests, Media Stars, and the Global Modernity of the Weimar Republic. In: Markus Tauschek (Hg.), *Kulturen des Wettbewerbs*. Münster 2013, S. 109-128.

Geiger, Annette (Hg.), *Der schöne Körper. Mode und Kosmetik in Kunst und Gesellschaft*. Köln, Weimar, Wien 2008.

Gieske, Sabine (Hg.), *Der Lippenstift. Ein kulturhistorischer Streifzug über den Mund*. Marburg 1996.

Gilbey Keller, Emma, My Thick Hair. In: Elizabeth Benedict (Hg.), *Me, My Hair, and I. Twenty-Seven Women Untangle an Obsession*. Chapel Hill, NC 2015, S. 85-93.

Gitter, Elisabeth G., The Power of Women's Hair in the Victorian Imagination. *PMLA* (Publications of the Modern Language Association of America) 99 (1984), S. 936-953.

Glyn, Elinor, *Das gewisse Etwas*, 1927.

Gottgetreu, Sabine, The Women All Women Want to See? Androgyne Frauen im Film. In: Stoll, Wodtke-Werner, *Sakkorausch und Rollentausch*, S. 55-79.

Grange, William, *Comedy in the Weimar Republic. A Chronicle of Incongruous Laughter*. Westport, CT 1996.

Guenther, Irene, *Nazi Chic? Fashioning Women in the Third Reich*. New York 2005.

Gugglberger, Martina, Den Feind lieben. Geschorene Frauen in Frankreich 1944–1945. In: Ingrid Bauer, Christa Hämmerle, Gabriella Hauch (Hg.), *Liebe und Widerstand*. Wien, Köln, Weimar 2005, S. 362-375.

Hájková, Anna, Den Holocaust queer erzählen. In: *Jahrbuch Sexualitäten*. Göttingen 2018, S. 86-110.

Hake, Sabine, Im Spiegel der Mode. In: Katharina von Ankum (Hg.), *Frauen in der Großstadt. Herausforderung der Moderne?* Dortmund 1999, S. 192-213.

Hanisch, Ernst, *Männlichkeiten. Eine andere Geschichte des 20. Jahrhunderts*. Wien 2005.

Heine, Heinrich, *Die Lore-Ley*. In: Ders., *Historisch-kritische Gesamtausgabe der Werke*. In Verb. mit dem Heinrich-Heine-Institut hg. von Manfred Windfuhr, Bd. 1, Buch der Lieder. Hamburg 1975, S. 206 ff.

Heinze, Karen, Geschmack, Mode und Weiblichkeit. Anleitungen zur alltäglichen Distinktion in Modezeitschriften der Weimarer Republik. In: Gabriele Mentges et al. (Hg.), *Geschlecht und materielle Kultur. Frauen-Sachen, Männer-Sachen, Sach-Kulturen*. Münster 1998, S. 67-92.

Helm, Sarah, *Ohne Haar und ohne Namen. Das Frauen-Konzentrationslager Ravensbrück.* Stuttgart 2016.

Henkel, Adolf, *Die Meisterprüfung im Friseurhandwerk.* 2., verb. Aufl. Berlin 1929.

Herrera, Hayden, *Frida Kahlo. Die Gemälde.* München 1992.

Herrmann-Neiße, Max, *Kabarett,* 1929. In: Ders.: *Gesammelte Werke in zehn Bänden.* Hg. Klaus Völker. Frankfurt a. M. 1986-1988 (2. Aufl. 1990).

Hesse, Klaus, Philipp Springer, *Vor aller Augen. Fotodokumente des nationalsozialistischen Terrors in der Provinz.* Essen 2002.

Hessel, Franz, *Spazieren in Berlin. Ein Lehrbuch der Kunst in Berlin spazieren zu gehen ganz nah dem Zauber der Stadt von dem sie selbst kaum weiß. Ein Bilderbuch in Worten.* Wien 1929.

–, Etwas von der Arbeit. In: Ders.: *Spazieren in Berlin,* S. 35-45.

–, Der Verdächtige. In: Ders., *Spazieren in Berlin,* S. 23.

–, Von der Mode. In: Ders., *Spazieren in Berlin,* S. 46-51.

Hessel, Helen, *Ich schreibe aus Paris. Über die Mode, das Leben und die Liebe.* Hg. und komm. von Mila Ganeva. Wädenswil 2014.

–, Besuch bei Antoine. *Für die Frau,* Okt. 1930. In: Dies.: *Ich schreibe aus Paris,* S. 161-164.

–, Locken, Frisuren. In: Dies.: *Ich schreibe aus Paris,* S. 143 f.

Hillmann, Karl-Heinz, *Wörterbuch der Soziologie.* 5., völlig überarb. u. erw. Aufl. Stuttgart 2007.

Hinze-Greenberg, Ita, Bauhaus und Bubikopf. Der Typenschnitt im genormten Raum. In: Karl R. Kegler, Anna Minta, Niklas Nährig (Hg.), *RaumKleider. Verbindungen zwischen Architekturraum, Körper und Kleid.* Bielefeld 2018, S. 57-75.

Huchel, Peter, *Die Knäbin.* In: Hermann Peter Piwitt, Susann Henschel (Hg.), *Des Wassers Überfluss. Von Brunnen, Quellen und schönen Wassern.* Gedichte. Stuttgart 2006.

Jacobeit, Sigrid, Wolfgang Jacobeit, *Illustrierte Alltags- und Sozialgeschichte Deutschlands, 1900–1945.* Münster 1995.

Janecke, Christian (Hg.), *Haar tragen. Eine kulturwissenschaftliche Annäherung.* Köln, Weimar, Wien 2004.

–, Harte Schnitte – Vidal Sassoon und die späte Moderne. In: Geiger (Hg.), *Der schöne Körper,* S. 183-202.

Jatho, Gabriele, Rainer Rother (Hg.), *City Girls. Frauenbilder im Stummfilm.* Berlin 2007.

Jelavich, Peter, *Berlin Cabaret.* Cambridge, MA 1993.

John, Eckhard, Was heißt »Kulturbolschewismus«? Grundlagen und Karriere einer Denkfigur. In: Georg Bollenbeck, Werner Köster (Hg.), *Kulturelle Enteignung – Die Moderne als Bedrohung.* Wiesbaden 2003, S. 66-76.

Junker, Almut, Das Frankfurter Modeamt (1933–1944). In: Dies. (Hg.), *Frankfurt Macht Mode 1933–1945.* Begleitbuch zur Ausstellung (Historisches Museum Frankfurt a. M., März–Juli 1999). Marburg 1999, S. 11-42.

Kästner, Erich, Der Handstand auf der Loreley. Nach einer wahren Begebenheit. In: Ders., *Gesang zwischen den Stühlen.* Stuttgart, Berlin 1932.

Kettenmann, Andrea, *Frida Kahlo, 1907–1954. Leid und Leidenschaft.* Köln 1992.

Keun, Irmgard, *Gilgi – eine von uns.* Berlin 1931.

Klawitter, Nils, Spur nach Auschwitz? *Der Spiegel* 12 (2009), 16.03.2009.

Klee, Ernst, *Auschwitz – Täter, Gehilfen, Opfer, und was aus ihnen wurde. Ein Personallexikon.* Frankfurt a. M. 2013.

Klement, Martin, Streit um den Bubikopf – Streit um die Rolle der Frau. Antisemitismus und Antifeminismus in den deutschnationalen und völkischen Turnverbänden Mitteleuropas. In: Liselotte Homering et al. (Hg.), *Antisemitismus, Antifeminismus. Ausgrenzungsstrategien im 19. und 20. Jahrhundert.* Roßdorf 2019, S. 187-209.

Knerr, Anne-Barbara, *Idar-Obersteiner Modeschmuck und Metallwaren aus dem 19. und 20. Jahrhundert.* 2008. Ihre Dissertation findet sich unter https://kola.opus.hbz-nrw.de/frontdoor/index/index/docId/207 (letzter Zugriff 11/2020).

Knetsch, Gabriele, Anita Augspurg – Eine radikale Feministin und Pazifistin. *Bayerischer Rundfunk* 05.07.2018.

Köhler, Thomas, Annelie Lütgens (Hg.), *Jeanne Mammen, die Beobachterin. Retrospektive 1910–1975.* Ausstellungskatalog (Berlinische Galerie 06.10.2017–15.01.2018). München 2017.

König, Wolfgang, Das Automobil in Deutschland. Ein Versuch über den *homo automobilis.* In: Reinhold Reith, Thorsten Meyer (Hg.), *Luxus und Konsum – eine historische Annäherung.* Münster 2003, S. 117-128.

Kollontai, Aleksandra M., Die neue Frau. In: Dies., *Die neue Moral und die Arbeiterklasse.* Münster 1977 (Nachdr. der dt. Erstaufl., Berlin 1920), S. 7-85.

Kornher, Svenja, Handwerkswissen als Engenderingpraxis. Friseurarbeit in kultur- und wissensgeschichtlicher Perspektive. In: Ann-Kristin Düber, Falko Schnicke (Hg.), *Perspektive, Medium, Macht. Zur Codierung neuzeitlicher Geschlechterdispositionen.* Würzburg 2009, S. 49-86.

–, *Virtuose Haargestaltung. Mode- und Branchenentwicklung im deutschen Friseurhandwerk (1871–1945).* Köln 2012.

–, Zur Erfindung der »typgerechten« Frisur. In: Janecke (Hg.), *Haar tragen,* S. 83-98.

Kracauer, Siegfried, *Die Angestellten. Aus dem neuesten Deutschland.* Frankfurt a. M. 1930.

–, *Das Ornament der Masse. Essays.* Frankfurt a. M. 1977, darin: Die kleinen Ladenmädchen gehen ins Kino, S. 279-294; Der heutige Film und sein Publikum, S. 295-310.

Kreutzmüller, Christoph, *Ausverkauf. Die Vernichtung der jüdischen Gewerbetätigkeit in Berlin 1930–1945.* Berlin 2012 (2. Aufl. 2013).

Kronenberg, Martin, *Kampf der Schule an der »Heimatfront« im Ersten Weltkrieg. Nagelungen, Hilfsdienste, Sammlungen und Feiern im Deutschen Reich.* Essen 2014.

Krüger, Gerd, »Aktiver« und passiver Widerstand im Ruhrkampf 1923. In: Günther Kronenbitter, Markus Pohlmann, Dierk Walter (Hg.), *Besatzung, Funktion und Gestalt militärischer Fremdherrschaft von der Antike bis zum 20. Jahrhundert.* Paderborn 2006, S. 119-130.

Kümmel, Anja, *»Queer Temporalities«? Zusammenhänge zwischen den Motiven »Arbeit«, »soziales Geschlecht« und »Sexualität« in der fiktionalen Ausgestaltung der »Neuen Frau« auf der Folie soziokultureller Diskurse der Weimarer Zeit.* Masterarbeit Univ. Hamburg 2005. Hamburg [2009]. Online-Ressource (pdf): http://www.diplomica.de/ document/226906 (letzter Zugriff 11/2020).

Langewiesche, Dieter, Die »Freizeit« von Arbeiterinnen. Zeitbudgets Wiener Arbeiterfamilien in den 1920er Jahren. *Gewerkschaftliche Monatshefte* 31 (1980), S. 705-715.

Langrande, Ninia, Reclaim the Zopf! *taz*, 12.06.2017.

Lanzmann, Claude, Der Friseur von Treblinka. *Der Spiegel* (2010), 36, S. 151ff.

Lareau, Alan, *The Wild Stage. Literary Cabarets of the Weimar Republic.* Columbia, SC 1995.

–, Lavender Songs. Undermining Gender in Weimar Cabaret and Beyond. *Popular Music & Society* 28 (2005), 1, S. 15-33.

Larson, Jessica, *Usurping Masculinity. The Gender Dynamics of the Coiffure à la Titus in Revolutionary France.* Bachelor thesis Univ. of Michigan 2013. http://deepblue.lib.umich.edu/bitstream/handle/2027.42/98928/jjlars.pdf?sequence=1 (letzter Zugriff 11/2020).

Latimer, Tirza True, Looking Like a Lesbian. Portraiture and Sexual Identity in 1920s Paris. In: Chadwick (Hg.), *The Modern Woman Revisited*, S. 127-144.

–, *Women Together/Women Apart. Portraits of Lesbian Paris.* New Brunswick, NJ 2005.

Lehnert, Gertrud, *Wenn Frauen Männerkleider tragen. Geschlecht und Maskerade in Literatur und Geschichte.* München 1997.

–, *Wir werden immer schöner. Lesbische Inszenierungen.* Berlin 2002.

Leonhardt, Brigitte, Dieter Zühlsdorff (Hg.), *Theodor Fahrner. Schmuck zwischen Avantgarde und Tradition.* Die Ausstellung Schmuckmuseum Pforzheim, 21.9.1990–13.1.1991. Stuttgart 1990.

Levi, Primo, *Ist das ein Mensch?* (Orig. *Se questo è un uomo.* 1947). Aus d. Italien. von Heinz Riedt. Frankfurt a. M., Hamburg 1961.

Lindemann, Wilhelm (Hg.), *Bengel-Art-Déco-Schmuck. Schmuck und Industrie-Denkmal, Idar-Oberstein* = Bengel art déco jewellery. [Im Auftr. der Stadt Idar-Oberstein]. Stuttgart 2007.

– (Hg.), *Zeitgeist. 100 Jahre Modeschmuck aus Idar-Oberstein.* Stuttgart 2009.

Lindenberger, Thomas, Eigen-Sinn, Herrschaft und kein Widerstand. *Docupedia-Zeitgeschichte*, 02.09.2014. http://dx.doi.org/10.14765/zzf.dok.2.595.v1 (letzter Zugriff 11/2020).

–, Alf Lüdtke, Einleitung. Physische Gewalt – eine Kontinuität der Moderne. In: Dies. (Hg.), *Physische Gewalt. Studien zur Geschichte der Neuzeit.* Frankfurt a. M. 1995, S. 7-38.

–, Alf Lüdtke, Eigensinn. Handlungsräume und Herrschaftspraxis. Zur Einleitung. Dt. Originalfassung von Eigen-Sinn. Praktyki społeczne i sprawowanie władzy. Wprowadzenie. In: Dies., *Eigen-Sinn. Życie codzienne, podmiotowość i sprawowanie władzy w XX wieku.* Poznań 2018, S. 7-46.

Long, Emile, *Traité complet et illustré de l'ondulation artificielle des cheveux.* Paris 1909 (dt. *Die Ondulation.* Vollständige Anleitung zur Erlernung der künstlerischen

Ondulation des Haares und praktisch erprobter, leicht fasslicher Methode. Berlin 1910; 1921; 1931).
Lüdtke, Alf, Writing time – using space. The notebook of a worker at Krupp's steel mill and manufacturing – an example from the 1920s. *Historical Social Research* 38 (2013), 3, S. 216-228.
–, »Eigen-Sinn« und Alltagsgeschichte. Ein Gespräch von Kornelia Kończal mit Alf Lüdtke und Thomas Lindenberger. 2018. https://eigensinn.hypotheses.org/ (letzter Zugriff 11/2020).
Lüdtke, Helga, »It's the cut that counts«. Vidal Sassoons Architektur des Haares. In: *Jahrbuch 2019 des Netzwerks Mode Textil*, S. 34-43.
Luh, Andreas, *Der Deutsche Turnverband in der Ersten Tschechoslowakischen Republik. Vom völkischen Vereinsbetrieb zur volkspolitischen Bewegung*. München 1988 (2. Aufl. 2006).
Lukács, Ágnes Rajzai, *Auschwitz Nöi Tábor – Auschwitz Women's Camp*. Hg. v. Party of Socialist-Zionist (Ichud). English and Hungarian. Two pages introduction and artist biography. 24 harrowing illustrated plates. Loose as issued in original pictorial wrappers. Budapest 1946.
Mailänder Koslov, Elissa, *Gewalt im Dienstalltag. Die SS-Aufseherinnen des Konzentrations- und Vernichtungslagers Majdanek*. Hamburg 2009.
Margueritte, Victor, *La garçonne. Roman*. Paris 1922.
Marlene Dietrich. Dressed for the Image. Ausstellung. National Portrait Gallery, Washington, DC. June 16, 2017–April 15, 2018.
Maron, Monika, *Pawels Briefe. Eine Familiengeschichte*. Frankfurt a. M. 1999.
Meier, Aneka, Weimar Bodies. Female White-Collar Workers and the Cult of Health and Beauty in Popular Novels and the Fashion Magazine »Die Dame«. In: Will Lehman, Margit Grieb (Hg.), *Cultural Perspectives on Film, Literature, and Language*. Irvine, CA 2010, S. 127-144.
Mein Arbeitstag – mein Wochenende. Arbeiterinnen berichten von ihrem Alltag 1928. Hg. vom Arbeiterinnensekretariat beim Deutschen Textilarbeiter-Verband. Berlin o. J. [1930]). Neu hg. von Alf Lüdtke. Hamburg 1991.
Meyer-Büser, Susanne (Hg.), *Das schönste deutsche Frauenporträt. Tendenzen der Bildnismalerei in der Weimarer Republik*. Berlin 1994.
–, *Bubikopf und Gretchenzopf. Die Frau der zwanziger Jahre*. (Ausstellung des Museums für Kunst und Gewerbe Hamburg). Heidelberg 1995.
–, »Das schönste deutsche Frauenporträt 1928«. Der Georg-Schicht-Preis und die Suche nach einem neuen weiblichen Leitbild. In: Verena Dollenmaier, Ursel Berger (Hg.), *Glamour! Das Girl wird feine Dame – Frauendarstellungen in der späten Weimarer Republik*. Leipzig 2008, S. 58-64.
Meyers Großes Konversations-Lexikon. Leipzig 1907, Bd. 9, Stichwort Hut, S. 673 ff.
Mode als nationale Aufgabe. In: Adelheid Rasche (Hg.), *Krieg und Kleider. Modegrafik zur Zeit des Ersten Weltkriegs, 1914–1918*. (Ausstellung Kunstbibliothek, Staatliche Museen zu Berlin, 25. Sept. 2014–18. Jan. 2015). Leipzig 2014, S. 48-59.
Moßmann, Walter, Peter Schleuning: *Alte und neue politische Lieder*. Hamburg 1978.

Müller, Charlotte, *Die Klempnerkolonne in Ravensbrück. Erinnerungen des Häftlings-Nr. 10787*. Berlin 1981.

Müller, Ferdinand, *Das moderne Friseurgewerbe in Wort und Bild*. Leipzig 1913.

–, *Der moderne Friseur und Haarformer in Wort und Bild*. (3. Aufl., neu bearb.). Nordhausen 1925.

Müller, Ulrike, *Bauhaus-Frauen – Meisterinnen in Kunst, Handwerk und Design*. München 2009.

Ney, Karin, *Und dann kamen Swing und Charleston. Wie sich unsere Großmütter vergnügten*. (SWR2) (18.01.2007).

Noack-Mosse, Eva, Uhu. In: Freyberg, Wallenberg (Hg.), *Hundert Jahre Ullstein*, S. 177-208.

Nooteboom, Cees, Das Reh und der Froschkönig. Besuch in einem Totenhaus. Frida Kahlo und Diego Rivera. *FAZ*, 06.11.1999, Nr. 259, S. VI.

Ossietzky, Carl von, »Kulturbolschewismus«. *Die Weltbühne*. XXVII (1931), 16, S. 559-562.

Pachmann, Ina, Die Erfolgsgeschichte eines Würstchens. *Berliner Zeitung* 01.11.2013.

Peiss, Kathy, Making Faces. The Cosmetics Industry and the Cultural Construction of Gender, 1890–1930. *Genders* 7 (1994), S. 143-169.

–, *Hope in a Jar. The Making of America's Beauty Culture*. Philadelphia, PA 1998.

Pessl, Helene, *Der Bubikopf und seine Pflege. Die 60 allerschönsten [Bubiköpfe]*. Berlin 1926. (Ullstein-Sonderheft; Nr. 40/41).

Peukert, Detlev J. K., Das Mädchen mit dem »wahrlich metaphysikfreien Bubikopf«. Jugend und Freizeit im Berlin der zwanziger Jahre. In: Peter Alter (Hg.), *Im Banne der Metropolen. Berlin und London in den zwanziger Jahren*. Göttingen, Zürich 1993, S. 157-175.

Pfeiffer, Ingrid (Hg.), *Glanz und Elend in der Weimarer Republik*. Ausstellungskatalog. (Schirn Kunsthalle Frankfurt 27. Okt. 2017–25. Febr, 2018). München 2017.

Phillip, Anneliese, Gertrud Phillip, Das Frauen-KZ Ravensbrück 1944–1945. In: *… und dennoch blühten Blumen*, S. 134-138.

Przyrembel, Alexandra, *›Rassenschande‹. Reinheitsmythos und Vernichtungslegitimation im Nationalsozialismus*. Göttingen 2003.

Ramsbrock, Annelie, *Korrigierte Köper. Eine Geschichte künstlicher Schönheit in der Moderne*. Göttingen 2012.

–, Rationalität der Schönheit. Wissenschaftliche Kosmetik zwischen Aufklärung und Weltwirtschaftskrise. *Historische Anthropologie* 21 (2013) 1, S. 103-126.

Rasiermesser, Kamm und Schere. Ein Beitrag zur Kulturgeschichte des ländlichen Frisörhandwerks. Interviews Bernd Blumenthal. Neu-Anspach 1993.

Reznicek, Paula von, *Die perfekte Dame*, Reprint d. Ausg. 1928. Bindlach 1997.

Rice, John R., *Bobbed Hair, Bossy Wives and Women Preachers. Significant Questions for Honest Christian Women Settled by the Word of God*. Wheaton, Ill. 1941.

Rinke, Stefanie, »Sie trägt eine schwarze Lederjacke und abgeschnittenes Haar«. Mode und Beruf in den Romanen von Marieluise Fleißer und Mela Hartwig. In: Geiger (Hg.), *Der schöne Körper*, S. 167-182.

Roberts, Mary Louise, *Civilization Without Sexes. Reconstructing Gender in Postwar France, 1917–1927*. Chicago, IL 1994.
–, *What Soldiers Do. Sex and the American GI in World War II in France*. Chicago, IL 2013.
Les Robes de Paul Poiret racontées par Paul Iribe. Paris 1908.
Roelling, Ruth Margarete, *Berlins lesbische Frauen*. Nachw. Magnus Hirschfeld. Leipzig 1928.
Rosenbaum, Heidi, *»Und trotzdem war's 'ne schöne Zeit«. Kinderalltag im Nationalsozialismus*. Frankfurt a. M., New York 2013.
Ross, Corey, *Media and the Making of Modern Germany. Mass Communications, Society, and Politics from the Empire to the Third Reich*. Oxford 2008.
Ruault, Franco, *»Neuschöpfer des deutschen Volkes«. Julius Streicher im Kampf gegen »Rassenschande«*. Frankfurt a. M. 2006. (Exkurs: Die Prangerstrafe: Rassenschande, Scherenklubs, Franzosenliebchen, Prangeraktionen, S. 334-345).
–, Für eine Liebe so bestraft – das Ritual öffentlicher Haarscherungen an »ungehorsamen Frauen«. In: Edwin E. Weber (Hg.), *Opfer des Unrechts. Stigmatisierung, Verfolgung und Vernichtung von Gegnern durch die NS-Gewaltherrschaft an Fallbeispielen aus Oberschwaben*. Ostfildern 2009, S. 241-268.
Rudolph, Monika, *Naum Slutzky. Meister am Bauhaus*. Stuttgart 1990.
Sander, August, *Antlitz der Zeit. Sechzig Aufnahmen deutscher Menschen des 20. Jahrhunderts*. München 1929.
Sassoon, Vidal, *Sorry I Kept You Waiting, Madam*. London 1968.
–, *Cutting Hair the Vidal Sassoon Way*. 2. Aufl., London 2012 (zuerst 1978).
–, Michael Gordon, *How One Man Changed the World with a Pair of Scissors*. New York 2012.
–, *Vidal. The Autobiography*. London 2012.
Scheub, Ute, *Verrückt nach Leben. Berliner Szenen in den zwanziger Jahren*. Reinbek 2000.
Schönfeld, Christiane von (Hg.), *Practicing Modernity. Female Creativity in the Weimar Republic*. Würzburg 2006.
Schroeder, Henriette, *Ein Hauch von Lippenstift für die Würde. Weiblichkeit in Zeiten großer Not*. München 2014.
Schug, Alexander, »Immer frisch frisiert« – Das gestaltete Kopfhaar als Requisite moderner Selbstinszenierung in der Weimarer Republik. In: Janecke (Hg.), *Haar tragen*, S. 83-98.
Schulps, Madeleine, A Life on Hold – a Holocaust Memoir. In: *Lebenszeugnisse aus dem KZ Sasel*. Hamburg 1999.
Schwartz, Johannes, *»Weibliche Angelegenheiten«. Handlungsräume von KZ-Aufseherinnen in Ravensbrück und Neubrandenburg*. Hamburg 2018.
Seidl, Claudius, Das Versprechen eines Anfangs (Momente des deutschen Films II). *FAZ* 21.02.2010.
Soden, Kristina von (Hg.), *Neue Frauen. Die zwanziger Jahre*. Berlin 1988.
Stabile, Carol A., Modern Girls in a Global World. In: Freedman et al. (Hg.), *Modern Girls on the Go*, S. XI- XIV.

Staggs, Janis, Ein elitärer Kreis. Kunden und Kundinnen der Wiener Werkstätte. In: Paul Asenbaum, Wolfgang Kos (Hg.), *Glanzstücke. Emilie Flöge und der Schmuck der Wiener Werkstätte* (Ausstellung des Wien Museums, Wien, 13. Nov. 2008–22. Febr. 2009). Stuttgart 2008, S. 40-47.

- (Hg.), *Wiener Werkstätte Jewelry.* [In conjunction with the Exhibition »Wiener Werkstätte Jewelry«, Neue Galerie New York, March 27–June 30, 2008]. Ostfildern 2008.

Stahrenberg, Carolin, *Hot Spots von Café bis Kabarett. Musikalische Handlungsräume im Berlin Mischa Spolianskys* 1918–1933. Münster, New York 2012.

Stein, Fritz, *Der Bubikopf.* Schwank in 1 Akt. Leipzig 1926.

Stiftung Topographie des Terrors (Hg.), *Topographie des Terrors. Gestapo, SS und Reichssicherheitshauptamt in der Wilhelm- und Prinz-Albrecht-Straße – eine Dokumentation.* Berlin 2010.

Stoll, Andrea, Verena Wodtke-Werner, *Sakkorausch und Rollentausch. Männliche Leitbilder als Freiheitsentwürfe von Frauen.* Dortmund 1997.

Story, Margaret, *Wie ziehe ich mich gut an?* 5. Aufl. Stuttgart 1928.

Strzelecki, Andrzej, The Plunder of Victims and Their Corpses. In: Yisrael Gutman, Michael Berenbaum (Hg.), *Anatomy of the Auschwitz Death Camp.* Bloomington, IN 1994, S. 246-266.

–, Die Verwertung der Leichen der Opfer. In: Wacław Dlugoborski, Franciszek Piper (Hg.), *Auschwitz 1940–1945. Studien zur Geschichte des Konzentrations- und Vernichtungslagers Auschwitz,* Bd. 2. Die Häftlinge. Oświęcim 1999, S. 483-506.

Sutton, Katie, *The Masculine Woman in Weimar Germany.* New York, Oxford 2011.

Tatschmurat, Carmen, Wir haben keinen Beruf, wir haben Arbeit. In: Soden (Hg.), *Neue Frauen,* S. 32-38.

Tergit, Gabriele, Anspruchsvolle Mädchen. In: Dies., *Atem aus einer anderen Welt. Berliner Reportagen.* Hg. Jens Brüning. Frankfurt a. M. 1994, S. 44 ff.

–, Die gläserne Lockung. *Berliner Tageblatt,* 8.6.1929. Auch in: Dies., *Frauen und andere Ereignisse. Publizistik und Erzählungen von 1915 bis 1970.* Hg. Jens Brüning. Berlin 2001, S. 126 f.

–, *Käsebier erobert den Kurfürstendamm.* Roman. 1931. Neuausg. Frankfurt a. M. 2016.

Tiedemann, Nicole, *Haar-Kunst. Zur Geschichte und Bedeutung eines menschlichen Schmuckstücks.* Köln, Weimar, Wien 2007.

Trageser, Martin, *»Es liegt in der Luft eine Sachlichkeit«. Die zwanziger Jahre im Spiegel des Werks von Marcellus Schiffer (1892–1932).* Berlin 2007.

Trupat, Christina, *Kopf-Arbeit. Zur Entwicklung des Friseurhandwerks seit 1871.* Museum für Verkehr und Technik, Berlin 1990.

Turudich, Daniela, *Art Deco Hair. Hairstyles from the 1920s & 1930s.* Long Beach, CA 2013.

Turner, Victor, *Das Ritual. Struktur und Antistruktur.* Nachw. Sylvia M. Schomburg-Scherff. (Orig. *The Ritual Process. Structure and Antistructure.* 1969). Frankfurt a. M. 2000.

Ujima, Christina, Gabriele Tergit and Berlin. Women, City, and Modernity. In:

Schönfeld (Hg.), *Practicing Modernity. Female Creativity in the Weimar Republic*, S. 262-277.

–, *… und dennoch blühten Blumen. Frauen-KZ-Ravensbrück. Dokumente, Berichte, Gedichte und Zeichnungen vom Lageralltag 1939–1945. Gesammelt und hg. von Helga Schwarz, Gerda Szepansky.* Potsdam 2000. https://www.politische-bildung-brandenburg.de/system/files/publikation/pdf/und%20dennoch%20bl%C3%BChten%20Blumen_Ravensbrueck.pdf (letzter Zugriff 11/2020).

Ungerer, Tomi, *Es war einmal mein Vater*. Zürich 2003.

Virgili, Fabrice, *Shorn Women. Gender and Punishment in Liberation France*. New York, Oxford 2002 (Orig. *La France ›virile‹. Des femmes tondues à la libération*. Paris 2000).

Volks-, Berufs- und Betriebszählung vom 16 Juni 1925. Die berufliche und soziale Gliederung der Bevölkerung des deutschen Reichs. Statistisches Reichsamt. Berlin 1927.

Vollmer-Heitmann, Hanna, *Wir sind von Kopf bis Fuß auf Liebe eingestellt. Die zwanziger Jahre*. Hamburg 1993.

Voss, Julia, *Hilma af Klint – »Die Menschheit in Erstaunen versetzen«. Biographie*. Frankfurt a. M. 2020.

Vujnović, Marina, *Forging the* Bubikopf *Nation. A Feminist Political-Economic Analysis of* Ženski *List, Interwar Croatia's Women's Magazine, for the Construction of an Alternative Vision of Modernity*. Dissertation, Univ. of Iowa, 2008. http://dx.doi.org/10.17077/etd.5ivieavo (letzter Zugriff 11/2020). Vgl. Dies., *Forging the* Bubikopf *Nation. Journalism, Gender and Modernity in Interwar Yugoslavia*. New York [u. a.] 2009.

Die Wacht am Rhein (Text von Max Schneckenburger, 1840). In: Moßmann, Schleuning, *Alte und neue politische Lieder*, S. 76.

Waldoff, Claire, *»Weeste noch?«. Erinnerungen und Dokumente*. Hg. Volker Kühn. Berlin 1997.

Walter, Hilde, Die Misere des ›neuen Mittelstandes‹. *Die Weltbühne* 25 (22.01.1929), 4. Nachdr. in: *Die Weltbühne – Vollständiger Nachdruck der Jahrgänge 1918–1933*, 25 (1929). Königstein/Ts. 1978.

Walz, Loretta, *»Und dann kommst du dahin an einem schönen Sommertag« – Die Frauen von Ravensbrück*. München 2005.

Ware Haare. Das weltweite Geschäft mit der Schönheit. Ein Film von Tilman Achtnich. Sendetermin 28.11.2012 (SWR).

Warring, Anette, Intimate and Sexual Relations. In: Robert Gildea, Olivier Wieviorka, Anette Warring (Hg.), *Surviving Hitler and Mussolini. Daily Life in Occupied Europe*. Oxford 2006, S. 88-128.

Weber, Christianne, Geschichte der Bijouteriewarenfabrik Gustav Braendle, Theodor Fahrner Nachfolge, 1990 bis 1979. In: Leonhardt, Zühlsdorff (Hg.), *Theodor Fahrner*, S. 158-165.

–, Renate Möller, *Mode und Modeschmuck 1920–1970 in Deutschland*. Stuttgart 1999.

Weber, Max, *Wirtschaftsgeschichte*. Berlin 1958.

Weber-Stöber, Christianne, *Art-Déco Schmuck. Die internationale Schmuckszene der 20er und 30er Jahre*. München 2000.
–, *Jakob Bengel. Art Déco Schmuck, Idar-Oberstein, Germany*. Stuttgart 2002.
–, Rede zur Ausstellungseröffnung am 15. Sept. 2002. In: Lindemann (Hg.), *Bengel-Art-Déco-Schmuck*, S. 1.
–, Der große Traum von einer neuen Welt. In: Cornelie Holzach (Hg.), *Art-Déco-Schmuck und -Accessoires. Ein neuer Stil für eine neue Welt*. Ausstellung (20.9.2008–11.1.2009, Schmuckmuseum Pforzheim). Stuttgart 2008, S. 6-19.
Die weiblichen Angestellten. Arbeits- und Lebensverhältnisse. Eine Umfrage des Zentralverbandes der Angestellten, bearb. von Susanne Suhr. Berlin 1930.
Weickert, Adolf, *Kurzschnitt und Haarersatz*. Berlin 1926.
–, *Der korrekte Haarschnitt*. Berlin 1929.
–, *Die individuelle Damenfrisur*. Berlin 1930.
Weinbaum, Alys Eve et al. (Hg.), *The Modern Girl Around the World. Consumption, Modernity, and Globalization*. The Modern Girl Around the World Research Group. Durham, NC 2008.
Wendel, Friedrich, *Die Mode in der Karikatur*. Dresden 1928.
Wildt, Michael, *Volksgemeinschaft als Selbstermächtigung. Gewalt gegen Juden in der deutschen Provinz 1919 bis 1939*. Hamburg 2007.
Die wirtschaftlichen und sozialen Verhältnisse der berufstätigen Frauen. Eine Erhebung 1928/29 durchgef. von der Arbeitsgemeinschaft Deutscher Frauenberufsverbände. Bearb. von Frieda Glaß, Dorothea Kische. Berlin 1930.
Wöll, Ingolf, Kopf oben, Beine unten und geschlossen. In: *Frauen treiben Sport*. 2007, S. 62-67. http://docplayer-org/26671449-Turnen-war.zu-beginn-des-19.html (letzter Zugriff 02/2021).
Wolzogen, Ernst von, *Das dritte Geschlecht*. Berlin 1899.
Wu, Emily, Als ich 15 war, verkaufte ich mein schönes Haar. In: Schroeder, *Ein Hauch von Lippenstift für die Würde*, S. 24-34.
Zdatny, Steve M., The Boyish Look and the Liberated Woman. The Politics and Aesthetics of Women's Hairstyles. *Fashion Theory. The Journal of Dress Body & Culture* 1 (1997), 4, S. 367-397.
–, *Fashion, Work, and Politics in Modern France*. New York [et al.] 2008.
–, French Hairstyles and the Elusive Consumer. In: Regina Lee Blaszczyk (Hg.), *Producing Fashion. Culture, and Consumers*. Philadelphia, PA 2008, S. 231-249.
- (Hg.), *Hairstyles and Fashion. A Hairdresser's History of Paris, 1910–1920*. Oxford 1999.
Zinke, Peter, »Es besteht nach wie vor dringender Bedarf«. Die Haarverwertung der KZ-Opfer am Beispiel der Firma Alex Zink in Roth bei Nürnberg. *Nurinst*. 1 (2002), S. 71-84.
–, Der »jüdische« Bubikopf. In: Ders., *»An allem ist Alljuda schuld«. Antisemitismus während der Weimarer Republik in Franken*. Nürnberg 2009, S. 125-137.
Zlobinski, Miriam, *Die »Volksgenossin« in der Modefotografie. Das modische Frauenbild in Deutschland – publizierte Ideale 1937 bis 1939*. (Sonderdruck 2), Berlin 2016.

Zorn Karlin, Elyse, Sharon S. Darling (Hg.), *Maker & Muse. Women and Early Twentieth Century Art Jewelry*. (Exhibition, *2015–2016*. Chicago, IL). New York, NY 2015.

Zürcher, Regula, »*Wir machten die schwarze Arbeit des Holocaust*«. *Das Personal der Massenvernichtungsanlage von Auschwitz*. Nordhausen 2004.

Gedruckt mit freundlicher Unterstützung
der Gerda-Weiler-Stiftung (www.gerda-weiler-stiftung.de),
der Stiftung Zeitlehren,
sowie der Stiftung Frauenforschung.

Bibliografische Information der Deutschen Nationalbibliothek
Die Deutsche Nationalbibliothek verzeichnet diese Publikation in der Deutschen Nationalbibliografie; detaillierte bibliografische Daten sind im Internet über http://dnb.d-nb.de abrufbar.

www.wallstein-verlag.de

Vom Verlag gesetzt aus der Adobe Garamond und der Frutiger
Umschlaggestaltung: Susanne Gerhards, Düsseldorf
Lithographie: SchwabScantechnik, Göttingen
Druck und Verarbeitung: Hubert und Co KG, Göttingen
Gedruckt auf säure- und chlorfreiem, alterungsbeständigem Papier

ISBN 978-3-8353-3954-5